国家出版基金项目
NATIONAL PUBLICATION FOUNDATION

中央党校大讲堂

名师 党校

张伯里讲稿

ZHONGYANGDANGXIAODAJIANGTANG

實事求是

中共中央党校出版社
The Central Party School Publishing House

图书在版编目（CIP）数据

张伯里讲稿/张伯里著. —北京：中共中央党校出版社，2013.10

（中央党校大讲堂系列）

ISBN 978-7-5035-5188-8

Ⅰ. 张…　Ⅱ. 张…　Ⅲ. 社会科学-文集　Ⅳ. C53

中国版本图书馆 CIP 数据核字（2013）第 239460 号

张伯里讲稿

责任编辑　曲　炜　琪　媚
版式设计　尉红民
责任校对　高　鹏
责任印制　宋二顺

出版发行　中共中央党校出版社
（北京市海淀区大有庄 100 号）
邮　　编　100091
网　　址　www. dxcbs. net
电　　话　（010）62805800（办公室）（010）62805824（发行部）
经　　销　新华书店
印　　刷　北京四季青印刷厂
字　　数　453 千字
版　　次　2013 年 10 月第 1 版　　2013 年 10 月第 1 次印刷
开　　本　700 毫米×1000 毫米　1/16
印　　张　28.625
定　　价　86.00 元

编者说明

历经80年的风雨，中央党校作为培训轮训党员领导干部，培养党的理论队伍，学习、研究、宣传马列主义、毛泽东思想和中国特色社会主义理论体系的重要阵地和干部加强党性锻炼的熔炉，在党的干部教育方面一直发挥着重要作用。中央党校的教师们以他们独特的学术视角、深厚的理论功底和紧跟时代发展的观念意识，在讲堂上传播智慧，启迪思想，其中一些教师还为中央政治局集体学习做过讲解，他们多年的研究成果和授课经验是十分难得的珍贵教学研究资料。

因此，我们选取了在中央党校有代表性的教授，将他们的讲稿进行精选和编辑整理，形成《中央党校大讲堂》丛书。丛书中收录了各位中央党校著名教师为中央党校各班次学员、地方党校学员以及政府机关和企事业单位培训授课的讲稿。这些讲稿在一定程度上展示了中央党校的教学风貌，反映了中央党校教学的高度，也体现了中央党校在中高级党政领导干部教育方面所作的努力和贡献。

丛书第一辑共收录了10位名师的讲稿，讲稿的每一位作者均为学界一流的专家，内容涉及马克思主义理论、中国特色社会主义理论体系、哲学、经济、党史、党建、文化等各个领域。

希望通过这些讲稿的公开出版，可以使更多的读者受益，在感受各位大家学理智慧的同时，承续厚重的历史，提升知识和文化涵养。

2013年7月

前　言

自1984年12月我在中央党校任教至今，已历29年，主要从事经济学（世界经济学、政治经济学、国际金融学、中国对外经济等）和国际问题（国际经济、国际关系、国际战略等）方面的教学、研究工作和行政领导工作。在教学工作领域，承担校内包括省部级干部班、地厅级干部班、博士和硕士研究生班等所有主要班次的授课。在行政工作领域，曾先后担任中央党校经济学部副主任，中央党校研究生院院长，中央党校科研部主任，中央党校校委委员，中央党校教育长，中央党校副校长。无论行政领导工作如何变动，作为教授、博士生导师的教学、科研工作一直持续至今。

这本讲稿是自1992年10月以来，我作为副教授、教授在中央党校校内外讲坛、论坛的部分讲稿的合集。按照主题和内容分为综合类（上篇）和经济类（下篇）两部分，共33份讲稿，均按时间顺序编列。为保留讲稿原貌，对讲稿内容（包括一些有交叉、重复的内容）未做删改。讲稿中不妥之处，恳请读者给予批评指正。

张伯里

2013年7月

目　录

上篇　综合类

目　　录　　CONTENTS

目 录

上篇

综 合 类

毛泽东国力思想与当代综合国力研究

（1993 年 9 月）

“综合国力”，20 世纪 80 年代出现的一个新术语，尽管目前尚无统一的定义，迄今的任何辞书（《不列颠百科全书》、《苏联百科辞典》、中国《辞海》等）也都未列入这一概念。然而作为近年来各国国际问题专家、学者竞相研究的成果，“综合国力”概念毕竟有了一个基本的轮廓和较为丰富的内容。因而这一术语近年来也开始出现在各国领导人（包括我国领导人）的讲话、报告中，甚至被列为国家战略。

任何一个科学思想，都是在前人思想的基础上发展起来的。因此人们往往要追溯思想渊源，这是自然的。综合国力思想也不例外。人们不是把国力理论追溯到二次大战前后尼古拉斯·斯拜克曼那里、汉斯·摩根索那里吗？其实作为今天综合国力理论的许多基本思想——如国力是诸种因素的综合的思想，经济是国力的基础的思想，国力由物质力量和精神力量两大部分构成的思想，国力竞赛此长彼消不平衡发展的思想，综合实力需要综合努力的思想，等等——在毛泽东三四十年代的著作中（特别是在他的专门比较了中日两国国力的《论持久战》一书中），已有丰富的内容。有必要对毛泽东的综合国力思想给予珍视和发掘研究。本文结合当代综合国力研究，试对毛泽东关于国力的思想进行评述。

一、国力是综合的、全面的

国家实力（Nationl Power，或译为国家权力），简称国力，历来是国际政治分析中占有十分重要地位的概念。产生了世界政治研究，同时就产生了实力分析方法。然而，在传统的国际政治研究中，国家实力虽然也不能说是纯单一性的，但人们往往偏重于军事实力的一个因素，是把军事实力置于国家实力的主导地位，或者把军事实力作为衡量其他形式实力的最终尺度，以至于说到实力通常总是指军事实力。

现在情况发生了变化。战后以来，随着军事实力使用范围的缩小，随着军事实力使用效能的减少，随着军事实力使用代价的增大，可以说，军事实力虽仍然重要，但其意义已经大为下降，国家在世界上的地位和作用已不单纯取决于，甚至也不主要取决于军事实力；国家实力已不单纯归结于，甚至也不主要归结于军事实力；国力竞赛已不单纯表现于，甚至也不主要表现于军事实力竞赛。到了七八十年代，连最看重军事实力的西方学者也认识到，“国家实力或能力包含的内容比单纯的军事实力要多得多。”① 并且开始从各种因素综合的角度，来研究国力。

1975 年，美国前中央情报局副局长雷·克莱因出版《世界实力评估》一书，尽管他仍从研究发动战争能力的角度出发，研究实力，但这里的国力已经是综合性的了——实力由基本实体（人口＋领土）、经济能力、军事能力、战略意图、国家意志五大因素构成。1980 年，日本大平内阁的“政策研究会”提出《综合安全保障战略》报告，从研究国家安全战略的角度出发，研究国力。不仅其内容也是综合的，即保障国家安全不能仅仅运用军事力量，而是要“综合”运用政治、军事、外交、经济、文化等各方面的实力；而且连战略的名称都冠以“综合”一词。1987 年，日本经济企划厅综合计划局发表《日本的综合国力》报告，专门研究综合国力。该报告把“综合国力”分解为三大类要素，包含着经济、科技、政治、教育、军事、外交、文化、人口、国土等国力

① 〔美〕威廉·奥尔森、戴维·麦克莱伦、弗雷德·桑德曼：《国际关系的理论与实践》，中国社会科学出版社 1987 年版，第 136 页。

要素。自此，“综合国力”一词在国际政治领域风靡全球。

其实在30年代的毛泽东那里，国力已经是综合性的，尽管他没有用“综合国力”一词。1938年5、6月间，毛泽东发表了《论持久战》的著名演说，为了说明中国的抗日战争是必胜的也是持久的，他对日中两国的国力做了详尽的比较分析。归结这个国力比较就是：“日本的军力、经济力和政治组织力是强的，但其战争是退步的、野蛮的，人力、物力又不充足，国际形势又处于不利。中国反是，军力、经济力和政治组织力是比较地弱的，然而正处于进步的时代，其战争是进步的和正义的，又有大国这个条件足以支持持久战，世界的多数国家是会要援助中国的。”[①] 这是地地道道的综合国力分析！这里比较的，用今天的话说，叫“综合国力要素”，而非片面的单一实力；用当时毛泽东自己的话说，是“全部基本要素，不是残缺不全的片段”[②]。概括这些国力要素，共包括军事、经济、政治、人口、地理自然条件和国际关系6大类。这差不多道出了今天的研究者刚刚揭示的综合国力的全部基本要素。尽管今天的研究者对国力要素的侧重点不尽相同，对国力要素的诠释不尽相同，对国力要素构成的排列组合不尽相同，对国力要素之间相互关系机制的看法不尽相同，但其国力要素构成不也正是这些大的方面吗？

以下更为具体的分析，将进一步说明毛泽东关于综合国力思想的丰富内容。

二、经济是国力的基础和核心

相应于战前帝国主义列强凭借武力瓜分、重新瓜分世界的斗争，相应于战后时期美苏两个超级大国通过军备竞赛争夺世界霸权的斗争，过去的国力概念一般归结为军事国力概念，经济实力并未得到应有的重视。是现实强制人们认识到经济实力在国力中的真正意义。战后从事军事实力竞赛甚至动用军事实力打局部战争的美国、苏联，尽管其军事实力大大增强了，把其他国家拉得很远，然而其国力和国际地位不但没能随之增强和提高，反而越来越衰落和下降。侵越战争成了美国相对衰落

---

① 《毛泽东选集》第2卷，人民出版社1991年版，第449—450页。

② 《毛泽东选集》第2卷，人民出版社1991年版，第450页。

的转折点；侵阿战争成了原苏联相对衰落的转折点。这不仅仅因为甚至也不主要因为他们打输了这两场战争，即使他们不打或者打赢了这两场战争又会怎么样呢？可以断言，长期的军事实力竞赛削弱了国力，特别是削弱了经济实力，从而使其相对衰落的趋势，同样是不能扭转的。而战后没有从事军事实力竞赛，集中精力于经济实力竞赛的日本、联邦德国，却是另一番情形。尽管他们相当长的时期只是“军事小国”或二流军事强国，但其经济实力不断增强，从而综合国力也大大增强了，不但已经崛起为新的世界大国，而且其国力、国际地位继续保持上升的势头。因此，人们说第二次世界大战军事上的战败国日本、德国，战后在经济上战胜了美、英、法而成了战胜国；战时通过军事手段没能攫取到的世界权益，战后通过经济手段都得到了。这些说法不乏偏激，但也不失其道理。

总之，战后40多年的历史事实，使人们越来越重视经济实力在国力中的意义。在80年代日本的综合国力研究中，对国力诸要素的重要程度的评估，经济力居首位，为77.9分，科技力次之，为67.7分，军事力排政治、教育之后的第五位，仅为22.1分。在60年代西德教授——威廉·富克斯《国力方程》那里，更是贬低军事实力的意义，主要是以钢铁和能源来设计其“国力方程”。如果说日本、联邦德国出于其本国经济实力强大而军事实力相对弱小的实际国情，而在其国力要素评估中过于看轻了军事实力的意义，那么在最看重军事实力的美国，而且还是在美苏军备竞赛方兴未艾的70年代，军事实力在国力中也已不再是居独占鳌头的地位——克莱因对其国力中物质要素的评估，经济能力和军事能力并列，各为200分，人口和领土各为50分。因此，尽管对经济实力具体的评估存在分歧，然而仍可以说人们已经对经济实力在国力中的意义有了基本的共识：未来的主要对手和威胁，来自经济、科技方面而非军事、政治方面；未来的国力竞赛，是以经济（或经济科技）为核心的综合国力竞赛而非军事实力竞赛；未来一个国家在世界上的地位，取决于它的以经济（或经济科技）为核心的综合国力状况而非军事实力状况。

其实，经济是社会存在和发展的基础，经济决定政治、军事等，并非今天才有的“新观点”，而是马克思、恩格斯早在140多年前发现的历史唯物主义的观点。（当然，这并不意味着现在连西方学者都接受了唯物史观。他们只是受客观实际所迫，接受了经济起决定作用的现实。）

而毛泽东在其30年代前后的著作中，基于马克思主义唯物史观的基本原理，论述了经济在国力中的基础和核心地位，特别是论述了经济对于政治、军事的基础作用。

关于经济是政治、军事胜败存亡的物质基础这一点，恩格斯在批判杜林的政治暴力决定论时作过精辟的论述。他指出："暴力本身的'本原的东西'是什么呢？是经济力量，是占有大工业这一强大的手段。""暴力的胜利是以武器的生产为基础的，而武器的生产又是以整个生产为基础，因而是以'经济力量'，以'经济情况'，以暴力所拥有的物质资料为基础的"①。

即便是在"经济建设必须是环绕着革命战争这个中心任务"② 的战争年代，毛泽东也是十分重视经济的物质基础作用的。早在1928年井冈山斗争时期，他就把"有足够给养的经济力"同其他政治的、军事的、地理的条件一并（这无疑是综合实力的雏形）作为工农武装割据存在和发展所需具备的条件③。以后又在革命战争的各个时期，都把经济作为苏区（或根据地或解放区）存在与发展和战争胜利的不可或缺的物质基础。在中央苏区反"围剿"时期，他指出："只有开展经济战线方面的工作，发展红色区域的经济，才能使革命战争得到相当的物质基础，才能顺利地开展我们军事上的进攻，给敌人的'围剿'以有力的打击"④。在艰苦卓绝的抗日战争时期，他指出："认真地精细地而不是粗枝大叶地去组织各根据地上的经济，达到自给自足的目的，是长期支持根据地的基本环节。"⑤ 在解放战争时期，他指出："减租和生产两大任务是否能够完成，将最后地决定解放区政治军事斗争的胜负，各地切不可疏忽。"⑥

在经济建设不是中心任务的战争时期，毛泽东尚且极为重视经济的物质基础作用，那么，对于和平建设时期，他更是把经济作为国家昌盛的物质基础、国力强大的核心内容。在抗日战争即将胜利的前夕，毛泽

---

① 《马克思恩格斯选集》第3卷，人民出版社1995年版，第213、206页。
② 《毛泽东选集》第1卷，人民出版社1991年版，第119页。
③ 《毛泽东选集》第1卷，人民出版社1991年版，第57页。
④ 《毛泽东选集》第1卷，人民出版社1991年版，第120页。
⑤ 《毛泽东选集合订一卷本》，人民出版社1964年版，第765页。
⑥ 《毛泽东选集》第4卷，人民出版社1991年版，第1176页。

东规划着未来新中国的建设蓝图。他指出："没有工业，便没有巩固的国防，便没有人民的福利，便没有国家的富强。一八四〇年鸦片战争以来的一百零五年的历史，特别是国民党当政以来的十八年的历史，清楚地把这个要点告诉了中国人民"。因此，"在新民主主义的政治条件获得之后，中国人民及其政府必须采取切实的步骤，在若干年内逐步地建立重工业和轻工业，使中国由农业国变为工业国。"①

战后那些迷信军事力量、追求军事霸权的国家，尽管其军事实力一时得到膨胀，但拖累了经济发展，破坏了其赖以存在的经济实力基础，必然的结果是削弱了国力。严酷的事实迫使他们正视经济这一国力和国家地位的物质基础。于是，人们开始感到《社会科学国际百科全书》"有关于'军事实力潜力'而没有关于'经济实力潜力'的词目"，"不那么令人鼓舞"，希望下一版的《国际百科全书》补遗②。

三、精神因素同物质因素一样，是国力构成不可缺少的两大要素之一

过去西方学者和政治家，尽管其世界观一般是唯心主义的，但其对国力的看法却很"唯物"：或者唯军事实力为重（"唯武器论者"属此类），或者唯自然物质条件为重（"地缘政治学"），而忽视精神因素。现代国力研究者和政治家则有不同，不管列出了多少种国力要素，有多少种国力要素的排列组合方式，国力要素构成一般都可以归结为两大类：物质要素与非物质要素（或称精神要素），即国力构成的"硬件"与"软件"。一般说来，物质要素是有形要素，精神要素是无形要素；物质要素是可计量要素，精神要素是非计量要素。

在 40 年代，一些学者关于国力构成要素的论述中，已列出了一些非物质要素。例如，尼古拉斯·斯拜克曼的"民族同质性"、"社会结合程度"、"政治稳定性"、"国民士气"，汉斯·摩根索的"民族特性"、"国民士气"、"外交素质"、"政府素质"。七八十年代以来，国力构成中

---

① 《毛泽东选集》第 3 卷，人民出版社 1991 年版，第 1080、1081 页。

② 〔美〕威廉·奥尔森等编：《国际关系的理论与实践》，中国社会科学出版社 1987 年版，第 157 页。

的精神要素在学者和政治家眼中更鲜明了。譬如，美国的雷·克莱因“国力方程”构成，除了“基本实体（人口加领土）”、“经济能力”、“军事能力”三大物质要素外，还有“战略意图”和“国家意志”两大精神要素。塞缪尔·亨廷顿1988年《与保罗·肯尼迪一论短长》的文章中论述的美国国力，除了人口、资源、经济、军事技术等物质要素以外，还有“教育”、“社会凝聚力”、“政治稳定”和“外交联盟”等非物质要素。甚至当时作为美国总统的里根也于1984年1月16日发表的一次讲话中说：“实力不仅仅是军事力量。经济力量举足轻重。……同样重要的是我们的精神力量，还有我们国内人民的团结以及我们同国外盟友的团结。”1987年《日本的综合国力》报告中庞大的国力要素体系，除了物质力量，也包括诸如“政策力”、“外交力”、“国民意识”、“同盟友好关系”等精神力量。

作为辩证唯物主义者的毛泽东，从来都坚持物质和精神的辩证统一：“我们承认总的历史发展中是物质的东西决定精神的东西，是社会的存在决定社会的意识；但是同时又承认而且必须承认精神的东西的反作用，社会意识对于社会存在的反作用”①。从这个基本原理出发，毛泽东在力量对比分析中，十分注重物质力量与精神力量两大因素的辩证关系。他不仅指出力量对比是两方面因素的对比：“力量对比不但是军力和经济力的对比，而且是人力和人心的对比。”② 他也指出力量对比的变化，是两方面因素作用的产物：“竞赛结果，有胜有败，除了客观物质条件的比较外，胜者必由于主观指挥的正确，败者必由于主观指挥的错误。”③ 20年后的1957年，基辛格在他的《核武器与对外政策》一书中，指出了毛泽东物质、精神两因素的军事学说与美国单纯军事考虑的战争思想的不同：“毛泽东的军事学说反对那种以纯军事考虑为基础进行速决战的观念，而这种观念在很大程度上却是美国战略思想的基础。毛泽东军事学说再三说明，在战争中精神因素与物质因素同样重要。”

国力中精神因素本身，我们前面曾列举的当今人们研究国力时所提

---

① 《毛泽东选集》第1卷，人民出版社1991年版，第326页。
② 《毛泽东选集》第2卷，人民出版社1991年版，第469页。
③ 《毛泽东选集》第2卷，人民出版社1991年版，第490页。

出的精神力量（“国家意志”、“国民士气”、“国内政治稳定性”等等），毛泽东几乎都论及过，尽管其用词和含义不尽相同。下面我们具体看看几个主要因素。

1.“政治动员”——国家战略与贯彻这个战略的国民意志

毛泽东十分重视政治动员这种精神力量的作用。他说：“这个政治上动员军民的问题，实在太重要了。我们之所以不惜反反复复地说到这一点，实在是没有这一点就没有胜利。没有许多别的必要的东西固然也没有胜利，然而这是胜利的最基本的条件。”① 甚至政治动员重于武器等等因素：“武器等等不如人尚在其次，这一着实在是头等重要。动员了全国的老百姓，就造成了陷敌于灭顶之灾的汪洋大海，造成了弥补武器等等缺陷的补救条件，造成了克服一切战争困难的前提。”② 那么，什么是政治动员？“首先是把战争的政治目的告诉军队和人民。必须使每个士兵每个人民都明白为什么要打仗，打仗和他们有什么关系。抗日战争的政治目的是‘驱逐日本帝国主义，建立自由平等的新中国’，必须把这个目的告诉一切军民人等，方能造成抗日的热潮，使几万万人齐心一致，贡献一切给战争。”③ 另外，“单单说明目的还不够，还要说明达到此目的的步骤和政策，就是说，要有一个政治纲领。”④ 国家的“政治目的”、“政治纲领”、动员全民族去实现这个目的、纲领，这其实就是今天的国力研究者所说的“国家战略与贯彻这个战略的国民意志”因素。

2.“人心”、“士气”

按照毛泽东的实力观，“力量对比不但是军力和经济力的对比，而且是人力和人心的对比”⑤。因此，在他具体比较中日实力时，总是把“人心”、“士气”这个精神要素放进去。譬如，他在分析中国比之日本是相对劣势而非绝对劣势时指出：“中国方面，虽然在力量的强度上是劣势，因此造成了战略上的某种被动姿态，但是，在地理、人口和兵员

---

①《毛泽东选集》第2卷，人民出版社1991年版，第513页。

②《毛泽东选集》第2卷，人民出版社1991年版，第480页。

③《毛泽东选集》第2卷，人民出版社1991年版，第481页。

④《毛泽东选集》第2卷，人民出版社1991年版，第481页。

⑤《毛泽东选集》第2卷，人民出版社1991年版，第469页。

的数量上，并且又在人民和军队的敌忾心和士气上，却处于优势，这种优势再加上其他的有利因素，便减杀了自己军力、经济力等的劣势程度，使之变为战略上的相对劣势。”① 而日本，在人心、士气方面却是一个消极因素。例如，它在中日战争的第一阶段（即日本战略进攻阶段），“士气已开始表现颓靡”②，到了战争的第二阶段，“国内人心更加不满，士气更加颓靡”，日中力量对比将发生巨大的变化③。

3. “政治组织力”——政府能力、国民凝聚力

毛泽东比较日中实力的第一点，是“日本的军力、经济力和政治组织力是强的”，“中国反是，军力、经济力和政治组织力是比较地弱的”④。这里面，军力、经济力是物质力量，政治组织力是精神力量，且是一种十分重要的精神力量。从日本方面看，“日本军队的长处，不但在其武器，还在其官兵的教养——其组织性”⑤。从中国方面看，“过去土地革命战争时代的中国红军，以弱小的军力还常打胜仗，得利于组织起来和武装起来的民众是非常之大的。民族战争照规矩应比土地革命战争更能获得广大民众的援助；可是因为历史的错误，民众是散的，不但仓卒难为我用，且时为敌人所利用。”⑥ “日本敢于欺负我们，主要的原因在于中国民众的无组织状态。克服了这一缺点，就把日本侵略者置于我们数万万站起来了的人民之前，使它象一匹野牛冲入火阵，我们一声唤也要把它吓一大跳，这匹野牛就非烧死不可”⑦。以上毛泽东所分析的“政治组织力”，其实就是今天人们研究国力时提出的“政府组织、动员能力”和“国民凝聚力”要素。

四、地理自然条件是一种重要的国力因素

应该说，国力研究者从来没有忽视地理自然因素，尽管因时异而重

---

① 《毛泽东选集》第 2 卷，人民出版社 1991 年版，第 489 页。
② 《毛泽东选集》第 2 卷，人民出版社 1991 年版，第 463 页。
③ 《毛泽东选集》第 2 卷，人民出版社 1991 年版，第 468 页。
④ 《毛泽东选集》第 2 卷，人民出版社 1991 年版，第 449—450 页。
⑤ 《毛泽东选集》第 2 卷，人民出版社 1991 年版，第 503 页。
⑥ 《毛泽东选集》第 2 卷，人民出版社 1991 年版，第 492 页。
⑦ 《毛泽东选集》第 2 卷，人民出版社 1991 年版，第 511—512 页。

视的程度不同；国力研究者一般都不忽视地理自然因素，尽管因人异而重视的程度不同。汉斯·摩根索8项国力要素的第1项为地理，第2项为自然资源。尼古拉斯·斯拜克曼10条国力要素的第1条为领土状况，第2条为边界特征。威廉·富克斯国力方程的第1个要素为国土。霍蒙·阿隆国家权力3大基本要素的第1要素为政治单位所占空间，第2要素为人力物力资源。雷·克莱因"综合国力方程"的第1个因素"基本实体"为人口加领土。日本综合研究所综合国力三方面之一的"生存力"其第1个构成要素是地理（领土、领海、领空、战略位置）。

特别是19世纪末20世纪初形成的地缘政治学，把地理自然环境视为国家实力的决定性因素。例如，"地缘政治之父"、德国的弗里德里克·拉采尔的"生存空间"是国家权力的关键的理论，美国的阿尔弗雷德·马汉的"海权理论"，英国的哈尔福德·麦金德的"陆权理论"，等等。在西方，地缘政治和实力政治可以说是孪生兄弟，两者往往兼而有之，地缘政治论者往往也是实力政治论者，实力政治论者往往也是地缘政治论者，两者都是现实主义者。所不同的是在实力因素的侧重上：实力政治（强权政治）论者偏好军事实力，地缘政治论者青睐地理环境。

地缘政治学的理论基础是18、19世纪的"地理环境决定论"，即用地理环境来解释社会制度的更替，视地理环境为社会发展的决定力量的学说。因此，其基本的理论原则是错误的。马克思主义唯物史观揭示了社会发展变革的终极决定力量只能是社会物质资料的生产方式。片面地夸大地理环境对社会发展的影响，视其为社会发展的决定力量，是对人类社会发展本质的歪曲。另外，唯物史观也从不否认地理环境对社会发展的重要影响作用，甚至一定条件下的决定作用。地理环境对社会发展的影响决定于物质生产；地理环境又是决定社会发展的物质生产的必要条件。国力要素中的地理自然环境也同样如此，一方面，地缘政治学把地理自然环境视为国力构成中的最主要或决定性因素，这一理论原则是不科学的；另一方面，不能否认诸如地理位置、领土面积、地形地貌、自然资源、气候生态等等地理自然环境，是很重要的国力要素。它们属国力中的物质要素，但又与物质要素中的经济、军事等"可变要素"不同，它们是"不变要素"或相对固定要素。

毛泽东始终把地理自然条件当作一种重要的实力要素，他尤其重视中国的"地大"因素，视其为中国国家实力的一大优势。他在《论持久战》中所作的日中力量对比，其中有一项是“日本是小国，地小、物少、人少、兵少，中国是大国，地大、物博、人多、兵多”①。这里面，“地小”、“地大”（领土面积）和“物少”、“物博”（自然资源）就是地理自然因素。毛泽东把“地大”作为中国国力的一个重要方面，因而他所制定的抗日战争的战略战术，除了出于军事、经济、政治等等实力状况的考虑，也出于“地大”等地理自然条件的考虑。譬如，持久战——“在第一第二阶段，敌强我弱……拼国家命运的战略的决战则根本不干，例如最近之徐州撤退。这样就破坏了敌之‘速决’计划，不得不跟了我们干持久战。这种方针，在领土狭小的国家是做不到的，在政治太落后了的国家也难做到。我们是大国，又处进步时代，这点是可以做到的。”②

除了“地大”、“物博”，毛泽东也没有忽略“地理位置”的意义——“中苏两国是地理接近的，这一点加重了日本的危机，便利了中国的抗战。中日两国地理接近，加重了中国抗战的困难。”③ 其实在这之前的国内战争时期，毛泽东就很重视地理自然因素。他告诫红军指挥员，不仅要摸熟了敌我双方部队的情况，还要“摸熟了一切和战争有关的其他的条件如政治、经济、地理、气候等等”④；他把“地势”同政治、军事、经济力量一块列为武装割据需要具备的条件⑤。

这样，我们看到毛泽东论及到的可作为实力的地理自然条件，包括领土面积（“地大”“地小”）、地理位置、地形地貌（“地势”）、自然资源（“物博”“物少”）、气候等等丰富的内容。

五、国力竞赛，此长彼消不平衡发展

毛泽东在战争时期多次强调“战争是力量的竞赛”⑥。他所说的力量，实际是指综合国力。他除了在比较分析了日中两国军事、经济、政

① 《毛泽东选集》第2卷，人民出版社1991年版，第452页。
② 《毛泽东选集》第2卷，人民出版社1991年版，第506—507页。
③ 《毛泽东选集》第2卷，人民出版社1991年版，第456页。
④ 《毛泽东选集》第1卷，人民出版社1991年版，第180—181页。
⑤ 《毛泽东选集》第1卷，人民出版社1991年版，第57页。
⑥ 《毛泽东选集》第2卷，人民出版社1991年版，第470、487页。

治、人口，地理自然条件和国际条件等实力的特点之后，指出“战争就是这些特点的比赛”①；他还更具体地指出“战争不但是军事的和政治的竞赛，还是经济的竞赛”②，以及战争是“军力财力等项物质基础”之上的“主观能力的竞赛”③。

如果说战争是力量的竞赛（以上所论毛泽东的国力思想都是基于战争时期的背景），那么和平时期的发展是否就不是力量的竞赛，实力就不重要了呢？不是这样的。恰恰相反，实力至关重要。而且，战争尚且不是单纯军事实力的竞赛，而是综合实力的竞赛，那么和平时期的实力竞赛就更是综合性的了。因为在这个综合国力中，过去占有突出地位的军事实力的意义下降，其他实力的意义上升，特别是经济科技实力成为核心。这种综合国力竞赛的激烈程度和意义的重大，一点也不亚于战争时期的以军事实力为核心的实力较量。所以我们必须注重实力、增强实力、研究实力。

这样说并不意味着我们是唯实力论者，事实上我们反对单纯从实力出发处理国际政治、国际关系问题的强权政治。但是，只要世界上存在资本主义制度，就会有压迫、不平等、强权政治。正如列宁所说：“在资本主义制度下，除了用实力来解决矛盾，还有什么别的办法呢？”④资本主义国家间关系如此；资本主义国家对待殖民地、落后国家如此；社会主义国家诞生之后，尽管它一贯反对压迫、不平等和强权政治并为此而坚持不懈地斗争，但是，这并不会一下子就彻底消除世界上现存的强权政治。批判的武器不能代替武器的批判。要反对从实力出发的强权政治，必须运用实力、增强实力。这如同用暴力反对暴力，用战争反对战争，“不要枪杆子必须拿起枪杆子。”⑤

既然是力量竞赛，就有一个你追我赶、此长彼消、东升西落等等平衡与不平衡的问题。列宁通过对帝国主义的深入研究，发现了“经济政治发展的不平衡是资本主义的绝对规律”⑥。发展不平衡，首先是指发

① 《毛泽东选集》第2卷，人民出版社1991年版，第450页。
② 《毛泽东选集》第3卷，人民出版社1991年版，第1024页。
③ 《毛泽东选集》第2卷，人民出版社1991年版，第491页。
④ 《列宁选集》第2卷，人民出版社2011年版，第815页。
⑤ 《毛泽东选集》第2卷，人民出版社1991年版，第547页。
⑥ 《列宁选集》第2卷，人民出版社2011年版，第709页。

展速度的不平衡——“发展速度上的差异”，“发展速度等等极不一致”[①]；正是发展速度的不平衡，导致实力水平发生由不平衡到平衡再到新的不平衡的变化；而在这个实力变化的过程中，资本主义国家之间发生着“各种各样的摩擦，冲突和斗争”。列宁指出：“在资本主义制度下，分割势力范围、分享利益和分割殖民地等等，除了分割者的实力，也就是以一般经济、金融、军事等等的实力（也是综合实力而非单纯军事实力！——引者注）为根据外，不可能设想以其他的东西为根据。而这些分割者的实力的变化又各不相同，因为在资本主义制度下，各个企业、各个托拉斯、各个工业部门、各个国家的发展不可能是平衡的。如果拿半世纪以前德国的资本主义实力同当时英国的实力相比，那时德国还小得可怜；日本同俄国相比，也是如此。能不能‘设想’一二十年之后，帝国主义列强的实力对比依然没有变化呢？绝对不能。”[②] 历史的发展证实了列宁的论断。

毛泽东的实力竞赛说包含着丰富的平衡与不平衡问题的论述。甚至在中美两国相互敌视的 1957 年，时任美国参谋长联席会议顾问的基辛格博士也赞佩道：“毛泽东的《论持久战》和《中国革命战争的战略问题》都是在三十年代抗日战争开始的时候写的，这两篇文章在平衡观念以及使列宁主义的正统学说适应中国情况的巧妙上，是很出色的。”[③]

毛泽东在对日中两国诸种国力要素的优劣作了比较分析之后，指出：“现时敌我强弱的程度悬殊太大，……所以平衡不能出现，而出现的是不平衡。”[④] 根据这样的实力对比情况，中国的抗日战争只能是持久战，而且在其第一阶段采取战略守势、防御的方针。在战争的第二阶段内，“敌我力量对比将发生巨大的相反的变化，中国将逐渐上升，日本则逐渐下降。那时中国将脱出劣势，日本则脱出优势，先走到平衡的地位，再走到优劣相反的地位。”[⑤] 当出现这种实力地位易位的情况，

① 《列宁选集》第 2 卷，人民出版社 2011 年版，第 815 页。

② 《列宁选集》第 2 卷，人民出版社 2011 年版，第 837 页。

③ 〔美〕亨利·基辛格：《核武器与对外政策》，世界知识出版社 1959 年版，第 317 页。

④ 《毛泽东选集》第 2 卷，人民出版社 1991 年版，第 460 页。

⑤ 《毛泽东选集》第 2 卷，人民出版社 1991 年版，第 468 页。

战争也就到了中国战略进攻阶段。即毛泽东所说的“敌我总的形势走到平衡，再由平衡走到我优敌劣。那时，就是我们实行反攻驱敌出国的时机了”①。我们看到，中日战争这场力量竞赛，此长彼消，实力对比发生了由不平衡到平衡再到实力地位易位的新的不平衡，从而决定了这场竞赛的进程和趋势。

历史已经验证了中日战争以及在这之前、之后发生的力量竞赛此长彼消、东升西落、你追我赶的发展不平衡状况及其结果。例如，19世纪末20世纪初美国、德国的国力之跳跃式发展并赶超英国、法国；第二次世界大战后日本的迅速崛起并使国力跃居资本主义世界的第2位；新中国成立后经过40多年的迅速发展使其综合国力由1949年的第13位上升到目前的第6位等等。因而，若看不到后进可以赶超先进、弱可以变强，或者过于看重落后、弱点、劣处，视落后为永远落后，这在理论上是形而上学，在实践上则是悲观消极。毛泽东批判了抗战中以亡国论为主的悲观论者，这对于今天综合国力竞赛时代的悲观论者也是适用的——“亡国论者看重了强弱一个矛盾，把它夸大起来作为全部问题的论据，而忽略了其他的矛盾。他们只提强弱对比一点，是他们的片面性；他们将此片面的东西夸大起来看成全体，又是他们的主观性。所以在全体说来，他们是没有根据的，是错误的。那些并非亡国论者，也不是一贯的悲观主义者，仅为一时候和一局部的敌我强弱情况或国内腐败现象所迷惑，而一时地发生悲观心理的人们，我们也得向他们指出，他们的观点的来源也是片面性和主观性的倾向。但是他们的改正较容易，只要一提醒就会明白，因为他们是爱国志士，他们的错误是一时的”②。

另外，一个后进国家实力的上升，由劣势到平衡到优势，不是简单的事情。特别是对一个老大的落后国家，更是如此。即便你的发展速度总是保持优势，那要赶超一个实力强大得多的国家，也是需要一段时间的。何况发展是曲折的，而且竞赛对手也是在发展的。因此，过分的性急是不行的。毛泽东在批判了抗战中的亡国论、悲观论之后，指出：“然而速胜论者也是不对的。他们或则根本忘记了强弱这个矛盾，而单

① 《毛泽东选集》第2卷，人民出版社1991年版，第487页。
② 《毛泽东选集》第2卷，人民出版社1991年版，第458页。

单记起了其他矛盾；或则对于中国的长处，夸大得离开了真实情况，变成另一种样子；或则拿一时一地的强弱现象代替了全体中的强弱现象，一叶障目，不见泰山，而自以为是。总之，他们没有勇气承认敌强我弱这件事实。……这里也是主观性和片面性作怪。这些朋友们的心是好的，他们也是爱国志士。但是'先生之志则大矣'，先生的看法则不对，照了做去，一定碰壁。"① 当然，不能速胜，"不是说中国的事情只能慢吞吞地去干，中国的事情要勇猛地去干，亡国的危险不容许我们有一分钟的懈怠。"② 如果说在战争的力量竞赛中，不心存紧迫感，不发奋努力，有亡国灭种的危险；那么在今天的综合国力竞赛中，不只争朝夕，不发奋努力，则有落伍衰亡之虞。

应该指出，这种为赢得国力竞赛而进行的努力，是各个方面的综合努力。日本于70年代末80年代初提出的"综合安全保障战略"，其"综合"的含义一方面是指威胁本身就是"综合"的、多方面的和相互关联的，另一方面是指用以对付威胁的手段也必须是"综合"的，即"综合"运用政治、军事、外交、经济、文化等各方面的力量，以发挥确保国家安全的综合效果③。而在这之前40多年的毛泽东《论持久战》那里，除了分析的国力已是综合的外，也指出来自外部的亡国威胁是综合的——"敌人的这一掠夺的即灭亡中国的政策，分为物质的和精神的两方面，……在物质上，掠夺普通人民的衣食，使广大人民啼饥号寒；掠夺生产工具，使中国民族工业归于毁灭和奴役化。在精神上，摧残中国人民的民族意识"④。因而毛泽东还指出，改变敌我力量对比，尽快赢得战争胜利的方法、手段、努力，也是军事、政治、经济、文化、外交等各方面综合的——"努力于作战多打胜仗，消耗敌人的军队，努力于发展游击战争，使敌之占领地限制于最小的范围，努力于巩固和扩大统一战线，团结全国力量，努力于建设新军和发展新的军事工业，努力于推动政治、经济和文化的进步，

① 《毛泽东选集》第2卷，人民出版社1991年版，第458页。

② 《毛泽东选集》第1卷，人民出版社1991年版，第153页。

③ 冯昭奎：《"日本的综合国力"研究的背景和特点》，《日本问题》1988年第4期。

④ 《毛泽东选集》第2卷，人民出版社1991年版，第455页。

努力于工、农、商、学各界人民的动员，努力于瓦解敌军和争取敌军的士兵，努力于国际宣传争取国际的援助，努力于争取日本的人民及其他被压迫民族的援助”①。

综合国力，需要综合努力。毛泽东关于综合国力的丰富思想，不仅是今天综合国力研究的重要理论渊源，也是今天综合国力竞赛的重要指导方针。

① 《毛泽东选集》第2卷，人民出版社1991年版，第470—471页。

增强综合国力

——建设有中国特色社会主义理论的重要内容

（1994 年 9 月）

“综合国力”作为 20 世纪 80 年代出现的一个术语，已经成为世界各国领导人有关国家地位、前途的讲话、报告中经常提到的名词，甚至被列为国家战略。但是，世界各类国家赋予综合国力的意义是不同的。在我国，邓小平提出把是否有利于增强综合国力作为判断社会主义建设各方面工作是非得失的三个标准之一的观点，以及其他有关论述。可以说，增强综合国力，是建设有中国特色社会主义理论的一个重要内容。本文结合当代世界情况，特别是我国的实际情况，试论作为邓小平建设有中国特色社会主义理论重要内容的增强我国综合国力问题。

一、增强综合国力是建设有中国特色社会主义的重要标准和目标

国家实力（简称国力），历来是国际政治分析中占有十分重要地位的概念。然而在传统的实力分析中，国家实力不是纯单一性的。但人们往往偏重于军事实力一个因素，把军事实力置于国家实力的主导地位，

或者把军事实力作为衡量其他形式实力的最终尺度，以至于说到实力通常就是指军事实力。只是到了 20 世纪末期，随着世界局势的变化，军事实力的意义下降，其他实力（特别是经济、科技）的意义上升，才使得西方学者普遍认识到“国家实力或能力包含的内容比单纯的军事实力要多得多”①。并且开始从各种因素综合的角度来研究国力。例如，1975 年美国的雷·克莱因出版的《世界实力评估》一书，1987 年日本经济企划厅发表的《日本的综合国力》报告等等。

其实即使在战争时期国力也是综合的而非单纯的军事实力。早在 30 年代，中国抗日战争爆发之初，毛泽东比较分析的日中两国国力就是综合性的。“日本的军力、经济力和政治组织力是强的，但其战争是退步的、野蛮的，人力、物力又不充足，国际形势又处于不利。中国反是，军力、经济力和政治组织力是比较地弱的，然而正处于进步的时代，其战争是进步的和正义的，又有大国这个条件足以支持持久战，世界的多数国家是会要援助中国的。”② 这是地地道道的综合国力分析！这里比较的（包括军事、经济、政治、人口、地理自然条件和国际关系等国力要素），用今天的话说，叫“综合国力要素”，而非片面的单一实力；用当时毛泽东自己的话说，是“全部基本要素，不是残缺不全的片段”③。

毛泽东的国力思想是基于战争时期的背景。在当今和平时期，邓小平发展了毛泽东国力要素综合论的思想。他指出，“衡量一个国家的国力，要综合地看，全面地看。”中国第三代领导人也如是看。中共中央总书记江泽民多次强调“从世界范围看，各国之间的竞争，说到底是综合国力的较量。”“综合国力”已成为近年来党和国家正式文件、报告中经常出现的名词。例如《中国共产党章程》、国务院总理李鹏在全国人代会上所作的《政府工作报告》等等。

国家实力是综合的、全面的，综合国力要素主要包括：经济、科学、政治、军事、外交、教育、文化、人口、面积和自然资源等等。这里面，既有“硬实力”（经济、军事等）与“软实力”（政治、文化等）

---

① 〔美〕威廉·奥尔森等：《国际关系的理论与实践》，中国社会科学出版社 1987 年版，第 136 页。

② 《毛泽东选集》第 2 卷，人民出版社 1991 年版，第 449—450 页。

③ 《毛泽东选集》第 2 卷，人民出版社 1991 年版，第 450 页。

之分；也有“可变实力”（经济、军事等）与“不变实力”（国土、资源等）之别。

在世界局势发生重大变化的迈向21世纪的当今时代，世界各国普遍重视综合国力的发展，这是共性。除了这一共性，综合国力在中国还有其特性。邓小平把综合国力摆在了判断我国社会主义现代化建设各方面工作是非得失的三项标准之一的高度——“是否有利于发展社会主义社会的生产力，有否有利于增强社会主义国家的综合国力，是否有利于提高人民的生活水平。”① 这无异于把增强综合国力作为衡量有中国特色社会主义的标准之一，作为中华民族、中华人民共和国、中国社会主义孜孜以求的奋斗目标之一。

如果说把国力看作是综合的、全面的，更多地体现的是邓小平对毛泽东国力思想的继承，那么把增强综合国力视为有中国特色社会主义的重要标准和目标，则更多地体现的是邓小平对毛泽东国力思想的发展，是一个创新。

为什么增强综合国力对社会主义有如此重大的意义？

首先，增强综合国力对社会主义国家巩固和发展的内因方面有着重大作用。综合国力的要素、实际就是社会发展的要素；一个国家综合国力的增强，一是意义上就是一个国家社会的全面发展。特别是综合国力要素中具有内向意义（当然不仅仅是内向意义）的要素，如经济、科技、政治、文化、教育等的发展，更是既体现国家实力的增强，又体现社会发展水平的提高。就此而言，社会主义国家综合国力的增强，就意味着社会主义国家社会的全面进步，从而就能体现社会主义制度的优越性，就能坚定人民走社会主义道路的信念，就能消除产生否定社会主义的土壤。反之，一个社会主义国家若长期国弱（综合国力差）、民穷（社会发展水平低下），不能给人民以利益和信念，这种社会主义国家从内部来说（暂且不说外部因素）就不会是稳固、持久的。

“三个是否有利于”的标准，是有着相互的内在关系的。“增强社会主义国家的综合国力”的基础、核心，是“发展社会主义的生产力”；而发展生产力、增强综合国力的目的、结果，是“提高人民的生活水平”。三者缺一不可，共同构成判断社会主义成败的标准。

---

① 《邓小平文选》第3卷，人民出版社1993年版，第372页。

其次，增强综合国力对社会主义国家巩固和发展的外因方面的重大作用。综合国力除了国内意义之外，还有着很强的对外意义，即在国际上维护国家利益，提高国家地位。当今世界一个国家的权益、地位取决于该国的综合国力。因此我们重视增强国家实力和综合国力竞赛。但这并不意味着我们是唯实力论者。事实上我们反对单纯从实力出发处理国际政治、国际关系问题的强权政治。但是，只要世界上存在资本主义制度，就会有压迫、不平等、强权政治。正如列宁所说："在资本主义制度下，除了用实力来解决矛盾，还有什么别的办法呢?"① 资本主义国家间关系如此；资本主义国家对待殖民地、落后国家如此；社会主义国家诞生之后，尽管它一贯反对压迫、不平等和强权政治并为此而不懈地斗争，然而，这并不会一下子就彻底消除世界上现存的强权政治。批判的武器不能代替武器的批判。要反对从实力出发的强权政治，必须运用实力、增强实力。这如同用暴力反对暴力，用战争反对战争，"不要枪杆子必须拿起枪杆子"②。社会主义国家只有增强综合国力，才能提高自己的国际地位，维护国家主权和其他权益，才能有效地防止来自外部资本主义国家的对社会主义国家的干涉、颠覆和演变。这正如邓小平早在16年前的1978年就指出的："不搞现代化，科学技术水平不提高，社会生产力不发达，国家的实力得不到加强，人民的物质文化生活得不到改善，那么，我们的社会主义政治制度和经济制度就不能充分巩固，我们国家的安全就没有可靠的保障。"③

最后，增强综合国力对世界朝着社会主义方向发展的历史大趋势具有重大作用。增强综合国力不仅对于现今实际存在的社会主义国家的巩固和发展有着内因、外因的重大作用，而且对于人类社会发展趋势——社会主义必然代替资本主义的进程有着重大的作用。社会主义国家综合国力的增强，反映了社会主义生产力的发展，表现为人民生活水平的提高，这证明了社会主义制度的优越性，树立了社会主义国家的形象，为世界非社会主义国家的人民提供了榜样，指出了方向。以中国而论，如果我们到下个世纪中叶，实现了"三部曲"发展战略的第三个目标，生

① 《列宁选集》第2卷，人民出版社1972年版，第815页。

② 《毛泽东选集》第2卷，人民出版社1991年版，第547页。

③ 《邓小平文选（1975—1982年）》，人民出版社1983年版，第83页。

产力、综合国力、人民生活水平登上一个新台阶，则正如邓小平所说，“这不但是给占世界总人口四分之三的第三世界走出了一条路，更重要的是向人类表明，社会主义是必由之路，社会主义优于资本主义。”①

二、以经济为中心百年奋斗三步走的战略是把我国综合国力搞上去的发展途径

综合国力的基础与核心是经济实力。即便那些迷信军事实力、追求军事霸权的国家，也受当今世界严酷的事实所迫，不得不正视经济这一国力和国家地位的基础。于是，人们开始感到《社会科学国际百科全书》“有关于‘军事实力潜力’而没有关于‘经济实力潜力’的词目”，“不那么令人鼓舞”，希望下一版的《国际百科全书》补遗②。

其实，经济是社会存在和发展的基础，经济决定政治、军事等并非今天才有的新观点，而是马克思、恩格斯早在140多年前发现的历史唯物主义的观点。譬如恩格斯在批判杜林的政治暴力决定论时指出：“暴力本身的‘本原的东西’是什么呢？是经济力量，是占有大工业这一强大的手段”③。“暴力的胜利是以武器的生产为基础的，而武器的生产又是以整个生产为基础，因而是以‘经济力量’，以‘经济情况’，以暴力所拥有的物质资料为基础的”④。毛泽东在战争年代也是十分重视经济的物质基础作用的。早在1928年井冈山斗争时期，他就把“有足够给养的经济力”同其他政治的、军事的、地理的条件一并作为武装割据存在和发展所需具备的条件⑤。

在经济建设不是中心任务的战争时期，经济尚且是物质基础，而在和平时期，经济更是国家昌盛的物质基础、国力强大的核心内容。党的十一届三中全会以来，邓小平提出以经济建设为中心并抓住时机、加快发展的思想，抓住了增强我国综合国力的核心问题。一个国家若经济实

① 《邓小平文选》第3卷，人民出版社1993年版，第225页。

② 〔美〕威廉·奥尔森等：《国际关系的理论与实践》，中国社会科学出版社1987年版，第157页。

③ 《马克思恩格斯选集》第3卷，人民出版社1972年版，第213页。

④ 《马克思恩格斯选集》第3卷，人民出版社1972年版，第206页。

⑤ 《毛泽东选集》第1卷，人民出版社1991年版，第57页。

力上不去，政治、军事等实力以至整个综合国力都上不去，从而国家地位的提高、人民生活水平的提高都无从谈起。江泽民作为中共中央总书记的首次讲话就郑重地指出，“国家的昌盛，人民的富裕，说到底是经济实力问题。国际间的竞争，说到底也是经济实力的竞争。经济发展了，国力强大了，我们才能有力量抵御任何自然的和社会的风浪，顶住任何外来的威胁和压力，才能实现民族振兴，对人类做出更大贡献”①。

经济实力的意义重大，而经济实力大小的变化取决于经济增长速度的快慢。增长速度对于中国这样的原本落后的发展中大国至关重要。经济增长停滞不行，慢了也不行，低速度就等于停步，甚至等于后退。因为我们的经济同发达国家相比，差距大、基数小，同样一个百分点的经济增长率所包含的经济绝对量，远不是等同的。所以，若无经济增长速度上的较大的优势（无疑这个较高的经济增长速度应该是把经济效益、结构因素考虑在内的健康的高速度），只会使我们的经济实力以至整个综合国力永远落在发达国家的后面。

同时，还要看到我们这样的发展中国家赶超发达国家有一个长期的过程。毛泽东在1962年的“七千人大会”上曾经提出，“中国的人口多、底子薄，经济落后，要使生产力很大地发展起来，要赶上和超过世界上最先进的资本主义国家，没有一百多年的时间，我看是不行的。”②可惜从1966年开始，我们陷入了“文化大革命”政治大动乱之中，耽误了赶超发达国家的进程。是邓小平在十一届三中全会后，把在生产力、国家实力和人民生活水平上赶超发达国家的100年（从建国算起）具体地划分为三步走的战略进程。第一，使国家生产总值比1980年翻一番，解决人民的温饱问题。第二步，是到本世纪末实现国民生产总值再翻一番，人民生活达到小康水平。第三步，到下个世纪的中叶，使人均国民生产总值达到中等发达国家水平，基本上实现我国的现代化。

三步走的百年奋斗发展战略，核心内容是经济（国民生产总值，人民生活水平）但其意义实际包括了发展生产力、增强综合国力、提高人民生活水平三个方面。拿我们正在实践中努力争取在本世纪内实现的第二步目标来说，邓小平对其意义的评价是：“翻两番的意义很大。这意

① 《十三大以来重要文献选编》（中），人民出版社1991年版，第549页。

② 《毛泽东著作选读》（下册），人民出版社1986年版，第828页。

味着到本世纪末，年国民生产总值达到一万亿美元。从总量说，就居于世界前列了。这一万亿美元，反映到人民生活上，我们就叫小康水平；反映到国力上，就是较强的国家。”① 中国党和国家第三代领导人也都讲过“实现达到小康水平的第二步发展目标，使我国综合国力登上一个新台阶”，“实现了第二步战略目标，我国的综合国力将大大增强”，② 等等评价相同的话。因此，三步走的战略，既是一个经济战略，也可以说是一个综合国力战略，是把我国经济实力、综合国力搞上去的发展途径。

三、“科技—教育—经济”一体化是发展经济增强综合国力的关键

综合国力的核心内容是经济实力，而经济的发展又在很大程度上取决于科技、教育的发展。可以说“科技—教育—经济”一体化，是发展经济、增强综合国力的关键。

我们先来看看“科技—经济”一体化。

“科学技术是生产力”，这是马克思主义的一个原理。早在 100 多年以前，马克思就已经指出，生产力里面也包括科学，“劳动生产力是随着科学和技术的不断进步而不断发展的”③。马克思的科技是生产力的思想已被实践所证明。正如邓小平的评价：“马克思说过，科学技术是生产力，事实证明这话讲得很对。”④

时代在发展，人们的认识也要不断发展。当今时代比一个多世纪以前马克思生活的时代，已经大为不同。除了科技水平本身已远非过去能比外，一个重大的不同在于科学技术与生产日趋融合。即科学技术越来越成为“直接生产力”。一项科学从发现到它在技术、工艺上应用于生产的间隔时间呈缩小趋势：19 世纪后半叶以几十年计；本世纪上半叶以十几年计，而战后的当代以几年计。正因为科学技术与生产日趋融

① 《邓小平文选》第 3 卷，人民出版社 1993 年版，第 88 页。
② 《十三大以来重要文献选编》（中），人民出版社 1991 年版，第 1352 页。
③ 《马克思恩格斯全集》第 23 卷，人民出版社 1972 年版，第 664 页。
④ 《邓小平文选》第 3 卷，人民出版社 1993 年版，第 274 页。

合，从而它对经济发展的推动作用也愈来愈突出。很多国家当代经济的发展充分说明了这一点。据统计，发达国家经济增长的诸因素中，科技的作用，或者说科技进步的“贡献率”，本世纪初为5%～20%，战后的当代已提高到50%～70%。即科技成为当代经济发展的首要因素、第一动力。

根据当代的实际发展情况，邓小平发展了马克思“科学技术是生产力”的思想。他指出：“马克思讲过科学技术是生产力，这是非常正确的，现在看来这样说可能不够，恐怕是第一生产力。”①

既然科技是第一生产力，科技、经济一体化，而经济又是综合国力的核心内容，因此，正如江泽民所说：“世界范围的经济竞争、综合国力竞争，在很大程度上表现为科学技术的竞争。”②

下面再来看看“科技—教育—经济”一体化。

我们说科学技术是第一生产力，并不是说科学技术作为生产力的单独要素发挥其促进经济增长的巨大作用。科学技术是通过融合于并改变生产力诸要素的质量来影响经济的。生产力的要素归结起来，一是物的要素（劳动资料与劳动对象），二是人的要素（劳动力）。科学技术正是通过与劳动资料、劳动对象、劳动力的融合，改变它们的质量，从而促进生产力发展的。或者如有的学者所说，科技不是作为一项要素加进生产力诸要素中，而是作为乘数乘到生产力诸要素上头。

科学技术同生产力诸要素的融合，其意义是不同的，其中科技与人的要素的融合更具有决定意义。这是因为：首先，科技同生产力物的要素的融合可以通过外部引进来较快地实现，例如，从国外进口已经融合了先进科技的机器设备，可能会迅速提高一个国家的技术装备水平。而科技同生产力中人的要素的融合，则主要依靠本国，且需要一个扎实、较慢的过程。其次，融合了科技的生产力物的要素由于一些不可抗力原因（如战争、自然灾害）可以被一下子毁坏殆尽，而融合了科技的生产力人的要素则不可能被完全毁灭。二次大战结束之时的日本、西德等国，生产力的物的要素受到了战争的毁灭性破坏。但受过良好的教育、掌握着较高科技知识、技能的人犹在，这就成为之后经济能够迅速发展

---

① 《邓小平文选》第3卷，人民出版社1993年版，第275页。

② 《十三大以来重要文献选编》（中），人民出版社1991年版，第780页。

的决定性因素。再次，科技同生产力物的要素的融合，并能够在经济增长中发挥作用，也离不开生产力中融合了科技的人的要素，没有后者，不仅科技与物的要素的融合难以在一国国内实现，而且即使从国外引进了融合了科技的物的要素，也难以发挥其对经济增长的作用。最后，物的要素的作用有限，而人的要素的能力无限。人的体力固然受自然的限制，而人的智力，正如恩格斯在《自然辩证法》中所说，是按照人如何学会改变自然界而发展的，其潜力和开发是无限的。

科技与生产力中人的要素是通过教育融合，科技与人的要素以及生产力其他要素得以连接、融合的中间环节是教育。换句话说，教育是科技与经济增长之间的媒介："科技—教育—经济"。舍此中介，科技就不可能对经济有那么大的"贡献率"。应该说科技对经济增长的"贡献率"，也包括教育对经济增长的贡献在内。美国增长经济学专家爱德华·丹尼森发现，在 40 年代末至 80 年代初美国国民生产总值年均 3.2%的增长率中，1/3 是通过提高美国劳动力的教育水平取得的，约 1/2 是通过技术革新和技能提高取得的，而这两者也都依赖于教育。

应该说："科技—教育—经济"一体化是邓小平科学技术是第一生产力思想的重要内含。事实上，邓小平也常常把科技、教育、经济三者结合在一起来谈。譬如他指出："经济发展得快一点，必须依靠科技和教育。我说科学技术是第一生产力。"① "从长远看，要注意教育和科学技术。否则，我们已经耽误了二十年，影响了发展，还要再耽误二十年，后果不堪设想。"②

十年树木、百年树人。一个国家科技、教育水平的提高，如前面所述，是一个扎实、长期的过程，而非权宜之计。邓小平总是把提高科技、教育水平，如同经济搞上去一样，放在一个战略的高度来看——"我这里说的关于教育、科技、知识分子的意见，是作为一个战略方针，一个战略措施来说的。"③ 目前我们正在努力逐阶段实现我国"三步走"的发展战略。而要实现这个把我国生产力、综合国力和人民生活水平搞上去的战略目标，"科技—教育—经济"一体化是关键。

① 《邓小平文选》第 3 卷，人民出版社 1993 年版，第 377 页。

② 《邓小平文选》第 3 卷，人民出版社 1993 年版，第 274—275 页。

③ 《邓小平文选》第 3 卷，人民出版社 1993 年版，第 275—276 页。

中共中央总书记江泽民在中共十四大上所作的报告中，在谈到“建设有中国特色社会主义理论的主要内容”时指出：“必须把发展生产力摆在首要位置，以经济建设为中心，推动社会全面进步。判断各方面工作是非得失，归根到底，要以是否有利于发展社会主义社会的生产力，是否有利于增强社会主义国家的综合国力，是否有利于提高人民的生活水平为标准。科学技术是第一生产力。经济建设必须依靠科技进步和劳动者素质的提高。”①

归纳本文所述作为建设有中国特色社会主义的重要内容的增强综合国力问题的主线，即如下图所示：

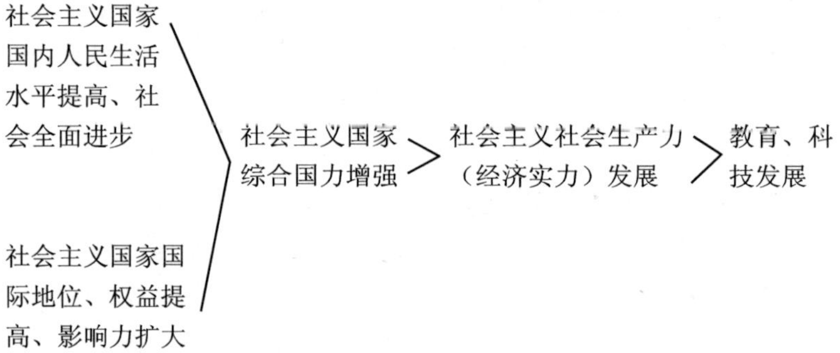

① 《中国共产党第十四次全国代表大会文件汇编》，人民出版社 1992 年版，第 13 页。

贯彻落实科学发展观 统筹对外开放诸关系

（2005 年 10 月）

对外开放，是我国的一项长期基本国策；统筹国内发展和对外开放，是科学发展观的一个要求；掌握对外开放的主动权，是提高执政能力的重要方面之一。在当前和今后一个时期，特别是在我国“十一五”时期，如何“着力提高对外开放水平”，有许多新问题需要我们加以研究和解决。这里着重探讨对外开放要注重统筹的几个关系。

一、注重统筹对外开放与宏观经济平衡发展的关系

（一）对外开放是整个国民经济发展大系统中的一个子系统

多领域开放不是游离于国民经济之外自成体系、孤立发展的“另一层皮”，而是整个国民经济发展大系统中的一个子系统。开放诸领域的发展，改变了我国封闭、半封闭的状况，促进了开放经济的形成；而在一个开放型经济条件下，开放的诸领域已经与国民经济各部门、各环节紧密联结。开放领域的发展与调控受制于整个国民经济的发展与调控；

开放领域的发展状况和进程影响着整个国民经济的发展状况和进程。经过20多年的开放，新世纪、新阶段，伴随着经济全球化的发展和我国加入世界贸易组织，这样一种国内经济发展与对外开放的关系更为密切。2003年10月14日通过的《中共中央关于完善社会主义市场经济体制若干问题的决定》正式把统筹国内发展和对外开放列为“五个统筹”之一，并作为科学发展观的要求提出来；2005年10月11日通过的《中共中央关于制定国民经济和社会发展第十个五年规划的建议》也把统筹国内发展和对外开放，不断提高对外开放水平，作为“坚持以科学发展观统领经济社会发展全局”的内容之一而提出来。这是具有十分重要的理论意义和实践意义的。

事实上，在经济全球化趋势面前，世界上任何一个开放型的国民经济，其开放领域与国民经济之间都不同程度地有着客观的联系。譬如美国，上个10年其经济“一高两低”的新经济现象，与经济全球化和美国对外经贸关系的发展密切相关。同样，基于这样的客观现实，各种经济理论一般也都不忽视对外经济与国内经济发展两者之间的关系。凯恩斯关于开放条件下宏观经济总量平衡的等式，既包括国内投资品供给、消费品供给，国内投资需求、消费需求，也包括国外进口供给和国外出口需求。西方宏观经济学关于宏观调控四大平衡目标，既有国内的经济增加、充分就业、物价稳定这三大平衡，又有国际收支平衡。钱纳里关于“二缺口”的理论，涉及的也是通过对外开放促进国内发展的问题。不过上述这些理论都没有把问题提到统筹国内发展和对外开放这样的高度上来。

关于发展中国家在其发展经济时为什么要对外开放、利用外资，国外有一个较为著名的理论观点——“两缺口”理论。该理论集中体现在1966年美国经济学家钱纳里和斯特劳特“两缺口模型”的分析上。他们认为，发展中国家由于收入低下，国内储蓄不足，难以满足国内投资的需要，从而出现一个“储蓄缺口”（投资I与储蓄S之间的差额）；同时由于贸易条件的限制，发展中国家出口创汇有限，难以支付国内发展生产所需要的进口，从而出现一个“外汇缺口”（进口M与出口X之间的差额）。对外开放、利用外资，既可以为入超的进口提供暂时“无须付现”的外汇支付手段（从供给角度来看），即弥补“外汇缺口”；又可以因外来投资品的进入而减少国内储蓄不足对投资水平的约束（从需求角度来看)，即弥补“储蓄缺口”。因此，利用外资是同时解决发展中国家经济发展中存在的两缺口的办法。

“两缺口模型”自有其道理，而且缺口也确是发展中国家较为普遍的状况从而其对外开放的一个直接原因。然而，发达国家也好，包括中国在内的发展中国家也好，其对外开放深层次的、基础性的、长期的动因和客观必然性，却不在于资金等要素短缺这里，而在于国际分工以及相应的开放的、全球化的世界经济的要求。经济尚不发达，资金之类的要素缺乏等因素，属于包括中国在内的发展中国家对外开放的现实直接原因和作为发展中国家的特殊需要。因为即使将来我国经济发达起来，资金、技术等充裕以后，也还是要甚至更要对外开放，以更充分地利用国际分工、国外市场和国外资源，正如目前世界上的发达国家经济的开放性很高一样。现在我国某些“缺口”有时就不存在，例如，到2005年9月底，我国的外汇储备达7690亿美元（2004年底为6099亿美元），储蓄率也高达40％以上，到2004年底，居民储蓄存款余额119555亿元（2005年9月底为13.63万亿元）。

（二）要特别注重对外贸易和利用外资这两个开放领域与宏观经济平衡发展的关系

从我国的多领域开放的发展与开放型国民经济的发展之间的相互影响、制约关系看，要特别注重对外贸易和利用外资这两个开放领域与宏观经济发展的相互关系。

1. 对外贸易是我国多领域开放中的一个重要领域，自1978年以来有了长足发展

1978年到2004年的26年间，我国外贸年均增长率逾16％，既高于我国经济增长率（9.4％）6个多百分点，又高于同期世界贸易增长率大约10个百分点。进出口商品贸易额由1978年的206亿美元增至2004年的11548亿美元，占世界商品市场的份额由0.75％提高到逾5％，在世界商品贸易中的位次由第32位上升到第3位。经济的外贸依存度由9％提高到75％。

从我国外贸进出口发展的前景看，为了实现我国全面建设小康社会的目标，要求在21世纪的头20年年均7％～8％的经济增长速度，基于这样的要求，我国外贸必须以一个较快的速度增长以解决技术装备、

原材料、能源等的国内需求和产品销售的国外出路。

要继续注重外贸出口的扩大。外贸出口的扩大，既是保持外贸快速增长、进出口市场总量规模扩大的关键——因为在外贸进出口关系上，一般原则是量出为入、以出带入、出入平衡；同时又是宏观经济总量平衡、国民经济快速增长的需要。因为在一个开放经济条件下，按照凯恩斯总量平衡公式，相对于社会总供给增长而平衡的社会总需求、从而拉动国民经济增长的因素，已经不仅仅是国内的消费需求和投资需求，还包括国外需求（出口市场需求）——“三驾马车”。外贸出口只有以一个较快的速度增长，才能对经济增长产生足够的拉动作用，进而才能既保证经济快速增长目标的实现，又不会给国内消费需求和投资需求增加过大的负担和压力。预计未来10—15年我国外贸将以10%的年均增长率发展，这将对我国未来经济增长产生相应的拉动作用。

同时，也要注重外贸进口的扩大，尤其是能源、原材料的进口。一国经济的增长，既要靠需求拉动，包括国外市场需求的拉动，也要靠供给推动，包括国外市场供给的推动。我国是一个人均资源相对不足的国家，特别是进入新世纪以来，经济快速发展所需要的能源、原材料越来越显得不足，要保持经济发展具有一定的速度，必须靠进口来满足供给、利用国外资源来满足需求。事实上，我国对外开放的本意和实质，就是既利用国内、国外两个市场，同时又利用国内、国外两种资源。早在开放初期的80年代初，邓小平就反复强调，“要大力发展对外贸易”，努力开拓国际市场，充分利用国内国际两种资源和两个市场，以实现“三步走”的国民经济现代化的发展战略。而后在开放的20多年中，我们一直坚持这个开放的核心内容：80年代初—1984年10月20日中共十二届三中全会通过的《中共中央关于经济体制改革的决定》中指出“我们一定要充分利用国内和国外两种资源，开拓国内和国外两个市场，学会组织国内建设和发展对外经济关系两套本领”。90年代初—1993年11月14日中共十四届三中全会通过的《中共中央关于建立社会主义市场经济体制若干问题的决定》中指出，“坚定不移地实行对外开放政策，加快对外开放步伐，充分利用国际国内两个市场、两种资源，优化资源配置”。21世纪初—2004年9月19日中共十六届四中全会通过的《中共中央关于加强党的执政能力建设的决定》中指出，“掌握对外开放的主动权，全面提高对外开放水平。坚持‘引进来’和‘走出去’相结合，利用好国际国内两个市场、两种资源，注重发挥我国的比较优势”。2005 年 10 月 11 日，中共中央十六届五中全会通过的《中共中央关于制定国民经济和社会发展第十个五年规划的建议》中指出：“国内国际两个市场、两种资源相互补充。”如果说过去 20 多年开放、对外贸易，重点是出口、利用国外市场需求；那么，今后的开放、对外贸易，也要注重进口、注重利用国外资源供给，特别是“鼓励进口先进技术设备和国内短缺资源”。

2. 利用外资

这个我国对外开放的重要领域 20 多年来发展迅速，特别是外商直接投资的发展尤为引人注目。截至 2004 年底，全国共批准外商投资企业 508941 个（至 2005 年 9 月底为 557601 个），合同外资金额 10966 亿美元（至 2005 年 9 月底为 12924 亿美元），实际使用外资金额为 5621 亿美元（至 2005 年 9 月底为 6276 亿美元）。

国际投资（包括对外投资和引进外资）与一国宏观经济总量平衡的关系密切。当国内总需求不足、经济增长乏力时，引进外资流入或者减少对外投资，有助于增加国内投资需求、刺激经济增长；当国内总需求过大，经济增长过热、通货膨胀上扬时，增大对外投资或者控制外资流入，有助于抑制国内投资需求，防止经济过热。譬如近两年我国加强宏观调控，对引进外资“有保有压”。

引进利用外资，对于发展中国家的中国来说，不仅有助于中短期的宏观经济平衡稳定，更有利于长期的国民经济持续发展。利用外资有利于我国国内资本形成和投资多元化——每年的外商投资约占当年固定资产投资总额的 10%～15%（2004 年为 12%）。利用外资有利于加快我国经济建设的步伐——截至 2004 年底外商投资企业工业增加值占全国增加值比重达 28%。利用外资有利于创造更多的就业机会——2004 年全国外资企业直接从业人员 2400 万人，约占全国所有非农业劳动人口的 10%。利用外资有利于增加财税收入——每年外资企业税收占同期全国税收收入额的 20%左右。利用外资有利于促进对外贸易和对外经济合作的发展——2004 年外商投资企业出口额占外贸出口总额的比重增长到 57%。利用外资还促进了我国产业升级和技术水平提高，促进了企业改革和管理机制的转变。

总之，利用外资有力地促进了国民经济持续、快速、健康发展。展望未来的需要，“十一五”期间我国经济若保持年均增长 8%左右，则包括引进外资在内的投资拉动是不可或缺的。我们将“继续积极有效利用外资”，大力提高利用外资的质量和水平，促进国民经济发展。

二、注重统筹外向（外需）与内向（内需）的关系

国际分工、经济全球化决定世界各国经济都要开放。然而世界各国以什么样的模式、怎样开放，就要结合世界各国具体的国情来决定。

（一）世界各国开放、发展战略的两种基本模式

一般认为，世界各国（特别是发展中国家）开放、发展的战略有两种基本模式。

一种是进口替代战略，即采取某些限制进口、扶植和保护本国相关产业发展的措施，以便用国内生产的工业品代替原来需要进口的产品，从而促进本国经济发展的战略。

由于该战略着眼于满足国内市场需求，因此又称为内向战略，实施这一战略的国民经济被称作内向型经济。

另一种是出口替代战略，即采取促进出口及相关产业发展的措施，以便用工业制成品出口代替传统的初级产品出口，从而带动本国经济发展的战略。

由于该战略着眼于开拓国外市场，因此又称为外向战略，实施这一战略的国民经济被称作外向型经济。

应该说两种战略各有长处。无论是进口替代的内向战略还是出口替代的外向战略都不是万能的。而且它们也不是非此即彼、不兼容、相互对立的两极，两者中间有许多过渡形式。发展中国家应根据不同的具体国情和所处发展阶段，以不同的组合将内向型与外向型结合运用，发展开放型经济。

（二）促进我国的开放型经济达到新水平

开放型经济，是参与世界经济、世界市场活动，参与经济全球化，发展对外经济关系的国民经济；开放型经济，其国内市场与世界市场通过各种渠道相互衔接，其国内经济与世界经济通过各种纽带紧密结合。开放型经济不等于外向型经济。开放经济是相对于封闭经济而言的，而

外向经济是相对于内向经济而言的。外向型经济固然属于开放型经济，而且由于其着眼于开拓国外市场甚至“两头在外”的特点，是开放性更强的经济；而内向型经济不等于封闭型经济，它也属开放型经济，尽管是面向国内市场生产替代进口的产品，也需要引进国外资金、技术，也需要进口原料、中间产品和机器设备，也需要通过出口换取进口所需的外汇。

我国的对外开放，是兼蓄出口替代和进口替代发展开放型经济，我国的开放战略是一个由内向和外向双向构成的战略体系。经过 20 多年的开放，我们仍将进一步实施这样的兼蓄内向战略和外向战略的开放战略，实现“开放型经济达到新水平”的“十一五”目标。

就部门而言，一是面向庞大的国内市场——我国是一个人口众多、国内市场广阔的大国，不同于国（区）内市场狭小的“四小龙”（小国小实体的外贸依存度比大国可以高许多。据钱纳里的经验统计，大国这一比重一般不超过小国的 50%，而目前大国与小国的差距更大），大力发展替代进口的产品、产业，以内需为主拉动经济快速增长。这一点的重要意义，经过 90 年代末东亚金融危机和我国摆脱短缺经济这几年的经历，得到了进一步的证明。为“进一步扩大国内需求”，未来一个时期我们特别要选择一批进口量大、技术含量高、附加值大的产品，“鼓励进口先进技术设备和国内短缺资源”，通过自主开发和引进制造技术，立足国内制造，以替代进口，满足国内市场需求。二是面向广阔的国际市场，大力发展工业制成品出口，以便更充分地利用国外资源和国际市场，增强本国的国际竞争力，促进经济的增长和技术水平的提高。应该说，发展高技术、高附加值产品出口，既要立足于比较优势（劳动密集型也可以是高技术、高附加值的），也要不囿于比较优势，主要由国际市场需求来决定出口。

就地区而言，一方面，在经济发展主要立足于国内的基础上，从沿海到内陆都要对外开放，都要发展开放型经济（特别是西部大开发战略，将在新世纪使西部进一步扩大开放）；另一方面，要根据各地区的具体情况，实行各具特点的地区开放战略。例如经济特区、沿海开放城市等不仅具有发展开放型经济的基础条件，而且具有发展外向型经济的基础条件的开放区域，就可以更多地着眼于发展两头在外的外向型经济。正如邓小平早在 1987 年时所说，深圳搞了七八年了，取得了很大成绩，由内向型转向外向型。未来“十一五”时期要继续和大力推进经济特区、上海浦东新区、天津滨海新区等条件较好地区的开发、开放。

三、注重统筹对外开放各个领域相互之间的关系

经济全球化的一个突出表现是，把世界各国经济更紧密联结为一个全球经济的各种纽带、渠道愈来愈相互结合、影响和制约，而非各自互不相干的平行、孤立发展。在这样一个世界经济趋势面前，我们必须实行外贸、外资等涉外领域的一体化，即外贸、外资、外经、外汇、外债“诸外结合”，使对外开放的各个领域、各项业务相互渗透、结合和促进，以发挥多领域开放的整体合力、协作力的效用。多领域开放不等于多个领域简单相加之和（即不是1+1=2的事，而是1+1>2的效益）它是由相互联系、相互作用的各个领域组成的开放体系。这种开放各领域相互结合、一体化发展产生的整体合力、协作力主要表现为相互促进、转换、互补三个方面。例如外资与外贸的关系，早在1957年芒德尔就提出了贸易与投资替代模型；后来小岛清更是提出了投资创造外贸。我国实施开放战略也要注重这个效益。

除了注重通过“诸外”结合产生协作力之外，还有注意通过对“诸外”统筹兼顾，避免顾此失彼、“单打一”，避免开放效应的抵消（即避免1+1<2的负效应）使整个对外开放协调发展。譬如，我国实行稳定人民币汇率政策，这就是兼顾了“诸外”协调。下面，我们就以人民币对外汇率问题为例作具体分析。

在1997年东亚金融危机爆发后人民币一度承受着巨大的贬值压力；2002年以后至今又承受着升值的压力。人民币是否贬值或升值，表面上看是个对外汇率问题，其实是“诸外”关系问题——汇率与外贸、汇率与外资、汇率与外债等等关系问题。人民币贬值或升值，对外资、外贸、外债等分别有不同的影响——譬如本币汇率贬值，虽然可以使外贸出口增加，但也可使外债还本负担加重。而且这些影响往往还取决于各种条件（譬如，汇率贬值刺激出口或汇率升值抑制出口，不会立即就有效果，还需符合“马歇尔—勒纳条件”以及考虑“J曲线效应”）。可见，人民币汇率贬值与升值各有利弊，要统筹“诸外”关系来权衡利弊。而且，人民币能否稳定，也不单是个汇率问题，主要取决于其他

"诸外"的态势，即受外贸进出口情况、外商来华投资情况、外汇储备状况、外债规模状况的影响。

执行稳定人民币汇率政策，既是我国现时情况的要求，也有历史的经验教训。我国在1980年以前较长时期执行的是汇率高估政策，汇率长期处于出口平均成本水平以下，没有真实反映人民币与外汇的比价。汇率高估政策助长了企业利用汇率进口的有利条件大量进口，影响出口创汇。进入80年代以后，随着人民币汇率几次下调（从1979年初的1.58元兑1美元降至1993年的8元多人民币兑1美元），使汇率真实反映出口成本，鼓励了出口创汇，促进了国际收支平衡。而后，1993年又一度出现人民币贬值过度的情况，7月黑市12元换1美元，尽管当时全国仅有外汇储备180亿美元，但也下决心抛外汇以稳定人民币，一个月时间把人民币稳定在8.7元换1美元，并在是年底宣布实行汇率并轨，这促进了外贸出口和外资流入，外汇储备也大幅度增加起来。随着国际收支状况的改变，1994年至1997年人民币汇率稳中有升（从8.7元升至8.3元），中央银行大量购进外汇促进了人民币汇率稳定。1997—1998年东亚危机发生后，人民币贬值压力出现；但我国作为一个负责任的大国，承诺人民币不贬值，并主动收窄了汇率浮动区间，继续使人民币汇率保持了稳定。

可以断言，人民币汇率若起伏不稳，譬如目前若大幅升值（如"美中经济安检委员会"2005年3月25日的报告鼓动当局压人民币升值25%），则既有损于我国经济也不利于世界经济（这个"双损"或者"双输"，国内外已有很多分析）。这个对我国经济的损害，既包括不利于我国外贸出口，更不利于我国吸引外国长期投资（美国哥大教授芒德尔在2005年10月的一次演讲中说，人民币升值将使外来直接投资减少15%），从而两者都会影响国内就业。可见人民币对外汇率这一"外"，既直接影响"外"贸、"外"资这二"外"，同时还间接影响着国内就业——要知道目前这二"外"吸纳着国内就业8500万人。而且人民币升值还会刺激短期外资进入投机，冲击我国尚不完善的金融体制、市场。从较长期看，保持人民币汇率基本稳定，有利于促进人民币成为自由兑换货币，有利于我国经济长远发展。

其实稳定人民币汇率政策，也不意味着汇率制度的固定不变。譬如1997年亚洲金融危机以来，我国人民币汇率基本稳定，但也稳中有微调——对美元的年度汇率，1997 年 8.2898，1998 年 8.2792，1999 年 8.2789，2000 年 8.2781，2001 年 8.2770，2002 年 8.2773，2005 年 6 月底 8.2765，2005 年 6 月底比 1997 年上升了 133 个基本点，即升值了 0.16%。

问题在于这个汇率变化不仅微小，而且是单一盯住美元汇率基本固定条件下的微小变化，使得有管理的浮动汇率制几近盯住美元的固定汇率制，从而汇率对于市场供求还不能灵活反应，汇率在资源配置中的积极作用受到一定程度的限制。这样的人民币汇率形成机制上存在的不足，造成的后果就是降低了人们的外汇风险意识，减弱了企业对技术创新等非价格竞争力的关注。

2005 年 7 月 21 日，中国人民银行发布完善人民币汇率形成机制改革的公告，我国开始实行以市场供求为基础、参考一篮子货币进行调节、有管理的浮动汇率制度。人民币汇率不再盯住单一美元，形成更富弹性的人民币汇率机制。“参考一篮子”不等于“盯住一篮子”，参考一篮子表明货币当局还可以将市场供求关系作为汇率定价的另一个重要依据，据此形成有管理的浮动汇率。根据对汇率合理均衡水平的测算，人民币对美元即日升值 2%，即 1 美元兑 8.11 元人民币。按照新机制，汇率将是浮动的，而且区间是合理的。现阶段，每日银行间外汇市场美元浮动范围为中间价上下 0.3%；其他货币在中间价上下 3%（由 9 月 23 日从 7 月 21 日宣布的，1.5%扩大而来）范围浮动。今后，中国人民银行将根据市场发育状况和经济金融形势，适时调整汇率浮动区间；同时负责根据国内外经济金融形势，以市场供求为基础，参考一篮子货币汇率变动，对人民币汇率进行管理和调节，维护人民币汇率的正常浮动，保持人民币汇率在合理、均衡水平上的基本稳定。

四、注重统筹对外开放的方式结构关系

对外开放的方式结构关系涉及的问题广泛，这里着重考察利用外资的方式结构关系。利用外资的方式结构，涉及的是利用外资要合理的问题。

（一）在利用外资两大方式上，继续以直接利用外资为主

在直接利用外资和间接利用外资这两大方式中，我们要继续以吸收

外商直接投资为主，以尽可能使我国利用外资的宏观效益最大、风险更小。

据经济合作与发展组织的一份报告，在1992年以前，外资流入中国的主要形式是贷款，这一部分约占总额的60%，而在1992年以后，外国直接投资取而代之，占据了主导地位，占流入外资总额的70%。我们今后要继续以吸收外商直接投资为主。

之所以如此，主要原因在于我国间接利用外资基本是借款，而借款是要形成一国外债，最终是需要偿还的。早在1979年邓小平就说，“利用外资一定要考虑偿还能力”。截至2004年底，我国外债余额折合美元高达2585.96亿元。当然，按照国际口径计算，我国的债务率（外债余额/当年出口收汇额）近年来一直大大低于国际公认的100%的警戒线，如2004年为34.9%；我国的负债率（外债余额/GDP）2004年为13.86%；短期外债与外汇储备之比约为17.1%，这些指标均处于国际标准安全线之内。这就是说，我国外债规模仍然控制在国力所能承受的范围内，偿债能力、信誉一直得到有效的保证。但是随着借用外资的大增，带来一些值得关注的问题：第一，外债迅速增多——在过去的“九五”期间（1996年至2000年）我国借用国外贷款570亿美元；现在，在“十五”期间，仅2003年一年我国新借外债就突破了1000亿美元大关，达1015亿美元。2004年新借入外债更是翻番为2059.73亿美元。第二，短期外债占比不断攀升——2004年我国中长期外债余额为1242.87亿美元，占外债余额的54.37%；短期外债余额为1043.09亿美元，占外债余额的45.63%（2005年6月末达53.1%），已高于国际公认的警戒线。第三，偿债率迅猛提高——我国的偿债率（当年外债还本付息额/当年出口收汇额）多年来也一直大大低于国际公认的20%的警戒线，例如1994年为9.1%，1995年为7.3%，1996年为6.7%，1997年为7.3%，2000年为11.68%，2001年为7.5%，2002年为7.89%，但2003年跃升至20.3%，2004年更是高达32.05%。第四，还贷压力增大。例如，2003年我国还本付息981亿美元，2004年翻番为1902.4亿美元（2005年上半年为1398.58亿美元）。以上4点加上目前我国自己拥有充裕的外汇储备（至2005年9月底为7690亿美元），我们有理由说“盲目以借款方式引进外资，后患无穷”，保持借用外资的合理规模，控制借用外资的增长速度，是必要的，特别是要严格控制国际商业银行短期贷款。

外商直接投资则不存在偿还问题，而且这种方式更有利于发挥我国在市场、劳动力、资源等方面的比较优势，更有利于我们利用伴随着外资而来的一揽子经济资源，因此要继续保持其增长。当然，吸收外商直接投资也有个处理好利润流出、市场控制、直接投资本身方式结构的问题。

（二）积极探索和发展跨国并购、证券融资等利用外资的多种方式

跨国并购——目前正在取代“绿地投资”（投资创建新企业）成为跨国投资的主要形式和国际直接投资的一个趋势。我国利用外资过去重投资建新企业、轻跨国并购。据经济合作与发展组织的报告，在1979年至1997年期间，外国企业在华直接投资的主要形式是建立合资或独资企业，而近几年的投资形式更多地转向合并或兼并。2004年外国公司在中国的并购增加了两倍以上，达到创纪录的165亿美元（其中8月汇丰银行支付17.5亿美元购买了交通银行20%的股份，成为年度一大并购交易）。跨国并购与新建投资企业各有利弊。一般来说，跨国并购在降低投资成本、获得廉价资产、投资、利用原有市场销售网络等方面具有优势，而对东道国来说，正如联合国的一份研究报告所指出的，为了求得生存和繁荣，企业不仅需要输入新的资本，而且需要输入新的管理资源。在许多情况下，这些企业不可能通过被国内企业收购来实现升级，原因是这些国内企业本身也同样缺乏资本、技术和管理资源。这时外国企业也许是唯一的选择。并购的优点还在于可以理清公司治理结构，整合有限的资源，盘活存量资产，较快地实现规模扩张，从而跃过自身积累扩大再生产的漫长过程。我们要积极探索和采用收购、兼并这种适应跨国投资发展趋势的利用外资新方式。鼓励外资参与国有企业改组改造。促进外商收购资产管理公司的不良金融资产。鼓励符合条件的国有企业在境内外上市，对外国投资者出让部分股权或资产。积极促进国内中小企业对外合资合作和出售，成为跨国公司的配套企业，进入跨国公司的国际配套采购网络。实践表明，不少国企利用外资重组后，取得很好的效益。目前跨国并购方式的投资占全球跨国投资总量的80%左右，而我国仅占5%，可见，跨国并购在我国尚有很大的扩展空间。当然，在通过跨国并购方式利用外资中，也要注意恶意收购、市场垄断

等问题。

融资证券化——近10多年来，国际资本市场融资中证券方式所占比重超过借贷方式所占比重这样一种趋势，是国际投资的另一重要发展趋势。在我国的间接利用外资中，证券融资，特别是其中的股票融资起步较晚、数额尚不大，相对于融资证券化这一国际趋势，我国的国际股票融资的发展还远远不够。截止到2004年底，我国两种国际股票（境内上市外资股和境外上市外资股）融资累计总额也不过396亿美元，仅占我国利用外资累计总额的4%。正因为我国股票融资规模还不大，融资证券化趋势的动因，即国际证券融资的好处、作用（如投资主体主动、对象广泛，投资成本较低，既不像国际借贷需要偿还债务也不像直接投资控制企业生产、经营以至市场等），在我国尚未充分利用和发挥，所以我们要努力发展国际股票融资。通过鼓励国有大中型企业发行国际股票，来筹集资本金并进行股份制改造，利用外资进行资产重组，盘活存量资产，改善经营机制，提高管理水平。

五、注重统筹对外开放的产业结构关系

正如全球化的资源跨国流动和配置是越来越全面的、包括各种经济资源的全面流动一样，我国的经济开放是多领域且领域不断拓宽的开放，从而形成了对外开放的产业结构关系问题。

随着经济全球化发展和我国经济发展的需要和可能，我国经济开放不仅要继续扩大领域，而且各个领域本身也要进一步深入拓宽其内部的领域。特别是服务业开放，将是未来我国开放领域扩大、利用外资领域拓宽的重点；进而是“十一五”时期“促进服务业加快发展”，“提高服务业的比重和水平”的重要途径。

我国服务业尚不发达。根据世行发展报告的数字，我国服务业占国内生产总值的比重，仅有33%，而世界的平均比重为60%，发展中国家为54%（其中低收入国家为36%），发达国家为65%。GDP在发达国家是数量增大的同时重量变轻（因服务业比重增大），而在我国GDP的轻化还不明显。

我国服务贸易也欠发达。近20多年来，世界服务贸易增长超过货物贸易增长已成为一个趋势。而且服务贸易结构在朝着高技术含量的

“其他商业服务”比重增大的方向发展。据世贸组织数字，服务贸易中的“其他商业服务”（金融、保险、通信、信息、会计、法律、专利许可、咨询、广告等）所占比重，已由1990年的38.5%上升到90年代末的42.9%。2004年世界服务贸易额约占世界商品贸易额的23%，而我国该比重仅为11.65%；我国服务贸易出口在世界的位次排第9位，落后于货物贸易的位次（排第3位）；而且据国际货币基金组织的统计，自1992年以来我国服务贸易一直是逆差且逆差呈扩大趋势（2004年我国服务贸易总额为1345.67亿美元，其中出口624.34亿美元，进口721.33亿美元，逆差96.99亿美元）。特别是我国服务贸易领域少、结构不合理。目前我国能提供国际服务的部门和行业，主要集中在国际运输、劳务合作等传统领域，而国际金融、保险、通信、信息服务等高档次、高附加值的服务贸易领域尚有待进一步发展。

我国服务业开放相对滞后。在过去的20多年中，我国开放的重点在第二产业领域，特别是制造业对外开放的领域是较宽的，几乎全部行业都已经开放。这使得中国目前吸收的外国直接投资70%集中在制造业（2004年我国实际利用外资额606亿美元，其中制造业430亿美元，占71%），而服务业吸收外资还不到30%，这一比例与国际资本流动趋势恰恰相反。联合国贸发会议2004年10月发布的《2004年世界投资报告》称，全球外国直接投资已向服务业转移——服务业吸收外国直接投资占全球外国直接投资存量的比例，已从1990年的不足一半（49%）上升到2002年的60%，而制造业吸收外国直接投资的比例跌至34%，初级产业（农业和采矿业）的比例从9%降至6%。

随着我国经济发展的需要和加入世贸组织的要求，今后我国开放的重点将转移到服务业领域。特别是根据我国加入世贸组织的承诺，在金融、保险、电信等领域的服务业开放，我国的过渡期（3至5年的时间）大多已到期或即将到期。因此，21世纪初的一个时期特别是“十一五”期间，服务业的开放将是开放的重点，要“大力发展服务贸易，不断提高层次和水平”。应该说，服务业有其特殊性、敏感性，我国服务业又不太发达，这个领域的扩大开放无疑会使我们面临巨大的竞争压力与挑战，因此服务业的开放应是有条件的、逐步的。在此前提下，服务业的开放长期看对我国是有利的、必须的。服务业只有通过开放才会发达起来，才会在“十一五”期间进入快速发展的“黄金时段”，才会成为我国未来经济长期发展的增长点以及吸纳就业的主渠道。

我国扩大服务业开放既有机遇也有潜力。外资向服务业转移已成为经济全球化的又一新浪潮，按照联合国贸发会议的预计，今后全球服务业外包总值以每年30%～40%的速度增长，即跨国直接投资将继续快速从制造业转向服务业。我国抓住这样的机遇，在“十一五”时期“继续开放服务市场，有序承接国际现代服务业转移”，就有可能在扩大服务业开放上有长足进展。事实上，近年来我国服务业利用外资发展很快。2002年至2004年8月，中国内地外商投资服务业新设企业17351家，实际投入外资334亿美元，大大超过以往水平。其中，外商投资商业领域、分销服务、教育服务、运输服务、医疗及社会服务、文体娱乐、环境服务等领域，增长幅度均超过50%，有的达200%以上。

除了扩大服务业领域利用外资外，还要鼓励外资投向高新技术产业、现代农业等产业，以此来优化外商投资的产业结构，进而使对外开放、利用外资在我国整个经济结构调整和经济发展中，发挥更大、更好的作用。

科学发展观与战略机遇期

（2006 年 8 月）

21 世纪初期，是我们必须紧紧抓住且可以大有作为的重要战略机遇期。这是我们在刚刚进入新世纪的时候得出的一个共识和基本判断。这是一个怎样的战略机遇期，机遇、挑战如何？我们怎样来抓住战略机遇期？通过抓住战略机遇期实现怎样的目标？这是我们这里要谈及的话题和主要内容——“科学发展观与战略机遇期”，即我们要按照科学发展观的要求，一心一意谋发展，在 20 年的战略机遇期中大有作为，进一步提高我国经济社会发展的水平、增强我国在世界格局中的实力地位，促进中华民族在世界民族之林中的崛起。

一、把握战略机遇期，一心一意谋发展

21 世纪头 20 年，对我国来说是一个重要的战略机遇期。可以说机遇和挑战同在，总体上机遇大于挑战。这可以从分析国际、国内形势，得到具体的说明。

1. 从国际情况来看

（1）和平与发展仍然是当今时代的主题。一个和平、稳定的大环境

是谋求发展大有作为的基本前提。第二次世界大战结束后到20世纪70年代初的20多年间，正是抓住了世界相对和平、稳定的机遇，欧洲实现了复兴、日本实现了崛起，成为与美国并驾齐驱的世界经济“三极”；20世纪60年代到80年代，韩国、新加坡、中国香港地区、中国台湾地区也是抓住了当时和平、稳定的发展机遇，迅速腾飞为“四小龙”。目前在世界和平与发展的大背景下，我们可以继续争取和平的国际环境发展自己。

同时应该看到，当今世界还很不安宁，霸权主义和强权政治依然存在，国际环境复杂多变，影响世界和平与发展的不稳定、不确定因素增多，从而会不断出现新的挑战。

（2）科技进步突飞猛进，科技创新和技术扩散日益加快，经济社会信息化迅速发展。20世纪后期以来，包涵着信息技术、生物技术、新材料技术、新能源技术、航空航天技术和生态环境技术等在内的一次新的科技革命浪潮蓬勃兴起、方兴未艾。在这次新科技革命浪潮中，特别是在作为其先导的信息技术的推动下，以信息技术、信息产业、信息网络迅速发展为其基本内涵的信息化，成为当今世界经济社会发展的趋势。这为我们以科技促进经济、以信息化带动工业化，实现生产力的跨越式发展创造了条件。

同时应该看到，伴随着科技革命浪潮、信息化而来的世界范围的技术差距、信息差距、数字鸿沟差距的扩大，愈益成为世界南北收入差距、贫富鸿沟扩大的基础和集中表现——联合国曾按照国际上通用的分析收入差距的“五分法”考察世界各类国家的数字鸿沟和贫富鸿沟，其结果是，全球收入最高国家的1/5人口拥有全球国内生产总值的86%和互联网用户的93%，而收入最低国家的1/5人口只拥有全球国内生产总值的1%和互联网用户的0.2%。这样一种情况也为包括中国在内的发展中国家带来了新的挑战。

（3）经济全球化趋势在曲折中深入发展，国际间生产要素重组和产业升级、转移速度加快。20世纪80年代以来，在国际分工新发展的基础上，经济资源愈益跨越国界，在全球范围内自由、全面、大量、结合地流动和配置，世界各国经济愈益相互开放、相互依存、相互影响。“经济全球化”，成了有关国际问题领域使用频率最高的名词之一。经济全球化趋势，成为关系世界经济全局的发展大趋势。这使得我们有可能利用国际分工重新安排、国际间生产要素重组和经济资源愈益在全球配置的有利时机和条件，加快发展。

同时应该看到，经济全球化是一把“双刃剑”。以市场经济为基础的经济全球化，使市场经济原本就存在的机会与风险两个方面、合作与竞争两个方面同时都放大。伴随着经济全球化而来的是围绕资源、市场、技术、人才的竞争更加激烈，贸易壁垒和贸易摩擦明显增多，在不公正不合理的国际经济旧秩序没有根本改变的条件下发生、发展的经济全球化，也给各国特别是发展中国家带来新的挑战和风险。

（4）世界格局处于向多极化过渡的重要时期。世界多极化，既包括作为其基础的经济多极化，也包括与之相应、又有自己的相对独立性的政治多极化，尽管其发展与单极的矛盾始终存在，但客观上它是当代世界发展的一个重要趋势。在今天的多极化过程中，原有的大国之间实力对比出现新的、大的跌宕起伏，新的经济政治力量中心也在抓住机遇乘势而上、正在崛起之中。

同时应该看到，世界经济发展不平衡状况加剧，发达国家特别是发达的大国在经济科技上占优势的压力将长期存在。在今天的世界上能称得上发达国家的只有经济合作与发展组织（OECD）的 20 多个发达的成员国，其国家数仅占全世界国家、地区总数的一成，其人口数量仅占全世界总人口的两成，但体现世界经济实力的指标，国内生产总值、国际贸易额、国际投资额、国际信贷额、国际技术专利申请额等等，这 20 多个发达国家却都占到世界相应总额的 7 成、8 成甚至 9 成。可以说世界力量失衡的局面在短期内难以根本改变，世界多极化趋势的发展不会一帆风顺。

（5）区域经济一体化蓬勃发展，各国注重经济发展和国际经济技术合作。区域一体化是与经济全球化并存的世界经济发展趋势，而且这两个趋势本是“同根生”。经济资源愈益跨越国界自由、全面、大量、结合地流动和配置，从而各国经济愈益相互依存、相互影响，发生在全球范围内就是经济全球化，发生在各区域范围内就是区域一体化。只不过，全球化在范围上比区域化更广，而区域化在一体化层次上比全球化更高。经济一体化的规律是，其范围与其内部差异成正比，而与其程度成反比。经济全球化由于其范围广泛、参与者众多、差异巨大、利益协调较难，从而一体化程度、层次不易提高。在这种情况下，与经济全球化蓬勃发展相伴，地缘经济关系密切、相对经济差异较小，从而一体化程度较高的区域一体化以及相应的区域合作组织、机制也蓬勃发展起来。这为我们在不同范围、不同层次上参与国际经济技术合作创造了条件。

同时应该看到，世界各个地理区域、各种不同类型的区域集团的发展及其内外差别性甚至一些对内保护性、对外排他性行为，也使我们面临着参与区域化的复杂性和新的问题。

2. 从国内情况来看

(1) 实现加快发展的有利条件也很多。我国经济社会发展进入新阶段，劳动力资源丰富且整体素质不断提高，13 亿人口且消费水平不断增长的国内市场需求巨大，居民储蓄率高，基础设施不断完善，科技教育具有较好基础，经济保持平稳较快增长，社会生产力水平明显提高，产业结构调整和城镇化进程加快，居民消费结构逐步升级，人民生活总体上实现了由温饱到小康的历史性跨越，综合国力显著增强，社会主义市场经济体制逐步完善，社会政治保持长期稳定，国际社会普遍看好我国的发展前景。总之，我国经济社会发展进入新阶段，上述这些涉及到生产力、生产关系、上层建筑等方面的种种情况，都为今后我国经济社会持续发展创造了有利条件。

(2) 我们还面临不少困难、问题和新的挑战，比较突出的有两个方面。一是就一般的情况而言，许多国家的发展进程表明，人均国内生产总值突破 1000 美元之后经济社会发展将进入一个关键时期。我国自 2003 年人均国内生产总值超过 1000 美元以来，经济社会发展正处于人均国内生产总值从 1000 美元向 3000 美元过渡的关键时期。这既是一个发展机遇期，也是一个矛盾凸显期。举措得当，就能促进经济快速发展和社会平稳进步，应对失误，则可能导致经济徘徊不前和社会长期动荡。二是就特殊的情况而言，我国现在仍处于并将长期处于社会主义初级阶段，生产力还不发达，城乡区域发展不平衡，解决“三农”问题的任务相当艰巨；经济结构不合理和粗放型增长方式还没有根本改变，自主创新能力不够强，经济社会发展与资源环境的矛盾加剧；就业的压力加大；收入分配中的矛盾突出；制约社会经济发展的体制机制问题还比较多，涉及群众切身利益的不少问题亟待解决。特别是当前我国经济和社会生活出现四个多样化，一方面，显著增强了我国经济社会的发展活力；另一方面，随着我国经济成分、组织形式、就业方式和分配方式的日益多样化，发展不平衡的矛盾日益凸显，社会利益关系日趋多样化，当前和今后相当长一段时间内我国经济社会发展面临的矛盾和问题可能更复杂、更突出。

上述国际国内情况表明，新世纪新阶段一个重要的战略机遇期摆在我们面前，我们面临的是一个总体上有利于我国发展、但不利因素也可能增多的环境。我们必须十分珍惜、牢牢把握并切实用好重要战略机遇期。

事实上，从20世纪后期到进入新世纪以来，在上面提及的世界信息化、全球化、多极化、区域化趋势面前，世界各国都在按照各种发展理念、发展战略谋求发展。且不用追溯很远，如我们在前面提及的五六十年代欧洲的复兴、日本的崛起以及七八十年代“四小龙”的腾飞等等，这里分别研究一下爱尔兰这个发达国家和博茨瓦纳这个发展中国家抓住机遇、加快发展的情况，是很有意义的。

爱尔兰这个几百万人口的西欧小国，在20世纪70年代还是不发达的，可以说是发达国家中的“第三世界”。80年代，该国抓住了世界科技革命浪潮、信息化的机遇，开始推行信息化及新经济发展战略。抓住机遇、加快发展的结果是，其人均收入从1971年的1000多美元（与我国现在的人均水平差不多）上升到2005年的30000多美元，30多年间增长了30多倍，实现了跨越式发展。

博茨瓦纳这个100多万人口的南部非洲小国，在1971年是联合国首批确定的25个世界最不发达国家之一。但在这之后30多年间，该国抓住了世界经济全球化的机遇，加快发展自己。其经济增长持续快速，特别是在80年代的10年，其国内生产总值、贸易出口、工业和服务业的年均增长率，都在10%以上；当然，博茨瓦纳也不仅仅是片面的经济增长速度问题，还有经济水平、结构、质素等方面。其经济水平不断上升，人均国内生产总值1971年为440美元，1980年为910美元，1990年为2040美元，2005年为4000多美元，几乎每隔10年翻一番；其经济结构逐步优化，农业所占比重由30多年前的34%下降到2005年的4%，第二、三产业比重上升逾95%，特别是第三产业比重2005年上升到51%；其经济质素迅速提高，经济自由度2004年排在世界第26位（与日本相同）、非洲第1位，经济竞争力2004年排在世界第36位、非洲第1位。抓住机遇、加快发展的结果是，博茨瓦纳成为从首批世界最不发达国家中走出来的唯一一个国家。

发展观的第一要义是发展。对我国也同样。发展是硬道理，是执政兴国的第一要务，中国解决一切问题的关键在发展。改革开放 28 年来，我们之所以使人民生活从解决温饱到实现小康，之所以路线方针政策得到全体人民的拥护，之所以国际地位和影响不断提高，归根到底是由于经济社会的巨大发展。21 世纪一个时期我们能否紧紧抓住和充分用好战略机遇期，实现既定的战略目标，也在于发展。

重要的是，发展要有新理念、新思路。中共十六届三中全会以来，提出了科学发展观，这是对社会主义市场经济条件下经济社会发展规律在认识上的升华。科学发展观的提出，站在历史的、时代的高度，进一步指明了新世纪新阶段我国现代化建设的发展道路、发展模式和发展战略，进一步明确了中国要发展、为什么发展和怎样发展的重大问题。我们要站在能否抓住和用好 21 世纪战略机遇期的高度，来深刻认识理解和全面贯彻落实科学发展观，聚精会神搞建设，一心一意谋发展，以实现经济社会新的发展、国际地位和影响新的提高。

二、谋求符合科学发展观要求的发展

要紧紧抓住并充分利用好 21 世纪的重要战略机遇期，上面论及必须谋求新的发展，而且这个发展必须是符合科学发展观要求的发展。什么样的发展是符合科学发展观要求的发展？至少应该有如下六个方面：

1. 科学发展——以人为本，全面协调可持续的发展

以人为本，就是一切为了人民、一切依靠人民实现和维护最广大人民的根本利益。以人为本的发展，就是要以实现人的全面发展为目标，从人民群众的根本利益出发谋发展，通过人民群众的努力实现发展，将发展成果惠及全体人民。

全面，就是顾此及彼；协调，就是有机结合；可持续，就是着眼长远。

全面发展，就是要以经济建设为中心，全面推进经济建设、政治建设、文化建设和社会建设的发展。

协调发展，就是经济建设、政治建设、文化建设、社会建设的各方面相互联系、相互结合、相互促进、有机统一的发展；就是城市和乡

村、沿海和内地、经济和社会相互协调的发展。

可持续发展，就是基于节约资源和保护环境为目标的发展，促进人与自然的和谐，实现经济发展和人口、资源、环境相协调，立足当前，着眼长远，避免发展大起大落，保证一代接一代永续发展。

2. 统筹发展——按照“五个统筹”，统筹各方的发展

实现以人为本，全面协调可持续的科学发展，要努力做到“五个统筹”。即统筹城乡发展、统筹区域发展、统筹经济社会发展、统筹人与自然和谐发展、统筹国内发展和对外开放，使各方面的发展相适应，各个发展环节相协调。“五个统筹”丰富了我们党关于统筹兼顾的思想，是对我国新时期改革开放新鲜经验和社会主义现代化建设规律的深刻总结，是深化改革和促进发展的重要战略方针；“五个统筹”深刻体现了科学发展观的内在要求，是实现以人为本，全面协调可持续的科学发展的切入点和现实途径，切实做到“五个统筹”，其结果就是全面协调可持续发展。

无疑，统筹是个大的战略思维，“五个统筹”是个大的战略方针，而五个大方面的统筹中，每一个方面的内部还有更多的具体的环节需要统筹。就拿“五个统筹”之一的统筹国内发展和对外开放来说，从其大的方面说，是要注重统筹对外开放与宏观经济平衡发展的关系；而从这个大的方面统筹的内部说，还包括要注重统筹对外开放的外向（外需）与内向（内需）的关系，注重统筹对外开放各个领域相互之间的关系，注重统筹对外开放的方式结构关系，注重统筹对外开放的产业结构关系，注重统筹对外开放的区域层次关系等等。

3. 和谐发展——“兼顾”各种利益关系的发展

统筹是为了兼顾、协调，统筹必须兼顾，兼顾才能和谐。统筹兼顾就是我们这个在13亿多人口大国长期执政的党，要始终代表中国最广大人民的根本利益，正确反映和兼顾不同方面群众的利益，使全体人民朝着共同富裕的方向稳步前进。

要实现兼顾各种利益关系的和谐发展，必须更加注重兼顾国家、集体与个人的利益，兼顾全局利益与局部利益，兼顾长远利益与当前利益，兼顾发展能力强的群体与发展能力弱的群体的利益，兼顾改革中得益较多的群体与得益较少的群体的利益，兼顾先富群体与后富群体的利益，兼顾不同地区、不同行业群体之间的利益。

统筹兼顾、协调处理利益关系是一种能力。统筹兼顾、全面协调，就是要求在发展中、在各项工作中、在处理各种利益关系和各种问题中，把各种因素都考虑到、协调好。统筹兼顾、协调关系不是搞简单平衡，而是要通盘考虑主要因素与其他因素的关系。这一关系不是“1＋1＋1＋1”的平均、并列的关系，也不是“1＋0”的顾此失彼、单打一的关系，而是“1＋3”的抓住重点、兼及其他的关系。无疑，把握统筹协调的度是比较难的。特别是在新的发展阶段，各方面的利益关系愈益复杂化，统筹兼顾各方面利益的难度较大。这就要求提高统筹协调处理利益关系的能力，深入分析研究改革发展中出现的利益关系和利益格局调整，全面把握和妥善解决来自各方面的利益诉求，把最广大人民群众的根本利益实现好、维护好、发展好。

4. 和平发展——与世界各国和平共处，通过争取和平的国际环境来发展自己，又通过自身的发展来促进世界和平

中国人早就提出“和为贵”的思想，中国人在对外关系中始终主张“协和万邦”的精神。今天，中国高举和平、发展、合作的旗帜，奉行独立自主的和平外交政策，主张与世界各国和平共处，致力于建设一个持久和平、共同繁荣的和谐世界，既通过维护世界和平来发展自己，又通过自身的发展来促进世界和平，这就是中国和平发展道路。

纵观世界历史，大国的发展和崛起几乎全是通过对外战争、扩张、掠夺等非和平方式实现的。而中国坚定不移地走和平发展道路来实现崛起，其发展不会对任何人构成威胁，只会给世界带来更多的和平因素和发展机遇。中国走和平发展道路，是基于中国历史传统文化的必然选择，是基于中国实现现代化目标的必然要求，是基于当今世界发展潮流的必然追求，总之，是一条符合中国人民根本利益和世界人民共同利益的发展道路。

5. 开放发展——积极参加经济全球化，利用好国内国际两种市场、两种资源，发展自己

中国的发展主要依靠自己的力量，同时我们坚持对外开放的基本国策。经过28年的开放，我们已经从封闭的半封闭的经济走向了开放型经济。在经济全球化蓬勃发展的今天，我们必须通过扩大开放，以更加积极的姿态走向世界，在更深入地参与经济全球化、国际分工的过程

中，趋利避害，充分利用国内国际两个市场、国内国际两种资源，发展自己。

我国对外开放的实质，就是既利用国内国外两个市场，同时又利用国内国外两种资源。一国经济的增长，既要靠需求拉动，包括国外市场需求的拉动（通过外贸出口来实现），也要靠供给推动，包括国外市场供给的推动（通过外贸进口来实现）。我国是一个人均资源相对不足的国家，特别是进入新世纪以来，经济快速发展所需要的能源、原材料越来越显得不足，要经济发展保持一定的速度，必须靠进口来充实供给、利用国外资源来满足需求。如果说过去 20 多年的开放、对外贸易，重点是出口、是利用国外市场需求；那么，今后的开放、对外贸易，也要注重进口、注重利用国外资源充实供给，特别是鼓励进口先进技术设备和国内短缺资源，以满足国内经济发展的需要。

6. 合作发展——同世界各国开展互利合作，实现共赢共荣、共同发展

在经济全球化、区域一体化深入发展的新形势下，各国的经济相互联系、利益相互交织。脱离了世界经济、地区经济的共同发展，一国的发展是难以为继的。我们必须树立全球战略意识，继续加强对外经济合作，实施互利共赢的开放战略，使对外经贸活动既符合我国的利益，又符合合作对象的利益，实现互利互惠、合作共赢和共同发展，促进世界经济共同繁荣。

这样一种合作发展，一方面，体现为在客观的经济联系上加强与世界各国的合作关系，这种客观经济联系包括贸易、金融、资本、技术、劳务等的纽带；另一方面，体现为在体制框架上加强与世界各国的合作关系，这种体制框架包括各种范围、层次、形式的经济合作组织、机制，例如，全球多边的世界贸易组织等，区域的、次区域的和双边的亚太经合组织、上海合作组织、中国—东盟自由贸易区等等。

总之，中国对内坚持科学发展、统筹发展、和谐发展，对外坚持和平发展、开放发展、合作发展，广义上说，这就是符合科学发展观要求的发展道路，亦即中国和平发展道路。抓住战略机遇期，就是要实现这样的发展；实现了这样的发展，也就是抓住了战略机遇期。

三、以科学发展促中华崛起于世界先进民族之林

我们要坚定不移地以科学发展观统领经济社会发展全局，谋求符合科学发展观要求的发展，就能够在21世纪头20年紧紧抓住重要战略机遇期并大有作为，促进中国崛起于世界民族之林。从国内来说，实现全面建设惠及十几亿人口的更高水平的小康社会的目标，从国际来说，使我国在多极世界格局中获得更高的国际地位。

多极化是动态的发展趋势，而且是任何力量无法阻挡的潮流；而多极格局是多极化形成的结果。无论是世界经济格局还是世界政治格局，发展方向都是多极化；但多极化的具体体现两者有时是吻合的，有时是有差异的。这是因为世界政治格局的基础是包括经济、政治、军事、文化等等在内的综合国力及相应的影响力，而世界经济格局的基础主要是经济实力及相应的影响力。目前的世界政治格局为美国、欧盟、俄罗斯、中国、日本“五极格局”或者美国“一超”欧俄中日“多强”的格局，而世界经济格局与此不尽相同。

目前的多极世界经济格局表现为美、欧、日三极并存，近10多年以来以及21世纪未来一个时期，该三极之间发生着实力地位消长的新变化；随着多极化趋势的发展，除了现有的三极之外，目前已有较大经济实力规模并且发展势头强劲的中国、印度、俄罗斯、巴西（即“金砖四国”BRICs）等新的经济力量中心，也在崛起之中。自从美国高盛公司的经济学家在2003年创造了“金砖四国”——BRICs一词以来（BRIC是巴西、俄罗斯、印度、中国四个国家的英文第一个字母拼出的一个新名词，其发音与英文的“砖”BRICK一词的发音相同），人们纷纷把其作为新兴的崛起中的经济大国与现有的大国“G7”（其中除了加拿大外，即为美欧日）进行发展比较。例如，在2005年2月美国国会举行的研讨会上，美国前贸易代表巴尔舍夫斯基援引高盛银行的预测指出，目前中国、印度、俄罗斯、巴西四国的GDP相当于“G7”的15%，今后40年将超过“G7”；若按购买力平价PPP计算则15年左右会超过“G7”。在2006年1月的达沃斯世界经济论坛上以及其他的国际场合，这样的有关“BRICs”与“G7”的发展比较预测就更多了。尽管这些预测从具体数字上来说不尽相同，也不一定准确，姑妄言之亦姑

妄听之，但这些预测从方向上来说基本一致，也是可以确定的，即中印俄巴四国与美欧日三极的经济实力水平在朝着缩小差距的方向发展，这是发展的趋势。可以说，中国、印度、俄罗斯、巴西这四个国家如果在全球化趋势中抓住机会、有所作为，也可能分别在21世纪的第一个十年到第二个十年，在多极世界经济格局中占有一席之地。

无疑，中国、印度、俄罗斯、巴西这“金砖四国”目前尚不具备作为世界经济大国的条件。作为一个世界经济大国（极），至少要具备两个条件：一是要有相当巨大的国民经济总量规模，其主要衡量指标是国内生产总值占世界生产总值的5%以上。二是要有相当密切的国际经济联系，其一个重要衡量指标是对外贸易总额占世界贸易总额的5%以上；其另一个重要衡量指标是本国货币作为国际储备货币占世界外汇储备总额的5%以上。这“三个5%”的两个条件，是世界经济大国经验的数字。若无如此巨大的经济总量规模，就谈不上其在世界经济中的分量——世界经济“大国”要有“大块头”，这不等同于世界经济“富国”，诸如卢森堡这样的国家，可以是世界经济“富国”，甚至是最富的国家（其人均GDP目前达到4万多美元），但其很难成为世界经济“大国”，因为缺少大的分量、“块头”、总量规模；同样，若无如此密切的国际经济联系，就谈不上其对世界经济的影响力——若一个国家只是总量规模大、“块头”大，但对外封闭或半封闭、与世界经济联系不广泛、不密切从而影响力不足，则其作为“大国”也要大打折扣。

目前世界上只有美国、欧盟、日本同时具备这两个条件。2005年该“三个5%”按照三个国家或国家集团各自的情况看——美国（美元）：分别为29%、11%、66.4%；欧盟（欧元）：分别为31%、39%、24.3%；日本（日元）：分别为11%、6%、3.7%（上个世纪末欧元诞生的1999年，日元的比重为6.4%）。2005年该“三个5%”按照三个国家或国家集团高低排序和动态发展的情况看——“占世界生产总值的比重”：欧盟最高，为31%，近十几年是上升的，这主要是因为其经济比较稳定的增长和欧洲一体化外延的扩大（特别是2004年欧盟由15国扩大为25国）所致；美国次之，为29%，近十几年也是上升的，这主要是因为其经济增长比欧盟、日本快得多；日本最低，为11%，近十几年是下降的，这主要是因为其经济增长缓慢（特别是90年代“失去的十年”经济几乎停滞）。“占世界贸易额的比重”：欧盟最高，为

39%，是世界最大的贸易集团；美国次之，为11%，是世界第一贸易大国；日本最低，为6%，近十几年日本的比重与欧盟、美国同样相对下降，这主要是因为三者之外的其他贸易实体贸易发展迅速所致。“占世界外汇储备的比重”：美元最高，为66.4%，从欧元诞生的1999年的71%下降；欧元次之，为24.3%，从欧元诞生的1999年的17.9%上升；日元最低，为3.7%，从欧元诞生的1999年的6.4%下降。可见，美欧日可谓当今世界经济三极。其中美国和日本是以单一国家分别作为一极的，欧盟则是一个一体化性很强的国家集团作为一极的。而其他国家还不具备此条件。

从“BRICs”四国中目前的实力地位仅次于美、欧、日三极从而最有可能成为世界经济第四个“极”的国家——中国的情况看，到20世纪的最后一年——2000年，我国国内生产总值为8.9万多亿元，按2000年年底汇率（1美元：8.2781人民币）折算为10750亿美元，首次突破1万亿美元，约占世界生产总值的3%，位居世界的第7位；我国外贸进出口总额达4743亿美元，在世界上的位次上升到第8位，占世界贸易总额的3%；人民币尚不是国际储备货币。可见，在迈进新世纪之时我国距世界经济大国（极）三个5%的条件还有相当的距离。

然而，随着我国经济、贸易、金融在新世纪头5年的迅速发展以及未来5年至15年的迅速发展，我国已经愈益接近同时具备世界经济大国（极）的包括三个主要衡量指标的两个条件。

从经济增长看：2001—2005年的年均经济增长率达9.5%，使得我国2005年的GDP总量达到182321亿元，按当年平均汇率折算，为2.2257万亿美元，在世界各国的排位由第6位升至第4位，即超过英国的2.17万亿美元和法国的2.07万亿美元，仅次于美国的12.14万亿美元、日本的4.8万亿美元和德国的2.78万亿美元，占世界生产总值的比重上升到4.8%。按照我国国民经济和社会发展第十一个五年规划《纲要》的预期，2006—2010年我国GDP将以7.5%的年均增长率增长五年，从而将使GDP，总量到2010年达到3.26万亿美元（人均2400美元），赶超德国，跃居世界各国第3位。而后再经过10年年均增长率7%的发展，GDP总量到2020年将会达到近6.5万亿美元（人均4500～5000美元），占当时世界GDP的近10%，超过日本，跃居世界第2位。

从外贸发展看：2001—2005年外贸年均增长约24.6%，2001年外贸进出口额在世界各国的位次上升到第6位，2002年上升到第5位，2003年上升到第4位，2004年达到11548亿美元，既首次突破了10000亿美元，也使位次上升到世界第3位，同时首次占到世界贸易总额的5%以上，2005年进一步达到14221亿美元，占世界贸易总额的6.5%。按照我国国民经济和社会发展第十一个五年规划《纲要》的预期，2006—2010年我国贸易进出口将以10%的年均增长率增长5年，从而将使商品贸易进出口总额到2010年达到2.3万亿美元（另有服务贸易进出口总额4000亿美元），赶超德国，跃居世界各国第2位。而后再经过10年年均外贸增长率10%的发展，商品贸易进出口总额到2020年将会达到近6万亿美元（占当时世界贸易的比重逾10%），超过美国，跃居世界各国的第1位。

从货币金融发展看：我国的人民币在1996年就实现了经常项目下的可兑换，但还远不是像美元、欧元、日元三大国际储备货币以及英镑、瑞士法郎等货币那样的完全可兑换货币以及较小的国际储备货币，甚至也不是像俄罗斯卢布于2006年7月1日宣布成为可自由兑换货币进而谋求成为国际外汇储备货币。然而，我国货币金融已经取得、还将继续取得长足的发展。外汇储备持续增加。截止到2006年6月末，国家外汇储备余额达到9411亿美元，占世界各国外汇储备总额的20%以上，为世界第一外汇储备大国。外汇市场迅速发展。例如在多元交易主体进入方面，2005年8月8日，允许更多符合条件的非银行金融机构和非金融性企业进入银行间即期外汇市场；再如在外汇交易业务方面，2005年8月15日，银行间市场正式推出远期人民币外汇交易业务。汇率形成机制改革成效明显——2005年7月21日中国人民银行发布了关于完善人民币汇率形成机制改革的公告，宣布我国开始实行以市场供求为基础、参考一篮子货币进行调节、有管理的浮动汇率制度，人民币汇率不再盯住单一美元，形成更富弹性的人民币汇率机制。汇改一年来，截至2006年7月31日，人民币对美元累计升值3.8%，对欧元累计贬值1.5%，对日元累计升值5.2%。中国人民银行在2006年8月10日发布的一份报告中表示，将进一步完善人民币汇率形成机制，发挥市场供求在汇率形成中的基础性作用，逐步提高人民币汇率的灵活性，保持人民币汇率在合理、均衡水平上的基本稳定。展望今后5年至15年，随着外汇市场的发展，外汇管理的改进，外汇储备的增加，汇率形成机制的完善，人民币在经常项目下可兑换的基础上将逐步实现资本项目下可兑换，朝着成为完全可兑换货币、进而国际储备货币的方向发展。

除了上述作为一个经济大国的实力条件有新的发展和增强外，随着我国社会主义和谐社会建设、民主政治建设、先进文化建设、国防军队现代化建设的推进以及处理国际事务能力的提高，我国综合国力的其他方面的硬实力、软实力，也会在未来一二十年有新的发展和增强。

可见，21 世纪初的一个时期对我国很重要。正如 2002 年中共“十六大”《报告》所说：“21 世纪头二十年，对我国来说，是必须紧紧抓住并且可以大有作为的重要战略机遇期。”也正如 2005 年中共十六届五中全会《建议》所说：“‘十一五’时期尤为关键。”中国只要紧紧抓住战略机遇期，按照科学发展观的要求发展自己，就能够在 21 世纪初一个时期创造作为世界经济大国（“极”）的两个条件——“相当巨大的国民经济总量规模”和“相当密切的国际经济联系”，成为“经济大国”（经济实力强大），进而向“经济富国”（经济水平发达）继续迈进，加上综合国力的其他“硬实力”、“软实力”的增强，将使更全面的小康社会实现于国内，以更高的国际地位崛起于世界。正如胡锦涛所指出的：“勤劳智慧的中国人民有志气、有信心、有能力不断创造非凡的业绩，有志气、有信心、有能力屹立于世界先进民族之林。”

用科学发展观统领社会主义和谐社会建设

（2007 年 1 月）

21 世纪初期，是我们必须紧紧抓住且可以大有作为的重要战略机遇期。在这个新世纪、新阶段，我们党从党和国家事业发展全局出发，提出了一系列重大战略思想，包括十六届三中全会提出的科学发展观和此次十六届六中全会全面部署的构建社会主义和谐社会等。我们要用科学发展观统领社会主义和谐社会建设，推动我国经济社会转入又快又好地科学发展的轨道。

一、构建社会主义和谐社会同落实科学发展观是有机统一的

落实科学发展观同构建社会主义和谐社会两者之间的关系密切，是有机统一的。

科学发展观是统领社会主义和谐社会建设的指导方针。科学发展观是指导发展的世界观和方法论的集中体现，是对经济社会发展一般规律的认识的深化，是统领我国经济社会发展全局的指导方针，从而也是统

领我国社会主义和谐社会建设的指导方针。科学发展观所强调的以人为本，全面协调和可持续发展，“五个统筹”，兼顾各种利益关系等，既体现了科学发展的要求，又体现了社会和谐的要求。我们要从构建社会主义和谐社会同落实科学发展观相统一的高度，把这些理念、要求体现到构建社会主义和谐社会的实践中。

构建社会主义和谐社会是贯彻落实科学发展观的战略举措。科学发展观的实质是实现经济社会又快又好发展，使小康社会的全面建设进而社会主义现代化建设的宏伟目标得以实现。而小康社会的全面建设也好，社会主义现代化建设也好，都是既包括社会主义物质文明、政治文明、精神文明建设，又包括和谐社会建设的。十六大关于全面建设小康社会“六个更加”的标志性要求，内在地包含着社会更加和谐的要求。构建社会主义和谐社会，是推进经济社会发展的重要目标，是小康社会全面建设、社会主义现代化建设的重要内容。我们要抓住和用好 21 世纪的重要战略机遇期、实现全面建设小康社会进而社会主义现代化的宏伟目标，就必须正确应对和处理各种社会矛盾、问题，花更大气力妥善协调各方面的利益关系，大力促进社会和谐。如果没有社会和谐，小康社会建设、社会主义现代化建设就不可能是全面的，科学发展观的贯彻落实也不能说是全面的。构建社会主义和谐社会，是全面贯彻落实科学发展观的战略举措。

总之，科学发展观是从发展理念、发展思路等方面促进社会发展与社会治理，是从发展的角度求和谐；构建社会主义和谐社会则是从社会关系、社会状态方面反映和检验落实科学发展观的成效，是从和谐的角度促发展。

二、落实科学发展观、构建社会主义和谐社会，必须更注重发展

21 世纪头 20 年，对我国来说是一个重要的战略机遇期。机遇和挑战同在，总体上机遇大于挑战。我们面临的仍将是一个总体上有利于我国发展但不利因素也可能增多的环境。落实科学发展观、构建社会主义和谐社会，正是基于重要的战略机遇期、国内外的大形势、大背景、大环境要求我们更快更好地发展而提出来的。

1. 从国际情况来看

和平与发展仍然是当今时代的主题。在这个大背景下，世界发展的四大趋势为我们带来了发展的机会和挑战。

（1）科技进步突飞猛进，科技创新和技术扩散日益加快，经济社会信息化趋势迅速发展。这为我们以科技促进经济、以信息化带动工业化，实现生产力的跨越式发展创造了条件。同时应该看到，伴随着科技革命浪潮、信息化趋势发展而来的世界范围的技术差距、信息差距、数字鸿沟的扩大，也为包括中国在内的发展中国家带来了新的挑战。

（2）经济全球化趋势在曲折中深入发展，国际间生产要素重组和产业升级、转移速度加快。这使得我们有可能利用国际分工重新安排、国际间生产要素重组和经济资源愈益在全球配置的有利时机和条件，加快发展。同时应该看到，经济全球化是一把“双刃剑”。伴随着经济全球化而来的围绕资源、市场、技术、人才的竞争更加激烈，贸易壁垒和贸易摩擦明显增多，这也给各国特别是发展中国家带来新的挑战和风险。

（3）世界格局处于向多极化过渡的重要时期。多极化发展与单极的矛盾始终存在，但客观上它是当代世界发展的一个重要趋势。大国之间实力对比出现新的大的跌宕起伏，新的经济政治力量中心也在抓住机遇乘势而上、正在崛起之中。同时应该看到，世界经济发展不平衡状况加剧，发达国家特别是发达的大国在经济科技上占优势的压力将长期存在，世界力量失衡的局面在短期内难以根本改变，世界多极化趋势的发展不会一帆风顺。

（4）区域经济一体化蓬勃发展，各国注重经济发展和国际经济技术合作。这为我们在不同范围、不同层次上参与国际经济技术合作创造了条件。同时应该看到，世界各个地理区域、各种不同类型的区域集团的发展及其内外差别性甚至一些对内保护性、对外排他性行为，也使我们面临着区域化的新的、复杂问题。

2. 从国内情况来看

（1）实现加快发展的有利条件也很多。我国经济社会发展进入新阶段，劳动力资源丰富且整体素质不断提高，13 亿多人口且消费水平不断增长的国内市场需求巨大，居民储蓄率高，基础设施不断完善，科技教育具有较好基础，经济保持平稳较快增长，社会生产力水平明显提高，产业结构调整和城镇化进程加快，居民消费结构逐步升级，人民生活总体上实现了由温饱到小康的历史性跨越，综合国力显著增强，社会主义市场经济体制逐步完善，社会政治保持长期稳定，国际社会普遍看好我国的发展前景。总之，我国经济社会发展进入新阶段，上述这些涉及到生产力、生产关系、上层建筑等方面的种种情况，都为今后我国经济社会持续发展创造了有利条件。

（2）同时应该看到，我们还面临不少困难、问题和新的挑战，比较突出的有两个方面。一是就一般的情况而言，许多国家的发展进程表明，人均国内生产总值突破 1000 美元之后经济社会发展将进入一个关键时期。我国经济社会发展正处于人均国内生产总值从 1000 美元向 3000 美元过渡的关键时期。这既是一个发展机遇期，也是一个矛盾凸显期。二是就特殊的情况而言，我国现在仍处于并将长期处于社会主义初级阶段，生产力还不发达，城乡区域发展不平衡，经济结构不合理和粗放型增长方式还没有根本改变，制约社会经济发展的体制机制问题还比较多。特别是当前我国经济和社会生活出现四个多样化，一方面，显著增强了我国经济社会的发展活力；另一方面，随着我国经济成分、组织形式、就业方式和分配方式的日益多样化，发展不平衡的矛盾日益凸显，社会利益关系日趋多样化，当前和今后相当长一段时间内我国经济社会发展面临的矛盾和问题可能更复杂、更突出。我们必须十分珍惜、牢牢把握并切实用好重要战略机遇期。

进入新世纪，在信息化、全球化、多极化、区域化趋势面前，世界各国都在按照各种发展理念，谋求发展。发展观的第一要义是发展。对我国也同样。发展是硬道理，是执政兴国的第一要务，中国解决一切问题的关键在发展。改革开放 28 年来，我们之所以路线方针政策得到全体人民的拥护，之所以国际地位和影响不断提高，归根到底是由于经济社会的巨大发展；21 世纪一个时期能否紧紧抓住和充分用好战略机遇期、实现全面建设小康社会、社会主义现代化的战略目标，也在于发展；解决我国经济社会发展面临的许多矛盾和问题，包括构建社会主义和谐社会面临的许多矛盾和问题，关键还是要靠发展。无疑，和谐社会有其特定的目标要求和相对独立的工作内容，亦即我们所要建设的社会主义和谐社会，应该是民主法治、公平正义、诚信友爱、充满活力、安定有序、人与自然和谐相处的社会。然而发展，特别是经济持续快速协调健康发展，创造更丰富的社会物质财富，使国家的综合实力不断增强、人民的生活水平不断提高，是构建社会主义和谐社会的物质基础。重要的是，发展要有新理念、新思路。十六届三中全会以来，提出了科学发展观，这是对社会主义市场经济条件下经济社会发展规律在认识上的升华。我们要站在能否抓住和用好21世纪战略机遇期的高度，来深刻认识理解和全面贯彻落实科学发展观，聚精会神搞建设，一心一意谋发展，推动我国经济社会发展不断迈上新台阶，为构建社会主义和谐社会奠定坚实的物质基础。

三、构建社会主义和谐社会注重的发展是符合科学发展观要求的发展

要紧紧抓住并充分利用好21世纪的重要战略机遇期，促进社会主义和谐社会建设，必须谋求新的发展，而且这个发展必须是符合科学发展观要求的发展。什么样的发展是符合科学发展观要求的发展？至少应该有如下六个方面。

一是科学发展——以人为本，全面协调可持续的发展。二是统筹发展——按照“五个统筹”，统筹各方的发展。三是和谐发展——“兼顾”各种利益关系的发展。四是和平发展——与世界各国和平共处，通过争取和平的国际环境来发展自己，又通过自身的发展来促进世界和平。五是开放发展——积极参加经济全球化，利用好国内国际两种市场、两种资源，发展自己。六是合作发展——同世界各国开展互利合作，实现共赢共荣、共同发展。

总之，中国对内坚持科学发展、统筹发展、和谐发展，对外坚持和平发展、开放发展、合作发展，广义上说，这就是符合科学发展观要求的发展道路，亦即对内促进和谐社会建设、对外促进和谐世界建设的和平发展道路。

认真学习、学以致用、用以促学

——关于学习贯彻党的十七大精神的若干体会

(2007 年 11 月)

认真学习贯彻党的十七大精神，这是党的十七大、十七届一中全会、十七届中央政治局第一次会议的号召和要求。

认真学习宣传贯彻党的十七大精神，关系党和国家工作全局，关系到中国特色社会主义事业长远发展，对于动员全党全国各族人民，在以胡锦涛同志为总书记的党中央领导下，高举中国特色社会主义伟大旗帜，奋力夺取全面建设小康社会新胜利、开创中国特色社会主义事业新局面，具有重大现实意义和深远历史意义。

当前，全党上下都在认真学习宣传贯彻党的十七大精神，党校也同样。现结合党校科研工作和自己的认识，就学习贯彻党的十七大精神谈几点初步体会。

一、充分认识党的十七大的重大意义

党的十七大是在我国改革发展关键阶段召开的一次十分重要的大会。

（一）“十分重要”在于大会召开的背景、时机

党的代表大会每5年召开一次，这固然是常规的时间安排，但十七大召开的背景、时机很重要——“新的历史起点”、“改革发展关键阶段”。

1. 从总体上说

“当今世界正在发生广泛而深刻的变化，当代中国正在发生广泛而深刻的变革。机遇前所未有，挑战也前所未有，机遇大于挑战”。正是基于这“两个深刻的变化（变革）”和“两个前所未有”，要求我们党带领人民从新的历史起点出发，抓住和用好重要战略机遇期。

2. 从国际背景上看

当今世界正处在大变革、大调整之中。和平与发展仍然是时代主题，求和平、谋发展、促合作已经成为不可阻挡的时代潮流。世界多极化不可逆转，经济全球化深入发展，科技革命加速推进，全球和区域合作方兴未艾，国与国相互依存日益紧密，国际力量对比朝着要有利于维护世界和平方向发展，国际形势总体稳定。同时，世界仍然很不安宁。霸权主义和强权政治依然存在，局部冲突和热点问题此起彼伏，全球经济失衡加剧，南北差距拉大，传统安全威胁和非传统安全威胁相互交织，世界和平与发展面临诸多难题和挑战。随着世界经济全球化趋势的发展和中国互利共赢的开放战略的实施，当代中国同世界的关系发生了历史性变化，中国的前途命运日益紧密地同世界的前途命运联系在一起。中国发展离不开世界，世界繁荣稳定也离不开中国。

上述这一切，要求我们科学分析我国全面参与经济全球化的新机遇新挑战，形成我国在经济全球化条件下参与国际经济合作和竞争的新优势。

3. 从国内形势上看

新中国成立以来特别是改革开放以来，我国取得了举世瞩目的发展成就，中国人民的面貌、社会主义中国的面貌、中国共产党的面貌发生了历史性转变。29年来，在中国广袤的大地上发生了一场历史上从未有过的大改革、大开放，使我国成功实现了从高度集中的计划经济体制到充满活力的社会主义市场经济体制、从封闭半封闭到全方位开放的伟大历史转折。这推动我国以世界上少有的速度持续、快速发展起来，人

民生活从温饱不足发展到总体小康，政治建设、文化建设、社会建设取得举世瞩目的成就。

我国从生产力到生产关系、从经济基础到上层建筑都发生了意义深远的重大变化，但我国仍处于并将长期处于社会主义初级阶段的基本国情没有变，人民日益增长的物质文化需要同落后的社会生产之间的矛盾这一社会主要矛盾没有变。而且，社会主义初级阶段基本国情在新世纪新阶段具体表现为当前我国发展呈现一系列新的阶段性特征。主要是：(1) 经济实力显著增强，同时生产力水平总体上还不高，自主创新能力还不强，长期形成的结构性矛盾和粗放型增长方式尚未根本改变；(2) 社会主义市场经济体制初步建立，同时影响发展的体制机制障碍依然存在，改革攻坚面临深层次矛盾和问题；(3) 人民生活总体上达到小康水平，同时收入分配差距拉大趋势还未根本扭转，城乡贫困人口和低收入人口还有相当数量，统筹兼顾各方面利益难度加大；(4) 协调发展取得显著成绩，同时农业基础薄弱、农村发展滞后的局面尚未改变，缩小城乡、区域发展差距和促进经济社会协调发展任务艰巨；(5) 社会主义民主政治不断发展、依法治国基本方略扎实贯彻，同时民主法制建设与扩大人民民主和经济社会发展的要求还不完全适应，政治体制改革需要继续深化；(6) 社会主义文化更加繁荣，同时人民精神文化需求日益旺盛，人们思想活动的独立性、选择性、多变性、差异性明显增强，对发展社会主义先进文化提出了更高要求；(7) 社会活力显著增强，同时社会结构、社会组织形式、社会利益格局发生深刻变化，社会建设和管理面临诸多新课题；(8) 对外开放日益扩大，同时面临的国际竞争日趋激烈，发达国家在经济科技上占优势的压力长期存在，可以预见和难以预见的风险增多，统筹国内发展和对外开放要求更高。此外，思想理论领域存在着各种各样的“左”的或右的观点，在干扰着我们的发展。

上述这一切，要求我们科学分析新机遇新挑战，全面认识新形势新任务，深刻把握新课题新矛盾，更加自觉地走科学发展道路，奋力开拓中国特色社会主义更为广阔的发展前景。

(二)“十分重要”在于大会高扬的主题

胡锦涛在党的十七大报告开篇指出：“这次大会的主题是：高举中国特色社会主义伟大旗帜，以邓小平理论和‘三个代表’重要思想为指导，深入贯彻落实科学发展观，继续解放思想，坚持改革开放，推动科学发展，促进社会和谐，为夺取全面建设小康社会新胜利而奋斗。”

这个大会主题，高举中国特色社会主义这个当代中国发展进步的旗帜、全党全国各族人民团结奋斗的旗帜；强调了邓小平理论和“三个代表”重要思想这一行动指南、科学发展观这个重要的指导方针；明确了继续解放思想，坚持改革开放，推动科学发展，促进社会和谐，为夺取全面建设小康社会新胜利而奋斗这“四个坚定不移”的前进方向。这样一个承前启后、高瞻远瞩、求真务实、开拓创新的大会主题，对我们党带领人民继往开来，开拓奋进具有十分重大的意义。

（三）“十分重要”在于大会完成了肩负的崇高使命

大会作出了关系党和国家未来的重大决策和部署，批准了胡锦涛代表十六届中央委员会所作的报告，批准了中央纪律检查委员会的工作报告，审议通过了《中国共产党章程（修正案）》，选举产生了新一届中央委员会和中央纪律检查委员会。

（1）特别是胡锦涛在大会发表的经过大会讨论、批准的党的十七大报告，集中体现了十七大精神，是全党全国各族人民智慧的结晶，描绘了在新的时代条件下继续全面建设小康社会、加快推进社会主义现代化的宏伟蓝图，为我们继续推动党和国家事业发展指明了前进方向，是继续发展中国特色社会主义的政治宣言和行动纲领，是马克思主义的纲领性文献。

2006 年 12 月，中央政治局决定成立党的十七大报告起草组，并确定了报告起草的指导原则，即坚持以马克思列宁主义、毛泽东思想、邓小平理论和“三个代表”重要思想为指导，全面贯彻落实好科学发展观；总结党领导人民推进社会主义现代化建设的生动实践和新鲜经验，坚定不移地推进改革开放；坚持以战略性思维和前瞻性眼光规划我国改革开放的蓝图；坚持解放思想、实事求是、与时俱进。

报告起草工作一开始，党中央就提出，在整个起草过程中都要发扬民主、加强调查研究、广泛听取意见，集中各方面的丰富智慧。后来的事实证明，从报告起草到最后报告通过 10 个多月的过程中，完全符合党中央的这一要求。

2006 年 12 月 15 日，中央下发了《关于对党的十七大报告议题征求意见的通知》，各地区各部门认真组织学习讨论，于 2007 年 1 月 16 日前报送了 124 份书面报告。中央还委托中央统战部听取了各民主党派中央、全国工商联及无党派人士的意见。之前，中央组织 36 个部门和单位就 20 个重点课题、62 个分课题开展调研。各课题组共召开座谈会 1523 个，参加座谈会人员 20072 人次。课题研究结束后，胡锦涛亲自主持召开 12 次会议，听取有关课题组的汇报。中央党校参与了其中的两个课题调研。报告起草组的同志还到 13 个省区市进行专题调研，召开了 51 次座谈会。报告起草组对各方面提出的意见和建议进行了认真梳理和研究，在此基础上开展起草工作。起草期间，报告起草组又就 17 个重大课题到 14 个中央和国家机关进行调研，同这些部门的主要负责同志或分管领导同志进行座谈、听取意见，并根据他们的意见和建议对报告稿进行修改。

3 月 22 日、4 月 19 日、5 月 13 日、5 月 31 日，中央政治局常委会先后 4 次审议报告稿。6 月 15 日，中央政治局审议了报告稿。6 月 25 日，胡锦涛在中央党校省部级干部进修班上就党的十七大报告起草涉及的若干重大问题作了重要讲话。之后，中央征求了参加会议的各地区和有关部门主要负责同志的意见，共收到书面材料 83 份。报告起草组认真研究大家的意见，对报告稿再次进行修改，形成了下发的报告征求意见稿。

根据中央政治局的决定，党的十七大报告征求意见稿于 7 月 11 日下发各省区市、中央各部委、中央国家机关部委、军委总政治部、各人民团体、各民主党派中央、全国工商联及无党派人士和党内部分老同志征求意见。这次征求意见扩大了范围，各省区市、各部门和军委总政治部统计征求意见人数共 5560 人，与党的十六大时相比增加约 2520 人。各方面认真组织学习讨论，反馈了意见和建议。7 月 18 日至 31 日，中央召开了 7 个座谈会，当面听取各省区市、军队等单位主要负责同志，各民主党派中央、全国工商联领导人和无党派人士的意见，与会同志共提交书面材料 82 份。

报告起草组对收到的所有修改意见和建议进行了认真的整理。经汇总，各方面共提出修改意见和建议 2700 条，扣除重复意见后为 1957 条，其中原则性意见 289 条，具体修改意见 1668 条；具体修改意见中，实质性修改意见 814 条，文字性修改意见 854 条。

在对反馈的意见逐篇逐条汇总和分析的基础上，报告稿力求做到能吸收的尽量吸收，对明显属于部门和地方工作、过于具体的意见没有吸收。报告稿增写、改写、文字精简共951处，覆盖890条意见和建议、133个单位。

8月30日、9月17日，中央政治局常委会、中央政治局先后审议了修改后的报告稿，同意把报告稿提交党的十六届七中全会审议。党的十六届七中全会一致通过了修改后的报告。胡锦涛在党的十七次全国代表大会上作了十分成功的报告，报告过程中会场响起了40次热烈掌声，反映了全体代表对报告的拥护和赞成。

大会实际上分成了两个阶段。从10月15日到17日是第一阶段。胡锦涛在15日上午的全体大会上作了报告，从下午开始，各代表团分别审议、讨论这个报告。代表们充分意识到了这次会议的历史意义，充分意识到了自己肩上的历史责任，都极为严肃认真地履行代表职责。在审议、讨论报告与大会提交文件时，大家畅所欲言，充分发表意见，肯定了报告和文件，表达了对各方面工作的认同，也对报告与文件的修改、对党治国理政的重大问题提出了自己的建议。大会根据代表的提议，对党的十七大报告作了15处修改。

总之，集中了全党各方面丰富智慧的十七大报告，是一份坚持以马克思主义为指导、体现马克思主义中国化最新成果的文件，是一份承前启后、继往开来的文件，也是一份求真务实、改革创新的文件，将使我们党团结带领全国各族人民坚定不移走中国特色社会主义道路、从新的历史起点出发踏上新的征程。

(2) 大会通过的党章修正案，体现了党的理论创新和实践发展的成果，体现了党的十七大报告确立的重大理论观点、重大战略思想、重大工作部署，对于坚持和改善党的领导、加强和改进党的建设提出明确要求。把我们党在建设中国特色社会主义实践中取得的重大认识和成果写入党章，对于全党同志更加自觉、更加坚定地贯彻党的理论和路线方针政策，按照中国特色社会主义事业总体布局的要求，团结带领全国各族人民把中国特色社会主义伟大事业不断推向前进，具有十分重大的作用。

(3) 党的十七大选举产生新一届中央委员会和中央纪律检查委员会。代表大会第二阶段从18日上午到21日上午，是选举阶段。

选举是大家特别关心的议程。这次大会的选举规定比以往有变化，党内民主的程度更加提高。各代表团以差额选举方式对“两委”人选进行了预选。提名十七届中央委员人选221名，差额数17名，应选204名，差额比例为8.3%（根据预选差额的规定，预选中央委员时有17位同志落选，大会主席团常委会征求他们的意见，是不是同意作为候选人参加候补中央委员的选举。结果是一名同志不愿意再参选，其余16名同志补入候补中央委员预选名单)。提名候补中央委员人选183名，差额数16名，应选167名，差额比例9.6%。提名中央纪委委员人选138名，差额数11名，应选127名，差额比例8.7%。

党的十六大“两委”选举差额比例在5%左右，而党的十七大“两委”选举差额比例都超过了8%，进一步扩大了代表的选择权。在预选中落选的同志都能正确对待选举结果，他们表示，既然是差额选举，总会有人落选，能够提名为候选人预备人选感到很光荣，感谢党组织和党员的信任，将继续努力工作，为党和人民作出贡献。

10月20日，胡锦涛主持召开大会主席团第三次会议，通过了经预选产生的“两委”候选人名单。候选人名单中，十六届中央委员会组成人员中继续提名的188名，占50.7%；新提名的183名，占49.3%。党的十六大选举产生的中央纪律检查委员会组成人员中继续提名的26名，占20.5%；新提名101名，占79.5%。代表们认为，选举结果体现了全党的意志，反映了全国各族人民的心愿。按照党章规定，实现新老交替，是党和人民事业继往开来、兴旺发达的保证。

党的新一届中央领导集体，年富力强，德才兼备，构成合理，充满活力，充分反映了我们党兴旺发达，朝气蓬勃，富有活力。我们党有了能够担当历史重任和时代使命的坚强团结的领导集体，有了带领全党全国各族人民开创中国特色社会主义事业新局面的坚强核心，为中国特色社会主义事业不断向前发展提供了坚强组织保证。

总之，这次大会作出的重大决策和部署，取得的重要成果，必将对全面推进中国特色社会主义伟大事业和党的建设新的伟大工程发挥十分重要的指导作用，具有十分重大的战略意义。

(四)“十分重要”在于大会开成了一次团结的大会、胜利的大会、奋进的大会

这样一次大会，对内给全党、全国人民以示范、以鼓舞、以振奋。13亿多人民，7336多万党员通过这样一次大会，看到我们党越来越走向成熟和旺盛蓬勃的气象，看到我们的国家日益走向繁荣富强，我们的社会不断进步，看到党运、国运如此昌隆；通过这样一次大会，方向明确、精神振奋、团结一心，在党中央坚强核心的领导下，高举中国特色社会主义伟大旗帜，为夺取全面建设小康社会新胜利而奋斗。

这样一次大会，对外——在全世界进一步树立、提高了中国、中国人民、中国共产党的形象和声望。中国集中精力把自己的事情办好，干着兴国、富民、强军的事，这是中国最大的政治，也是国际政治、“世界瞩目”。美国《新闻周刊》10月29日刊登一篇文章，题为《专注自我的龙》，文章认为十七大报告表明中国仍完全专注于国内经济发展，“至于帝国主义野心，想都未想”。我国是一个大国，人口占世界总人口的20%，国内生产总值占世界总产值的5.5%，进出口贸易额占世界贸易总额的7.5%，外汇储备额占世界各国外汇储备总额的21%，改革开放29年年均经济增长率9.7%，近4年年均经济增长率更是达到10.4%，经济增长对世界经济增长的贡献率超过15%。这样一个国家及其执政党——中国共产党，其自身发展中的任何大事，无疑都具有重大的世界意义和深远的国际影响。俄罗斯《独立报》10月15日刊登的一篇文章认为，中国经济的高速增长把中共十七大变成了一个具有国际意义的事件。

二、认真学习党的十七大精神

就“认真学习”党的十七大精神而言，就是围绕集中体现十七大精神的“十七大报告”，既全面又深入地学习、领会、研究。

(一)全面学习，就是完整把握

党的十七大报告本身就是全面的、内容丰富的，因此要“原原本本”、“全面准确学习领会”。

1. 在框架结构上

约3万字的报告，有12个部分、三个板块：第一板块包括导语和第一至第四部分，是总论。第二板块包括第五至第十一部分，是中国特色社会主义事业的总体布局的具体展开。第三板块包括第十二部分和结束语，是对党的建设作出部署，对全党在新的时代条件下继续团结奋斗提出要求。

“第一板块”包括导语和第一至第四部分：

导语部分提出了党的十七大的主题，对大会主题作了提纲挈领的论述，强调中国特色社会主义伟大旗帜，是当代中国发展进步的旗帜，是全党全国各族人民团结奋斗的旗帜。导语还对主题作以简要的说明，进一步强调解放思想是中国特色社会主义的一大法宝；改革开放是中国特色社会主义的强大动力；科学发展、社会和谐是在中国特色社会主义的基本要求；全面建设小康社会是党和国家2020年的奋斗目标，是全国各族人民的根本利益所在。最后突出强调了抓好用好重大战略机遇期的重要性。

第一部分从10个方面总结过去5年的工作，并分析前进中面临的困难和问题，强调这5年是改革开放和全面建设小康社会取得重大进展的5年，是我国综合国力大幅提升和人民得到更多实惠的5年，是我国国际地位和影响显著提高的5年，是党的创造力、凝聚力、战斗力明显增强和全党全国各族人民团结更加紧密的5年。实践充分证明，十六大和十六大以来中央作出的各项重大决策是完全正确的。

第二部分论述改革开放的伟大历史进程，并总结改革开放的宝贵经验，强调改革开放是决定当代中国命运的关键抉择，是发展中国特色社会主义、实现中华民族伟大复兴的必由之路；只有社会主义才能救中国，只有改革开放才能发展中国、发展社会主义、发展马克思主义；在当代中国坚持中国特色社会主义就是坚持社会主义。报告提出，改革开放以来我们取得一切成绩和进步的根本原因，归结起来就是：开辟了中国特色社会主义道路，形成了中国特色社会主义理论体系。要求全党同志要倍加珍惜、长期坚持和不断发展党历经艰辛开创的中国特色社会主义道路和中国特色社会主义理论体系，勇于变革、勇于创新，永不僵化、永不停滞，不为任何风险所惧，不被任何干扰所惑，使中国特色社会主义道路越走越宽广，让当代中国马克思主义放射出更加灿烂的真理光芒。

第三部分对科学发展观进行论述，强调科学发展观是对党的三代中央领导集体关于发展的重要思想的继承和发展，是马克思主义关于发展的世界观和方法论的集中体现，是同马克思列宁主义、毛泽东思想、邓小平理论和“三个代表”重要思想既一脉相承又与时俱进的科学理论，是我国经济社会发展的主要指导方针，是发展中国特色社会主义必须坚持和贯彻的重大战略思想。要求全党同志立足社会主义初级阶段这个最大的实际，深刻把握我国发展面临的新课题新矛盾，更加自觉地走科学发展道路。报告指出，必须把发展作为党执政兴国的第一要务，必须坚持以人为本，必须坚持全面协调可持续发展，必须坚持统筹兼顾。强调深入贯彻落实科学发展观，要求我们始终坚持“一个中心、两个基本点”的基本路线，积极构建社会主义和谐社会，继续深化改革开放，切实加强和改进党的建设，把科学发展观贯彻落实到经济社会发展各个方面。

第四部分论述实现全面建设小康社会奋斗目标的新要求。强调要增强发展协调性，努力实现经济社会又好又快发展；扩大社会主义民主，更好保障人民权益和社会公平正义；加强文化建设，明显提高全民族文明素质；加快发展社会事业，全面改善人民生活；建设生态文明，基本形成节约能源资源和保护生态环境的产业结构、增长方式、消费模式。

“第二板块”（第五至第十一部分）：

第五至第八部分对经济、政治、文化、社会建设和改革进行部署。

在经济建设上，强调要在加快转变经济发展方式、完善社会主义市场经济体制方面取得重大进展，大力推进经济结构战略性调整，更加注重提高自主创新能力、提高节能环保水平、提高经济整体素质和国际竞争力，从制度上更好发挥市场在资源配置中的基础性作用，形成有利于科学发展的宏观调控体系，从提高自主创新能力、加快转变经济发展方式、统筹城乡发展、加强能源资源节约和生态环境保护、推动区域协调发展、完善基本经济制度、深化财税金融等体制改革、拓展对外开放广度和深度 8 个方面进行工作部署。

在政治建设上，强调我国政治体制改革必须坚持正确的政治方向，必须坚持党的领导、人民当家作主、依法治国有机统一，从扩大人民民主、发展基层民主、全面落实依法治国基本方略、壮大爱国统一战线、加快行政管理体制改革、完善制约和监督机制6个方面进行工作部署。

在文化建设上，强调要坚持社会主义先进文化前进方向，兴起社会主义文化建设新高潮，提高国家软实力，使人民基本文化权益得到更好保障，使社会主义文化生活更加丰富多彩，使人民精神面貌更加昂扬向上，从建设社会主义核心价值体系、建设和谐文化、弘扬中华文化、推进文化创新四个方面进行工作部署。

在社会建设上，强调必须在经济发展的基础上，更加注重社会建设，着力保障和改善民生，推进社会体制改革，扩大公共服务，完善社会管理，促进社会公平正义，推动建设和谐社会，从优先发展教育、实施扩大就业的发展战略、深化收入分配制度改革、加快建立覆盖城乡居民的社会保障体系、建立基本医疗卫生制度、完善社会管理六个方面进行工作部署。

第九部分对开创军队和国防现代化建设新局面进行部署，强调必须站在国家安全和发展战略全局的高度，统筹经济建设和国防建设，在全面建设小康社会进程中实现富国和强军的统一。

第十部分讲“一国两制”和实现祖国完全统一，强调要保持香港、澳门长期繁荣稳定，强调要牢牢把握两岸关系和平发展的主题，真诚为两岸同胞谋福祉、为台海地区谋和平，维护国家主权和领土完整，维护中华民族根本利益，决不允许任何人以任何名义任何方式把台湾从祖国分割出去。

第十一部分讲国际形势和对外工作，强调不管国际风云如何变幻，中国政府和人民都将高举和平、发展、合作旗帜，奉行独立自主的和平外交政策，始终不渝走和平发展道路，始终不渝奉行互利共赢的开放战略，维护国家主权、安全、发展利益，恪守维护世界和平、促进共同发展的外交宗旨，呼吁各国人民携手努力，推动建设持久和平、共同繁荣的和谐世界。

“第三板块”（第十二部分和结束语）：

第十二部分论述以改革创新精神全面推进党的建设新的伟大工程，强调党要始终站在时代的前列带领人民不断开创事业、发展新局面，必须以改革创新精神加强自身建设，始终成为中国特色社会主义事业的坚强领导核心。强调必须把党的执政能力建设和先进性建设作为主线，坚持党要管党、从严治党，贯彻为民、务实、清廉的要求，全面加强党的思想建设、组织建设、作风建设、制度建设和反腐倡廉建设，从深入学习贯彻中国特色社会主义理论体系、继续加强党的执政能力建设、积极推进党内民主建设、不断深化干部人事制度改革、全面巩固和发展先进性教育活动成果、切实改进党的作风和加强反腐败斗争等六个方面进行工作部署。

结束语要求全党同志一定要居安思危、增强忧患意识，一定要戒骄戒躁、艰苦奋斗，一定要刻苦学习、埋头苦干，一定要加强团结、顾全大局，万众一心，开拓奋进，为夺取全面建设小康社会新胜利、谱写人民美好生活新篇章而努力奋斗。

之所以就报告三大板块、十二个部分的结构框架作一一叙述，是为了说明报告的全面性，而且从中也可看到下面的几点全面性。

2. 在内容体系上

报告有在改革发展关键阶段举什么旗、走什么路、以什么样的精神状态、朝着什么样的发展目标继续前进等重大问题的科学回答，也有对实施全面建设小康社会宏伟目标的全面部署，还有全面推进党的建设新的伟大工程的明确要求。

3. 在阐述的维度上

报告从继承与创新，理论与实践，历史与现实，当前与长远，总体与具体，国内与国外等等，作了多维度、多角度的全面阐发。

（1）继承与创新相结合。报告强调要坚持党的基本理论、基本路线、基本纲领、基本经验，保持理论和路线方针政策的连续性和稳定性，同时要坚持解放思想、实事求是、与时俱进，努力推进理论创新和其他方面的创新，增强党和国家工作的开拓性和创造性。

（2）理论与实践相结合。报告强调要以马克思主义的立场、观点、方法分析研究问题，着力回答关系党和国家工作全局、人民群众普遍关注的重大理论问题，提高报告的思想性和理论性，同时努力在改革发展稳定、内政外交国防、治党治国治军各个方面研究提出一些重大政策和改革措施，增强报告的针对性和可操作性。

（3）当前与长远相结合。报告强调要坚持针对我国现阶段发展面临的突出矛盾，围绕人民最关心、最直接、最现实的利益问题提出对策、措施、办法，以改进工作、完善制度，同时坚持进行前瞻性思维，分析未来国际国内形势的发展变化，对今后 5 年以及到 2020 年党和国家事业发展进行全面规划，提出大政方针，作出战略部署。

4. 在涉及的领域上

报告有经济、政治、文化、社会，也有军队建设、民族工作、宗教工作、统战工作、外交工作，又有党自身的思想、组织、作风、制度、反腐倡廉等全面建设。

（二）深入学习，就是重点领会

党的十七大报告既全面，也有不少突出的亮点。深入学习，就是有重点地领会那些重大的、创新性的问题、观点。这类问题、观点包括两个层面。

1. 第一个层面是关系党和国家发展大局的重大、创新性的问题和观点

这就是党的十七大报告提出并写进党章的有关中国特色社会主义的论断、科学发展观等等。以及 10 月 23 日新的中央政治局第一次会议上，专门研究布置学习、宣传、贯彻党的十七大精神，提出的“八个深刻领会”：要深刻领会党的十七大的主题，深刻领会党的十六大以来所取得的成绩，深刻领会改革开放的伟大历史进程和宝贵经验，深刻领会中国特色社会主义道路和中国特色社会主义理论体系，深刻领会科学发展观的科学内涵、精神实质、根本要求，深刻领会实现全面建设小康社会奋斗目标的新要求，深刻领会社会主义经济建设、政治建设、文化建设、社会建设等方面的重大部署，深刻领会以改革创新精神推进党的建设新的伟大工程的重大任务。

特别是这些重大、创新性的问题、观点中的中国特色社会主义问题，深入贯彻落实科学发展观问题，我们尤其要深入地学习和领会。如果说中国特色社会主义是马克思主义中国化的最新成果，则科学发展观是马克思主义中国化最新成果的重要组成部分。

（1）关于中国特色社会主义。高举中国特色社会主义伟大旗帜，是党的十七大强调的主题、是十七大报告突出的标题，是十七大精神的集中体现。旗帜问题至关重要，旗帜是方向、是目标、是信念、是形象。

毛泽东说，主义譬如一面旗子，旗子立起了，大家才有所指望，才知所趋赴。在延安中央大礼堂、党的七大的会场上，横幅是“在毛泽东的旗帜下胜利前进”。正是在这面旗帜下，我们取得了抗战的胜利、新

民主主义革命的胜利，建立了新中国和社会主义基本制度，发展了社会主义的经济、政治和文化。邓小平说，毛泽东思想这个旗帜丢不得。丢了这个旗帜，实际上就否定了我们党的光辉历史。

改革开放 29 年来，我们取得一切成绩、进步的根本原因，归结起来就是：开辟了中国特色社会主义道路，形成了中国特色社会主义理论体系，也就是高举了中国特色社会主义伟大旗帜。自改革开放之初邓小平提出“走自己的道路，建设有中国特色的社会主义”近 30 年来，在我们党召开的历次全国代表大会上，都一以贯之地高举中国特色社会主义这面旗帜，在历次党的代表大会的报告中，都毫无例外地突出中国特色社会主义这个主题。1982 年党的十二大的主题是：建设有中国特色社会主义；1987 年党的十三大的主题是：沿着有中国特色的社会主义道路前进；1992 年党的十四大的主题是：加快改革开放和现代化建设步伐，夺取有中国特色社会主义事业的更大胜利；1997 年党的十五大的主题是：高举邓小平理论伟大旗帜，把建设有中国特色社会主义事业全面推向 21 世纪；2002 年党的十六大的主题是：全面建设小康社会，开创中国特色社会主义事业新局面。

中国特色社会主义理论体系是改革开放历史新时期我们党的理论创新成果，总体上属于马克思列宁主义同中国实际相结合的第二次历史性飞跃的理论成果。这个理论体系，坚持和发展了马克思列宁主义、毛泽东思想，凝结了几代中国共产党人的智慧和心血。党的十三大报告第一次提出了建设有中国特色的社会主义理论的概念，指出党的十一届三中全会以来，我们党在对社会主义再认识的过程中，构成了建设有中国特色的社会主义理论的轮廓。党的十四大报告明确提出邓小平建设有中国特色社会主义理论，强调邓小平对建设有中国特色社会主义理论的创立作出了历史性的重大贡献。党的十五大报告指出，马克思列宁主义同中国实际相结合有两次历史性飞跃，产生了两大理论成果。第一次飞跃的理论成果是被实践证明了的关于中国革命和建设的正确的理论原则和经验总结，它的主要创立者是毛泽东。第二次飞跃的理论成果是建设有中国特色社会主义理论，它的主要创立者是邓小平。也就是说，我们党已经明确，中国特色社会主义理论是邓小平在改革开放历史新时期创立的，也是在改革开放历史新时期不断丰富和发展的。当然，中国特色社会主义理论体系，是对毛泽东艰辛探索社会主义建设规律重要思想成果的继承和发展。胡锦涛在报告中明确指出："这个理论体系，坚持和发展了马克思列宁主义、毛泽东思想，凝结了几代中国共产党人带领人民不懈探索实践的智慧和心血。"这就把中国特色社会主义理论体系同马克思列宁主义、毛泽东思想既一脉相承又与时俱进的内在联系讲清楚了。

中国特色社会主义理论体系，是马克思主义中国化的最新成果，是党最可宝贵的政治财富和精神财富，是全国各族人民团结奋斗的思想基础，一定要坚持这个理论体系。在当代中国坚持中国特色社会主义理论体系，就是真正坚持中国特色社会主义。

在新的历史起点上召开的党的十七大，强调继续高举中国特色社会主义伟大旗帜，并且科学地回答了关于中国特色社会主义的一系列重大问题。这包括：

回答了什么叫高举中国特色社会主义伟大旗帜——最根本的就是坚持中国特色社会主义道路和中国特色社会主义理论体系。

回答了什么是中国特色社会主义道路——就是在中国共产党领导下，立足基本国情，以经济建设为中心，坚持四项基本原则，坚持改革开放，解放和发展社会生产力，巩固和完善社会主义制度，建设社会主义市场经济、社会主义民主政治、社会主义先进文化、社会主义和谐社会，建设富强民主文明和谐的社会主义现代化国家。

回答了什么是中国特色社会主义理论体系——就是包括邓小平理论、"三个代表"重要思想以及科学发展观等重大战略思想在内的科学理论体系。

回答了中国特色社会主义事业怎样总体布局——形成中国特色社会主义的经济建设、政治建设、文化建设、社会建设"四位一体"的总体格局。

回答了怎样发展中国特色社会主义——解放思想是一大法宝，改革开放是强大动力，科学发展、社会和谐是基本要求，全面建设小康社会是阶段性奋斗目标。

中国特色社会主义理论体系是不断发展的开放的理论体系，还要在实践中不断充实、丰富和发展。

（2）关于深入贯彻落实科学发展观。党的十七大报告用了一个专门的部分、3000多字阐述科学发展观（有香港媒体统计，报告提及"科学发展观”共22次之多)。报告全面深刻地阐述了科学发展观的科学内涵和精神实质，对科学发展观作了科学的定位。科学发展观是对党的三代中央领导集体关于发展的重要思想的继承和发展，是马克思主义关于发展的世界观和方法论的集中体现，是同马克思列宁主义、毛泽东思想、邓小平理论和“三个代表”重要思想既一脉相承又与时俱进的科学理论，是我们经济社会发展的重要指导方针，是发展中国特色社会主义必须坚持和贯彻的重大战略思想。

科学发展观是既立足于初级阶段的基本国情，而又适应新世纪新阶段的发展要求，并在借鉴国外发展经验的基础上，为实现我国经济社会又好又快发展提出来的。

胡锦涛在报告中高度概括科学发展观的科学内涵，即：第一要义是发展，核心是以人为本，基本要求是全面协调可持续，根本方法是统筹兼顾。这四句话是对科学发展观的内涵所作的最全面、最深刻而又最鲜明的新概括，对我们深刻认识和深入贯彻落实科学发展观，具有重大指导作用。

“第一要义是发展”——发展是硬道理，是执政兴国的第一要务，中国解决一切问题的关键在发展。改革开放29年来，我们之所以路线方针政策得到全体人民的拥护，之所以国际地位和影响不断提高，归根到底是由于经济社会的巨大发展；21世纪能否紧紧抓住和充分用好战略机遇期、实现全面建设小康社会、社会主义现代化的战略目标，也在于发展；解决我国经济社会发展面临的许多矛盾和问题，包括构建社会主义和谐社会面临的许多矛盾和问题，关键还是要靠发展。只有聚精会神搞建设、一心一意谋发展，才会为发展中国特色社会主义打下坚实基础。

“核心是以人为本”——以人为本的发展，就是要以实现人的全面发展为目标，从人民群众的根本利益出发谋发展，通过人民群众的努力实现发展，将发展成果惠及全体人民。即：发展为了人民、发展依靠人民、发展成果由人民共享，在经济社会发展中促进人的全面发展。

“基本要求是全面协调可持续”——全面，就是顾此及彼；协调，就是有机结合；可持续，就是着眼长远。全面发展，就是要以经济建设为中心，全面推进经济建设、政治建设、文化建设和社会建设的发展。协调发展，就是经济建设、政治建设、文化建设、社会建设的各方面相互联系、相互结合、相互促进、有机统一的发展；就是城市和乡村、沿海和内地、经济和社会相互协调的发展。可持续发展，就是基于节约资源和保护环境为目标的发展，促进人与自然的和谐，实现经济发展和人口、资源、环境相协调，立足当前，着眼长远，避免发展大起大落，保证一代接一代永续发展。

“根本方法是统筹兼顾”——实现以人为本，全面协调可持续的科学发展，必须坚持统筹兼顾。既要统筹城乡发展、区域发展、经济社会发展、人与自然和谐发展、国内发展和对外开放（即“五个统筹”），使各方面的发展相适应，各个发展环节相协调；又要统筹兼顾各种利益关系，充分调动各方面积极性——统筹中央和地方关系，统筹个人利益和集体利益、局部利益和整体利益、当前利益和长远利益；还要统筹国内国际两个大局，树立世界眼光，加强战略思维，善于从国际形势变化中把握发展机遇、应对风险挑战，营造良好国际环境，实现既通过维护世界和平发展自己，又通过自身发展维护世界和平的和平发展。

无疑，统筹兼顾是个根本方法、大的战略思维，以上“三大方面统筹”（十个统筹）是个大的战略方针，而三大方面、十个统筹中，每一个方面的内部还有更多的具体的环节需要统筹。

统筹兼顾，既是贯彻落实科学发展观的根本方法，又是协调处理利益关系的一种能力。统筹兼顾、全面协调，就是要求在发展中、在各项工作中、在处理各种利益关系和各种问题中，把各种因素都考虑到、协调好。统筹兼顾、协调关系不是搞简单平衡，而是要通盘考虑主要因素与其他因素的关系。这一关系不是“1＋1＋1”的平均、并列的关系，也不是“1＋0”的顾此失彼、单打一的关系，而是“1＋3”的抓住重点、兼及其他的关系。无疑，把握统筹协调的“度”是比较难的。特别是在新的发展阶段，各方面的利益关系愈益复杂化，统筹兼顾各方面利益的难度较大。这就要求提高统筹协调处理利益关系的能力，深入分析研究改革发展中出现的利益关系和利益格局调整，全面把握和妥善解决来自各方面的利益诉求，把最广大人民群众的根本利益实现好、维护好、发展好。

胡锦涛在报告中还提出了深入贯彻落实科学发展观的四个方面的基本要求，即要始终坚持“一个中心、两个基本点”的基本路线、积极构建社会主义和谐社会、继续深化改革开放、切实加强和改进党的建设。

落实这四个方面的基本要求，实际上就是为深入贯彻落实科学发展观提供政治保证、社会环境保证、体制机制保证和组织保证。我们只有深刻理解和全面贯彻这些基本要求，才能奋力开拓中国特色社会主义更为广阔的发展前景。胡锦涛号召全党全面把握科学发展观的科学内涵和精神实质，增强贯彻落实科学发展观的自觉性和坚定性，把科学发展观贯彻落实到经济社会的各个方面。

2. 第二个层面是党的十七大报告中的众多的新提法、新范畴

例如“人均 GDP 翻两番的目标”，“转变经济发展方式”，“四化”新增加信息化、扩展为“五化”：“工业化、信息化、城镇化、市场化、国际化”，“生态文明”，“实施自由贸易区战略”，“财产性收入”，“基层群众自治制度”等等。这些提法，决不仅仅是用语、用词上的变化和增加，而是包含着丰富内涵的新提法、新范畴。

(1)“实现人均国内生产总值翻两番”。党的十五大、十六大提出，21 世纪第一个十年要实现国内生产总值比 2000 年翻一番，到 2020 年，国内生产总值力争比 2000 年翻两番。党的十六大以来，中国经济的持续快速增长使翻一番的目标已提前在 2006 年实现。

党的十七大报告提出：“在优化结构、提高效益、降低消耗、保护环境的基础上，实现人均国内生产总值到 2020 年比 2000 年翻两番。”把翻两番的目标由“总量”变为“人均”，这是第一次提出，也是报告中关于“实现全面建设小康社会奋斗目标的新要求”中的唯一量化指标。这还是一个让西方媒体普遍感到震惊的目标——用法新社报道的话说，“这是迄今北京制定的最雄心勃勃的经济目标。”这一新提法意味着什么？

第一，人均国内生产总值翻两番，体现了以人为本的执政理念。单纯以经济总量来衡量，可以体现国家经济实力规模的增强，而人均生产总值体现的是国民的富裕程度和生活水平，更能反映居民在经济发展中分享的成果。

第二，人均国内生产总值翻两番，体现了又好又快的科学发展。提出人均国内生产总值翻两番的前提是，“在优化结构、提高效益、降低消耗、保护环境的基础上”实现此目标。

第三，人均国内生产总值翻两番，对我国经济社会发展和全面建设小康社会提出了新的更高要求。从 GDP 总量翻两番变为 GDP 人均翻两

番，这增加了人口增长的因素，即2020年的国内生产总值不是被现有的13亿人人均，而是被届时的15亿人人均，是一个标准更高、实现难度更大的目标。根据《中国统计摘要》，2000年中国的人均GDP以当年汇率（1∶8.27）计算，约合950美元。以此为基数，2020年翻两番后，中国的人均GDP约合3800美元，换算成当前汇率，约为4500美元。届时的GDP总量应为6.75万亿美元（4500美元乘15亿人），而非5.85万亿美元（4500美元乘13亿人）。

第四，人均国内生产总值翻两番，是一个既振奋人心，又实事求是、可以实现的目标。我国的人均GDP，从建国初期的不足100美元、改革开放初期的不足200美元，增长到2002年超过1000（1100）亿美元、2006年超过2000（2010）亿美元。按照国家统计局新闻发言人的说法，按可比价格计算，我国2006年的人均GDP已相当于2000年的1.69倍。按20年人均GDP翻两番的要求计算，只用了6年、到2006年已经实现了42.3%，剩余57.7%的任务留给今后13年，2007年到2020年，只要人均国内生产总值年均增长5.4%，我国就可以实现“人均国内生产总值到2020年比2000年翻两番”的目标。这一目标的实现，“没有太大困难”。

第五，人均国内生产总值翻两番，是一个需要抓住机遇、扎实努力、持续发展的过程。要充分估计到发展中的矛盾和问题，注意防范和应对可以预料的和难以预料的风险和挑战，才能更好地实现目标。

（2）“四化”新增加“信息化”、扩展为“五化”。党的十七大报告在阐述立足社会主义初级阶段这个最大的实际、分析当前我国发展的阶段性特征时指出：要“全面认识工业化、信息化、城镇化、市场化、国际化深入发展的新形势新任务”。这“五化”中，比以往多了一个“信息化”，并且排在了“工业化”之后。报告在阐述加快转变经济发展方式，推动产业结构优化升级时，又进一步提出要“大力推进信息化与工业化融合”。“信息化”的增加，是我们党对当今世界发展趋势和当前我国发展特征的清醒认识和准确把握。

信息化是当今世界的一个重要发展趋势。在20世纪后期兴起、延续到今天的新科技革命浪潮中，特别是在信息技术推动下，信息化成为当今世界经济和社会发展的大趋势。所谓经济和社会信息化，“是指在电子计算机、信息和网络等技术快速发展的推动下，信息技术、信息产业和信息网络在社会经济的各个领域所发挥的作用日益突出，并逐渐主导国民经济和社会发展的过程”。

信息化趋势影响着世界各国经济的发展和实力地位的提高，所以，目前世界各国都在基于本国国情、适应世界潮流，积极推进信息化以便争取经济发展和在新的国际竞争格局中实力地位的提高。特别是对于发展中国家，信息化的挑战是严峻的，这是因为在信息化时代，“技术差距”、“信息鸿沟”、“数字鸿沟”，愈益成为世界南北“收入差距”、“贫富鸿沟”扩大的基础和突出表现。联合国秘书处公布的资料显示，目前富国和穷国互联网用户数量的悬殊比国民收入的悬殊还要严重。联合国按照国际上通用的分析收入差距的“五分法”进行考察，其结果——全球收入最高国家的1/5人口拥有全球国内生产总值的86%和互联网用户的93%，而收入最低的1/5人口只拥有全球国内生产总值的1%和互联网用户的0.2%。

发展中国家只有努力发展以信息技术为核心的高新技术及相关产业，以信息化带动工业化，发挥后发优势，才能实现生产力跨越式发展，缩小同发达国家的差距。目前有相当一些发展中国家，特别是中国、印度、巴西、墨西哥等有一定工业和科技力量的大国和韩国、新加坡等新兴工业化国家，都在基于自己的国情、国力规划未来自己国家信息化的发展。例如，印度在新世纪初制定了重点开发计算机软件业长远战略，力争在21世纪第一个10年，建成信息技术大国和软件超级大国。

中国信息化在近10多年的发展，可谓相当迅速。譬如，互联网是在1994年（1994年4月20日中国第一个互联网与国际互联网链接成功）进入中国的，6年后到2000年，互联网用户达到2250万，2005年底这个数字超过1亿（1.11亿），2007年6月末增长到1.62亿（全世界12亿）。更重要的是，中国信息化发展的路径愈益明确。中国在新世纪之初，把推进国民经济和社会信息化放在优先位置，力求以信息化带动工业化，以工业化促进信息化。党的十六大报告提出，“优先发展信息产业，在经济和社会领域广泛应用信息技术”，这可以说是中国信息化发展的路径。现在党的十七大报告在“工业化、城镇化、市场化、国际化”这“四化”中新增了一个“信息化”，扩展成了“工业化、信息化、城镇化、市场化、国际化”“五化”，这更加突出了信息化的地位。

特别是报告还进一步提出要“大力推进信息化与工业化融合”，这意味着在21世纪初相当一个时期，特别是在今后5年中，一方面，要继续加快信息产业的发展；另一方面，注重信息技术的应用，注重信息化与工业化的结合，特别是使信息技术日益与传统产业改造相结合。这对于我国加快转变经济发展方式，推动产业结构优化升级，有着十分重要的意义。

(3)“实施自由贸易区战略”。报告第五部分“促进国民经济又好又快发展”，在阐述对外开放时首次提出，“实施自由贸易区战略，加强双边多边经贸合作。”实施自由贸易区战略，是为适应世界经济全球化、区域化趋势和我国对外开放新形势新任务而提出的一个对外经济关系战略。

新世纪之初的国际经济一体化，表现为两大趋势——一体化进程发生在全球范围内，就是经济全球化趋势；发生在区域范围内，就是经济区域化趋势。相对于这样的世界经济发展趋势，我们也要在不同层次上发展自己国家的对外经济关系。

第一个层次是积极参与全球化——发展WTO框架下的全球多边经济关系。

已经迅速发展了10多年的经济全球化浪潮在进入新世纪的时候方兴未艾。经济全球化，即在跨国生产的基础上，经济资源愈益跨越国界在全球范围内自由、全面、大量、结合地流动和配置并在组织框架上加强国际经济联系、调节的进程。世界上的所有国家都要参与全球范围的资源流动，以便在广阔的国际空间中，合理地配置自己的资源，有效地运用比较优势，得到发展本国经济的条件和好处，从而促使全球化迅速发展。与此相应，全球性的经济组织和协调机制，如世界贸易组织、国际货币基金组织、世界银行等，逐步发展和完善起来。

我国的对外经济关系首先是全面的，即发展同世界各类国家、各个地区的经济关系。这是本国经济发展的需要，也是全球化趋势的要求。事实上我国的对外经济关系已经波及世界各个地方。目前我国已同世界上220多个国家和地区有贸易关系，近200个国家和地区有资金合作关系（来华投资有200个国家和地区，我国对外投资于172个国家和地区），近200个国家和地区有承包工程和劳务合作关系，160多个国家和地区有科技合作与交流关系。我们要继续致力于发展这种全面的对外经济关系。

加入全球性的国际经济组织机构，是参与全球化的重要体现和不可或缺的体制保障。目前，世界上绝大多数国家和地区都加入了世界贸易组织（有150个成员）、世界银行（有180多个成员）和国际货币基金组织（有180多个成员）这三大全球性经济组织。我国在1980年4月和5月相继恢复了在国际货币基金组织和世界银行中的合法席位，并在新世纪第一年2001年加入世界贸易组织。可以说以加入WTO这个最大的全球多边贸易组织、这个“经济联合国”为标志，中国全面对外经济关系的组织框架已经构建完成。此后我们在WTO的框架下积极参与经济全球化，发展全球多边经济关系。

第二个层次是积极参与区域化——发展自由贸易区框架下的区域或双边经济合作关系。

区域化是与全球化并存的一个世界经济发展趋势，而且这两个趋势本是同根生。经济资源愈益跨越国界自由、全面、大量、结合地流动和配置的进程，发生在全球范围内就是经济全球化，发生在各区域范围内就是区域化。不过，全球化在范围上比区域化更广，而区域化在一体化层次上比全球化更高。经济一体化的规律是，其范围与其内部差异成正比，而与其程度成反比。全球化由于其范围广泛，参与者众多，差异巨大，利益协调较难，从而一体化程度、层次不易提高。在这种情况下，地缘经济关系密切，相对经济差异较小，从而一体化程度较高的区域一体化以及相应的区域合作组织、机制蓬勃发展起来。

区域化比全球化的一体化层次更高，体现在两个方面。一是区域化的资源流动比全球化的资源流动更为便捷、自由——例如1993年1月1日欧洲统一大市场正式启动，实现了区域范围的商品流动、资本流动、服务流动、人员流动的“四大自由”，而全球范围的资源流动只能说是在与各种障碍、保护的冲撞中朝着自由与开放的方向发展。二是区域化的协调功能比全球化的协调功能更为强健、有效——例如1999年1月1日欧元正式登场，实现了区域范围的货币金融一体化，而全球范围的货币体系自布雷顿森林体系崩溃后20多年，仍在苦苦寻找新的有效的国际货币协调机制（已有各种各样的改革现行国际货币体系的探索）。

所以，全球化再怎么样发展，也是不可能完全取代区域化的；反而会给区域化的进一步发展带来新的刺激和驱动力——通过推进区域化而增强区域集团和区域组织的成员在全球化进程中的地位和作用，以便得到更多的全球化利益。正因为如此，自 20 世纪 80 年代末 90 年代初以来全球化方兴未艾的同时，区域化也再掀新浪潮。现在 WTO 的绝大多数成员都参与了一个以上区域贸易安排，即拥有多边贸易体制和区域一体化组织的“双重成员资格”。

我们在关注、参与经济全球化的同时，也必须对区域一体化潮流给予足够的重视和积极地对待。我国的对外经济关系既是全球多边的，也应该是有区域重点的，即除了全面对外经济关系，还要有区域的和双边的更紧密经济关系。

在新世纪之初，我国参与经济区域化，不仅在于继续参与现有的亚太经合组织这种地区经济论坛性质的组织框架，也在于构建新的范围更小而一体化程度更高的、有实质性内部优惠安排的区域或双边的组织框架，特别是自由贸易区这种形式的框架安排。

根据国际经济一体化理论，区域一体化组织形式有五种。即特惠关税区、自由贸易区、关税同盟、共同市场、经济联盟。其中自由贸易区是一种一体化程度适当、且较为易行的区域组织形式，很受各国青睐。特别是由于近年来 WTO 多哈回合谈判进展缓慢，主要国家均将经贸政策重点转向发展自贸区，纷纷出台自贸区战略，谈判步伐明显加快。截至 2007 年 9 月底，向 WTO 通报、仍然生效的区域贸易安排达到 194 个，其中 1 月至 9 月就通报了 14 个。连日本、韩国这样的对自由贸易协定一直态度消极的国家都分别在 2002 年缔结了它们的第一个自由贸易协定“日本—新加坡自由贸易协定”、“韩国—智利自由贸易协定”。

我国在这种形势下，当然也要积极参与、构建自由贸易区。这是在新世纪伊始开始起步的。2001 年 11 月我国在加入 WTO 的同时，提出 10 年内建立中国—东盟自由贸易区。该自由贸易区已在 2005 年 7 月全面启动，到 2010 年建成时该自由贸易区中将有 93%的产品实现零关税。除了中国—东盟自由贸易区积极发展外，到目前我国已经谈成或正在谈的自由贸易区，包括“中国—海合会自由贸易区”、“中国—智利自由贸易区”等共 12 个，其中已经签署协议的自贸区有 5 个，正在谈判的自贸区有 7 个，涉及亚洲、大洋洲、拉美、欧洲、非洲的 29 个国家和地区，占 2006 年我国对外贸易总额的 1/4。

党的十七大报告第一次正式提出了“实施自由贸易区战略”，这是面对世界经济潮流的一次抉择，必将促使自贸区成为我国对外开放的新形式、新起点、新平台，进一步推动我国对外开放、对外经济关系有新的发展。

三、认真贯彻党的十七大精神

学习贯彻党的十七大精神，要学以致用、用以促学。“认真贯彻”党的十七大精神，就是坚持理论联系实际，紧密联系本地区本部门本单位的工作实际和党员的思想实际，通过武装头脑、指导实践、推动工作来落实党的十七大精神。

（一）各地区各部门贯彻落实党的十七大精神主要体现

就一般意义而言，各地区各部门贯彻落实党的十七大精神主要体现在七个方面：

第一，贯彻落实为高举中国特色社会主义旗帜不动摇——通过学习贯彻党的十七大精神，更加坚定不移地高举中国特色社会主义伟大旗帜，坚持中国特色社会主义道路和中国特色社会主义理论体系不动摇。

第二，贯彻落实为更加自觉地走科学发展道路——通过学习贯彻党的十七大精神，深入贯彻落实科学发展观，着力转变不适应、不符合科学发展观的思想观念，把全社会的发展积极性引导到科学发展上来，更加自觉地走科学发展道路，实现经济社会又好又快地发展。

第三，贯彻落实为继续解放思想、振奋精神，创造业绩，开创新局面——通过学习贯彻党的十七大精神，认真查找精神状态上存在的差距，继续解放思想、振奋精神，保持锐意进取、奋发有为的精神状态，不断创造经得起实践、人民、历史检验的业绩，开创中国特色社会主义事业新局面。

第四，贯彻落实为进一步明确目标，提出新思路新举措，解决发展中的突出问题——通过学习贯彻党的十七大精神，进一步明确本地区本部门的具体奋斗目标，提出改革发展的新思路新举措，着力解决影响和制约科学发展的突出问题，切实把握发展规律、创新发展理念、转变发展方式、破解发展难题，推动经济建设、政治建设、文化建设、社会建设全面发展。

第五，贯彻落实为努力解决利益问题，改善民生，促进社会和谐——通过学习贯彻党的十七大精神，努力解决人民最关心、最直接、最现实的利益问题，使发展成果更多体现到改善民生上，促进社会和谐，维护社会稳定。

第六，贯彻落实为加强党的建设，提高执政能力，保持先进性——通过学习贯彻党的十七大精神，以改革创新精神全面推进党的建设新的伟大工程，坚持党要管党、从严治党，加强党的思想建设、组织建设、作风建设、制度建设和反腐倡廉建设，提高党的执政能力，始终保持党的先进性。

第七，贯彻落实为推动主观世界改造，坚定理想信念——通过学习贯彻党的十七大精神，进一步推动主观世界改造，使广大党员、干部成为实践社会主义核心价值体系的模范，做共产主义远大理想和中国特色社会主义共同理想的坚定信仰者、科学发展观的忠实执行者、社会主义荣辱观的自觉实践者、社会和谐的积极促进者。

（二）党校科研部门贯彻落实党的十七大精神的主要体现作为理论工作者、党校科研部门，贯彻落实党的十七大精神体现在各个方面，特别是体现为：把中国特色社会主义与党校科研“四个服务目标”紧密结合起来。这里着重谈谈这个主要体现

中央提出的党校科研工作的目标方针是“四个服务”。最初是“三个服务”，胡锦涛于2002年12月18日在同中央党校校委成员座谈时，增加了“为推进理论创新服务”，从而完整地形成了“四个服务”的党校科研工作方针。即“为推进理论创新服务，为提高党校教学质量服务，为党委和政府的决策服务，为社会主义物质文明、政治文明、精神文明建设服务”。我们要把这“四个服务”与中国特色社会主义的道路和理论体系更紧密地联系起来，以此作为党校科研工作贯彻落实党的十七大精神的主要体现。

1.“为推进理论创新服务”

改革开放新时期最突出的标志是与时俱进，党的理论在实践中创新发展；中国特色社会主义理论是改革开放29年来的最大理论创新。党的十七大对这个理论又有了新的发展和创新，而且在创新理论中体现出创新精神。

理论是在不断创新中丰富发展的。党的十一届三中全会以来，正是由于我们党摆脱了停滞僵化的思想束缚，解放思想、实事求是、与时俱进、开拓创新，才形成了中国特色社会主义的理论体系；今天在历史的新起点上，我们仍然要，甚至更需要在新的机会和挑战面前，继续解放思想、实事求是、与时俱进、开拓创新，发展中国特色社会主义的理论体系。创新是理论和实践的生命线。正是由于创新，党的理论才显示出其勃勃的生机，而且党的理论创新引领各方面创新，成为指导实践的强大思想武器。

同时，创新、发展与坚持、继承并行不悖。创新要符合客观实际，即科学的创新。客观实际变化了，就要与时俱进、发展创新；客观实际没有变的，就要坚持不动摇，不能为变而变、为新而新。这才是科学的创新精神。新中国成立以来特别是改革开放以来，我国取得了举世瞩目的发展成就，但我国仍处于并将长期处于社会主义初级阶段的基本国情没有变，人民日益增长的物质文化需要同落后的社会生产之间的矛盾这一社会主要矛盾没有变。因此，贯彻执行社会主义初级阶段的基本路线，任何情况下都要坚定不移。坚持以经济建设为中心坚持四项基本原则这两个改革开放的基本点统一于发展中国特色社会主义的伟大实践，任何时候都决不能动摇。

实践无止境，创新无止境。中国特色社会主义理论体系是不断发展的开放的理论体系。党校科研“为理论创新服务”，首要的一点就是为中国特色社会主义理论的发展、创新服务。

中央党校是党的思想理论战线的一个重要阵地。党校系统的科研工作是全国马克思主义理论和哲学社会科学理论研究的重要方面。党校的教师队伍是我们党思想理论战线的一支重要力量。我们有责任切实加强对中央提出的、关注的重大理论问题的研究，为不断推进党的理论创新服务，在党的理论创新方面做出应有的贡献。特别是要深化对中国特色社会主义的研究在这个方面的研究上取得新成果。事实上，多年来我们一直在努力这样做，今后要继续努力这样做。

以我们不断深化对作为中国特色社会主义理论体系重要组成部分的科学发展观的研究为事例，来说说党校在这方面的研究。自从党的十六届三中全会提出树立和落实科学发展观以后，四中、五中、六中、七中全会都谈到科学发展观。科学发展观既是重大的实践问题，又是重大的理论问题。深化对科学发展观的研究是中央重视的问题。相应于此，中央党校和全国党校关于科学发展观的研究也已有多年，每年召开一次专门研讨科学发展观的会议——2004 年 5 月召开的“全国党校系统树立和落实科学发展观理论研讨会”（无锡研讨会）、2005 年 10 月召开的“认真学习党的十六届五中全会精神，全面贯彻落实科学发展观理论研讨会”（杭州研讨会）和 2006 年 12 月召开的“全国党校系统科学发展观：重点、难点理论研讨会”（咸阳研讨会）。从对历次研讨会的内容、成果的比较中可见，对科学发展观的研究是不断深化、创新的。党的十七大报告把科学发展观作为中国特色社会主义理论体系的一个重要组成部分，作出了新的阐述和概括，并提出在全党开展深入学习实践科学发展观活动。党校科研“为理论创新服务”，很重要的一个体现就是继续深化对科学发展观的学习、研究和创新，而这个方面的创新，本身就是对中国特色社会主义理论的发展和创新。

2. “为提高党校教学质量服务”

所谓为提高党校教学质量服务，就是坚持“以教学为中心”，“以科研为基础”的办学方针，把科研与教学有机结合起来，坚持以教学带科研，以科研促教学，努力做到教学出题目、科研做文章、成果进课堂，实现教学科研一体化。

科研结合党校各个学科的建设和教学内容展开，是其一个重要功能。中央党校常务副校长苏荣在几次讲话中也强调这一点——他说“科研深度决定教学质量，教学质量检验科研水平”。几年来，就科研与教学的结合问题，中央党校、全国各党校在实践中也做了一些有益的探索（2004 年 11 月 7 日我们在广西还召开专门会议进行了经验交流），今后还要继续探索。

特别是在中国特色社会主义理论教学中，要努力发挥党校科研这个“服务”的作用。这是由党校的地位、功能决定的。党校是培训轮训领导干部的主渠道，以教学为中心；党校教学布局首要一条是“理论基础”方面的教学，中国特色社会主义理论是其基本内容，要进教材、进课堂、进学员头脑。同时，党校是思想理论战线的重要阵地，党校教育以科研为基础，加强科学研究是提高党校教学水平的基础一环，科研的一个重要功能就是“为提高教学质量服务”，只有深化对中国特色社会主义的理论研究，有高质量、高水平的科研成果，才能在课堂上讲出高质量、高水平的中国特色社会主义的理论课，才能真正体现科研为提高这方面的教学质量“服务”。

从科研工作的角度，实现“为提高党校教学质量服务”，促进教学科研一体化，主要的途径是发挥科研立项，特别是党校校级项目的导向作用。校级科研项目的选题，要从党校培训轮训领导干部的需要出发，强调与校内教学和学科建设相结合，加强对学员普遍关心的热点、难点问题的研究，真正体现教学出题目、科研做文章、成果进课堂。从中央党校来说，2004 年至 2007 年立项的校级项目，不仅 105 个年度常规项目相当程度上体现了科研与教学的结合，而且校级委托项目，即使是自筹经费申请校级委托项目的 20 多个立项课题，也都考虑到其选题与教学的结合程度。事实上，不少校级项目，其研究成果对增强主持项目的教员的讲课效果，发挥了很好的作用。目前，为配合、服务于党的十七大之后的党校有关中国特色社会主义的理论教学，我们将设立相关的校级科研项目，组织教研人员进行研究。

3. “为党委和政府的决策服务”

所谓“为党委和政府的决策服务”，就是在新形势下，为了服务于提高党委和政府决策的科学化水平，充分利用党校自身的理论优势和科研优势，积极、主动地对那些全局性、前瞻性和战略性的重大理论和现实问题进行深入研究，从而为党委和政府在这些重大问题上的决策提供政策咨询和建议。

中国特色社会主义道路，是目标、方向，也是一个实践过程，要长期走下去。在这个过程中，党和国家会面临不断出现的新情况、新问题、新任务，党校科研“为党委和政府决策服务”的重要体现就是研究中国特色社会主义实践过程中的新情况、新问题，为决策发挥“思想库”、“智库”作用。

这个“服务”说到底，就是党校科研应体现其实践性和应用性。一直以来，我们在这方面发挥过很好的作用。譬如，2003—2004 年度全国党校系统“执政理论研究”课题成果，为 2004 年下半年召开的党的十六届四中全会及其通过的决议，提供了重要的参考——2006 年第 2 期《中央党校研究报告》刊发的调研报告《江西省林业体制改革调查报告》(李兴山等撰写)，由曾庆红、回良玉批示给国家林业局，对我国集体林权制度改革有关政策的出台，发挥了很好的作用。2006 年底 2007 年初中央党校副校长王伟光、李君如分别承担的两个中央委托重大调研课题，为党的十七大报告提供了重要的参考。各省市党校接受本省、市党委、政府委托的研究项目，并为相关的决策提供咨询参考（一些省市党校科研部门办的内部刊物名字就叫《决策参阅》——浙江省委党校，《决策咨询》——黑龙江省委党校，等等），也同样发挥了作用。

党的十七大报告所阐述的中国特色社会主义理论，中国特色社会主义的伟大实践，为党校科研提供了广阔的天地；党校科研为党委和政府决策服务，为中国特色社会主义事业的发展建言献策，大有作为。

4. “为社会主义物质文明、政治文明、精神文明建设服务”

这个方面的服务更是直接与中国特色社会主义事业“四位一体”的总体布局相联系。特别是胡锦涛于 2002 年 12 月 18 日在总结党校工作九条经验时就曾经指出，党校科研工作要“加强对中国特色社会主义经济、政治、文化建设和党的建设重大现实问题，特别是战略性、前瞻性问题的研究”。这就明确提出了党校科研要在中国特色社会主义几大建设的研究上发挥作用的要求。党校理应也有条件特别是学科条件，发挥好这个“服务”的作用。中央党校现有 22 个博士学科点、33 个硕士学科点以及全国各党校的 101 个硕士学科点和各专业学科，大多数都能与中国特色社会主义四大建设的某一方面对应。因此，党校要充分发挥自己的理论和科研优势，特别是学科优势，在中国特色社会主义的经济建设、政治建设、文化建设、社会建设的过程中，积极参与相关的研究，为其作出自己应有的贡献。

事实上，这方面的“服务”也是大有可为的。就中央党校而言，2005 年 10 月十六届五中全会后，中央党校与沈阳市委联合进行了关于振兴老工业基地的调研。2006 年 10 月，十六届六中全会召开后，我校承担了中央交给的“关于建设社会主义核心价值体系”的课题研究任务。2007 年 3 月“两会”后，中央党校承担了中央交给的“关于构建和谐世界问题”的课题研究任务，等等。完成好这类重大现实问题的研究任务，当然就是在为中国特色社会主义总体布局中某个方面的建设服务。

综上所述，党校科研、党校理论工作者，贯彻落实党的十七大精神的一个主要体现，就是把中国特色社会主义与党校科研“四个服务目标”紧密结合起来，并通过设置课题项目，组织撰写文章，召开理论研讨会等多种方式，加强对中国特色社会主义各方面问题的研究，从而为推进中国特色社会主义的发展发挥积极的作用、做出应有的贡献。

总之，党的十七大是在我国改革发展关键阶段召开的一次十分重要的大会。这是一次历史性的盛会，是名副其实的团结的大会、胜利的大会、奋进的大会，是党的历史上承前启后、继往开来的大会。大会审议通过的胡锦涛代表16届中央委员会作的《高举中国特色社会主义伟大旗帜，为夺取全面建设小康社会新胜利而奋斗》的报告，是一篇指导当今中国改革开放、现代化建设的纲领性文献，是中国共产党人迈向21世纪的政治宣言，是马克思主义中国化的又一最新成果。对这个集中体现了党的十七大精神的报告，我们要全面、深入地学习，并认真加以贯彻落实。归结起来一句话，就是：认真学习、学以致用、用以促学——关于学习贯彻党的十七大精神的若干体会。

关于新的发展阶段中的效率与公平问题

（2008 年 6 月）

效率与公平问题，是经济学同时也是社会学等其他学科持续研究中的一个理论命题；处理好效率与公平问题的关系，是全球性的同时也是我国一直面对的一个实践难题。我们这里在联系理论与实际、历史与现实、国外与国内、经济与社会的基础上，着重对进入 21 世纪我国新的发展阶段中的效率与公平问题，做一些研究和探讨。

一、效率与公平问题既是一个重要理论问题、又是一个重大现实问题，进行研究和探索有着重要的理论意义和现实意义

研究效率与公平问题，首先要有历史的眼光。

（一）效率与公平问题提出 100 多年来，一直是人们持续研究的一个两难的理论命题

1. 人们对公平的探究，源远流长

在中国，从春秋战国时期思想家们就开始了对公平、公正问题的思

考。在汉语背景中，通常与“公平”并列或互换使用的有“公正”、“平等”等概念，这些概念既有区别，也有联系。从字源上看，公正一词在古代汉语中最初是分开使用的，“公”往往是与“私”相对而言的。《墨子·尚贤》中就有“举公义，辟私怨”这样的句子。第一次将公正二字连用，一般认为是荀子，“上公正则下易直矣”。公正在这里主要是指公道的、正直无私的意思。汉语中“公平”概念相对比较复杂。“公平”有时表示或强调“平等”，有时表示或强调“公正”，有时二者被并列起来，即“公平公正”被当作同一个词使用。

在西方，自古希腊以来公平、正义、公正、平等问题也一直是思想家们探究的主题。西方文字背景下的公平、正义、公正、平等，也存在多义和歧义，只不过这种多义和歧义更多的是由于这些概念在不同的理论学说中被使用而引起的。公平是作为普遍的正义观念在不同特定领域的具体体现。“公平”（fairmess）的基本含义是指合乎情理、不徇私情，不偏袒。可见，公平的含义是与“正当”（rightness）、“合乎情理”（reasonable）、“公正”或“正义”（justice，gerechtigkeit）相联系的。公平在字面上与正义、公正、平等有区别，但在很多情况下，常被替代和互用。

2. 人们对效率的探究，基本是伴着资本主义商品经济、市场经济的形成而开始

效率本是一个经济学范畴，是经济学所要研究的一个中心问题，它与最大化、均衡不分伯仲，形成经济学的三大支柱。效率在西方经济学教科书中的标准定义是：所谓效率是指资源的有效配置所实现的帕累托最优状态。也就是说，效率作为经济学范畴，是指经济资源的有效使用与有效配置。使用配置得当，有限的资源可以发挥更大的作用；反之，有限的资源只能发挥较小的作用，甚至可能产生副作用。这就是高效率与低效率的区别。效率增长表现为劳动生产率的提高，以及资金利润率的提高。

在人类社会出现市场经济之后，效率的重要价值从根本上和体制上得到确认，也就是对经济决定作用的根本确认。注重效率，是由市场经济的社会地位、作用、品格、机制决定的。

3. 随着市场经济几百年的发展，公平与效率成为现代经济社会的两难选择，效率与公平的协调成为全球范围内理论界研究和政府决策关

注的焦点

由于效率和效用这一概念实际上只是到了19世纪下半叶才成为经济学的一个核心概念，从而效率与公平才成为一个两难的问题。但是，效率与公平相互关系的思想渊源，还是可以追溯得很远。

古代的与效率和公平问题相关的思想，主要体现为古希腊哲学家柏拉图、亚里士多德等人的隐含着效率的公平正义思想。他们的公平正义理论首先是以道德的善为出发点的，而不是从功用和效果的角度出发的；另一方面，这种道德的善又不是与功用和效果无关的。可以说，古代的公平正义理论已经隐含着功用、效率，只不过功用和效率并没有成为公平正义理论的一个主题。

近代的与效率和公平问题相关的思想，主要体现为以效率为历史背景的公平正义思想。如果说古代的公平正义观念还只是潜在的涉及到与功用、效果的关系，那么近代的公平正义理论则直接是以追求功用和效率为历史背景的。在此背景下，近代的正义理论本质上将公平与效率看作是统一的：一方面，自由与平等被视为近代正义的根本诉求；另一方面，自由与平等又是实现个人幸福和社会的繁荣的基本条件。

19世纪兴起的功利主义思潮，充分反映了资本主义上升时期对于功利和效率的追求。功利主义者直接从功利和效率的角度来看待作为善的公平正义，公平和效率似乎由此成为一个两难的问题。

开始专注于效率问题研究的是经济学，特别是从福利经济学说的代表人阿瑟·庇古开始，将收入再分配与资源有效配置的关系作为一个重要课题来专门研究，后来被概括为公平与效率的关系问题。西方经济学家不仅在效率问题上有各种论述，在公平问题上争论最多、分歧很大，而且关于效率与公平关系的观点也是不一致的。在如何处理公平和效率的关系问题上，主要有三种观点：第一种观点主张效率优先。如弗里德曼、哈耶克、罗宾斯、科斯等新自由主义和货币主义经济学家都持这种观点。第二种观点主张公平优先。如罗尔斯、勒纳、罗宾逊夫人等伦理学家、社会学家以及经济学的国家干预主义学派等所持的观点。第三种观点主张公平和效率是可以兼顾的。如萨缪尔森、布坎南等人所提出的观点。

效率与公平，尤其是公平，并非一个纯经济学概念，而是一个涉及经济、政治、社会、道德诸领域的范畴，可以从不同的角度去探悉。经济学、社会学、政治学、法学、哲学、伦理学等从不同学科领域对效率、公平及其相互关系等问题进行了探索。总体来讲，经济学把实现经济效率作为主要目标，只有公平问题影响到效率的实现时才注重公平；社会学以社会公平为核心立足点，更注重社会不同主体间的利益均衡问题；在政治学中效率相对于公平而言，处于一种附加的地位；传统法学理论很少研究效率问题，当代法学理论在把公正原则放在首位的同时，重视社会正义的物质基础，从而将效率作为一种基本价值纳入社会正义问题的思考中；哲学和伦理学则以人为核心来阐述公平和效率问题。

可见，人们对公平、效率的探究，源远流长，但至今仍有不同的理解；效率与公平的关系问题也已提出一二百年，但一直是人们持续研究中的、见仁见智的一个两难的理论命题。我们始终需要对这一经济学及其他学科都具有重要理论价值的问题与时俱进地进行研究，何况这一问题不仅仅是一个重要的理论问题，同时还是我国面临的一个重大现实问题。

（二）我国改革开放30年来，从未停止过对效率与公平的关系这一重大现实问题的探索

新中国成立以来，特别是改革开放30年来，关于如何正确认识和处理公平与效率的问题，我国经历了一个长期的探索历史，对效率与公平的关系定位和指导思想也几经发展变化。

如何在促进经济快速发展、改变贫穷落后面貌的同时，又保持社会的公平，一直是毛泽东等第一代领导人的理想，但是直到改革开放前，中央政策文件和理论界都没有提出过效率与公平的关系问题。而且由于种种原因，实践中对公平问题和效率问题都一直没有把握好。既没有做到公平分配——以平均主义代替了公平，导致了实质上的不公平；也没有实现经济的高效率——有片面的经济增长高速度，而无真正意义上的经济效益和资源配置效率。

1978年中国开始了改革开放的历史进程。同时，对效率、公平和效率与公平的相互关系问题进行了一系列认识上的和实践上的探索，这个过程也呈现出一定的阶段性，30年大体上可分为三个阶段。

1. 第一阶段（20世纪70年代末—90年代初）

此阶段从认识和指导思想看：否定平均主义，强调效率。

针对改革开放之前长期存在的平均主义及其对经济建设造成的巨大损害，1978 年 12 月召开的党的十一届三中全会，第一次提出了要克服平均主义，认真执行按劳分配、多劳多得的分配原则。1984 年 10 月召开的党的十二届三中全会通过的《中共中央关于经济体制改革的决定》，第一次提出了要让一部分地区和一部分人通过诚实劳动和合法经营先富起来，然后带动更多的人一浪接一浪地走向共同富裕。1987 年 10 月召开的党的十三大，第一次提出了实行以按劳分配为主体、其他分配方式为补充的分配制度；明确了社会主义初级阶段的分配政策是，既要有利于个人先富起来，合理拉开收入差距，又要防止贫富悬殊，坚持共同富裕的方向，“在促进效率提高的前提下体现社会公平”。

此阶段从实际情况看：效率大大提高，收入差距扩大、公平开始出问题。

由于否定了在计划经济时代“吃大锅饭”的平均主义思想和政策，把经济发展和效率作为当时优先考虑的头等大事，允许拉开分配收入差距，大大激活了人民群众的积极性、主动性和创造性，社会生产力得到快速的发展、经济效率大幅度提升。与此同时，在全体居民收入较快增加的基础上，也在此一阶段出现收入差距扩大的情况，以及在就业领域、公共服务领域等，也开始出现公平问题。

2. 第二阶段（20 世纪 90 年代初—21 世纪初）

此阶段从认识和指导思想看：“兼顾效率与公平”和“效率优先，兼顾公平”。

1992 年 10 月召开的党的十四大，确立了建立社会主义市场经济体制的改革方向，并第一次明确提出“兼顾效率与公平”，报告指出：“在分配制度上，以按劳分配为主体，其他分配方式为补充，兼顾效率与公平”。1993 年 11 月召开的党的十四届三中全会通过的《关于建立社会主义市场经济体制若干问题的决定》，在效率与公平的关系上，首次提出了“效率优先、兼顾公平”的原则。1997 年 9 月召开的党的十五大，继续坚持“效率优先，兼顾公平”。这些提法在此阶段成为制定一系列政策的指导思想和依据。

此阶段从实际情况看：效率继续提高，公平开始兼顾，但收入差距继续扩大、公平问题凸显。

90 年代这个阶段，可以说在强调经济发展的同时，开始关注社会公平问题，在追求效率的同时，开始兼顾分配的公平。实践的结果是：一方面，经济持续快速发展，效率继续有新的提高，一部分人一部分地区先富了起来；另一方面，虽然从政策上开始兼顾公平，但还不足以改变社会贫富差距拉大的态势，社会矛盾积聚，公平问题突出。

3. 第三阶段：（21 世纪初至今）

此阶段从认识和指导思想看：注重效率、维护公平和在经济发展的基础上“更加注重社会公平”。

进入新世纪，鉴于公平问题逐渐上升为突出的社会问题，党和国家在认识和指导思想上对公平问题给予更大程度的重视。2002 年 11 月，针对处理效率与公平的关系问题，党的十六大报告提出，“初次分配注重效率”，“再次分配注重公平”。2004 年 9 月召开的党的十六届四中全会强调，要“注重社会公平，合理调整国民收入分配格局，切实采取有力措施解决地区之间和部分社会成员收入差距过大的问题，逐步实现全体人民共同富裕”。在 2005 年 10 月召开的党的十六届五中全会上进一步强调，要“更加注重社会公平，加大调节收入分配的力度，努力缓解地区之间和部分社会成员收入分配差距扩大的趋势”。2006 年 10 月召开的党的十六届六中全会通过的《中共中央关于构建社会主义和谐社会若干重大问题的决定》，提出“在经济发展的基础上更加注重社会公平”。2007 年 10 月召开的党的十七大，进一步提出“初次分配和再分配都要处理好效率和公平的关系，再分配更加注重公平”。

此阶段从实际情况看：效率继续提高，公平问题开始得到认真的对待与解决，但仍未根本上解决，公平问题仍然是需要继续解决的大问题。

新世纪、新阶段，随着我国改革开放的推进和经济的快速发展，新的经济社会矛盾也在显现，特别是收入差距扩大、社会不公现象凸显，引起社会的广泛关注。党和国家顺应民心民意，在经济发展的基础上更加注重社会公平，公平问题开始得到认真的对待和解决。但由于此问题的长期性和复杂性以及政策效果的滞后效应，公平问题并未从根本上解决、依然是当前阶段我国经济社会生活中需要继续下大力气解决的重大问题。

可见，我们党和国家在效率、公平和效率与公平的关系这个事关我国经济社会发展和广大人民群众的切身利益和积极性的发挥的重大问题上，从来都没有停止过探索。我们在这个问题上深化研究，目的就在于在新的发展阶段、结合新的实际，继续这种探索，以期能在推动理论发展的同时，对实践中的决策提供参考意见。

二、新的发展阶段中我国经济社会生活中效率问题与公平问题并存，但公平问题更突出

研究效率与公平问题，首先要有一个正确的现实判断基础。

（一）当前我国效率问题的主要表现

改革开放 30 年来，伴随着我国市场取向的改革的持续进行，效率一直受到关注而且比 30 年前大大提高。但是，效率问题并非已经解决或是不用关注了，事实上当前我国效率问题依然存在，有些甚至还很严重，主要表现为以下几个方面。

效率问题的第一个表现是，粗放的发展方式和不尽合理的经济结构制约了效率的进一步提高，经济高增长与宏观低效率并存。一方面，经济增长持续高速，经济总量不断扩大；另一方面，这种增长和扩大仍是粗放式的，主要是通过扩大投资规模特别是过多依靠各种资源的大量投入和消耗实现的，经济结构没有相应的优化，经济增长的质量没有相应的改善。

效率问题的第二个表现是，投资与消费发展不平衡，影响经济持续快速和高效率发展。在我国，长期以来投资增长过快，而消费增长较慢，这导致储蓄攀升，积累过度，而储蓄转化为投资的途径不畅、效率不高。投资率高增速，消费率低增速，这在短期内虽然也可以拉动经济增长，但从长远看，投资与消费比例失调，会造成国内居民有效需求不足，从而影响国民经济的持续、协调、快速发展以及效率的提高。而且，长期投资率偏高且增速过快，加上投资结构不合理，还会引起其他方面的比例失调，严重的会导致经济发展停滞。

效率问题的第三个表现是，自主创新能力不强，制约着宏观和微观效率的提高。改革开放以来，我国经济持续快速增长，生产效率也在持续提高，这其中，科学技术发挥了重要的作用。但是，从总体的现状看，我国产业自主创新能力仍然较弱，与发达国家甚至一些新兴工业化

国家和地区相比，还有相当的差距，多数产业处于国际产业价值链的末端，技术水平、劳动生产率、工业增加值率和产品附加值都还比较低。这制约着我国整体宏观效率和企业微观效率的提高。

效率问题的第四个表现是，能源资源和生态环境的瓶颈问题突出，效率的可持续增长压力加大。长期以来，我国经济增长和生产效率的提高主要依赖于对能源资源的过度开采和使用。这种方式带来的后果却是高污染、高排放，对生态环境造成了很大的破坏。而这样一种没能以较少的资源和环境代价支撑和实现生产效率的可持续增长的状况，反过来又对经济发展构成严重制约。

效率问题的第五个表现是，对外经济领域自身存在的低效率和内外经济失衡对宏观经济效率的负面影响。虽然我国外贸持续高速增长，但我国在国际贸易中处于低端环节，加工贸易比重高，拥有自主知识产权、自主品牌、高技术含量高附加值的产品比重低，国际竞争力不强；利用外资与国内产业结构调整和增强自主创新能力相互脱节。特别是贸易失衡、顺差过大，对货币的对外汇率和对内供给以及宏观经济的平衡和稳定，都造成了不利的影响。

（二）当前我国公平问题的主要表现

公平问题既是历史的，又是具体的。我国现阶段的公平问题，既存在于经济领域特别是收入分配领域，也存在于社会、政治等其他领域。

公平问题的表现之一是教育的不公平。教育公平是起点的公平，是社会公平的基础。我国法律规定公民享有平等的教育权利，但在现实生活中，教育不公平的现象却比较突出。主要包括：教育经费投入不足，教育收费过多过滥，教育资源配置失衡，教育机会不均等，招生制度不合理等。

公平问题的表现之二是城乡之间发展不平衡，发展差距呈扩大趋势。长期以来，偏重于城市优先发展的政策取向，使得城乡之间的发展起步就不公平，导致后来的发展不平衡。改革开放以来，这种情况有所改变，但城乡间的教育、就业、收入、保障等方面的政策仍有不小差别，城乡间的发展差距仍呈扩大趋势。鉴于农村人口是中国人口的大多数，故城乡不平衡且差距扩大，是一个很大的不公平问题。

公平问题的表现之三是区域发展不平衡，发展差距不断拉大。数据表明，我国区域发展不平衡状况依然严重。区域经济发展不平衡，意味着各地区的经济利益不均衡，从而区域经济社会发展的差距就成为社会成员之间的收入和福利差距，进而成为社会不公平的重要体现。

公平问题的表现之四是收入分配不公，贫富差距扩大。改革开放以来，我国大多数人的收入水平都有了较大的提高，但是反映贫富差距扩大的指标上升很快。按照世界银行的报告，目前我国城乡居民的综合基尼系数已经达到0.47，而且从居民收入差距的变动曲线来看，仍然呈现继续扩大的趋势。收入差距扩大，既包含正常的因素，即部分人通过劳动致富、正当经营获得高收入；也包含不合理因素，即分配不公、不正当高收入造成的贫富差距。可以说，当前收入分配不公平、贫富差距过大，已经成为人民群众普遍认为的公平问题的一个突出表现。

公平问题的表现之五是社会保障的不公平。经过多年的努力，我国的社会保障事业取得了重要的进展，但是与高速增长的经济相比，社会保障仍然是低水平的，而且还存在许多不公平的现象。这包括，企业、事业单位和机关等不同社会工作人群之间的社会保障享受程度不公平；农民工的社会保障程度较低，特别是各类社会保险覆盖率都很低；东中西部不同地域的社会保障程度差距大；城市与农村社会保障发展不平衡。

公平问题的表现之六是公民政治参与的不公平。我国法律规定公民有权平等地进行政治参与，但是，目前我国公民的政治参与程度比较低且不平衡，无序的、非制度化的参与经常发生，公民政治参与的渠道也不顺畅。这些现象都与公民公平参与政治的原则相悖。

（三）当前我国效率与公平失衡，主要在于公平问题

改革开放30年来，我们党把发展经济、提高效率作为发展的重点，实行让一部分人先富起来、促进共同富裕的政策，大大激发了人们的劳动积极性、创造性，经济迅速增长，人民生活水平快速提高，综合国力大大增强。但由于在实际经济社会生活中，没有根本转变经济发展、效率提高的方式方法，效率问题始终存在，有些问题还很严重，效率的科学发展问题有待解决。同时，由于过分强调经济的增长，没有很好地兼顾公平，使得社会各个领域的不公平现象增多，并且制约了经济发展和效率的进一步提高。可以说，一方面，现阶段我国经济社会生活中既存

在效率问题，也存在公平问题（两方面问题的表现，前面的分析已分别列举），效率问题与公平问题并存有什么问题，说什么问题。不能因正视、重视效率问题而否认、忽视公平问题，也不能因为正视、重视公平问题而否认、忽视效率问题；另一方面，效率与公平问题并存、失衡，主要在于公平问题，当前公平问题日益突显。

首先，公平问题已经突显成为当今中国社会的一个强烈的诉求。从反映人民群众利益诉求的一个主要渠道的群众信访看，近年来信访热点主要集中在有关公平问题的诉求上。从各种媒体、机构的民意调查看，近年来人民群众最关注的社会热点问题，首要的也多为各种社会公平问题。从全国人大和全国政协两会期间的提案、议案看，近年来占了最大比重的也多为涉及社会公平的问题。

其次，公平问题已经成为直接影响到社会安定、稳定的一个突出问题。近年来，以极端方式上访请愿、以过激行为制造影响、以违法形式表达诉求而引发的各种群体性事件，数量增多、涉及面广，成为影响我国社会和谐稳定的突出问题。而这些极端的群体性事件的直接诱因和利益诉求，也多为各种社会公平问题。

再次，公平问题不仅是社会问题，还会严重影响经济的发展和效率的提高。公平问题特别是收入分配不公、差距过大，会影响居民的消费需求，引致投资、消费、出口三大拉动经济因素失衡，从而影响经济的发展。公平问题造成的社会不稳定，会影响人们的投资热情，从而影响经济的增长。公平问题特别是收入分配的过分不平等，会造成大量的贫困人口和困难群体，制约劳动力素质的提高，影响我国的人力资本建设。

最后，公平问题影响到改革的进程。随着改革的不断深入和经济社会结构的转型，公平问题愈益受到社会各个层面的关注、成为社会最敏感的神经，人们对改革成败的评判，不仅看改革是否发展了经济、提高了效率，还要看是否促进了公平、普及了实惠。不顺应这个趋势，改革就得不到广泛的认同和支持。

正是因为公平问题已经成为当今中国社会的一个强烈的诉求，公平问题如果解决不好会影响到社会稳定、经济发展和改革进程，所以党和政府高度重视公平问题。党的十七大报告明确指出："实现社会公平正义是中国共产党人的一贯主张，是发展中国特色社会主义的重大任务。"

综上所述，我们得出的研究效率与公平问题的现实判断基础是，新的发展阶段中我国经济社会生活中效率问题与公平问题并存，但公平问题更突出。

三、在认识上，要树立“效率与公平相结合，效率为基、公平为体”的思想理念

对效率、公平、效率与公平的关系，要树立明确的基本观点。

（一）效率与公平都是社会发展的产物，是动态的、历史的范畴

效率与公平问题具有明显的历史性，是社会历史发展的产物，并在动态发展变化之中。在人类发展的不同历史时期，效率与公平问题以不同的形式存在，具有不同的内涵和意义。

所谓效率，有一般意义的效率，主要是指人的行为投入与其行为目标实现程度的比例关系，即投入和产出的比率关系。

效率也是具体的、相对的。经济效率作为首要的效率，即具体指资源配置、使用状态与收入最大化之间的关系，也体现投入和产出之间的比率关系。经济效率又更为具体地体现为劳动生产率、资金利用率，以及技术效率、生产效率、价格效率、消费效率等等。效率也不仅存在于经济领域，体现为经济效率，而且存在于政治、社会等领域中，体现为政府效率、行政效率、社会效率等等。效率的具体、相对性还表现为，效率有宏观效率与微观效率之分，整体效率与局部效率之分，长期效率与短期效率之分等。

既然效率既有一般的意义同时又是具体的、相对的，这就要求人们不能静态的、绝对化的看待效率，以某一种或某一时的效率的高或低来代表或否定其他效率的高或低。

所谓公平，有一般意义的公平，主要是指人与人之间权利、地位的平等，处理人与人之间关系的公正，以及付出与所得的相称、平衡、公道、合理。

公平也是具体的、相对的。公平多指社会公平，有时两者往往被当作同一概念；公平又多用于收入分配领域，即指分配公平。其实，公平从领域来说，体现在经济、社会、政治、文化等方方面面，即公平包括

经济公平、社会公平、政治公平、教育公平等等。公平从层次来说，包括机会公平（起点公平）——如教育机会公平、就业机会公平等；过程公平——如市场竞争过程公平、收入分配过程公平等；结果公平——如收入分配结果公平。这三个层次的公平其重要性是相对的，不能同等看待。机会公平作为起点公平，是公平的重要内容。世界银行《2006年世界发展报告》甚至将机会均等直接等同于公平。党的十六届五中全会提出，“注重社会公平，特别要关注就业机会和分配过程的公平”。公平的具体、相对性除了表现为不同领域的各种公平，不同层次的各种公平以外，还表现为，公平有整体公平与个体公平之分，长期公平与短期公平之别。

既然公平既有一般的意义同时又是具体的、相对的，这就要求人们不能静态的、绝对化的看待公平，以某一种或某一时的公平的是或否来代表或否定其他公平的是或否。

总之，效率和公平与不同时代的经济、社会、政治、文化紧密相连，因此，研究效率与公平问题必须把两者放到一个具体的历史条件下去考察其内涵和要求，不能离开具体的历史条件去抽象地谈论效率与公平问题。效率与公平及二者关系状况是动态的、不断发展变化的。

（二）效率与公平相结合，效率为基、公平为体

随着生产力的不断发展和社会的不断进步，效率与公平的关系状态，也是不断地发生变化的。在这种发展变化中准确把握效率与公平的关系并用于指导实践，是非常重要的。如何在总体上把握效率与公平的关系？我们认为，要树立“效率与公平相结合，效率为基、公平为体”的思想理念。这一思想理念包含如下几个方面内容：

1.“效率与公平相结合，效率为基、公平为体”表明，效率与公平之间是必然相互联系的

效率与公平的关系首先是相互联系的、而非互不相干的。自一两百年前，随着资本主义市场经济的发展，效率与公平就紧紧扭结在一起，成为人们必须正视和处理的关系，回避不了的一个两难问题。直至今日，国内外的理论研究者和政策决策者仍就此关系问题持续进行着探讨和争论。这从一个侧面说明效率与公平之间有着“扯不断、理还乱”的相互联系的密切关系。

然而，不能因其有争议、“理还乱”而简单化的快刀斩乱麻，干脆否定两者之间“扯不断”的相互联系，以致在如何摆正效率与公平的关系的争论中有一种观点“另辟蹊径”，提出不要把效率和公平两个“不相干”的事情扯到一块儿来讨论。这实际是割裂两者的联系，否定效率与公平的统一关系。

效率与公平之间有着密切的联系，从而效率与公平的关系并非一个“伪命题”，这一关系在一定意义上可以归属于人们早已经形成共识的一些“真”关系。

在一定意义上，效率与公平的关系是生产力与生产关系之间的关系。如同前面所述，效率的基本含义是投入和产出的比例关系，资源配置使用效率、劳动生产率等，因此可以说效率涉及的主要是生产力问题。马克思就是从生产力的角度来谈效率的，他在《资本论》里面分析的劳动生产力或劳动生产率也是劳动效率，即单位劳动投入与产出的对比关系。而公平，虽然涉及不同领域、不同层次，但其涉及的一个主要方面是分配公平，而分配关系属于生产关系范畴。因此，就这个意义而言，效率与公平的关系可以从生产力与生产关系之间的关系去认识和把握。

在一定意义上，效率与公平的关系是经济发展与社会稳定之间的关系。如前所述，效率范畴最早产生于经济领域，就是在今天效率的首要所指也是经济效率，主要涉及的是经济发展问题；有了经济效率，才谈得上经济发展又好又快。而公平，虽然涉及不同领域不同层次，但其主要所指是社会公平，甚至公平与社会公平往往被当作同义语，主要涉及的是社会稳定问题；有了社会公平，才谈得上社会稳定，安定和谐。因此，就这个意义而言，效率与公平的关系可以从经济发展与社会稳定之间的关系去认识和把握。

在一定意义上，效率与公平的关系是市场机制与政府调控之间的关系。效率概念最早产自于经济，特别是与市场经济有着先天的联系，市场经济、市场机制、市场竞争的优点是资源配置使用效率高。可以说，讲求效率、促进效率、调节效率主要是发挥市场机制的功能和作用。而公平，特别是社会公平，则不是市场机制要管和能管的事情，主要靠政府调控；可以说，讲求公平、促进公平、维护公平主要是发挥政府既作为市场经济的宏观调控者，又作为社会、国家的管理者的功能和作用。

因此，就这个意义而言，效率与公平的关系可以从市场机制与政府调控之间的关系去认识和把握。

在一定意义上，效率与公平的关系是鼓励先富与促进共富之间的关系。在收入分配领域，讲求效率，就必须摒弃平均主义，鼓励一部分人、一部分地区先富裕起来，鼓励先富就是讲求效率；讲求公平，就必须防止贫富悬殊两极分化，坚持先富带动后富、促进共同富裕。正如1992年党的十四大报告所说："在分配制度上，以按劳分配为主体，其他分配方式为补充，兼顾效率与公平。运用包括市场在内的各种调节手段，既鼓励先进，促进效率，合理拉开收入差距，又防止两极分化，逐步实现共同富裕。"因此，就这个意义而言，效率与公平的关系可以从鼓励先富与促进共富之间的关系去认识和把握。效率与公平之间必然是相互联系的，这还可以从下面对两者之间关系的展开分析而进一步得到说明。

2. "效率与公平相结合，效率为基、公平为体"表明，效率与公平之间是可以相互促进的

效率与公平不仅是相互联系的，也是相互促进、相互影响的。

首先，效率是公平的基础，没有效率就没有公平实现的物质条件和源泉。效率主要体现的是生产力、经济的发展，若没有生产力、经济的发展、效率的提高和财富的增进，则公平就成了无源之水、无本之木，就难以有什么真正意义的公平。因为建立在生产力水平低下、经济贫穷基础上的公平，只能是低级的甚至是扭曲的公平。因此，在任何时候、任何情况下都要讲效率，不讲效率就不能有公平。谁拥有效率，谁就可能拥有公平；谁损害了效率，谁就损害了公平得以产生的基础和源泉，谁就必然伤害了公平。

其次，公平是效率的本体，没有公平就没有效率存在的理由和保证。生产力、经济的发展，以及效率的提高，要以公平为条件和保证。且不说社会公平环境对效率的作用，若没有经济领域自身的公平竞争条件，则经济发展和效率提高也是难以实现的。公平解决得越好，生产关系就越合理，从而就越有利于生产力的发展和经济效率的提高。因此，在任何时候、任何情况下都要讲公平，不讲公平就不能有效率。谁拥有公平，谁就可能拥有效率；谁伤害了公平，谁就损害了效率由以存在的理由和条件，谁就必然损害了效率。

最后，以效率为基、公平为体，共同构建一个有利于人的全面发展的经济社会大厦。就整体而言，效率与公平是人类社会永恒追求的两大价值取向。发展经济、提高效率、增加物质财富，是我们追求的一个目标；同样，保障人的权利、促进社会公平、维护政治平等，是我们追求的另一个目标。尽管效率和公平是两个不同的价值目标，但二者不仅是相互联系的，而且是相互促进的关系。一方面，效率是公平得以实现的物质基础和源泉；另一方面，公平是效率由以存在的理由和保证条件。社会发展的最终目的不是没有人性的财富的积累和增加，也不是没有物质基础的空中楼阁式的平等的扩展和普及，而是人的全面发展。效率和公平两个价值应该统一于人的全面发展的终极价值。无论是效率的提高还是公平的增进，都是为实现人的全面发展而服务。概括地说就是，以效率为基、公平为体，共同构建一个有利于人的全面发展的经济社会大厦。

3. “效率与公平相结合，效率为基、公平为体”表明，效率与公平之间是存在相互对立的一面的

效率与公平有着必然的相互联系，而且是可以相互促进、相互影响的，但也不能否认存在着相互对立、相互矛盾的一面。效率的提高，毕竟主要依靠市场机制、市场竞争来实现，竞争就必然有胜利者和失败者，进而收入和贫富的差距，而如果贫富差距过大就会导致不公平，可见社会公平是无法完全为以营利为最高目标的市场经济规则所承载的；这就需要政府发挥职能作用，通过控制过大的贫富差距来维护社会公平，而如果这种调控过度就会抑制市场机制、市场竞争作用的发挥，进而导致效率降低。就这个意义而言，效率与公平表现为相互对立、相互矛盾的一面。就这个意义而言，可以说米德认为公平与效率有矛盾，是有其道理的。

然而，这种相互矛盾、相互对立的关系并非“鱼和熊掌不可兼得”、“非此即彼”的关系。无疑，有时在必须牺牲一点儿效率才能维护公平的情况下，也不得不牺牲一点儿效率，但不能从根本上伤及效率；有时在必须牺牲一点儿公平才能提高效率的情况下，也不得不牺牲一点儿公平，但不能从根本上伤及公平。也就是说，效率与公平有时是此长彼消的，但这种此长彼消也不是彼此“零和”，即长与消不是同比例的。在效率与公平严重失衡的情况下，在短时期内以较小的效率牺牲为代价换

得较大的公平增进，或者以较小的公平牺牲为代价换得较大的效率提高，都是必须的。关键在于把握好度，把握好效率与公平两者此长彼消或此消彼长的度。

对于效率与公平的关系，既看到有相互促进、相互影响的一面，又看到有相互对立、相互矛盾的一面，才是辩证唯物主义的。

4.“效率与公平相结合，效率为基、公平为体”表明，效率与公平之间是可以相互并存的

所谓相互并存，一方面，是指两者并行不悖、互不排斥、互不抵消、同时存在和发展；另一方面，是指两者各有自身的相对独立性，除了按照对方提供的条件和要求相互影响发展外，还按照各自的本身内部的规律性和要求发展，即各有一部分互不交叉、相对独立、并行发展的轨迹。

正因为如此，有了效率的基础，并非必然就有公平的实现——如果公平特别是社会公平领域自身的一些问题没有处理好，就会出现高效率与不公平同时并存的状况；有了公平的本体，也并非必然有效率的提高——如果效率特别是经济效率领域自身的一些问题没有处理好，就会出现公平与低效率同时并存的状况。无疑，因为同样的原因，也会出现低效率与不公平同时并存和高效率与公平同时并存的状况。

从历史的和现存的经济社会形态看，效率与公平有四种组合状况。非市场经济的奴隶社会、封建社会既无效率又不公平，这种状况除了其他原因所致外，其无效率也与其效率领域自身的问题有关，其不公平也与其公平领域自身的问题有关。资本主义市场经济有效率但不公平，这种状况除了其他原因所致外，其有效率也与其效率领域自身的问题有关，其不公平也与其公平领域自身的问题有关。传统的计划经济有“公平”而无效率，这种状况除了其他原因所致外，其有“公平”也与其公平领域自身的问题有关，其无效率也与其效率领域自身的问题有关。社会主义市场经济应该既有效率又有公平，这种状况除了其他原因所致外，其有效率也与其效率领域自身的问题有关，其有公平也与其公平领域自身的问题有关。

5.“效率与公平相结合，效率为基、公平为体”作为理念上对两者关系的总体把握，并不排斥某一发展阶段上对两者关系实际状况的具体判断和处理

“效率与公平相结合，效率为基、公平为体”是总体性的理念，适用于各个时期和发展阶段。而各个不同时期、不同发展阶段，效率与公平之间关系的实际状况是不同的，完全可以、也应该根据具体的实际状况进行具体的判断和处理。如前所述，我们对当前效率与公平问题的现实判断是，“新的发展阶段中我国经济社会生活中效率问题与公平问题并存，但公平问题更突出”。

从这个实际出发，我们主张在当前发展阶段，一方面，始终要注重效率、讲求效率，针对效率领域中存在的问题，采取相应的措施来解决问题、提高效率；另一方面，鉴于社会矛盾加剧、公平问题更加突出的实际，高度重视公平问题并采取有力措施来解决公平问题，维护公平、促进公平，在提高效率基础上，更加注重公平。

四、在现实中，要针对新的发展阶段的实际问题和产生原因，采取调节效率与公平的对策措施

对效率与公平问题的研究，既体现在理论探索上，也体现在对策建议上。

（一）影响效率与公平的因素属不同方面、分各种类型，不能笼统地一概而论

1. 影响效率与公平的因素主要有经济、政治、法律、政策、道德五个方面

经济因素是影响效率与公平的直接因素。这方面的因素主要包括：经济发展方式没有根本转变；对GDP的盲目崇拜和高速度的片面追求；市场经济体制发育不成熟、不完善；行业垄断以及国企垄断；宏观经济调控的不充分；内外经济的失衡等。

政治体制改革相对滞后是影响公平效率失衡的重要因素。这方面的因素主要包括：政府职能错位、公共服务职能薄弱；行政性垄断行为突出；政府执行力不足；腐败现象滋生、政府公信力下降等。

部分现有法律制度在维护公平、提高效率方面仍有相当差距。这方面的因素主要包括：在涉及财产权保护，市场竞争正当，收入分配合

理，社会职责发挥上的法律空白现象；法律脱节现象；法律规范之间的不协调现象；法律制度不完整现象；法律法规过滥现象等。

现阶段部分失衡的政策影响了社会的公平和经济的发展、效率的提高。这方面的因素主要包括：区域经济发展政策的失衡；税收政策的失衡；户籍政策的失衡；社会保障政策的失衡等。

社会道德建设出现的滑坡既损害了公平，又损害了效率。这方面的因素主要包括：与市场经济相应的伦理和道德的缺失；政府部门、企业、社会组织和个人道德责任的缺乏；社会道德舆论监督乏力等。

2. 影响效率与公平的因素区分为各种不同的类型，当前特别要注重那种既影响公平又影响效率的因素

对各个方面影响效率与公平的因素归类，基本上是四种类型：

第一种是主要影响效率的因素。诸如粗放的发展方式，不尽合理的经济结构，自主创新能力不强等，都属于此类主要影响、制约宏观、微观效率的因素，而对公平没有什么直接的影响。

第二种是主要影响公平的因素。诸如公民的政治参与程度比较低且不平衡，政府公共服务职能薄弱，将公民区分为市民和村民两种不同身份的户籍政策等，都属于此类主要影响、制约社会公平的因素，而对效率没有什么直接的影响。

第三种是同方向的既影响效率又影响公平的因素。诸如市场经济不发达，市场经济体制不成熟，社会公共资源配置不合理，收入分配体制不完善，社会保障体系薄弱，政治体制改革相对滞后，行政性垄断行为突出，法律制度不健全，社会道德建设缺失等，都属于此类既影响效率又影响公平的因素，而且这种影响对效率、公平两者是同方向的，即处理得好就是积极的影响，或者处理得不好就是消极的影响。

第四种是反方向的既影响效率又影响公平的因素。由于效率与公平之间的关系也存在着相互对立的一面，所以也有一些因素对效率与公平都有影响，而且影响是反方向的，表现出对立性、矛盾性——提高效率的同时降低了公平，或增进公平的同时降低了效率。诸如追逐利润的市场竞争，既带来经济活力、促进效率的提高，又加剧两极分化、导致公平的降低，就属于此类反方向的既影响效率又影响公平的因素。

事实上，在上述四种类型的影响因素中，比较多的存在的是第三种

影响因素，即同方向的对效率和公平都产生影响的因素，尽管同一个因素对两者的影响并非同步、同等，有时或有的因素对效率的影响更直接或更大些，有时或有的因素对公平的影响更直接或更大一些。无疑，四种因素我们都不能忽视，而在当前特别要注重那些既影响公平又影响效率的因素。

（二）新的发展阶段调节效率与公平的关系，要着眼于采取那些更加注重公平、同时又促进效率的措施

是什么问题，就要解决什么问题。我们既要采取措施解决存在的效率问题，又要采取措施解决存在的公平问题；而在新的发展阶段调节效率与公平的关系问题，则要着眼于采取那些更加注重公平、同时又促进效率的措施。唯其如此，才既符合“效率与公平相结合，效率为基、公平为体”的基本理念，又符合“新的发展阶段我国经济社会生活中效率问题与公平问题并存，但公平问题更突出”的现实判断。

这些措施是多方面的，至少包括以下几个主要方面。

1. 促进经济又好又快发展，奠定公平的物质基础

改革开放30年来，我国社会生产力有了很大的发展，但是，人民群众日益增长的物质文化生活需要依然受到物质基础薄弱的制约，就业、教育、医疗、收入分配和社会保障等问题，从根本上说都与经济发展不足、物质财富的“蛋糕”还没有真正做大相关。因此，发展始终是“硬道理”，只有促进经济又好又快地发展，才能既提高经济效率，更为解决社会问题、实现社会和谐和社会公平奠定坚实的物质基础。过去的“不患寡、患不均”是不行的，要“患寡、患不均”（此“均”指公平而非平均主义）才行。

2. 深化市场经济改革，完善社会主义市场经济体制

目前我国贫富差距过大、收入分配不公、经济社会公平问题突出，一方面与市场机制自发作用有关，另一方面也与我国市场经济不发达、市场经济体制不完善有关，甚至有些不公平问题恰恰在于非市场化的计划经济体制遗留所至。例如在市场发育不健全的情况下，有些人就可以利用体制的漏洞大发不义之财，造成社会不公。因此，采取深化市场改革、完善社会主义市场经济体制的措施，是既提高效率又促进公平的重要途径。

3. 打破各种垄断，创造公平环境

我国经济社会生活中的各种垄断严重影响着公平和效率。譬如垄断行业因垄断带来的高利润、高收入，必然扩大贫富差距、加剧不公。深化市场改革、完善社会主义市场经济体制的措施，是既提高效率又促进公平。因此，要采取打破行业垄断、企业垄断、地区封锁、部门分割的措施，创造公平的经济环境；采取打破行政垄断，特别是打破行政权力与经济权力相结合的垄断的措施，创造公平的政治、社会环境。这些措施既会促进公平的实现，无疑也有助于效率的提高。

4. 还原户籍基本职能，实现公民自由流动

公民自由流动首要的是社会意义，体现的是公民人身政治社会地位的平等和自由，是社会公平的重要内容；公民自由流动还具有经济意义，体现着生产要素劳动力的自由流动，是提高效率的重要前提。因此，必须采取措施破除公民自由流动的障碍，特别是进行户籍制度的改革。要还原户籍制度的基本职能，即将附加于户籍制度的粮食购销、住房、劳动用工、人事、教育、社会保障等功能剥离出去，实现城乡居民身份统一、权利平等和机会均等，实现全体公民的迁移自由、居住自由和从业自由。

5. 充分实现社会公共资源的合理配置

社会公共资源配置的公平是机会公平的重要内容。要在社会资源有限的情况下采取合理配置资源的措施——包括合理配置教育资源、医疗卫生资源、就业岗位机会等，尽可能使每一个社会公民在公共资源的获取上享有平等的机会，进而最大程度上促进公平；而且，使每个竞争者在起点上尽量接近的措施，无疑也会增加经济活力、激励竞争、提高效率。

6. 强化政府政策调节各种失衡

我国经济社会生活中存在着各种不平衡，包括城乡之间发展不平衡、地区发展不平衡、投资与消费发展不平衡、经济发展的内外失衡、经济与社会不平衡、政治参与不平衡等等。这些不平衡都在影响着公平甚至本身就是经济社会不公平的体现；而且这些不平衡也在影响着经济社会的整体宏观效率的提高。解决各种严重的失衡主要靠政府，要针对各种不平衡采取各种措施，强化政府政策的作用，来调节各种失衡。

7. 合理调节收入，完善分配体制

合理的收入分配是社会公平的重要体现，完善的收入分配制度是实现社会公平的关键环节；收入分配不公、贫富差距过大，已经成为当前我国公平问题的一个主要表现；收入分配体制不完善，是既影响公平又影响效率的重要因素。因此，我们必须采取措施，合理调节收入，完善分配体制。首先，采取促进教育公平和劳动就业公平的措施，使机会公平，从而创造收入分配公平的基础条件。其次，采取规范程序、规则和秩序的措施，着眼于提高居民收入和劳动报酬在收入分配中的比重，使分配过程公平，构建一个既有效率又体现公平的初次分配体系。再次，采取改革税收制度、强化转移支付等措施，着眼于分配结果的公平性，构建一个既讲效率又更加注重公平的再分配体系。最后，采取有助于树立社会责任意识、激励社会力量加大对公益事业投入的政策措施和制度安排，构建以慈善事业为主、以社会公平为主要目标的三次分配体系，作为对初次分配体系和再分配体系的重要补充。

8. 构建和完善社会保障体系

社会保障体系不仅是收入分配的“调节器”，更是经济社会运行的“减震器”。要通过推动基本养老保险的全国统筹，建立多层次医疗保障体系，完善社会成员的失业、工伤和生育保险，健全弱势群体生活保障制度等措施，来促进公平。而且，这些构建和完善社会保障体系的措施，也是扩大社会生产参与程度和质量以提高社会生产整体效率的重要途径。

9. 健全社会领域的法律制度，为社会公平提供法律保障

社会领域的法律制度不健全，直接影响着政府“社会管理、公共服务”职责的履行，影响着公民经济社会权利的确认和保障，影响着社会公平的实现。因此，要采取措施完善和健全社会领域的法律制度。譬如，把握有利时机将《就业公平法》或《反就业歧视法》等与就业公平直接相关的法律纳入立法范畴，为社会公平的实现提供坚实的法律保障，进而也为经济发展、效率提高创造良好的条件。

10. 加强反腐倡廉、树立公平道德观念

社会风气、道德风尚之类的社会建设、精神文明建设领域的因素，对公平和效率的影响作用也是不能忽视的。一个社会如果以权谋私、贪腐滋长、损公肥私、见利忘义、诚信丧失、道德失范等等现象严重，必

然损害公平，也影响效率。因此，必须采取措施，加强反腐倡廉，树立公平道德观念，强化道德舆论监督，使政府公共管理部门和企业、个人等市场主体承担各自的道德责任。

总之，效率与公平的调节问题，既是宏大的问题，需要构建宏观思路，同时又是具体的问题，需要采取对策措施。本文上面所述，也是一种研究和探索。无疑，这种研究和探索将随着实际情况的发展变化而持续进行下去。

以科学发展观为统领，发挥党校科研机构思想库作用

（2008 年 12 月）

当前，我们正在开展深入学习实践科学发展观活动，正在学习、领会《中国共产党党校工作条例》和全国党校工作会议精神。值此全国党校系统纪念改革开放 30 周年理论研讨会之际，我结合党校科研实际，就如何以科学发展观为指导，实现党校科研工作又好又快发展、特别是如何发挥党校作为党的哲学社会科学研究机构、思想库作用，谈谈初步学习的体会。

《中国共产党党校工作条例》和全国党校工作会议对党校科研赋予了新的、更高的地位。如何发挥党校作为研究机构、思想库的作用，我认为至少要思考和解决五个方面的问题。

一、党校作为研究机构、发挥思想库作用，要坚持党校姓党的原则、把握政治方向——关于党校研究机构、思想库的性质和定位是什么的问题

“思想库”或“智库”（thing tank）在西方国家已有百余年历史，

第二次世界大战后，特别是20世纪七八十年代以来，思想库在美国蓬勃发展，目前各种各样的思想库已有1600多家，有“第一个现代思想库”之称的布鲁金斯学会、被称为“世界思想库的开创者”的兰德公司等都是其著名者。思想库在我国的发展，是最近十几年、几十年的事情。2006年11月还召开了“中国首届智库论坛”、评出了“中国十大思想库”，中国科学院、中国社会科学院、中国军事科学院等榜上有名。思想库正式成为党代表大会的语汇是2007年10月召开的十七大。十七大报告指出：“繁荣发展哲学社会科学，推进学科体系、学术观点、科研方法创新，鼓励哲学社会科学界为党和人民事业发挥思想库作用。”2008年9月中央颁布的《中国共产党党校工作条例》载明，“发挥党校在党委和政府决策中的思想库作用”。党校作为研究机构和思想库与国外的思想库比较，有着自己鲜明的特色。

一般而言，西方国家的思想库标榜其独立性，尤其是政治意识形态上的独立性、非党派性是其思想库的重要特征。当然，实际上并不尽然，西方思想库政治意识形态上的独立性越来越趋于淡化，甚至诸如传统基金会、凯托研究所、兰德公司等思想库有着浓烈的政治意识形态色彩。

党校姓党原则决定了党校作为研究机构和思想库与一般的特别是国外的思想库在定位上有很大的不同——是姓党的研究机构、姓党的思想库。这个“姓党”主要体现为：要坚决贯彻党的基本理论、基本路线、基本纲领、基本经验；要在思想上、政治上和行动上与党中央保持高度一致；要围绕党和国家工作大局和中心任务开展科学研究；要坚持党性原则、恪守党的政治纪律、牢牢把握理论研究的正确方向。胡锦涛在全国党校工作会议上强调指出：“党校是党直接兴办的学校，必须以党的旗帜为旗帜、以党的意志为意志。不管形势和任务怎样变化，党校姓党的原则绝不能变，忠诚于党的立场绝不能变。”习近平在中央党校2008年秋季学期第二批进修班开学典礼上的讲话中指出：“党校姓党历来是党校教育的第一原则”，“党校工作只有坚持党校姓党原则，按照党校教育规律办学，才能确保正确的前进方向，才能发挥应有的作用。”

无疑，作为党的研究机构和思想库坚持党校姓党原则，要正确处理好同党中央保持高度一致与解放思想、发扬民主的关系，学术研究与理论宣传的关系，言论自由与政治纪律的关系。正确贯彻“双百方针”，坚持解放思想、实事求是、与时俱进，坚持科学严谨的学术规范，鼓励积极探索、大胆创新。

二、党校作为研究机构、发挥思想库作用，要体现党校科研“四个服务”的目标方针——关于党校研究机构、思想库是干什么的问题

党校科研要坚持“四个服务”的目标方针。新近颁布的《党校工作条例》载明：党校科研工作，要“为推进党的理论创新服务，为提高党校教学质量服务，为党委和政府决策服务，为社会主义经济建设、政治建设、文化建设、社会建设和党的建设服务”。党校作为一个研究机构，发挥其思想库作用，要始终不渝地把“四个服务”作为追求的工作目标，并根据新的形势和任务的要求，赋予其新的意义和内涵。

科学发展观的第一要义是发展。党校科研工作如何体现科学发展？党校科研工作的规律何在？做好“四个服务”工作是首要的一条。只有在“四个服务”上做好了，才能说发挥了党校作为研究机构、思想库的作用，才能说党校科研工作实现了科学发展。

改革开放30年来，党校在推进理论创新上取得重大成绩和进步。党校是党的哲学社会科学研究机构，是党的思想理论建设的重要阵地，在促进理论创新和学术发展方面担负着重要责任，搞好哲学社会科学研究是党赋予党校的重要任务。因此，党校在新的形势下必须适应党的理论建设的要求，促进理论创新和实践创新，用胡锦涛的话说——“充分发挥推进党的理论创新的生力军作用”。党校科研为党的理论创新服务、主要是为中国特色社会主义理论体系的发展创新服务。我们要按照胡锦涛、习近平在全国党校工作会议上的重要讲话的精神，进一步把中国特色社会主义理论体系的研究提到党校科研工作的中心位置，抓住重大理论和实际问题，结合对改革开放30年伟大实践和宝贵经验的研究，继续解放思想、大胆探索，不断推进理论创新。

教学是党校的中心工作，科学研究是党校教育的基础。党校科研为

提高教学质量服务，是其重要的功能。党校的课能不能讲好，理论创新的步子能不能跟上，思想库作用能不能发挥，科研搞得怎么样至关重要。对重大理论和实践问题研究得越深，课堂上就能讲得越透，对策上就能提得越准确。特别是在中国特色社会主义的理论教学中，要努力发挥党校科研这个服务的作用。中国特色社会主义理论体系是党校教学的中心内容，也是党校科研工作的重点题目。要积极推进教学科研一体化，坚持以教学带科研、以科研促教学，努力做到教学出题目、科研做文章、成果进课堂。我们在这方面有一些好的做法和成效。譬如，2004年至2008年立项的校级项目，不仅125个年度常规项目相当程度体现了科研与教学的相结合，而且校级委托项目，即使是自筹经费申请校级委托项目的30多个立项课题，也都考虑到其选题与教学的结合程度。事实上，不少校级项目，其研究成果对增强主持项目的教员的讲课效果，发挥了很好的作用。在新的形势下，要继续积极探索教学科研一体化的实现形式、组织形式、运行机制、制度保障，使教学和科研同步推进、共同提高。

为党委和政府决策服务，是党校科研发挥思想库作用的直接体现。20世纪50年代在国外出现的作为正式称呼的思想库一词，就其本意或狭义是指那些提供决策咨询服务的公共政策研究机构。党校发挥思想库作用无疑应该是更广泛的，而政策决策咨询服务作用是其十分重要的方面。这就需要党校积极主动地加强对重大理论和实践问题特别是全局性、战略性、前瞻性问题的研究，加强对人民群众关注的社会热点、难点问题的研究，从而为党委和政府在这些重大问题上的决策和政策出台，提供咨询和建议。一直以来，党校在这方面发挥着很好的作用。真理标准大讨论、中国特色社会主义理论论证、执政理论研究、和平发展道路探索、集体林权制度改革调研等等，都为党和国家的相关决策和政策出台发挥过思想库作用。各省市委党校接受本省、市党委、政府委托的研究项目，并为相关的决策提供咨询参考，也同样大有作为。

党校科研要在中国特色社会主义建设的研究上发挥作用，为改革开放和社会主义现代化建设的伟大实践服务。党校的学科大多数都能与中国特色社会主义的经济建设、政治建设、文化建设、社会建设和党的建设的某一方面相对应，理当也有学科优势的条件积极参与相关的研究，为其做出自己应有的贡献。这个服务、作用说到底，就是党校科研应体现其实践性、应用性和有用性。

三、党校作为研究机构、发挥思想库作用，要整合党校科研力量、优化配置科研资源——关于党校研究机构、思想库的工作由谁来干的问题

科学发展观的核心是以人为本。如何在党校科研发展中，在党校发挥研究机构、思想库作用中贯彻落实以人为本？那就是要以从事党校科研工作的主体力量、三支队伍的人为本。一是以从事科学研究工作的教研人员为本。任何一个思想库都要以研究人员为主体力量（美国的思想库尤其注重高级研究人员）。随着师资队伍建设发展，党校已经形成了一支相当可观的研究人员队伍。中央党校有教研人员 500 多人，全国省级、副省级城市党校共有教研人员 5600 多人，要以这个队伍的人为本。二是以从事科研管理的工作人员为本。党校科研的又好又快发展也离不开高效率的科研管理和服务工作。目前仅中央党校和 48 个地方党校就共有科研管理人员 400 多人，要以这个队伍的人为本。三是以在校学习研究的党校学员为本。在党校科研工作中学员也是一支重要的科研力量。铁打的党校、流水的学员，党校学员无以计数，但至少在校学习的学员是党校科研可资利用的重要资源，要以这个队伍的人为本。

党校科研力量不仅在于数量，不可能 3000 人、5000 人组成一个“超大思想库”（国外的思想库有 100 人就可谓大思想库），也不应该力量分散、各自为政；更重要的在于力量整合和资源配置。整合科研力量的效果不可忽视。整合不是 1＋1＝2 的简单相加之和，整合产生的整体合力、协作力应是 1＋1＞2 的效应。

这种科研力量资源的整合配置，从范围来说包括一个教研单位内的整合配置、跨几个教研部所的整合配置、全校范围内的整合配置和全国党校系统的整合配置等等；从方式来说包括课题项目、理论研讨、学术团体、论坛沙龙、评奖评估等等。譬如，2007 年中央党校重大委托课题“两个规律研究”把中央党校和地方党校的 100 多人整

合在一个课题组里集体攻关；此次“全国党校系统纪念改革开放三十周年理论研讨会”共有来自于全国党校的上百位研究人员提供了论文。

以人为本不仅体现为把教研人员、管理人员和学员作为党校科研发展所依靠的主体力量；也体现为把这些人本身作为服务的对象，为其创造和提供从事科研工作的环境与条件；还体现为注重这些人本身的发展和提高，在搞研究、出成果中，同时出人才、出大家。

四、党校作为研究机构、发挥思想库作用，要统筹兼顾、协调各方面关系——关于党校研究机构、思想库的工作以什么方式方法来干的问题

科学发展观的基本要求是全面协调可持续，根本方法是统筹兼顾。党校作为研究机构发挥思想库作用，当然也要运用统筹兼顾的根本方法，实现党校科研发展的全面协调可持续。具体说要统筹八个方面的关系协调发展。

第一，统筹党校科研长远规划与近期工作的协调发展。作为研究机构、思想库的党校科研，既要有 3 年、5 年的科研发展总体思路和中长期科研规划，又要有年度的工作计划和近期的工作安排；既要有持续几年的长期研究，又要有短平快的当下任务。

第二，统筹党校科研与党委政府决策机制的协调发展。党校科研既要完成好党委政府交办的重大研究项目、调研课题，又要积极主动地就人们普遍关注的热点和难点问题提供理论、政策、对策的咨询服务和决策参考。

第三，统筹党校科研与全国哲学社会科学研究的协调发展。党校作为党的哲学社会科学研究机构和思想库，要注重参与全国哲学社会科学的研究，加强与中央理论宣传主管机构、全国哲学社会科学研究规划机构、实际工作部门、政策研究部门、各类学术研究机构和思想库、高等院校以及企业之间的关系。

第四，统筹党校科研与国外学术研究之间的协调发展。党校科研是开放的科研，包括对外开放，请进来、走出去，加强与国外研究机构、

思想库和大学之间的学术交流。

第五，统筹党校科研系统、整体性的协调发展。要继续通过科研项目、理论研讨、科研评奖等科研协作纽带创新科研协作形式和科研协作平台。譬如，建立全国党校科研评价体系，开展科研质量评估工作。《中国共产党党校工作条例》中，关于上级党委党校对下级党委党校进行业务指导职能，载明了有关开展党校办学质量评估工作的内容。就党校科研质量评估工作而言，已有一定的基础。我们两年一次的全国党校科研评奖中优秀科研工作组织奖，根据中央党校 2006 年 1 月颁发的“评审细则”，是按照 8 大考评项目的量化标准一一打分评出来的。根据新的形势需要，在原有的评奖基础上改进，是可以有一个比较科学的全国党校科研质量评估体系的。这还只是科研业务指导的一个方面。只要我们在新形势下进一步加强、改进和创新党校科研的资源整合、科研协作和科研业务指导工作，就一定会进一步发挥党校系统整体性的科研合力，使党校科研真正成为“大科研”。

第六，统筹党校科研与党校教学以及其他工作的协调发展。这个方面的统筹协调，主要是指发挥好党校科研为提高教学质量服务的功能，使科研与教学相互促进、共同提高。

第七，统筹党校科研与党校学员学习研究的协调发展。在党校科研工作中要注重发挥学员的积极性，在组织教研人员开展科研的同时，积极开发利用学员的科研资源，包括请学员作为课题、成果的咨询专家、评审专家，直接吸收学员进课题组等等；对学员的科研加强引导并提供有利条件，使他们在实践中遇到的问题成为科研选题的方向，在实践中积累的经验成为理论创新的基础。

第八，统筹党校科研管理机构内部各项工作的协调发展。党校科研管理机构（科研部、科研处）承担着各项科研管理工作——如中央党校科研部的管理工作包括：负责中央、国家机关国家社科基金项目管理的规划处工作，负责中央党校校内科研管理的管理处工作，负责全国党校系统科研协作的协作处工作，负责中央党校科研中心日常办事工作的研究室工作。只有统筹兼顾好这些科研管理工作，才能使党校科研各项工作协调发展。

五、党校作为研究机构、发挥思想库作用，要建立、完善开放的科研体制和以科研项目为枢纽的科研管理体制——关于党校研究机构、思想库的工作怎么干的问题

党校科研要发挥好研究机构、思想库的作用，需要有一个完善的体制机制作保障。关于建立和完善“全方位开放的科研体制”，这在前面所述统筹党校科研与国外学术研究之间的协调发展、统筹党校科研与全国哲学社会科学研究的协调发展、统筹党校科研与党委政府决策机制的协调发展之中，已经涉及到，这里再说说“以科研项目为枢纽的科研管理体制”。早在 2004 年 5 月中央党校校委颁布的《中央党校科研项目管理条例（试行）》中，就开宗明义：“为发挥项目管理在整个科研管理工作的核心、枢纽和导向作用……特制定本条例。”此次中共中央颁布的《中国共产党党校工作条例》载明：“建立开放的科研体制和以科研项目为枢纽的科研管理体制。”

党校科研工作怎么干？就是要抓住科研项目这个核心、发挥好项目在科研工作中的枢纽和导向作用，辐射带动党校科研工作的各个环节。通过加强围绕课题项目管理的制度创新和管理机制创新，带动形成含有各主要科研工作环节并有机结合的管理体制、机制；围绕着课题项目这个枢纽展开全部主要科研工作——整合科研力量、促进科研协作、投放科研经费、加强科研激励、带动理论研讨、扩大学术影响、支持学科建设、培养和锻炼科研队伍等等。

总之，以科学发展观为统领，发挥党校作为科研机构和思想库的作用，是一个新题目、大文章，需要从事党校科研工作的人共同思考和探讨。

全球治理大势与增强领导干部全球治理观念

（2010 年 7 月）

“治理”（governance）一词，自世界银行首次使用 20 年以来，越来越成为领导、领导者活动的重要内涵，从而成为领导科学等相关学科研究的重要内容；近年来治理又随着全球化的发展而进一步扩展、演化出“全球治理”（global governance）概念而广为人们所使用。这就要求包括领导科学在内的相关学科要注重全球治理研究，领导者、领导干部要注重增强全球治理观念。就这个问题，谈几点自己的看法。

一、全球化、全球问题和危机呼唤全球治理

20 世纪后期经济全球化蓬勃兴起，正如 90 年代初时任联合国秘书长加利所宣布的，“世界进入了全球化时代”。20 多年来，经济全球化已逐渐发展成为关系世界经济全局的发展大趋势。

经济全球化是一把“双刃剑”，自身具有“二重性”和双重的作用。一方面，在国际分工和市场经济基础上发生发展的经济全球化，促进了生产力的发展和世界经济的增长，并把活力、效率和机会，传导、扩展

到世界各国；另一方面，在不公正不合理的国际经济旧秩序没有根本改变条件下发生发展的经济全球化，加剧了世界经济的不平衡和不平等，并把无序、风险和危机，传导、扩展到世界各国。

除了经济领域外，原本存在于一国一地的其他领域的矛盾、问题和危机——气候环境变化、人口粮食危机、能源资源问题、公共卫生安全、减贫援助问题、网络安全、重大自然灾害、核扩散问题、恐怖主义等等，也随着全球化的发展而越来越由局部性问题演化成为全球性的挑战。

特别是经济全球化的矛盾在此次全球经济危机中突显。以各种经济资源跨越国界按照市场机制的要求在世界市场上流动和配置、各国经济越来越紧密联结和相互依存为鲜明特征的经济全球化迅猛发展，这客观上要求在全球范围内的经济协调和调节以便使经济全球化进程更公正合理、有序有效。然而，现实的矛盾是经济全球化的强势与全球经济调节的弱势并存。这一矛盾集中体现为两个方面，表现为两种方式。一是全球范围的贸易投资自由化遭遇各国实施的保护主义措施，而全球协调机制没能强有力地遏制保护主义。这尤其体现在全球贸易投资领域。二是全球范围的市场自由化伴随着巨大的风险、无序过度发展，而全球协调机制没能有效地调节、合理地监管。这尤其体现在全球货币金融领域。经济全球化的强势与全球经济调节的弱势是一个长期的矛盾，这一矛盾使得经济全球化在无序、失衡、不公平和巨大风险中前行，而在发生经济危机的非常时期，这一矛盾尤其显得突出。2010 年 6 月 29 日，联合国发布的《重探全球发展之路》的报告指出：席卷全球的金融危机显示了金融市场运作的体制性失效，同时，粮食、燃料、气候等多重危机接踵而至，“暴露出全球治理机制在应对这些挑战方面存在的缺陷”。

全球性的挑战需要全球共同应对。全球化的矛盾、全球化条件下发生的全球性经济危机以及各种全球性问题，其解决的出路不能是“反全球化”、“非全球化”、“去全球化”、逆全球化趋势而动，也不能仅仅靠各国政府各行其是采取政策措施解决。出路应该是加强国际经济合作与协调。正如胡锦涛所指出的：“这场国际金融危机是在经济全球化深入发展、国与国相互依存日益紧密的大背景下发生的，任何国家都不可能独善其身，合作应对是正确抉择。”

事实上，自 2008 年 9 月美国次贷危机——金融危机爆发并向世界蔓延开始，世界各国就已经在通过举行各种国际会议、国际磋商、国际论坛——仅 G20 就已在 19 个月内相继召开了 4 次金融峰会（2008 年 11 月华盛顿、2009 年 4 月伦敦、2009 年 9 月匹兹堡和 2010 年 6 月多伦多）来商讨加强国际经济合作与协调问题。而且，这种商讨虽然直接动因在于寻求解决走出危机、复苏经济的应急、短期对策，但也越来越从更深层次、更长远的角度，探讨改革和完善国际经济体系、加强国际经济合作与协调的体制机制。于是，全球治理和各种相关的提法——“全球治理体系”、“全球治理体制”、“全球治理结构”、“全球经济治理”、“全球经济治理结构”、“全球经济治理机制”、“全球经济金融治理”、“全球经济政治治理”、“全球安全治理”、“全球环境治理”等等，越来越从原来学者的话语变成现在官员、领导人的用语和政府的政策主张。

二、在全球化中发展的中国要积极参与全球治理

改革开放 30 多年来，中国的发展是在同世界紧密联系、积极参与全球化进程中进行的。一方面，在客观经济联系上，我们通过商品、资本、技术、劳务的国际流动这些经济全球化的渠道、纽带，越来越深地融入到世界经济之中；另一方面，在体制机制框架上，我们通过参加或结成全球的、区域的和双边的组织、论坛，在国际事务中发挥中国的作用、提出中国的主张。因此可以说，一直以来中国实际上在参与着全球治理。

近年来，随着全球化的发展，全球矛盾、问题和危机（特别是最近这次全球经济危机）的加剧，随着全球治理的凸显，也随着中国的迅速发展、实力地位的提高，我国以更加积极的姿态参与全球治理被提上日程，这既是客观必然，又恰逢其时。于是，近年来全球治理的用语、全球治理的主张，与时俱进地成为我国政府、领导人在国际舞台上频频发出的声音。譬如，仅 2010 年就有胡锦涛在巴西利亚“金砖四国”领导人第二次会晤时，提出解决“全球经济治理结构”问题，习近平副主席在中澳经贸合作论坛上，提出完善“全球经济治理机制”，李克强副总理在达沃斯世界经济论坛上，提出改善“全球治理结构”等等；在这之前胡锦涛的代表戴秉国国务委员还曾在八国集团同发展中国家领导人拉奎那对话会议上，系统阐述了中国政府关于

“全球治理”，尤其是“全球经济治理”的四点意见。我国领导人参与全球治理的磋商活动，就更为积极、活跃。仅2009年9月胡锦涛的一次出访，就参加了4个峰会——联合国气候变化峰会，安理会核不扩散与核裁军峰会，二十国集团领导人第三次金融峰会和中美两国元首峰会，中国参与全球治理的层面、领域和力度，由此可见其一斑。近年来，特别是国际金融危机发生以来，中国在国际舞台上积极推出和采取全球治理尤其是全球经济治理的主张和行动，标志着我国参与全球治理进入一个全新的阶段。

全球治理，作为一个比较新的概念，至今尚未有一致的、明确的定义；作为政府的政策主张，更是由于各国的实力地位利益的不同而有很大差异。我们要以更加积极的姿态参与全球治理，推陈出新全球治理理念、不断扩大全球治理话语权。

全球治理，尤其是全球经济治理，主要包括如下基本内容。

第一，全球治理目标。全球治理的动因在于全球化，在于解决全球化的矛盾、缺陷（无序、失衡、不平等）和全球性问题和危机，因此，全球经济治理的根本目标是推动经济全球化朝着均衡、普惠、共赢方向发展（从中共“十七大”报告就开始提出，胡锦涛2010年2月3日在省部级主要领导干部专题研讨班上的讲话及其他一些重要场合，都提到这一点），致力于建立一个公平、公正、包容、有序的国际经济政治秩序。

第二，全球治理体系。在经济全球化深入发展、世界各国经济关系日益紧密的条件下，需要建立健全与之相适应的驾驭经济全球化发展、协调世界各国经济关系的全球经济治理体系。正如中国国家主席胡锦涛2009年4月2日在伦敦所指出：“这场国际金融危机充分暴露出现行国际经济金融体系的不足，特别是不足以有效化解经济全球化进程中积累的风险和矛盾。”这就需要改革、健全和完善联合国、世界贸易组织、国际货币基金组织、世界银行等现有的组织机构，形成一个更有利于兼顾公平和效率的全球治理体系。该体系改革完善的原则是坚持全面性、均衡性、渐进性和实效性。该体系的建立健全和改革完善应包括这样一些主要内容：改革国际经济组织决策层产生机制，提高发展中国家在国际经济组织中的代表性和发言权，改善国际经济组织内部治理结构，提高国际经济组织履行职责的能力，完善和强化国际经贸规则、维护开放自由的贸易投资环境，建立覆盖全球特别是主要国际金融中心的早期预警系统，建立及时高效的危机应对救助机制等等。

第三，全球治理主体。全球治理的主体主要包括，各个国家的政府和政府机构，联合国等政府间国际组织，达沃斯论坛等非政府国际组织，跨国公司企业，公民社会团体等等。就世界经济主体国家而言，全球经济治理应该由世界各国共同参与。国家无论大小、强弱、贫富，都是全球经济的组成部分，应该以平等身份参与治理过程，并享有相应的代表性、发言权、决策权。2009 年在瑞士达沃斯成立了一个由 27 个小国组成的“全球治理集团”（3—G），要求二十国集团在做出重大决策时不要将它们的利益边缘化。

第四，全球治理领域。一方面，全球化主要是经济全球化，全球治理也主要是全球经济治理，包括全球经济失衡、世界经济贫富两极分化、宏观经济政策协调、公共债务危机、国际货币体系、全球贸易体制、全球市场秩序、公平竞争规则、跨国企业监管等等；另一方面，全球治理领域也涉及气候环境变化、人口粮食危机、能源资源问题、公共卫生安全、减贫援助问题、网络安全、重大自然灾害、核扩散问题、恐怖主义等等众多领域的全球性问题的治理。例如，2009 年 12 月召开的有 192 个联合国成员参加的哥本哈根世界气候变化大会，就是关于全球气候环境治理的一次重要会议。

第五，全球治理方式。全球治理所采取的基本方式是协商合作、尊重差异。全球经济治理需要各国通过协商合作共同解决经济全球化面临的各种难题。要坚持民主原则，充分听取各方意见，照顾和体现各国特别是发展中国家的利益和诉求。要坚持尊重差异，考虑各国不同国情，允许发达国家和发展中国家有不同做法。要增进理解和包容，尊重各国自主选择发展模式的权利，尊重各国发展道路和发展模式的多样性。

第六，全球治理机制。全球经济治理需要合适的机制安排。世界经济发展使现有一些机制难以充分反映国际社会诉求、有效应对全球性挑战，需要扩大代表性。要在不同层面和不同领域针对不同问题开展治理。各种治理机制可以在所有利益攸关方平等协商并达成共识的基础上，制定有关国际标准和规范，推广相关经验和有效做法，促进各国交流合作，共同搭建有效的全球经济治理架构。

这种治理的机制安排、层次架构包括：一是全球多边层面的治理机制，如联合国、世界贸易组织、国际货币基金组织、世界银行、二十国集团领导人峰会等。其中，2008 年 11 月首次举行的包括中国在内的二十国集团领导人峰会，揭开了全球经济治理新的一页。在 2009 年 9 月的匹兹堡峰会上，这个囊括了所有主要发达经济和新兴经济体、人口占全球人口的 75%、贸易额占全球的 80%、国内生产总值占全球的 85% 的二十国集团，被正式确立为“国际经济合作主要平台”，今后全球经济治理“路线图”将由二十国集团制订。2010 年 6 月 26—27 日在多伦多举行的第四次峰会是二十国集团峰会机制化后的首次峰会，中国国家主席胡锦涛在峰会上的讲话中表示，推动二十国集团从短期应急机制转向长效治理平台，“要确保二十国集团在促进国际经济合作和全球经济治理中发挥核心作用。”二是区域层面的治理机制，如欧盟、亚太经合组织、北美自由贸易区、上海合作组织、南美共同市场、南部非洲共同体等。其中包括中国在内的亚太经合组织到 2009 年 11 月，已召开了第十七次领导人非正式会议，在全球治理、区域治理方面发挥重要作用。三是同类国家、跨地区层面的治理机制，如经济合作与发展组织、西方七国（八国）首脑会议、“金砖四国”（中国、俄罗斯、印度、巴西）、“基础四国”（中国、印度、巴西、南非）等。其中包括中国在内的“金砖四国”领导人峰会，2009 年 6 月和 2010 年 4 月已相继召开了两次，作为一种新兴的治理机制其在全球所引起的关注度越来越高。四是双边合作、协调的治理机制，如 2006 年 11 月举行过北京峰会的“中非合作论坛”，始于 1998 年 4 月、到 2009 年 11 月举办了十二届的“中欧峰会论坛”，2010 年 1 月正式建成启动的“中国—东盟自由贸易区”，2010 年 5 月举行第二轮会议（启自 2006 年 12 月）的“中美战略经济对话”等平台、机制。

总之，全球治理成为国际社会近年来发展的大势和热议的话题，中国参与全球治理也进入了一个全新的阶段。

三、注重增强领导干部的全球治理观念

全球治理新的发展和我国以更加积极的姿态参与全球治理，要求我们的领导干部要注重增强全球治理观念。

（一）把增强全球治理观念作为领导干部拓展世界眼光、提高自身素质的一个重要方面加以注重

我们党历来要求领导干部拓宽视野、善于观察世界大势和正确把握时代要求，特别是进入新世纪以后。2003 年 1 月，胡锦涛在中央政治局的一次集体学习时指出，各地区各部门的领导干部，特别是从事经济工作的领导干部，都要多学习一些世界经济的基本知识，多了解一些国际市场的基本情况。这是我们在对外开放和国际竞争日趋激烈的条件下做好经济领导工作的必然要求，也是“领导干部增强世界眼光、提高自身素质的重要途径”。

拓展视野、增强世界眼光包括诸多方面，而在近年来全球治理和我国参与全球治理新的发展态势面前，我们的各级各类领导干部增强全球治理观念，无疑应该成为开阔世界眼光、提高自身素质的不可或缺的一个重要方面。

领导干部增强全球治理观念可以通过多种渠道、方式实现。一是通过学习经济学（包括世界经济）、政治学（包括国际政治）、管理学和领导科学等学科中关于治理、全球治理的内容，从学理知识方面增强全球治理观念。二是通过研读党和国家文件、领导人讲话中关于全球治理的阐述，从方针政策方面增强全球治理观念。三是通过本职岗位领导活动、治理行为的探索，从工作实践方面增强全球治理观念。

（二）把增强全球治理观念作为领导干部统筹国内国际两个大局、做好工作的一个重要方面加以注重

治理主要是官员的职责或领导者的行为。中国古代《荀子·君道》说：“名分职，序事业，材技官能，莫不治理……”在今天，作为治理、全球治理的主体的领导者是宽泛的，不仅包括各级党政领导，也包括企业领导、社团组织领导（据最新出版的《国际组织年鉴》统计，在现有的 48350 个国际组织中，非政府的国际公民社会组织占 95％以上，至少在 46000 个左右）等等。同样，各级各类领导从事的活动、治理行为也是宽泛的，包括国家政府治理、省市县等地方治理、部门治理、企业治理、社会组织治理等等。而且，在全球化和我国经过改革开放 30 多年越来越融入世界的大背景下，我们的各级各类领导干部的工作、活动，都或多或少、或直接或间接地具有全球治理的意义。

改革开放30多年来我们始终站在国际大局与国内大局相互联系的高度审视中国和世界的发展问题。世界发生的事情不仅仅是外部世界的事，越来越影响着中国的发展，中国的发展也不仅仅是自己国内的事，越来越具有世界的意义。正如胡锦涛2010年6月27日在多伦多二十国集团领导人第四次峰会上的讲话中所说，为了解决中国存在的困难和问题，我们贯彻落实科学发展观，加快转变经济发展方式，重点加快调整国民收入分配结构、城乡结构、区域结构、产业结构，加快推进科技创新，加快建设现代农业、生态文明、文化产业、社会保障体系，努力推动经济社会协调发展。"这些调整和转变不仅有利于中国经济全面协调可持续发展，也将对世界经济发展产生积极影响。"因此，我们的各级各类领导干部，要把增强全球治理观念作为统筹国内国际两个大局、做好工作的一个重要方面加以注重。

（三）干部教育、党校教育要在研究全球治理理论政策、提高领导干部全球治理观念方面发挥重要作用

在国外，从学术界（特别是在经济学、政治学、管理学和领导学）到管理、领导层，自90年代以来"治理"一词十分流行，而后当人们将治理的分析延伸、应用于国际领域时，全球治理理念便应运而生。在我国，学术界和管理、领导层当然也要学习、研究、应用治理和全球治理的经验、政策和理念，特别是专门从事领导干部培养的党校教育和各类干部教育，更是要注重这方面的教学与研究。一方面，在研究上，要充分利用党校在相关学科上的优势，从经济学、政治学、管理学、领导科学和国际问题等角度，加强对治理、全球治理的研究，为相关的政策制定和教学服务；另一方面，在教学上，要充分利用党校教育中开阔世界眼光方面的学习，增强领导干部学员的全球治理观念。早在世纪之交的2000年6月颁布的《中共中央关于面向21世纪加强和改进党校工作的决定》就确立了包括"世界眼光"在内的"一个中心、四个方面"的党校教学布局，2008年9月颁布的《中国共产党党校工作条例》进一步完善的这个教育布局，同样包括了"以把握时代特征和国际经济政治形势为重点拓展学员的世界眼光"。如前所述，全球治理的学习是拓展世界眼光的学习的重要内容。

总之，党校教育在研究全球治理理论政策、提高领导干部全球治理观念方面，大有可为。

理论创新每前进一步，理论武装就跟进一步

（2011 年 7 月）

胡锦涛在庆祝中国共产党成立 90 周年大会上的讲话中指出："理论创新每前进一步，理论武装就跟进一步，这是我们党加强自身建设的一条重要经验。"对此我们要深入学习领会。

一、把马克思主义基本原理与中国具体实际相结合，积极推进实践基础上的理论创新，贯穿于党 90 年的历史进程中

马克思主义是科学的理论、实践的理论、发展的理论。正如胡锦涛所指出的："中国共产党人坚信马克思主义基本原理是颠扑不破的科学真理，坚信马克思主义必须随着实践发展而不断丰富和发展，从来不把马克思主义看成是空洞、僵硬、刻板的教条。"中国共产党在其 90 年的历史进程中，始终高度重视理论建设。从追寻、坚信马克思主义，始终坚持高举马克思主义伟大旗帜，到把马克思主义基本原理同中国具体实际相结合，推进理论创新，实现马克思主义中国化。在这一历史进程

中，实现了马克思主义基本原理同中国具体实际相结合的两次历史性飞跃，产生了马克思主义中国化、理论创新的两大成果。其一是创立了毛泽东思想，系统回答了在一个半殖民地半封建的东方大国，如何实现新民主主义革命和社会主义革命的问题，并对建设什么样的社会主义、怎样建设社会主义进行了艰辛探索，以创造性的内容为马克思主义宝库增添了新的财富。其二是形成了包括邓小平理论、“三个代表”重要思想和科学发展观等重大战略思想在内的中国特色社会主义理论体系，回答了在中国这样一个十几亿人口的发展中大国建设什么样的社会主义、怎样建设社会主义，建设什么样的党、怎样建设党，实现什么样的发展、怎样发展等一系列重大问题，继承和发展了毛泽东思想。

理论创新源于实践创造，实践发展永无止境，理论创新永无止境。在新的历史条件下坚持马克思主义，推进马克思主义中国化时代化大众化，推进理论创新，关键是要坚持以我们正在做的事情为中心，及时回答实践提出的新课题，为实践提供科学指导。中国特色社会主义道路是在党和人民的创造性实践中不断拓展的，中国特色社会主义制度是在深化改革、扩大开放的实践中不断完善的，中国特色社会主义理论体系也是在不断丰富、发展、创新中与时俱进的。我们要在坚持和深化改革开放这一新的伟大革命上，推进理论创新；我们要在以经济建设为中心、促进科学发展上，推进理论创新；我们要在继续大力推进社会主义民主政治建设上，推进理论创新；我们要在继续大力推进社会主义文化大发展大繁荣、发展社会主义先进文化上，推进理论创新；我们要在继续大力保障和改善民生、推进社会主义和谐社会建设上，推进理论创新；我们要在加强党的执政能力建设、保持党的先进性、提高党的建设科学化水平上，推进理论创新。只有着眼于马克思主义理论的运用，着眼于对实际问题的理论思考，着眼于新的实践和新的发展，不断推进实践基础上的理论创新，才能永葆科学理论的旺盛生命力，为推进党和国家的事业提供有力的思想保证和理论支持。

二、坚持不懈地用党的理论创新成果武装党员干部头脑，不断提高全党的思想理论水平，贯穿于党90年的历史进程中

理论武装，即通过学习、教育使党的思想理论融入党员干部的头

脑，统一全党的思想。理论上的与时俱进是行动上锐意进取的前提，而理论武装是两者的中间环节。

我们党是一个历来重视学习、教育，重视理论武装的党，90 年来坚持不懈用党的理论创新成果武装全体党员。早在建党之初的 1921 年 8 月，毛泽东等就创办了中国共产党成立后的全国第一所学习、研究、传播马克思主义的干部学校"湖南自修大学"，把《共产党宣言》、《社会主义从空想到科学的发展》、《哥达纲领批判》等马克思主义经典著作作为基本学习内容。延安时期，我们党把整风学习作为一次马克思主义思想教育活动，坚决纠正了党内的各种错误思想，"使党变为一个共产主义的熔炉"，全党在毛泽东思想的基础上达到空前的统一和团结，为夺取抗日战争和解放战争的胜利、建立新中国提供了有力保证。新中国成立前后，我们党为迎接新的任务而进行新的学习，并收到巨大成效。正如邓小平所说："全国胜利前夕，毛泽东同志号召全党重新学习。那一次我们学得不坏，进城以后，很快恢复了经济，成功地完成了社会主义改造。"改革开放以来特别是党的十六大以来，我们党着力用马克思主义中国化最新成果武装广大党员干部头脑，在全党兴起学习贯彻邓小平理论和"三个代表"重要思想新高潮、开展保持共产党员先进性教育活动、开展深入学习实践科学发展观活动等，使广大党员干部受到普遍的、深刻的党的理论创新成果的学习教育，全党的马克思主义理论水平不断提高，为推进党的建设新的伟大工程、推进中国特色社会主义事业，提供了坚实思想基础、注入了强大精神动力。

我们要认真贯彻落实党的十七大关于用中国特色社会主义理论体系武装全党的精神、十七届四中全会关于建设马克思主义学习型政党的部署和胡锦涛"七一"重要讲话中关于"全体党员、干部都要把学习作为一种精神追求"的要求，以领导班子和领导干部为重点，更加扎实有力地推进学习型党组织建设向广度和深度发展，组织广大党员干部深入学习和掌握马克思主义基本原理、深入学习和掌握中国特色社会主义理论体系，着力提高思想理论水平和认识世界、改造世界的能力，特别是要把科学发展观作为理论武装的重要内容，推动学习实践科学发展观向广度和深度拓展，不断增强党员干部贯彻落实科学发展观的自觉性和坚定性。

三、理论创新和理论武装，应用于实践并指导实践，推动党和人民的事业不断胜利前进，贯穿于党90年的历史进程中

理论的价值在于实践，学习的目的在于应用。

1939年5月，毛泽东在延安在职干部教育动员大会上的讲话中指出："我们要建设大党，我们的干部非学习不可。学习是我们注重的工作，特别是干部同志，学习的需要更加迫切，如果不学习，就不能领导工作，不能改善工作与建设大党。这领导工作、改善工作与建设大党，便是我们学习运动的直接原因，我们六中全会关于学习运动的决议，是非常重要的。"这实际上讲清楚了我们党抓学习、干部教育、理论武装的目的和作用——为了建设党、改善工作、领导事业。

理论创新成果只有通过理论武装头脑，才能转化为广大党员干部的强大精神动力和自觉行动，进而才能用于实践、指导实践，推动党和人民的事业不断从胜利走向新的胜利。

胡锦涛在"七一"讲话中概括90年来我们党团结带领人民取得的伟大成就，集中体现为完成和推进了三件大事。第一件大事，我们党紧紧依靠人民完成了新民主主义革命，实现了民族独立、人民解放。第二件大事，我们党紧紧依靠人民完成了社会主义革命，确立了社会主义基本制度。第三件大事，我们党紧紧依靠人民进行了改革开放新的伟大革命，开创、坚持、发展了中国特色社会主义。

这三件大事、三大成就，是我们党和人民从根本上改变了中国人民和中华民族的前途命运的伟大实践，同时也体现着从毛泽东思想的创立到中国特色社会主义理论体系的形成的理论创新以及理论武装的重大作用。可以说，每当处于中国革命、建设、改革的重大历史节点上，理论创新和更进一步的理论武装，都发挥了其指导实践、推动工作、促进党和人民的事业发展的巨大作用；同时，我们党和人民从事的开创性的革命、建设、改革的伟大实践，也为我们党的理论创新、理论武装提供了不竭的源泉、动力和广阔的前景。

我们党团结带领人民在中国特色社会主义道路上继续开拓前进的伟大实践仍在进行中，为在本世纪上半叶完成两个宏伟目标，即到中国共

产党成立100年时建成惠及十几亿人口的更高水平的小康社会和到新中国成立100年时建成富强民主文明和谐的社会主义现代化国家，我们必须继续积极推进实践基础上的理论创新，充分发挥科学理论武装头脑、指导实践、推动工作的巨大作用。

四、充分发挥党校在党的理论创新、理论武装上的重要作用

中国共产党的学习制度、干部教育制度、党校制度，历来是我们党的理论创新、理论武装的重要载体。

早在建党初期的1924年5月，中共中央执行委员会扩大会议通过的《党内组织及宣传问题议决案》就提出了设立党校——“党内教育的问题非常重要，而且要急于设立党校养成指导人才。”1933年3月13日，在苏区中央局党校的基础上，马克思共产主义学校，亦即中央党校，正式创办开学。数十年来，中央党校和各级党校在我们党的各个历史时期党的理论创新和理论武装上，都发挥了重要作用——譬如，党的七大召开前的延安整风学习时的中央党校，党的十一届三中全会召开前的真理标准讨论时的中央党校，党的十四大到十七大历次代表大会召开前的中共中央总书记就代表大会报告的主旨进行吹风、引发学习讨论时的中央党校，无不起到了这样的作用。

党的十七届四中全会通过的《中共中央关于加强和改进新形势下党的建设若干重大问题的决定》指出，充分发挥党校、行政学院、干部学院和国民教育体系在建设马克思主义学习型政党中的重要作用。

在新的阶段，贯彻落实中共中央决定和胡锦涛总书记讲话中关于建设学习型政党、理论创新和理论武装的要求，党校大有可为，任重道远。

就理论创新而言——党校是党的哲学社会科学研究机构，是学习、研究和宣传马克思列宁主义、毛泽东思想、邓小平理论、“三个代表”重要思想以及科学发展观等重大战略思想的重要阵地，是党委和政府决策的思想库，党校科研“四个服务”的方针首要的一条是“为推进党的理论创新服务”。党校科研，要充分发挥在马克思主义基本理论学科上的优势，深化对马克思主义基本理论特别是中国特色社会主义理论体系

的研究；要密切关注国内外形势的发展变化，加强对中国特色社会主义重大现实问题的研究；要紧紧围绕科学发展这一当前党和国家工作的大局、贯穿“十二五”规划的主题，加强对我国经济建设、政治建设、文化建设、社会建设和党的建设诸领域问题的研究。如此，我们就能切实体现党校发挥“推进党的理论创新的生力军作用”、“在党委和政府决策中的思想库作用”。

就理论武装而言——党校是培训、轮训党员领导干部的主渠道，是干部加强党性锻炼的熔炉。政治路线确定之后干部就是决定因素。正如习近平 2011 年 5 月在中央党校开学典礼上的讲话中所指出：“党校的突出特点和工作职责就在于马克思主义理论教育。”党校教育，要紧紧围绕党和国家事业发展的现实需要，紧紧围绕“十二五”期间以至更长时期继续大规模培训干部的战略任务，以马克思主义理论特别是中国特色社会主义理论体系为主课，培养忠诚于中国特色社会主义事业、德才兼备的党员领导干部和理论干部；要坚持和完善“一个中心、四个方面”的党校教学布局，即以学习邓小平理论、“三个代表”重要思想以及科学发展观等重大战略思想为中心，夯实理论基础，拓展世界眼光，培养战略思维，加强党性修养；要努力使经过党校培训、轮训的领导干部在马克思主义理论素质、现代科学文化知识水平方面有新的提高，在统筹国内国际两个大局的能力，推动科学发展、促进社会和谐的能力，总揽全局、应对复杂局面的能力，治党管党、解决自身问题的能力方面有新的增强。如此，我们就能切实体现党校发挥“培训、轮训领导干部的主渠道作用”、“党的理论武装工作的重要阵地作用”。

总之，理论创新每前进一步，理论武装就跟进一步，这是我们党加强自身建设的一条重要经验。而无论是理论创新，还是理论武装，都与党校的性质、地位和职能相关。我们要结合党校的实际工作，深入学习领会、认真贯彻落实、充分发挥作用。

努力造就学习型领导干部：学以立德、学以增智、学以创业

（2012 年 4 月）

适应时代发展要求，不断学习、善于学习，是中国共产党始终走在时代前列、引领中国发展进步的决定性因素。党的十七届四中全会从全面推进中国特色社会主义伟大事业和党的建设新的伟大工程的全局出发，明确提出建设马克思主义学习型政党的重大战略任务。胡锦涛在庆祝中国共产党成立 90 周年大会上的重要讲话中，在谈到建设马克思主义学习型政党时，要求“全体党员、干部都要把学习作为一种精神追求”，“真正做到学以立德、学以增智、学以创业”。建设学习型政党，基础在于建设学习型党组织；建设学习型党组织，关键在于努力造就学习型领导班子和领导干部。领导干部发挥着示范引领、教育引导作用。领导干部是否真正做到学以立德、学以增智、学以创业，直接关系学习型党组织建设的总体成效，直接关系学习型政党建设的深入推进。

一、学以立德——努力打牢领导干部思想理论和政治信念基础

我们共产党人强调的德，是包括思想素质、政治品质和道德品行在

内的综合性概念。学以立德，就是要求领导干部通过学习，进一步提升思想理论素养、思想政治水平和道德水平，坚定共产主义的远大理想和中国特色社会主义的共同理想，确立正确的世界观、人生观、价值观和权力观、地位观、利益观，增强为党和人民事业不懈奋斗的自觉性和坚定性。

（一）领导干部要通过加强学习马克思主义基本理论坚定理想信念

坚持以理想信念凝聚力量，是我们党的一大政治优势；注重加强理想信念教育，是我们党思想理论建设的一条基本经验。坚定的理想信念来自于对理论的正确认知和高度认同。因此，加强理想信念教育，第一位的是加强马克思主义基本理论教育。要推动领导干部通过深入学习马克思列宁主义、毛泽东思想，深入学习邓小平理论、“三个代表”重要思想以及科学发展观等重大战略思想，深刻领会贯穿其中的马克思主义立场、观点和方法，全面系统地掌握中国特色社会主义理论体系的重大意义、时代背景、实践基础、科学内涵和历史地位，真正从科学理论中获得信仰，从正确思想中汲取力量，从而做到面对发展中遇到的各种大风大浪保持坚定立场，面对社会思想领域出现的各种杂音噪音保持清醒头脑；从而做到坚持高举中国特色社会主义伟大旗帜不动摇、坚持中国特色社会主义道路不动摇、坚持中国特色社会主义理论体系不动摇、坚持中国特色社会主义制度不动摇，成为共产主义远大理想和中国特色社会主义共同理想的坚定信仰者和践行者。

（二）领导干部要通过加强学习提高党性修养

坚强的党性，是高素质领导干部的首要条件。党性不是与生俱来的，需要在长期工作实践中加强学习，努力锻炼，不断巩固和提高。党性修养是每一名共产党员的必修课，加强学习是共产党人提高修养的重要途径。大量事例表明，一些领导干部之所以党性不强、党性不纯，以至于犯错误，与忽视学习、不注重修养有很大关系。领导干部要通过学习党的历史充分吸收党性修养的丰富养料；通过学习世界各国政党执政的经验教训深刻认识加强党性修养的重要性和必要性；通过学习各方面的现代知识积极探索加强党性修养的方法途径；通过努力学习马克思主义的世界观和方法论，不断加强世界观、人生观、价值观的改造，增强党的意识、宗旨意识、执政意识、大局意识、责任意识。总之，要通过不懈地学习，不断地自我净化，自我完善，自我革新，自我提高，切实做到讲党性、重品行、作表率，始终保持共产党员的先进性和纯洁性。

（三）领导干部要通过加强学习提升道德素质

《论语》中讲，“为政以德，譬如北辰，居其所而众星共之。”人们对于公职人员有着比普通公民更高的道德标准和要求，古今中外莫不如此。我们共产党人更应该以较高的道德标准严格要求自己，否则就难以体现党的先进性之所在。在新的历史条件下，衡量共产党员道德的标准不仅包括政治品德，而且包括社会公德、职业道德、家庭美德、个人品德，这实际上全面系统地提出了每一名共产党员提升道德素质的基本内容。社会主义荣辱观体现了社会主义道德的根本要求，领导干部要加强对社会主义荣辱观的学习，明荣知耻，提升自身的道德水准，始终保持昂扬向上的精神状态，展现出共产党人不断与时俱进的朝气与活力。党员干部还要通过学习科学理论和科学知识，学习中华民族优秀文化和人类优秀文明成果，特别是学习哲学历史等人文科学方面的知识，从中汲取智慧的养分、陶冶高尚的情操、培养豁达的心灵、提高人生的境界。

二、学以增智——全面提升领导干部的知识水平和认识水平

学以增智，就是要求领导干部通过学习增长知识和见识，全面提升知识水平和认识水平，从而准确把握当今世界发展大势，准确把握社会主义初级阶段基本国情，准确把握改革发展实际，深入研究回答重大理论和实际问题，担当起肩负的历史责任。

（一）世情国情党情的发展变化，要求领导干部必须加强对新知识的跟踪学习

当今时代，世界多极化、经济全球化深入发展，科技进步日新月

异，知识创造呈现爆炸性趋势，知识传播呈现全覆盖态势。当前我国随着经济体制深刻变革、社会结构深刻变动、利益结构深刻调整、思想观念深刻变化，新形势复杂新任务艰巨，新情况新问题不断涌现。同时，我们党又面临着长期执政的考验、改革开放的考验、市场经济的考验、外部环境的考验。世情国情党情的这种新变化让我们感觉到，学习的任务从未像今天这样紧迫，学习的内容从未像今天这样繁多，学习的压力从未像今天这样巨大。面对这种情况，领导干部必须加强对新知识的跟踪学习，努力吸收科学的新思想、新成果，改善知识结构，扩大知识容量，提高知识水平。同时，通过不断学习新知识，还能开阔视野，增长见识，训练思维方式，提高认识新情况、新问题、新事物的水平。可以说，提高认识水平与提高知识水平同为学以增“智”的题中应有之义。

（二）领导干部必须加强对多方面知识的系统学习，求之以“博”

学习是全面的、系统的。社会主义现代化建设是一项全局性事业，现代领导活动是一项系统性工作。要成为善于治国理政的政治家，而不是仅仅满足于做一般的行政管理者，就必须加强学习，掌握现代化建设所必需的各方面知识，成为知识储备较为全面、知识结构较为优化的优秀领导者。毛泽东说过：“有了学问，好比站在山上，可以看到很远很多的东西。没有学问，如在暗沟里走路，摸索不着，那会苦煞人。”① 领导干部要以开放的心态学习人类社会创造的一切文明成果，以钻研的态度学习现代化建设所需要的经济、政治、文化、社会、法律、科技、管理、历史、军事和国际等各方面知识，特别是要学习科学执政、依法执政、民主执政所必备的哲学社会科学知识。当然，对于这些知识的学习决不能停留在知其表面，而必须善于消化吸收其精要，并真正内化于自身，融会贯通地加以运用，在知识的增益中开阔思路、把握规律，用丰厚的知识储备从容应对工作领域的新变化、工作对象的新转换、工作要求的新提高。

---

① 中共中央文献研究室：《毛泽东年谱（1893—1949）》（中卷），中央文献出版社 2002 年版，第 107 页。

（三）领导干部还必须加强对业务知识的深入学习，求之以“专”

一般来说，我们党的领导干部在其职业生涯中都要经历多个岗位的锻炼，每个岗位的转换都是一次加强学习的契机。为人民服务的宗旨决定了领导干部必须同时是马克思主义政治家和业务工作的行家。“立身百行，以学为基”。要想成为所从事工作的内行和专家，必须注重业务知识的学习。领导干部的领导活动主要是出主意、想办法、做决策，不精通业务知识，对本职工作的情况不熟悉、不了解，是难以开展好领导活动的。正如邓小平所说：“无论在什么岗位上，都要有一定的专业知识和专业能力，没有的要学，有的要继续学”①。学习业务知识，除了学习书本知识之外，还要注重实践经验的学习。同时，加强调查研究，虚心向群众请教，不断总结人民群众创造的新经验新做法，善于学习借鉴其他地区、部门和单位的好经验好做法，并有机地运用到实际工作中去。

三、学以创业——不断提高领导干部解决实际问题、干事创业的能力和领导水平

列宁说，我们共产党人讲学习“不是学而不用，或只会讲些时髦的词句”②。学以创业，就是要求领导干部发扬理论联系实际的马克思主义学风，努力做到学用结合，学以致用，用以促学，学用相长，不断提高解决实际问题、干事创业的能力和推动科学发展的领导水平。

（一）通过学习不断提高领导干部解决实际问题、干事创业的能力

实践的观点是马克思主义辩证唯物论的基本观点。始终坚持实践第一，注重从实际出发，运用马克思主义基本原理解决前进中的各种问题，推动党的事业不断发展壮大，是我们党的重要经验和优良传统。经过 30 多年的改革开放，党领导的社会主义现代化建设事业取得了历史

① 《邓小平文选》第 2 卷，人民出版社 1994 年版，第 262 页。

② 《列宁选集》第 4 卷，人民出版社 1995 年版，第 786 页。

性成就，但是发展起来后的问题并不比未发展时少，而且更难解决。解决这些矛盾和问题，历史上没有现成经验，书本里没有现成答案。唯有通过不断学习、实践提高解决实际问题的能力，领导干部才能找到解决矛盾和问题的好办法，才能妥善化解和处置各种各样的具体问题。学习的目的全在于应用，必须注重实践、注重应用，注重在实践中学习并应用于实践，不断提高解决实际问题、干事创业的能力、做好本职工作的能力。唯此，才称得上提高领导干部的执政能力。所以，领导干部一定要把学习过程同研究解决本地区本部门本单位改革发展稳定的突出矛盾和问题结合起来，提出化解矛盾、解决问题的有效措施和办法；要同研究解决人民最关心最直接最现实的利益问题结合起来，努力实现好、维护好、发展好人民群众的根本利益。

（二）通过学习不断提高领导干部领导科学发展的能力

科学发展观是发展中国特色社会主义必须坚持和贯彻的重大战略思想，而领导干部是中国特色社会主义事业的组织者、领导者、推动者，其推动科学发展的能力水平的提高，直接关系到中国特色社会主义伟大事业的发展。认真总结、深入学习实践科学发展观活动成功经验，不断推动学习实践活动向深度和广度发展，是开展学习型政党建设的一项重要任务；检验学习型政党建设成效的重要标准，就是要看推动科学发展的成效如何。而推动科学发展的成效，很大程度上取决于我们党的领导干部领导科学发展的能力水平。通过学习不断提高领导干部领导科学发展的能力，要求领导干部必须准确掌握科学发展观的科学内涵和精神实质，深刻理解科学发展观对各方面工作提出的新要求，对科学发展认识上有新提高、思想上有新收获；要求领导干部通过学习和研究，形成谋划科学发展的正确思路、制定促进科学发展的政策措施，着力解决制约科学发展的突出问题；要求领导干部按照科学发展观的要求积极探索科学的工作方法和领导艺术，着力增强调查研究能力、分析判断能力、科学决策能力和统筹协调能力。

（三）通过学习不断提高领导干部推动改革创新的能力

中国特色社会主义伟大事业是在改革创新中不断发展的。改革创新，是新时期的基本特征；改革创新精神，是新时期我们党积累的最可宝贵的精神财富。建设学习型党组织是我们党进行自我修炼的重要举措，这本身就是一个改革创新的过程，内在地蕴含着以改革创新应对挑战的任务，以及提高领导干部改革创新能力的要求。领导干部改革创新能力，直接关系党和国家事业的发展。改革开放以来，正是由于我们党培养造就了大批求真务实、开拓创新、锐意进取的领导干部，我们的社会主义现代化建设事业才取得了今天这样的成就。面向未来，通过学习不断提高改革创新能力，要求领导干部必须积极更新理念，保持改革创新、开拓进取的精神状态；要求领导干部必须着力解放思想、与时俱进，研究新情况、理清新思路、解决新问题，不断提高工作原则性、系统性、预见性和创造性。

总之，胡锦涛提出的“学以立德、学以增智、学以创业”这十二个字的要求，对于我们建设马克思主义学习型政党，具有重要指导意义。建设学习型党组织，是建设马克思主义学习型政党的基础工程。领导干部要从政治高度对待学习，心中时刻装着这十二个字的原则要求，时时拿来指导引领和检验对照自己的学习活动。唯有如此，领导干部才能在学习型党组织建设中学有目标、学有重点、学有所获、学有所成。

准确判断战略机遇期的变化，实现科学发展和平发展

（2012年12月）

重要战略机遇期，是我们党在新世纪之初对我国发展环境和阶段作出的科学判断。党的十六大提出："综观全局，二十一世纪头二十年，对我国来说，是一个必须紧紧抓住并且可以大有作为的重要战略机遇期。"党的十七大强调："抓住和用好重要战略机遇期。"党的十七届五中全会在分析"十二五"时期经济社会发展的国内外环境时指出："综合判断国际国内形势，我国发展仍处于可以大有作为的重要战略机遇期。"党的十八大重申"我国发展仍处于可以大有作为的重要战略机遇期"，并且指出："我们要准确判断重要战略机遇期内涵和条件的变化，全面把握机遇，沉着应对挑战，赢得主动，赢得优势，赢得未来，确保到二〇二〇年实现全面建成小康社会宏伟目标。"

一、准确判断重要战略机遇期的变化

形势在发展，情况在变化。2012年强调的战略机遇期同10年前的2002年提出的战略机遇期相比，不变中有变化。不变的是，纵观国际

国内大势，我国发展仍处于可以大有作为的重要战略机遇期；变化的是，重要战略机遇期的内涵和条件发生了新变化。这种变化集中体现为，在发展起点更高基础上，发展机遇前所未有，风险挑战前所未有。

（一）我们是站在物质基础、综合优势更强的新起点上，谋求新的发展

过去的10年，我们紧紧抓住和用好我国发展的重要战略机遇期，战胜一系列重大挑战，奋力把中国特色社会主义推进到新的发展阶段。我国的社会生产力、经济实力、科技实力迈上一个大台阶，人民生活水平、居民收入水平、社会保障水平迈上一个大台阶，综合国力、国际竞争力、国际影响力迈上一个大台阶。国内生产总值从2002年的10万亿元上升到2011年的47.3万亿元，财政收入从2002年的不到2万亿元上升到2011年的10.3万亿元，人均国内生产总值由2002年的1135美元上升到2011年的5432美元，外贸进出口总额由2002年的6207亿美元上升到2011年的36420亿美元，国家外汇储备由2002年末的2864亿美元上升到2011年末的31811亿美元。我国已成为世界第二大经济体、第二大贸易国、第二大外商投资吸收国和第一大外汇储备国。经济总量占世界经济总量的份额，从2002年的4.4%提高到2011年的10.5%，贸易进出口额占世界贸易总额的比重，从2002年的4.2%提高到2011年的10.4%。我国经济对世界经济增长的年平均贡献率超过20%，已成为世界经济发展的重要引擎和推动力量。

可以说，10年来我们取得一系列新的历史性成就，使得我们的实力更强、基础更牢、优势更大、起点更高，这为我们在新的阶段把握机遇、迎接挑战、化危为机、持续发展创造了良好条件，为全面建成小康社会打下了坚实基础。

（二）我们面临的发展机遇前所未有

机遇并非尽指有利条件，也并非都是明晰显现的。很多机遇是潜在的，是可能、是潜力，甚至是矛盾、不足、困难、挑战和风险的另一面。重要的问题在于，对机遇要准确判断、抓住用好。

就国际领域的机遇来看——一是和平与发展仍然是时代主题，这是最大的机遇。尽管局部动荡甚至战争频繁发生，但在相当一个时期世界

整体和中国会保持一个和平的发展大环境。发展，特别是经济发展，是中国也是包括美欧等主要发达经济体在内的世界各国的优先课题。二是经济全球化深入发展，为参与全球化的世界各国创造了发展机会。无疑迄今的经济全球化具有不平衡性、不平等性，但是以资源跨国流动、配置为特征的经济全球化，会扩散效益效率、促进经济增长、带来合作共赢的机会，使得全球合作向多层次全方位拓展。三是世界多极化继续发展，世界格局发生深刻变化，带来有利于发展的新机会。新兴市场国家和发展中国家整体实力增强，国际力量对比朝着有利于维护世界和平、改变过分失衡的方向发展，保持国际形势总体稳定具备更多有利条件。四是科技革命孕育新突破，为经济发展带来新机遇。每一次科技革命的来临，都会带来一次新的产业革命进而促进经济的迅速发展。当前和今后一个时期，无论是世界科技革命的新突破还是我国科技创新的新发展，都会为驱动经济发展创造新的条件。

就国内的发展机遇来看——当前我国发展的阶段性特征，构成我国发展的内生动力、潜力、空间和机遇。一是我国的改革目前处于攻坚阶段，充满了困难和挑战，同时改革又会破除发展的体制障碍，释放发展的潜力活力，从而为发展注入强大的动力。二是我国已经进入转变发展方式的关键期，而无论是把推动发展的立足点转到提高质量和效益上，还是使经济发展更多依靠内需特别是消费需求的拉动，都蕴藏着发展的巨大潜力。三是我国产业结构处于重组、升级的战略调整期，而推动现代服务业和战略性新兴产业、先进制造业发展，加快传统产业转型升级，将会带来发展的新优势。四是我们正在走中国特色新型工业化、信息化、城镇化、农业现代化道路，而推动四化的进展和相互协调、互动融合、同步发展，将不断增强我国长期发展后劲。五是我国区域发展总体战略进入持续实施期，而区域经济由不平衡发展到协调发展，为我国经济持续发展提供了广阔空间。

（三）我们面临的风险挑战前所未有

机遇与挑战并存，挑战与机遇互含，只有清醒地看到风险挑战，才能应对挑战、回避风险，甚至化险为夷、变危为机。当前我们面临的国际国内的风险挑战，前所未有。

就国际的风险挑战来看——国际形势继续发生深刻而复杂的变化，

世界政治力量对比有利于保持国际形势总体稳定，同时影响和平与发展的不稳定不确定因素也在增加，和平与发展面临新的风险和挑战。一是世界仍然很不安宁，国际和地区热点问题甚至局部战争此起彼伏，霸权主义、强权政治和新干涉主义有所上升。二是国际金融危机影响深远，世界经济增长的不稳定、不确定、风险危机因素增多，国际竞争空前加剧，各种形式的保护主义抬头。三是发达国家在经济与科技上占优势的压力将长期存在，全球技术革命和产业革命在给我们带来机遇的同时也带来挑战。四是随着我国综合国力不断增强和国际影响力的逐步扩大，“中国威胁论”也甚嚣尘上，一些国家对我国的疑虑增加。我国发展面临的外部环境特别是周边环境严峻复杂，出现了不少干扰我国和平发展的新问题，维护我国发展的重要战略机遇期面对诸多挑战。

就国内的风险挑战来看——在我们这样一个有十几亿人口的发展中大国实现现代化，是一项前无古人的伟大事业，同时也面临着从未遇到的严峻挑战，在前进道路上面临一些亟待解决的突出矛盾、困难和问题。一是发展中不平衡不协调不可持续问题依然突出。科技创新能力不强，产业结构不合理，农业基础依然薄弱，资源环境约束加剧，内需外需还不协调，制约发展的体制机制障碍较多，增长的质量和效益不高，经济下行压力较大，经济趋稳的基础尚不稳固。二是城乡区域发展差距和居民收入分配差距较大，社会矛盾明显增多。我国人均国内生产总值已达到中等国家收入水平，面临不少国家遇到的“中等收入陷阱”问题的挑战；影响群众切身利益的问题较多，协调各方利益、维护社会公平正义与社会和谐稳定的压力加大。三是思想文化领域更加活跃复杂，引领社会思潮、凝聚社会共识的难度增加。抵御境外敌对势力思想文化渗透任务更加繁重。四是加强党的执政能力、保持党的先进性和纯洁性任重道远。有的党员干部理想信念动摇、脱离群众、作风不正，形式主义、官僚主义问题突出；特别是为政不廉、消极腐败现象易发多发，反腐败斗争形势严峻。这个问题对党的建设和国家经济社会发展构成了严峻的挑战。正如胡锦涛在十八大报告中、习近平在十八届中央政治局第一次集体学习时都强调的，这个问题解决不好，甚至会“亡党亡国”。

可见，到2020年全面建成小康社会之前这个期间，我们面临的发展机遇和风险挑战前所未有，而要抓住发展的重要战略机遇期，把握好国内国际的机遇，应对好国内国际的挑战，关键在于坚持科学发展、和平发展。

二、必须坚持科学发展才能抓住和用好重要战略机遇期

在科学发展道路上开拓中国特色社会主义更为广阔的发展前景，是我们的长期任务，就当前和今后一个时期抓住和用好重要战略机遇期、实现全面建成小康社会的目标，也必须贯彻落实科学发展观、实现科学发展。

（一）贯彻落实科学发展观、实现科学发展，具有重大的战略意义

科学发展观是中国特色社会主义理论体系最新成果。过去的10年，我们紧紧抓住和用好我国发展的重要战略机遇期，战胜一系列严峻挑战，把中国特色社会主义事业推进到一个新的发展阶段。之所以能取得这样的成就和进步，最重要的就是形成和贯彻了科学发展观。

面向未来，深入贯彻落实科学发展观，对夺取中国特色社会主义新胜利，对抓住和用好发展的重要战略机遇期、实现全面建成小康社会宏伟目标，具有重大战略意义。当前，中国特色社会主义事业站在一个新的历史起点上，全面建成小康社会面临前所未有的发展机遇，也面对前所未有的风险挑战。我们正处于一个人均国内生产总值从5000美元到1万美元这样一个关键阶段，各种困难、矛盾和潜在的风险凸显。科学发展观对新形势下实现什么样的发展、怎样发展等重大问题作出了新的科学回答，把我们对中国特色社会主义发展规律的认识提高到新的水平。只有深入贯彻落实科学发展观，推动我国经济社会科学发展，才能在战胜各种风险挑战中牢牢掌握发展的主动权，为如期实现全面建成小康社会的宏伟目标打下具有决定性意义的基础，扎扎实实夺取中国特色社会主义新胜利。

（二）贯彻落实科学发展观，重在把其实践要求全面体现在经济社会发展中

科学发展观是基于实践、指导实践的战略思想。党的十八大把科学发展观同马克思列宁主义、毛泽东思想、邓小平理论、“三个代表”重要思想一道确立为党必须长期坚持的指导思想，并在十七大全面阐述科学发展观的基础上对科学发展观的实践要求进一步作出精辟概括。要实

现科学发展，就要在经济社会发展中全面体现科学发展观的实践要求。

第一，深入贯彻落实科学发展观的第一要义，更加自觉地推动经济社会发展。发展是硬道理，在当代中国，坚持发展是硬道理的本质要求就是坚持科学发展。以科学发展为主题，以加快转变经济发展方式为主线，是关系我国发展全局的战略抉择。以经济建设为中心的发展，既要有速度规模总量，更要讲质量效益人均。只要我们在 2020 年以前保持年均增速 7%左右的经济持续健康发展，就会实现国内生产总值和城乡居民人均收入比 2010 年翻一番的目标。科学发展是抓住机遇、应对挑战、解决我国所有问题的关键。只有推动经济持续健康发展，才能筑牢国家繁荣富强、人民幸福安康、社会和谐稳定的物质基础。

第二，深入贯彻落实科学发展观的核心立场，更加自觉地坚持以人为本。以人为本为核心的科学发展，就是发展为了人民、发展依靠人民、发展成果由人民共享、促进人的全面发展。现阶段我国经济社会领域存在的问题、矛盾、风险和挑战的化解和应对，都有赖于我们在尊重人民首创精神、保障人民各项权益上取得新进步，在实现发展成果由人民共享、促进人的全面发展上取得新成效。

第三，深入贯彻落实科学发展观的基本要求，更加自觉地坚持全面协调可持续。科学发展是全面的发展，注重发展的整体性，全面推进经济建设、政治建设、文化建设、社会建设、生态文明建设；科学发展是协调的发展，注重发展的均衡性，促进现代化建设各方面相协调，促进生产关系与生产力、上层建筑与经济基础相协调；科学发展是可持续的发展，注重发展的延续性，促进生产发展、生活富裕、资源节约、环境友好，实现经济社会永续发展。现阶段我国发展中不平衡、不协调、不可持续之类的突出问题、矛盾、风险和挑战，必须靠更加自觉地坚持贯彻落实全面协调可持续的基本要求，才能有效地化解和应对，实现科学发展。

第四，深入贯彻落实科学发展观的根本方法，更加自觉地坚持统筹兼顾。实现科学发展，必须统筹兼顾。我们要正确认识和妥善处理中国特色社会主义事业中的重大关系，统筹改革发展稳定、内政外交国防、治党治国治军各方面工作，统筹城乡发展、区域发展、经济社会发展、人与自然和谐发展、国内发展和对外开放，统筹各方面利益关系，充分调动各方面积极性。统筹兼顾是我们处理各方面矛盾和问题必须坚持的重大战略方针，也是我们在现阶段用好机遇、应对挑战、实现科学发展必须把握的根本方法。

（三）贯彻落实科学发展观，必须有更加坚定的决心、更加有力的举措、更加完善的制度

深入贯彻落实科学发展观是一个不断深化的过程，是一项长期艰巨的任务，面临着一系列极具挑战性的矛盾和困难。为真正把科学发展观转化为推动经济社会又好又快发展的强大力量，一是要以更加坚定的决心来贯彻落实科学发展观。当前，改革和发展日益进入攻坚期和深水区，改革和发展的复杂性、艰巨性明显增大。越是这样，越需要我们坚定信心和勇气，坚定不移地把科学发展观落到实处。二是要以更加有力的举措来贯彻落实科学发展观。政策措施是科学理论向实践转化的中间环节。只有按照科学理论的要求制定和实施切实可行的政策措施，才能找到指导实践、推动发展的有力抓手和实现路径。三是要以更加完善的制度来贯彻落实科学发展观。创新体制机制是实现科学发展的必然要求。深入贯彻落实科学发展观，必须大力弘扬改革创新精神，加快构建充满活力、富有效率、更加开放、有利于科学发展的体制机制，为推动科学发展提供有力制度保障和持久推动力量。

三、必须坚持和平发展才能抓住和用好重要战略机遇期

我们对内坚持科学发展，对外坚持和平发展，体现了国内与国际两个大局的统一。科学发展是和平发展的基础，和平发展是科学发展的保障。只有坚持和平发展，才能为我国的科学发展营造有利的外部环境。

（一）坚持和平发展，是夺取中国特色社会主义新胜利必须牢牢把握的基本要求

中国始终不渝走和平发展道路，是基于中国国情的必然选择。新中国 60 多年特别是改革开放 30 多年来，我们取得了巨大的发展成就，但人口多，底子薄，发展不平衡，我国仍处于并将长期处于社会主义初级阶段的基本国情没有变，人民日益增长的物质文化需要同落后的社会生产之间的矛盾这一社会主要矛盾没有变，我国是世界最大发展中国家的

国际地位没有变。这就决定了中国必须集中力量推进现代化，集中精力解决发展和民生问题。这是一个很长的历史过程，始终需要和平稳定的国际环境和对外交流合作，来更好地发展自己；始终需要在坚持自己和平发展的同时，致力于维护世界和平，积极促进各国共同发展繁荣；始终需要反对各种形式的霸权主义和强权政治，永远不称霸，永远不搞扩张。

和平发展道路的提法虽然是近10年提炼、概括出来的，但实际上是我们已经走了30多年的道路。改革开放30多年来我们对时代、潮流、外交的认知可概括为三句话："和平与发展"是当今时代的两大主题；和平、发展、合作是不可阻挡的历史潮流；维护世界和平、促进共同发展是中国外交政策的宗旨。这三句话都包含有两个关键词：和平、发展。可以说，进入21世纪以来中国多次向世界宣示的始终不渝走和平发展道路，是这些理念、认知的必然逻辑，前后一脉相承、一以贯之。

改革开放30多年来，我们走的是中国特色社会主义道路，同时也就是走和平发展道路。早在20世纪80年代末邓小平就曾指出："我们搞的是有中国特色的社会主义，是不断发展社会生产力的社会主义，是主张和平的社会主义。"和平发展是中国特色社会主义的显著特征和本质要求，中国特色社会主义的外在体现和对外领域是和平发展。因此，党的十八大报告把"必须坚持和平发展"，作为在新的历史条件下夺取中国特色社会主义新胜利必须牢牢把握的基本要求之一。

（二）始终不渝走和平发展道路，既是我们作为负责任大国对外的庄严承诺，更是我们实现自己国家发展战略目标和"中国梦"对内的坚定信念

既然和平发展道路是基于中国国情和发展内在需要的战略道路，是对时代潮流科学判断而确定的战略道路，是中国特色社会主义应有之义的战略道路，是历经30多年实践检验的战略道路，我们就要不为任何事情所惑、所动、所干扰，坚定不移地走下去。特别是在当前阶段，我国发展的外部经济政治环境极为复杂，发展机遇与风险挑战前所未有，和平发展之路坎坷不平；然而，国际环境越是复杂多变，我们越是要坚定走和平发展道路的信心。只有始终不渝地坚持和平发展，才能把握和

用好发展的重要战略机遇期，实现国家经济社会发展的战略目标，进而朝着实现中华民族伟大复兴这个“中国梦”的目标继续奋进。

我们坚持和平发展道路，体现在理念方针政策上，主要包含如下几个方面：高举和平、发展、合作、共赢的旗帜；弘扬平等互信、包容互鉴、合作共赢的精神；推动建设持久和平、共同繁荣的和谐世界；坚持独立自主的和平外交政策；实行互利共赢的开放战略；实施利己与利他相统一的国家利益观；倡导互信、互利、平等、协作的新安全观；秉持权利与义务平衡、积极有为的国际责任观；推动建立长期稳定健康发展的新型大国关系；奉行与邻为善、以邻为伴、睦邻友好的地区合作观。

（三）和平发展道路新的探索和实践，需要中国人民同各国人民一道努力

和平发展道路是中国作为负责任大国探索出的一条新型发展道路，是对世界历史上武力扩张、建立霸权的大国崛起旧道路的抛弃。中国基于自己几千年历史文化传统，基于自己国家现代化发展的内在需要，基于对时代潮流的认识和经济全球化本质的反思，基于对当代国际关系和国际格局变化的深刻认识，基于对人类共同利益和共同价值的尊重，努力超越“国强必霸”的大国崛起传统模式，郑重选择和平发展作为实现国家现代化、参与国际事务和处理国际关系的基本途径，这将开辟人类历史上一条全新的大国崛起道路。

无疑，在世界发生翻天覆地变化的今天，无论什么主义、制度、模式、道路，都在经历时代和实践的检验。有十几亿人口的中国走和平发展道路，这是人类发展史上新的伟大探索和实践，需要不断研究和解决前进道路上的新问题、新挑战。这条新型道路的成功，既需要中国人民坚持不懈的努力，也需要外部世界的理解和支持。正如党的十八大报告所指出的：中国人民热爱和平、渴望发展，愿同各国人民一道为人类和平与发展的崇高事业而不懈努力。

到2020年全面建成小康社会还有8年时间，只要我们继续高举中国特色社会主义伟大旗帜，把科学发展观贯彻到我国现代化全过程，准确把握国内外发展大势，统筹国内国际两个大局，对内坚持科学发展，对外坚持和平发展，沉着应对并妥善处理好各种风险和挑战，就一定能够牢牢抓住并充分用好可以大有作为的重要战略机遇期。

下篇

经 济 类

对外开放的理论与实践

（1992 年 10 月）

这一讲分四个问题来谈：先讲对外开放的一般理论；再讲我国对外开放的实践；然后分别讲我国对外开放的两大基本内容：对外贸易和利用外资。

一、对外开放一般理论

（一）对外开放的内涵

根据改革开放总设计师邓小平的有关论述和我国对外开放政策，对外开放的内涵可以从理论上概括为 4 个方面。

1. 对外开放与对国外开放

对外开放包括两个层面：从其本意来说，是指对国（海）外开放，即我国对外部世界的国家和地区开放。从其引申的意义来说，也指对地区外、部门外开放（对内开放），即国内各地区间、各部门间开放。

开放是相对于关门而言的。邓小平说："关起门有两种：一种是指对国际；一种是指对国内，就是一个地区对另一个地区，一个部门对另一个部门。”[①] 两种关门都不行，因此开放必须是两个层面的开放。

当然，对国外开放的意义尤为重大，一讲到对外开放，一般从这个本意出发（包括本讲），但就完整理解对外开放内含，应看到“全面”是内含之一。十四大新党章载明：“开放包括对外对内的全面开放。”

讲到两个层面，中国大陆对台港澳的开放属于一种特殊情况。从本质上讲，属于第二层面，即国内地区间的相互开放。从实际表现形式上看，属于第一层面，即对外部国家和地区开放，故中国大陆与港澳台的贸易列入对外贸易，引进的资金列入利用外资。

2. 对外开放与对所有国家开放

对外开放是全方位的，即对国（海）外开放是指对世界所有国家（地区）而非少数部分国家（地区）的开放。

我国建国以后“一五”时期也有某种程度的对外开放，但只是对苏联、东欧等少数国家开放，因此还不是完整意义的对外开放。对外开放应该是全方位的开放，包括对发达资本主义国家开放，对发展中国家开放和对社会主义国家开放。

特别是对发达资本主义国家开放的意义尤为重大。发达国家是世界经济的主体（GNP 占全世界的七成），具有资金、科技、产业结构、外贸、劳动者素质的优势，很大程度上制约着世界经济发展的速度、规模、因素、活动。我国要对外开放、参与国际分工和世界经济一体化进程，就必须把对作为世界经济主体的西方发达国家的开放，放在一个重要的地位。

3. 对外开放与对外经济开放

对外开放是多渠道的，即包括经济、政治、科技、教育、文化、体育、卫生等领域的开放。

毛泽东在 1956 年发表的《论十大关系》中指出：“我们的方针是，一切民族、一切国家的长处都要学，政治、经济、科学、技术、文学、艺术的一切真正好的东西都要学。”[②] 但是，这一思想在当时并没有真正付诸实践。党的十一届三中全会后我们实行的对外开放是包括经济、政治、科技……在内的多渠道开放。当然，对外经济开放是对外开放的核心内容，从而对外开放狭义上讲就是指对外经济开放（包括本讲对外

① 《邓小平文选》第 3 卷，人民出版社 1993 年版，第 64 页。

② 《毛泽东著作选读》（下册），人民出版社 1986 年版，第 740 页。

开放所指）。

对外经济开放也是多渠道的。建国以来，我们一直搞对外贸易，但这并不意味着我们一直在搞对外开放。如果说对外经济开放在一定意义上可以说是指面向国际市场的开放，那么这个国际市场也早已不仅仅是指国际商品市场，它还包括国际资本市场、劳务市场和技术市场。因此，对外经济开放是多渠道、多领域的。我国目前对外经济开放的形式（或领域）包括：对外贸易，利用外资，对外投资与援助，国际技术贸易，对外承包工程和劳务合作，国际旅游等。其中的对外贸易和利用外资是我国对外开放的两大基本形式。

4. 对外开放与开放经济

对外开放是长期的，而非权宜之计，因为它是开放经济的客观要求。

经济开放与开放经济是两个不同的概念。对外经济开放是政策，是主观的东西。开放经济是规律，是客观的东西。从封闭经济到开放经济，是一个客观的历史进程。随着国际分工和世界市场的形成与发展，世界经济得以形成和发展。这个世界经济就其整体而言，是一个日益一体化的经济；就其组成部分（各个国家）而言，是日益相互依赖、相互开放的经济。这种日益一体化、相互开放的经济就是开放经济。既然开放经济是世界发展的客观规律，如同邓小平所说，"现在的世界是开放的世界"①，那么，"搞建设关起门不行"②，必须实行对外经济开放政策，才能适应世界经济发展的客观规律。

正是这种基于开放经济客观要求的对外经济开放，才是长期、持久的。由于对外开放是主观的政策，因此在封闭经济也可以实行某种对外开放政策，如我国的汉唐。但由于这种对外开放不是建立在开放经济的客观基础之上，因而是不持久的，取决于统治者的主观好恶、开明与否。而当今世界的对外经济开放，由于是开放经济的客观要求，因而是长期、持久的。如果主观政策逆客观规律而动，实行关门政策，只会阻碍本国经济的正常发展。而且，开放经济越发展，或经济的开放性越强，建立在这一客观基础上的对外经济开放政策越长期、持久。正如邓

① 《邓小平文选》第3卷，人民出版社1993年版，第64页。

② 《邓小平文选》第3卷，人民出版社1993年版，第64页。

小平所说："如果说在本世纪内我们需要在国际上实行开放政策，那么再过五十年中国接近发达国家的水平，也不能离开这个政策，离开了这个政策不行。"① 为什么不行？"如果开放政策在下一世纪前五十年不变，那么到了后五十年，我们同国际上经济交往更加频繁，更加相互依赖，更不可分，开放政策就更不会变了。"②

综上所述，对外开放的全部含义在于：对外开放是包括对国（海）外开放和对地区外、部门外开放的全面的开放；对外开放是对世界所有国家（地区）的全方位的开放；对外开放是包括经济、政治、科技、教育、文化、体育、卫生等多渠道的开放；对外开放是基于开放经济客观基础之上的长期的开放。

（二）对外开放的依据

对外开放政策基于开放经济的客观要求，那么，开放经济的客观基础就是国际分工！概括地说，在国际分工基础上形成的开放性世界经济，是对外开放的客观依据。

所谓"国际分工"，即社会分工发展到一定阶段超越国家界限而形成的国与国之间的分工。

国际分工的发生、发展主要取决于两个因素（条件）：一个是自然条件（气候、土壤、资源、国土面积、地理位置等）；另一个是社会经济条件（科技水平、生产力水平、社会经济结构状况等）。

自然条件是一切经济活动的一般前提。自然条件的差异会引起生产的差异：咖啡、可可等只产于热带，煤、铁、石油等只能产自拥有这些矿藏的国家。而生产的差异又是引起分工、交换的前提：煤、铁、石油等只能由生产这些矿产品的国家出口（不包括复出口）。如果一切国家的自然条件完全相同，生产品也相同，在其他条件不变的情况下，国际分工就不能发生。

然而，自然条件及其生产品的差异性、多样性，只提供国际分工的

---

① 邓小平：《建设有中国特色的社会主义》（增订本），人民出版社 1987 年版，第 92、93 页。

② 邓小平：《建设有中国特色的社会主义》（增订本），人民出版社 1987 年版，第 92、93 页。

可能性；要把可能性变为现实性，必须有一定的社会经济条件。一方面，自然条件本身并不能保证某种生产一定能够进行。例如，在科技和生产力水平低下的情况下，埋在地下的矿藏就不能得到开发。另一方面，自然条件的差别本身也不能提供联结各国生产的媒介。在资本主义机器大工业以前的社会，虽然存在各国之间的自然条件差异和相应的生产的差异，但是由于不具备一定社会经济条件（特别是科技水平、生产力水平）所提供的联结各国不同生产的媒介（尽管有局部的、偶然的国际商品交换），因而不能产生国际分工。

只有社会经济条件，特别是科技、生产力水平发展到一定时期、达到一定程度，才形成了真正意义的国际分工。从历史上说，就是机器大工业。18 世纪 60 年代到 19 世纪 60 年代，以蒸汽为代表的技术革命使资本主义生产从工场手工业过渡到了机器大工业。机器大工业不仅使先进资本主义国家内部工业从农业中完全分离出来，而且使工业与农业间的分工越来越超出民族国家疆界，向国际领域发展。具体来说，机器大工业的巨大生产能力，使其产品已不能为国内市场所容纳，其所需要的原料已非国内生产所能供应，因而不得不到国外去寻求工业品销售市场和原料、粮食来源。在这种情况下，不仅各先进资本主义国家之间的商品交换增加了，而且先进资本主义国家凭借机器大工业生产的廉价商品，把许多落后国家卷入到国际商品交换中。这样，原来在一国范围内城市与农村、工业部门与农业部门的分工，演变成“世界城市”与“世界农村”的分工，工业国与农业国的分工。正如马克思所说，“一种新的、国际的分工，即和机器生产主要中心相适应的分工产生了，……”① 这种国际分工的联结媒介是国际商品交换，通过这一媒介把各国不同的生产转化成世界总生产的组成部分，转化成国际分工的各个环节。

随着国际分工、国际交换的发展，世界市场以及世界经济于 19 世纪中叶（40 年代至 60 年代）得以形成。关于世界市场与世界经济的形成，马、恩在《共产党宣言》中有一段著名的论述，既讲得透彻、清楚，又符合历史实际：“资产阶级，由于开拓了世界市场，使一切国家的生产和消费都成为世界性的了。不管反动派怎样惋惜，资产阶级还是挖掉了工业脚下的民族基础。古老的民族工业被消灭了，并且每天都还

① 《马克思恩格斯全集》第 23 卷，人民出版社 1972 年版，第 494 页。

在被消灭。它们被新的工业排挤掉了，新的工业的建立已经成为一切文明民族生命攸关的问题；这些工业所加工的，已经不是本地的原料，而是来自极其遥远的地区的原料；它们的产品不仅供本国消费，而且同时供世界各地消费。旧的、靠本国产品来满足的需要，被新的、要靠极其遥远的国家和地带的产品来满足的需要所代替了。过去那种地方的和民族的自给自足和闭关自守状态，被各民族的各方面的互相往来和各方面的互相依赖所代替了。"① 可见，这种以国际分工为基础，国际交换为媒介，于19世纪中叶形成的"世界经济"，就是整体上看已经一体化，组成部分间相互依赖、相互开放的"开放性世界经济"，或"开放经济"。

当然，世界经济（或开放经济）自形成以来，已100多年，当代的开放性世界经济比一个多世纪之前的马恩那个时代，又有了很大的发展——世界经济整体上看愈益一体化，组成部分之间更加相互依赖、相互开放。这种开放性更进一步的世界经济，仍是基于国际分工的发展。

二次大战后国际分工新发展的重要特征是，出现同一部门内部不同的产品分工、零部件分工和工序的分工。19世纪中叶世界经济形成之时的国际分工是工业制造业与农矿业的垂直分工，其联结媒介是商品贸易。19世纪末20世纪初工业部门之间的平行分工发展起来，其联结媒介仍主要是商品贸易（此时虽然资本输出有了"特别重要的意义"，但这是相对于发达资本主义国家与殖民地落后国家之间而言，并非工业部门之间的国际平行分工的联结媒介）。二次大战后，在第三次技术革命的推动下，国际分工的发展又深入到部门内部，出现同一部门内部产品、零部件和工序的分工。这种国际分工的新发展，一方面，促进了国际贸易的进一步发展；另一方面，促进了直接的跨国生产，从而促进了国际直接投资的迅速发展。可见，当代国际分工的新发展，不仅发展了原来那一个联结媒介——国际商品贸易，又增加了一个新的联结媒介——国际直接投资，以及伴随着这两条主带而发展起来的其他纽带——国际技术流动、国际劳务流动。通过这些纽带，开放性世界经济，整体上更加一体化了，组成部分间更加相互依赖、相互开放。这种开放经济客观上要求世界各国采取的唯一正确的政策，是实行对外开放

① 《马克思恩格斯全集》第1卷，人民出版社1995年版，第254—255页。

政策。

总结上面关于对外开放的依据的理论论述，还是那一句话：在国际分工基础形成的开放性世界经济，是对外开放的客观依据。（如下图所示）

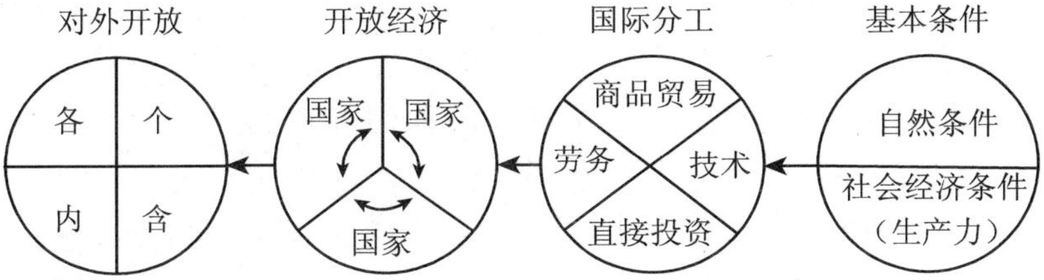

二、我国对外开放的基本实践

（一）我国对外开放的发展阶段——动态考察

当今世界，是开放的世界，任何国家的经济发展，都不能离开随着生产力、国际分工发展而日益开放的世界经济，而孤立进行。然而，我国自建国以后，由于国内外的种种原因，特别是我们自己的原因，闭关自守，耽误了20年时间。邓小平对这一历史经验的总结是："关起门来搞建设是不行的，发展不起来。"① "经验证明……中国的发展离不开世界。"②

党的十一届三中全会以后，我们打开了国门，实行对外开放政策，我国经济融入国际分工体系和开放性世界经济的程度越来越深。从动态发展来看我国对外开放这14年，大体上为三个小的发展阶段。

第一阶段（1979—1983年）：这是我国对外开放的起步阶段。在此阶段我国采取了对外开放的第一个重大步骤，建立经济特区。1979年，邓小平支持，肯定了广东省委提出的设置出口加工特区的建议；同年7月，中共中央国务院决定广东、福建两省对外经济活动实行"特殊政策和灵活措施"，并设置深圳、珠海、汕头、厦门4个经济特区；1980年

① 邓小平：《建设有中国特色的社会主义》（增订本），人民出版社1987年版，第54、67页。

② 邓小平：《建设有中国特色的社会主义》（增订本），人民出版社1987年版，第54、67页。

8月经济特区诞生了。

所谓经济特区，是指国家完整行使主权并统一管理的，在对外经济关系中实行特殊经济政策和特殊经济体制的地区。其特殊经济政策主要是两个方面：一是在对外经济活动中有更大的自主权，如项目审批、创汇留用等方面的自主权；二是在利用外商投资上的特殊优惠，如所得税、关税、土地使用费等方面的减免。其特殊经济体制主要是“五个为主”：一是特区经济发展资金以利用外资为主；二是特区经济成分以“三资”企业为主；三是特区生产产品以出口外销为主；四是特区经济运行以市场调节为主；五是特区产业结构以先进技术型为主。

通过特区的“特殊”可见，经济特区从利用外资、对外贸易、引进先进技术、设备和管理知识、经验等方面，在我国的对外开放中发挥着“窗口”和“基地”作用；经济特区的设立是我国对外开放的突破口、开创性措施。如同党的十四大报告所说：“兴办深圳、珠海、汕头、厦门四个经济特区是对外开放的重大步骤，是利用国外资金、技术、管理经验来发展社会主义经济的崭新试验，取得了很大成就。”

第二阶段（1984—1991年）：这是我国对外开放的不断扩大阶段。这一期间，国家又采取一系列重大步骤，使对外开放进一步扩大。

一个步骤是批准“沿海开放城市”。1984年4月，根据邓小平的提议——“除现在的特区之外，可以考虑再开放几个点，增加几个港口城市，如大连、青岛。这些地方不叫特区，但可以实行特区的某些政策。”① ——党中央，国务院决定开放14个沿海港口城市，即大连、秦皇岛、天津、烟台、青岛、连云港、南通、上海、宁波、温州、福州、广州、湛江、北海，这些城市由北向南遍及我国沿海10个省、市、自治区。其中的12个沿海开放城市中还经国家批准建立了13个实行经济特区某些政策的“经济技术开发区”（“小特区”）。

再一个步骤是批准“沿海经济开放区”。1985年2月，党中央、国务院决定将长江三角洲、珠江三角洲和闽南三角地开辟为沿海经济开放区。1988年初又把沿海经济开放区扩大到山东半岛、辽东半岛以及沿海其他地区的许多市、县、镇。

---

① 《十二大以来重要文献选编》（上），人民出版社1986年版，第451页。

再一个步骤是批准海南建省并成立特区。这也是在 1988 年沿海开放区扩大的同时采取的步骤，中央决定成立海南省，并且成为实行更加特殊经济政策的最大经济特区，这使我国特区数量增加到 5 个，特区面积更是扩大为 3.47 万平方公里。

另一个步骤是决定开发、开放上海浦东。1990 年中央作出了开发、开放上海浦东新区的重大决定，同年底十三届七中全会提出搞好上海浦东新区开发，开放是今后十年的一项重要任务。上海浦东新区是不完全等同于经济特区，又兼有沿海开放区、沿海开放城市、沿江开放城市特色的独特类型的经济开放区域，是“非特区的特区”。

经过以上一系列对外开放重大步骤，到这一阶段末（1991 年底），我国沿海开放区域横跨 11 个省、市、自治区，61 个地级以上市，43 个县级市 180 多个县，总面积 42 万平方公里，人口 2.2 亿。初步形成开放格局。

第三阶段（1992 年至今）：这是我国对外开放的全面铺开阶段。1992 年初，邓小平考察南方，发表了把经济建设和改革开放搞得更快更好为主旨的重要讲话。以邓小平 1、2 月谈话和 3 月中央政治局会议为标志，我国改革开放和现代化建设事业进入了一个新的阶段。对外开放从沿海到内陆全面铺开。今年初以来，除了原来的沿海开放（经济特区、沿海开放城市、沿海经济开放区等）继续发展外，还出台了沿边开放、沿江开放和内陆开放的一系列新举措。例如，批准黑河、绥芬河、珲春、满洲里、二连浩特、伊宁、塔城、博乐、河口、畹町、瑞丽、凭祥、东兴等 13 个市镇为“沿边开放城市”；批准芜湖、九江、武汉、岳阳、重庆 5 市为“沿江开放城市”；批准 19 个内陆省、自治区的省会，首府为“内陆开放城市”；这些新开放的城市实行沿海开放城市的政策。这些新举措使我国对外开放由南向北，由东向西全面铺开。

当然，1992 年我们刚刚进入新的阶段，对外开放的扩大与发展，仍在进行之中。

（二）我国对外开放的基本格局——静态考察

以上我们从动态上考察了我国对外开放 14 年的发展阶段。那么，这个 14 年动态发展截止到目前静态地看其结果是什么？这就是我国对外开放的基本格局。因此，这里要讲的静态考察，实际上是对上述动态考察的一个总结。

经过两个开放阶段，现在步入第三个阶段，可以说我国已经初步形成了对外开放的基本格局。具体说——先是经济特区的建立，使我国原本空白的对外开放有了几个开放的“点”，接着沿海开放城市（及所含经济技术开发区）连成一条开放的“线”，之后沿海经济开放区结成了纵贯整个东部沿海的开放“带”，并向内陆广大的“面”上延伸。特别是1992年出台的沿边开放、沿江开放、内陆开放，使这个“面”更为具体化了。这样，到目前我国初步形成了“经济特区（‘点’）——沿海开放城市（‘线’）——沿海经济开放区（‘带’）——广大内陆（‘面’）”梯层推进的对外开放基本格局。

更具体地说，在目前我国对外开放基本格局中，包括11类对外开放经济区域：（1）经济特区：深圳等5个。（2）沿海开放城市：大连等14个。（3）沿海经济开放区：长江三角洲、珠江三角洲、闽东南地区、环渤海地区。（4）经济技术开发区：在沿海开放城市设立的16个开发区（另有各省、地市和县、乡自办的开发区到1992年上半年已有1874个）。（5）沿边开放城市：黑河等13个。（6）沿江开放城市：重庆等5个。（7）内陆开放城市：哈尔滨等19个。（8）高新技术产业开发区：它享有与经济技术开发区类似的优惠政策，但是它的技术层次比经济技术开发区高，且主要利用本国的资金、技术、人才。1991年国务院批准了27个国家高新技术产业开发区，分布在北京、武汉、南京、沈阳、天津、西安、成都、威海、中山、长春、哈尔滨、长沙、福州、广州、合肥、重庆、杭州、桂林、郑州、兰州、石家庄、济南、上海、大连、深圳、厦门、海南等27个地方。（9）保税区：即自由贸易区，是我国近两年出现的开放程度最高的对外开放区域，被称为“特中之特”、“境内关外”。以中国最大的上海外高桥保税区的特别优惠政策为例，保税区内可设立内外资生产加工企业和国际贸易机构，实行免关税，免许可证，企业外汇全额留成，各国货币自由流通等等。截至1992年8月，国务院正式批准的保税区有上海外高桥、天津港、深圳福田、深圳沙头角、广州黄埔、大连大窑湾、张家港等7个。（10）上海浦东新区。（11）福建台商投资区：在福建，厦门特区及厦门市辖的杏林、海沧地区，福州马尾经济技术开发区内未开发部分，成为专门的“台商投资区”。

当然，我国对外开放基本格局只是初步形成，还要继续发展和扩大。对此，党的十四大报告已提出了任务和目标："对外开放的地域要扩大，形成多层次、多渠道、全方位开放的格局。继续办好经济特区、沿海开放城市和沿海经济开放区。扩大开放沿边地区，加快内陆省、自治区对外开放的步伐。以上海浦东开发开放为龙头，进一步开放长江沿岸城市，尽快把上海建成国际经济、金融、贸易中心之一，带动长江三角洲和整个长江流域地区经济的新飞跃。加速广东、福建、海南、环渤海地区的开放和开发。力争经过二十年的努力，使广东及其他有条件的地方成为我国基本实现现代化的地区。"

三、大力发展我国的对外贸易

国际贸易，是国际分工从而开放性世界经济的两大联结媒介之一，一个开放性国民经济，其对外贸易额及其在国民生产总值或在世界贸易总额中的比重，一般说来是比较大的。对外贸易，也是我国对外开放的两大基本形式（或领域）之一。

（一）我国目前发展对外贸易的总体环境

1. 面临着严峻的国际市场形势的挑战

随着世界经济增长和各国力图通过对外贸易来发展本国经济的努力而来的是世界市场容量的相对狭小，从而导致世界市场竞争加剧，加上贸易保护主义抬头，世界各国都面临着发展国际贸易的严峻挑战。西方发达国家之间频频发生的"贸易战"就是表现之一。

特别是发展中国家发展对外贸易的形势尤为严峻。国际贸易，是根据"比较利益"，即各国成本相对有利的产品，按照国际价值进行的。按照马克思的"国际价值论"，国际价值对于劳动生产率不同的国家，其包含的国别劳动是不同的。发展中国家由于劳动生产率较低，仅就价值上的竞争力在国际贸易中就处于不利的地位。再加上西方发达国家通过垄断国际市场价格和贸易保护主义，发展中国家要发展自己的对外贸易，无疑面临着严峻的形势和巨大的困难。

2. 目前我国发展对外贸易的有利条件

世界市场有限是相对的，世界市场容量绝对还是在扩大的。自1983年以来，世界贸易额增长速度连续多年超过世界经济增长速度。

即使是在世界经济衰退，出现2%负增长的1991年，也有1.5%的世界贸易额增长率。预计这个贸易增长超过经济增长的趋势在90年代还会继续下去。90年代的经济增长率，据世界银行1992年4月发表的研究报告，发达国家为2.6%，发展中国家为4.9%。相应于此，世界市场容量将继续扩大。

特别是与我国经济贸易关系最为密切的亚太地区，无论经济增长速度还是贸易增长速度，都将继续领先于世界。就是在1991年全世界出口贸易不振的情况下，亚太地区的出口贸易仍以很高的速度增长。1991年的出口贸易，苏东大滑坡（如苏联是25%的负增长），西欧国家停滞（如英、法、奥增长率为零）或绝对下降（如德、意、比、瑞士、瑞典等增长率为负数），而许多东亚国家（地区）双位数增长。据关贸总协定的报告，1991年世界25个出口大户中，出口增长率最高的8个依次为：香港（19.5%）、马来西亚（18.5%）、中国（16%）、中国台湾省（13.5%）、新加坡（12%）、沙特阿拉伯（11%）、韩国（10.5%）、日本（9.5%），均为亚洲国家（地区），而且除沙特外，均处于东亚地区。

所以，世界贸易的持续发展，特别是我国所处的亚太地区贸易的迅速发展，给我国提供了发展对外贸易的机遇和有利条件。

（二）努力发展我国的对外贸易

经过14年的对外开放，我国的对外贸易有了长足的发展，显示了我国发展外贸的潜力和势头。进出口总额，由1978年的206亿美元增加到1991年的1357亿美元，增长了5.6倍。其中，出口总额由1978年的98亿美元增加到719亿美元；出口份额由1978年的0.8%（世界第34位）上升到2%（世界第13位）；出口系数由1978年的4.7%上升到19.6%。出口商品结构逐步优化，到1991年，工业制成品出口所占比重已上升到78%，实现了初级产品与工业制成品比重由过去的“倒三七”到现在的“正三七”的转变。贸易出口的发展增加了我国贸易进口的能力，而且我国进口商品结构也比较合理，用于经济增长的生产资料的进口目前已占进口总额的八成。

当然，我国外贸发展还远远不够。1991年的贸易总额仍低于香港（1982亿美元）、韩国（1540亿美元）和中国台湾（1390亿美元）三条“小龙”，未来还面临着国际贸易竞争加剧，贸易保护主义盛行等压力，我们必须花更大的气力来发展我国的对外贸易。

我们要努力增大出口的数量。在出口总额及其占世界的份额上，力争早日赶超台湾省以及香港（1991年两者的出口份额分别为2.2%和2.8%），跻身于世界10大出口国（地区）行列。这并非遥遥无期的事情。德国《趋势》杂志于1992年5月号上刊载的一篇文章认为，中国的出口份额可能由目前的2%提高到4%。这意味着仅次于美、德、日、法、英、意，居世界第7位。从实际情况看，1992年的我国出口额可望破800亿美元大关，“八五”期末争取逾千亿美元。

我们要努力提高出口商品的质量。质量问题其实也是数量问题。现在影响我们扩大出口量的一个最重要的问题，就是产品的质量问题。在目前激烈竞争的国际市场上，低质的产品，即便价格低也是没有出路的，而高质的产品，尽管价格高也有市场。我们一方面要靠科学技术提高商品的质量和档次，从根本上改善出口商品的质量问题。另一方面，就目前的情况而言，大量的质量问题不是因为技术水平达不到，主要是质量意识差和管理松懈。这方面的例子不胜枚举。因此，要在出口生产企业和对外经贸企业中树立强烈的质量竞争意识，把每个出口产品都做精细；要抓紧建立和实行“出口生产质量许可证”制度；要严格贯彻《进出口商品检验法》，把好进出口商品质量关。

我们要努力推进市场多元化战略。目前我国发展外贸面临的一个形势是，我们的外部市场过分集中，75%以上的出口集中在四个地方：中国香港、日本、美国及少数西欧国家，市场过于集中，风险会很大。一旦出什么问题，就会影响我们的出口乃至国内经济的发展。例如中美贸易最惠国待遇问题、市场准入问题，涉及的都是数十亿、上百亿美元的贸易额。所以，基于两个目的：一是分散贸易，减少风险；二是增加贸易量，扩展贸易规模，我们要落实市场多元化战略。除了要继续保持和发展来之不易的原有市场，同时要花大气力开辟新市场。新市场的开拓难度较大，但潜力也较大。例如，非洲，有1000多亿美元的年贸易额我们仅占其中的1%左右。拉美这个大市场我们也参与不多，过去它进口管制较严，现在开放了，给我们提供了一个机会。苏联、东欧市场，中东海湾地区市场，东南亚市场等，也都是需要努力开发的市场。1992年上半年，我国同中东、非洲、拉美国家的贸易增长加快，贸易额在我国贸易总额中的比重有所提高（提高0.21%），市场多元化战略取得一定成效。

我们要努力深化外贸体制的改革。旧的外贸体制与其他方面的旧体制一样，曾极大地束缚了我国经济的发展。自改革开放以来，外贸体制改革不断深入。特别是1991年实行的以取消国家对外贸出口的补贴，建立自负盈亏机制为核心内容的重大改革，取得了可喜的成果。我们要进一步深化外贸体制的改革。原则上说——使之在国内，符合于我国社会主义市场经济的要求；在国际，适应各国普遍通行的国际经贸规划。具体地说——在微观方面，要加强和改革外贸企业内部的经营管理，建立自我发展、自我制约机制；要推进工贸结合、外贸企业向实业化方向发展，生产企业向自营进出口方向发展。在宏观方面，外贸体制进一步改革，主要是运用经济杠杆和法律手段及必要的行政措施，管理和调节进出口贸易等活动，弱化对微观具体事务的管理。随着作为我国社会主义市场经济体制的一个组成部分的新的外贸体制的建立和完善，它将大大促进我国外贸的发展。

四、积极引进利用外国资本

（一）我国利用外资的环境

1. 国际资金紧缺是90年代国际投资的大环境

80年代以前的世界，是资金较为充裕的时代；80年代则出现资金紧缺的端倪；发展到90年代又加上资金供需新的因素，资金紧缺日见明朗。具体来说，造成目前和未来世界资金紧缺的因素主要有以下几个方面：一是美国经济相对衰落，成为资本净流入国（1985年出现净债权国到净债务国的转变）。二是日本内需增大，资本输出收缩（已提一项耗资4.3万亿美元的“基础设施再开发计划”）。三是德国统一昂贵，造成巨额资金需求（预计整个90年代要为统一和东部重建投入1万亿美元）。四是海湾战后重建，吸引大量资金（仅为恢复和提高石油生产能力本世纪内就将投资近800亿美元）。五是苏联、东欧经济转轨，需要巨额国际资金支持（仅东欧的重建就需花费2万亿美元）。六是债台高筑的发展中国家，形成潜在的资金需求大洞（要达到联合国规划的工业化目标，到2000年发展中国家制造业的年均投资需要4500亿～5000亿美元）。

总之，90 年代出现了对资本的前所未有的新需求——据世界银行副行长萨默斯估计，这种全球对资本的新需求可能达到 1.75 万亿至 2.5 万亿美元之巨，而资金供给却相对不足。从而可以说，90 年代进入了一个国际资金紧缺的时代，国际资金争夺将趋于加剧。我国同世界所有需要利用国际资金的国家一样，面临着严峻的挑战。

2. 我国具有吸引外资的机遇和有利条件

一方面，从世界整体看，国际资金紧缺，我国同其他国家一样面临着争取国际资金的严峻形势；另一方面，从我国具体情况看，我们目前具有吸引外资的机遇和有利条件。

全球性国际资金紧缺趋势无疑会使国际资金争夺更为激烈。但是，同资金过剩是相对的一样，资金短缺也是相对的，哪个国家有有利可图的投资场所，资金就流向哪个国家。正如世界银行副行长萨默斯 1992 年 7 月 25 日在中国社会科学院演讲中所说，“虽然世界资金短缺加剧，竞争激烈，但对有能力吸引外资的国家，可用外资并不少。”我国属于具有吸引国际投资有利条件的国家。从间接投资看，我国有一定金融实力、良好的资金信誉、偿债能力和吸引贷款的巨大潜力。我国国际收支状况良好，1991 年底的外汇储备高达 426 亿美元（1978 年底仅有 1.67 亿美元）。我国外债余额截至 1991 年底为 605.6 亿美元，但体现外债偿还能力的“偿债率”仅为 8%，远远低于 20%的国际“危险线”，更低于发展中国家 25%的平均水平。从直接投资看，国际投资者最看重的主要投资条件，我国都具备——政局稳定，经济增长势头、前景好，投资收益高，市场广阔，劳动力充裕低廉等等。从而对外资有较大的吸引力。

特别是我国所处的东亚地区具有较大的国际资金供应能力。例如，日本是世界最大的资本净流出国，台湾的外汇储备（1992 年 6 月底为 866 亿美元）居世界所有国家和地区的首位。地处该地区的我国拥有吸引这一资金的经济、政治、地缘、文化等方面的有利条件。拿日本对外直接投资来说，1991 年度日本对外直接投资比上年度下降 27%，但对华投资却比上年上升了 66%。韩国、新加坡、泰国、中国台湾、中国香港等国家及地区，都对投资有很大的能力和热情。

我们必须充分利用上述有利条件，大力发展我国的利用外资事业。

（二）大力发展我国的利用外资事业

引进外商来华直接投资兴办“三资”企业，是我国对外开放的显著标志和重要内容之一。这是一项我国实行改革开放政策后出现的一个全新事业，就连“合资企业”这个概念也是开放之初才从国外引进的。以1979年7月我国颁布第一个《中外合资经营企业法》为开端，经过十几年的发展，几次投资浪潮，到1991年底，全国累计批准成立“三资”企业42027家，协议外资金额523亿美元，实际利用外资金额233亿美元，在我国社会主义经济建设中发挥了重要的作用。1991年我国“三资”企业总产值为1370多亿元，其中工业产值为1200亿元，占全国工业总产值的4.4%；1991年全国已投产“三资”企业上缴国家税收68.6亿元；1991年我国投产“三资”企业出口创汇121亿美元，占全国出口总额的16.7%；到1991年底我国“三资”企业共为社会提供就业岗位480多万个，占全社会可提供就业岗位的近10%。此外，“三资”企业还发挥了许多无法用数字精确统计的作用和效益，例如提高技术工艺水平，促进产业产品结构调整，带来管理经验方式，刺激企业竞争进取，等等。同时还应该看到，同外部世界相比我国引进利用外商直接投资只占世界的一个很小比例。从年流量的比例来看——1990年的全球跨国直接投资额为2172亿美元，而我国实际吸引外商直接投资额为35亿美元，仅占世界的1.6%；累积量的比例比年流量的比例还小——据联合国《1992年世界投资报告》的估计，全世界跨国直接投资累计已超过17000亿美元，而我国到1991年底累计实际利用外商直接投资233亿美元，仅占世界总额的1.37%。可见，无论是从“三资”企业对我国经济建设的作用，我国对外资的需求出发，还是从我国利用外商直接投资的数量规模占全世界跨国直接投资总量规模的比重出发，我国都需要更进一步大力引进和利用外商直接投资。

1992年，借邓小平年初南方谈话的东风，我国对外开放从沿海到内陆全面铺开。以此为契机，我国引进外商直接投资再掀新的浪潮。1992年上半年，“三资”企业项目的个数和金额都以前所未有的高速度增长。1—6月，全国新批准外商直接投资项目13052个，协议外资金额146.77亿美元，实际吸收外资33.58亿美元，分别比1991年同期增长1.6倍、2.2倍和1.3倍。无论是新批项目个数，还是项目外资金额，1992 年的半年都超过 1991 年的全年。

从目前的发展情况看，此次引进外商投资浪潮显示了其不同于以往的新特点。下面我们就结合这些特点，具体考察目前我国直接利用外资工作的成绩、问题和努力方向。

1. 外商投资的数量增长迅速

我国吸引外商直接投资的数量（包括项目的个数和金额）增长十分迅速，这是一个显著的特点（数量增长情况上面已作介绍）。掀起外商来华投资热潮，毫无疑问是好事情。但另一方面我们也要注意防止片面追求外商直接投资项目数量的倾向。我国利用外资数量并不多，而且远远不够。我们需要积极进取，更多、更快发展“三资”企业项目数量，但这并不意味可以只顾数量，不顾其他。我们始终要讲求项目的质量选择，讲求项目的可行性论证。否则，单纯追求数量、速度，“饥不择食”上项目，不仅为一些项目投产之后效益不佳埋下隐患，还会导致一边批准上新项目的同时，一边非正常地撤销原来批准的项目，即项目的数量增加也要受到迟滞。从目前我国已投产的“三资”企业看，大多数是好的、成功的，也有一些是不好的、不成功的；“三资”企业总体上取得了良好的效益，但也有相当的企业亏损面。“三资”企业亏损，除了“正常性亏损”（新开业投产企业经营初期由于尚未达到设计规模且摊销筹建费用较多而发生的暂时性亏损）和“虚假性亏损”（外商在设备、原料外购和产品外销中通过虚报价款转移利润而显示的企业亏损）以外，相当一些与当初项目选择不当，先天不足有关——本不具有经济可行性，但在单纯追求项目数量情况下仓促上马，自然不会有什么好效益。还有一些地方单纯追求批准举办“三资”企业的项目数量，忽视对“三资”企业的服务、管理，“重办轻管”，也致使一些已投产“三资”企业效益不佳。一个地区的总体投资环境良好从而使外商投资企业能够获利，这才是该地区对外资的引力所在，而不能单纯依靠政策优惠这一把刀。事实上我国吸引外资政策在世界上已经是比较优惠的，（如15%～33%的企业所得税税率在国际上是最低的），但目前一些地区仍在互相攀比更多的优惠政策以求吸引外资，而其结果形成了相互抵消效应，起不到通过优惠政策与他国争夺资金的效果，只成为国内各地区之间争夺外资的手段。而且，如果该地区总体投资环境欠佳，不能使外商投资企业获利，则即便政策再优惠，也会逐渐失去吸引力。

2. 外商投资的领域进一步拓宽

截止到1991年底，我国“三资”企业项目已涉及到全国20多个行业、70多个门类，但仍存在不少投资“禁区”。1992年，我们大胆打破投资的行业“禁区”，利用外资的行业领域大为放宽，使我国利用外资项目的行业结构发生了新的变化，这主要是第三产业利用外资项目迅速发展。1992年上半年，我国房地产、公共事业、咨询服务业新登记“三资”企业项目数比去年同期增长2.4倍，投资额增长3.4倍，均大大高于全国所有“三资”企业项目的总体平均增长幅度。商业、金融业实现了外商投资项目“零的突破”。特别是土地成片开发成了外商投资的热点，以1992年初国务院批准海南省吸引外商投资开发建设洋浦地区30平方公里土地为契机，全国许多地方出现了吸引外资成片开发土地的热潮。一方面，成片开发土地本身吸引一批外资；另一方面，在批租给外商开发的土地上招来“三资”企业项目又吸引一批外资，这无疑有利于我国扩大吸引外资的数量。当然，在这个“土地投资热”中也存在一些问题需要边实践边解决，例如，土地租让必须坚持依法进行，不能“越权批地”——据有关部门对24个省市自治区的不完全统计，仅1990年和1991年就发生越权批地案件9.7万件。再如，土地出让必须坚持有偿并讲究地价合理，不能争相降低地价——到1990年底，我国沿海共对外出让土地使用权1980公顷，收取出让费19.5亿元，平均每平方米100元，而到1992年中，我国共出让土地25000公顷收取出让费25亿元，平均每平方米仅10元。固然，像上海虹桥区每平方米2300美元的高地价只能是少数情况，但全国平均每平方米仅10元的出让费不能不说过于低廉。

3. 外商投资项目的地区结构改善

随着1992年我国对外开放从沿海到内陆的全面铺开，外商投资项目的地区分布很不平衡的状况有所改善。1992年上半年，从吸收的外商直接投资的协议金额来看，最多的仍然是东南沿海省份，按顺序依次为广东省（40.7亿美元）、福建省（11.7亿美元）、江苏省和广州市（均为11.6亿美元），但是若从吸引外资的增长速度来看，最快的却是甘肃、重庆、云南、湖南、武汉和河南等内陆省市。当然，这种动态的发展速度变化要使静态的结构不平衡发生较大的变化，尚需时日。要知道，目前我国吸引外商投资的80%以上集中在沿海各省市，仅广东省就占了全国“三资”企业项目的一半。一方面，这种地区结构不平衡有其客观的基础，不可能、也没有必要急于改变；另一方面，内陆地区加快吸引外资的步伐，改变地区结构过于失衡的状态，却也是发展方向。

4. 外商投资的来源多样化

随着我国对外开放的不断扩大，我国“三资”企业项目的外部资金来源也越来越广。特别是 1992 年，来华投资的国家和地区到 6 月底共有 60 个，比 1991 年增加 20 个。这在外资来源多样化上，是不小的一步。当然，从数量上看，我国迄今批准举办的 5 万余个“三资”企业项目中，仍以中国港澳、美国、日本、中国台湾和德国的投资为最多。其中港商投资项目占全部外商投资项目的 3/4 左右（深圳现有“三资”企业十之八九为港商投资企业）。

对于外商投资的来源结构，一方面，多样化是好现象，应继续发展；另一方面，要有重点地针对国际投资大户和对我国投资可能性、潜力较大的来源，继续做好吸引外资工作，例如中国港澳台、日本、美国、韩国等。拿日本来说，日本资本是我国“三资”企业的第三大资金来源，但其对华投资占其整个对外投资的比重很小。截至 1991 年底，日本累计对外直接投资达 3500 亿美元，其中对华投资 38 亿美元，仅占日本对外投资总额的 1.1%。作为我国“三资”企业仅次于香港的第二大资金来源的美国，其对华投资也仅占其对外投资的 1%左右。可见，继续扩大投资的余地和潜力很大。

5. 外商投资项目的单项规模扩大

我国吸引外商直接投资项目以中小项目居多，目前全国“三资”企业利用外资额不足 100 万美元的占一半以上。1992 年上半年，随着批准的大中型项目的增多，平均每一项目协议外资额达 112 万美元，扭转了 1988—1991 年连续 4 年在 100 万美元以下徘徊的局面。但应该看到，我国“三资”企业的平均规模仍不很大，到 1992 年 6 月底全国 5 万多家“三资”企业平均单项协议外资额为 116 万美元。

项目的大小，不仅是项目规模问题、利用外资数量问题，也是项目的质量、档次问题。小项目主要是由我国廉价劳动力吸引来的，因此这些项目主要是档次较低的劳动密集型的出口加工企业。这在吸引外资的初期阶段也是正常的，而且这种中小企业对我国经济也发挥了重要的积极作用。今后的发展，一方面，我们不嫌其小，还要继续吸引外商来华兴办劳动密集型的中小企业。但是仅此不够，在当今世界，“廉价劳动”仅是吸引外资的一个因素，而“市场控制”是一个更重要的因素；另一方面，我们还要考虑把对外资的吸引力主要放在11亿人口的大市场上，以“市场换技术”进一步吸引外国大的跨国公司来办高技术的大中型“三资”企业，以更好地促进我国经济的发展和技术的提高。

总之，对外开放14年，我国利用外资工作已经迈出重大的步伐并正在进一步发展，只要我们不断实践、不断努力、不断改进、不断提高，就一定会使利用外资工作在我国社会主义经济建设中发挥更大的作用。

当前我国加快经济发展的挑战机遇和“超越平均”战略

（1992 年 12 月）

抓住时机，加快发展，这是建设有中国特色的社会主义的基本要求和重要内容。邓小平南方谈话强调，抓住时机，发展自己，关键是发展经济。这包括：为什么要抓住时机；抓住哪些有利时机和怎样加快经济发展。本文围绕这三方面的内容，试论当前我国经济发展的严峻挑战，有利条件和“超越平均”战略。

一、目前我国正处在历史的关键时期，面临着新的压力和挑战

在当代世界激烈的综合国力竞争中，各国都面临着共同的压力和挑战。就我国面临的国际国内形势而言，这种严峻的压力和挑战具有我国自己的特性。

首先，我国经济同西方发达国家相比仍有很大的差距。我们失去过历史发展的机会。从 1957 年下半年到 1978 年的 20 年期间，经济的“大跃进”在先，政治的“文化大革命”动乱在后，我们耽误了发展。

与此同时，这个时期正是战后世界经济迅速发展时期，先是西方发达国家经济增长的“黄金时代”（1973年以前），后是“新兴工业国”的“腾飞时期”（1965年以后）。在此期间我们远远落后于世界的发展。从1979年开始，中国走上了改革开放迅速发展经济的道路，10多年来经济建设取得世人瞩目的成就。然而也不能不看到，由于历史的原因，特别是20年的耽搁，目前我国经济同西方发达国家相比仍有很大差距。如果我们不加快经济发展，那么这个差距就会拉得更大，我们就会处于非常不利的地位。而且，经济上不去，就不可能有效地防止西方的“和平演变”。因此，我们面临的不仅仅是严峻的经济挑战，也是严峻的政治挑战。

其次，同我国周边的一些发展中国家和地区相比，我们的差距也不小。诸如“四小龙”这样的周边发展中国家和地区，经过20多年的迅速发展，目前比我们富得多。而且它们发展较快的势头至今方兴未艾，有些比我们快。这包括先行的“四小龙”和继起的马来西亚、泰国、印度尼西亚等东盟国家。韩国要在90年代进入发达国家行列，马来西亚要在2000年跻身发达国家行列，新加坡要在2030年达到美国的人均水平。这些周边国家和地区的情况无疑对我国是一个严峻的挑战。

再次，原苏联、东欧国家存在着发展经济的巨大潜力。东欧剧变，苏联解体，使这些国家经济政治处于混乱状态。但应看到独联体东欧国家存在着发展经济的巨大潜力。如俄罗斯，资源丰富，工业基础较强，科技水平和人的文化素质较高，等等。因此，我们现在必须抓紧时机、加快发展自己。这无疑又是一种挑战。

最后，我国国内生活水平提高、社会发展、政治安定都需要经济的迅速增长。国际经验表明，人均国民生产总值从400美元到1000美元的发展过程中，是生产结构、社会经济关系较大调整时期，同时，90年代我国正处在从温饱向小康的转变过程中，也是经济增长的关键时期。这就尤为需要加快经济发展。“发展才是硬道理”。正如邓小平所说，“从根本上说，手头东西多了，我们在处理各种矛盾和问题时就立于主动地位”。不加快经济发展，就业和人民生活的改善等问题都难以解决，各种社会矛盾就会突出起来，影响社会政治的稳定。

总之，国际国内形势给我们带来的新的压力和挑战是严峻的，必须抓住时机，加快发展。

二、目前存在加快发展的有利条件和机遇

我们面临着压力和挑战，同时，困难和机遇同在，存在着诸多加快发展的有利条件。

（一）政治条件

首先，世界大战打不起来，世界整体上有一个和平的国际环境。当前，世界正处于新旧格局的交替过程中。两极格局的崩溃，使原来被掩盖着的矛盾突出，产生新的动乱危机以及地区冲突，局部战争，世界有不安宁、不稳定的一面。同时，和平与发展仍然是世界的主题。作为世界大战主要危险的美苏对峙，两大军事集团对峙已不复存在。尽管不能说世界是安宁的，但是从世界的整体和主流看是一个和平的国际环境，有利于经济发展。

其次，我国周边地区相对稳定。和平的国际环境是就世界整体而言的，但依然存在激烈冲突、动乱甚至局部战争的地区，同样使那里的国家经济发展受到妨碍。而我国所处的亚太地区则是相对稳定的。那些过去曾不时干扰我国经济建设的周边不稳定因素现在都降到了最低点，可以说目前我国的周边环境、我国同周边国家的关系处于建国以来的最好时期，有利于我国经济的发展。

再次，西方难以把攻击矛头集中对准我国，仅仅有良好的世界整体环境和周边地区环境是不够的。我国近代史上最初的外部威胁和破坏，不是来自周边国家，而是远方的列强。目前东欧剧变，苏联解体，中国是世界上坚持社会主义的主要国家，面临着西方国家“和平演变”的压力，我们不能放松警惕。但是，世界发展并非意识形态一个因素，特别是在国际关系中，意识形态甚至不是主要因素，国家利益原则居于首位。在这个新旧格局更替、新老矛盾交织、世界动荡不宁、地区冲突迭起的时期，西方国家忙于优先应付的国际问题是旧格局瓦解后上升为世界主要矛盾的西西关系问题；南北关系中原来掩盖着，现在突出起来的问题；东欧、独联体的新的经济政治危机等许多棘手问题。因此，西方国家短时间内难以把攻击矛头集中对准我国，而且对于稳定、强大、国际地位提高的我国，西方各国也各有所需、各有打算，我们可以灵活利

用的余地较大，可以争取到发展经济的有利环境。

最后，我国国内政治社会稳定，基本路线深入人心。这是当前加快我国经济发展的诸种有利政治条件的最为重要的。10 多年来建设和改革取得的重大成就，人民生活水平的提高，奠定了我国政治、社会稳定的基础。以经济建设为中心，坚持四项基本原则，坚持改革开放的基本路线愈益显示了巨大的威力。这些国内政治的有利条件，为加快我国经济发展营造了一个良好环境。

（二）经济条件

从世界经济环境看，90 年代世界经济总体增长速度不会很快，但也不会有大的危机，将以中低速度平稳发展。特别是我国所处的东亚地区，是世界经济增长最快、最有活力的地区。这种情况对于同世界经济特别是亚太地区经济关系日益密切的中国，扩大对外开放，加快经济发展，提供了良好的国际经济环境和有利的经济合作机遇。

从我国经济条件看，经过建国以来 40 多年的建设，特别是十一届三中全会以来改革开放推动下 14 年来的经济迅速发展，我国已经形成比较雄厚的物质基础。1991 年，我国国民生产总值已达到 19580 亿元，工业总产值达 28225 亿元，农业总产值达 8008 亿元。我国经济实力和综合国力明显增强，人民生活显著改善，这为 90 年代加快经济发展奠定了基础。同时，10 多年来改革开放自身迈出了重大步伐，积累了经济建设、改革开放的丰富经验并锻炼了一大批这方面的人才。这都为加快我国改革开放和经济建设的新的全面开动，提供了良好的国内经济条件。

（三）科技条件

当前世界科学技术的发展进程正在加快并酝酿着新的高潮。一方面，给我国带来严峻的挑战；另一方面，也给我们带来加速发展的机遇和有利条件。

我国目前就面临着这样的有利时机。特别是国际上许多发达国家以及我国周边新兴工业国家（地区）正在新技术革命推动下进行产业和产品结构的调整、重组和升级，这给我们提供了引进先进适用的技术、设备，调整产业结构，加快经济发展的机会。

从我国国内情况看，我们也有发展科学技术、促进经济增长的有利条件。我们还在全国范围内建立和形成了独立完整的科学技术体系。我们已经培养和造就了一支宏大的科技队伍。1991年，全国共有各类专业技术人员2400多万人。作为这支队伍的后备力量的是在校研究生8.8万人，在校大学本科、专科生204.4万人，在校中等职业技术学校学生633.2万人等等。我们的科技水平已有相当的提高，在原子能技术、航天技术、高能物理、生物科学计算技术、通信技术等尖端科技领域，已经达到和接近国际先进水平。可以说，我国目前已有的科技实力、水平和成绩，为今后我国科技、经济的更快发展，奠定了较好的基础。

总之，上述政治、经济、科技等方面的条件与环境的分析表明，邓小平所说“现在，我们国内条件具备，国际环境有利”这个判断是正确的。我们必须抓住当前有利时机，加快经济的发展。

三、现阶段我国经济增长的“超越平均”战略

要加快经济建设，必须有一个积极发展的速度。正如邓小平、江泽民同志所说，“低速度就等于停步，甚至等于后退。”“慢了不行，停顿不前更不行。”这种积极发展的速度，应该是一种“超越平均”的速度。

(一) 相对于外部世界，我国经济增长速度要“超越平均”

一个经济发展水平较低的发展中国家，必须有一个较快的经济增长率，低速度就等于停滞、落后。据联合国统计的世界最不发达国家1990年为31个，目前已增加到48个。它们并非经济不增长，拿1989年为例，这些国家国内生产总值的增长率平均为2.8%，并不比同年发达资本主义国家的平均增长率低。但是，西方发达国家是一种成熟的质量型增长的经济，有2%～3%的年经济增长率就可以；而且发达国家的经济基数大，增长率的每一个百分点其绝对数都是相当大的。因此，发展中国家必须有一个较高的经济增长率，否则，就国内而言，日子不好过，就国际而言，差距越拉越大。

90年代的世界平均经济增长率为3%～4%。发展中国家要超越这个“平均”，其平均增长率据世界银行预测约为5%。我国经济增长率，不仅要超越世界“平均”，也要超越发展中国家“平均”，按照我们最初

的计划为6%。现在看来这个一般的“超越平均”的速度还是不够的，应该有一个更大的“超越平均”的速度。因为我们所处的地区是世界经济增长最快的地区。除日本以外的亚洲1991年经济平均增长6.2%，其中韩国为8.8%，泰国、马来西亚为8.1%。整个90年代，预计东亚地区的平均增长率在7%左右，有些国家更高。这种形势要求我们不能满足于6%，在我们所处的东亚地区也要“超越平均”。考虑到我们现有的物质技术条件、经济实力、社会承受能力，加上加快改革开放的措施和人的积极因素的进一步发挥，我们可以把经济增长速度搞得更快一些，达到9%～10%。

（二）相对于我国经济发展的较长时期，某些阶段的增长速度要“超越平均”

从长期发展的眼光看，经济增长是具有周期性、阶段性的，这是一个普遍的规律。按照这种周期性、阶段性经济发展，一个国家经济发展的过程中，经济增长率在某个阶段是“超越平均”的，某个阶段是低于平均的，但这绝不意味着经济增长可以大起大落。这里有两个限制条件。其一，“超越平均”与低于平均都是有限度的，不能过于偏离一个长时期经济增长率的平均值，要围绕着中线的上下在一定幅度内波动（有的经济学家提出上下均不超过3%），幅度过大，则会出现大起大落。其二，“超越平均”自然是一种经济增长，而且是较高速度的增长，而低于平均也必须是一种经济增长，尽管是相对低速的增长，不能出现经济的绝对下降。即我们所要争取的周期性发展，是“阶梯式”的由低到高螺旋式上升，而非“马鞍形”的大起大落原水平重复。

从国内经验来看，改革开放14年，我国经济建设进入一个较快的发展时期，尤其是1984—1988年，更是以“超越平均”的速度来了一次飞跃。这五年的国民生产总值年增长率近11%，工业总产值年增长率高达21.7%。社会财富有了巨额增长，人民生活有了显著提高，整个国民经济上了一个新的台阶。

从国际经验来看，一些国家在发展的过程中，都曾经经过“超越平均”高速发展的阶段。日本“国民收入倍增计划”时期（1961—1970年）的年经济增长率高达10.7%。韩国“二五计划”时期（1967—1971年）年经济增长率高达10.5%。新加坡1966—1972年年经济增长率高达 12%～15%。香港 1961—1977 年年经济增长率高达 14.7%。台湾省 1980—1985 年年经济增长率高达 10.3%。

（三）相对于全国经济发展，条件较好的地区要“超越平均”

区域间经济发展不平衡，是一个普遍规律。我国经济发展加快速度上新台阶，并不是要求各地不顾自身条件追求不切实际的高速度。条件好的地区，经济要尽可能搞快，增长速度应该超越全国的平均。其他地区，要积极创造条件，尽可能加快经济发展，不能盲目攀比，追求不切实际的高速度。在增长速度上，有“超越平均”的地区，也有相当于平均的地区和低于平均的地区，这是客观现实。就是在条件较好的地区，其各个局部也是有差异的，也有条件较差的局部，经济增长也不会是等速的。重要的是，无论何种条件的地区，都应该努力创造条件，特别是条件较好的地区，必须以超越全国平均的速度先发展起来，并带动支持全国迅速发展上新台阶。

我国沿海地区经济技术基础较好，文化教育水平较高，交通运输比较发达，有地处沿海、发展外向型经济的地缘优势，且对外开放较早、享受国家更多的优惠政策。因此，它们的经济增长可以大大高于全国的平均速度。比如广东，近 10 多年来一直以高于全国平均速度的两位数增长率迅速增长；现在的目标是力争用 20 年时间赶上亚洲“四小龙”。比如深圳，在建立特区的头一个 10 年里，创造了国民生产总值平均增长 47.8%的高速度；现在的目标是争取若干年内再造一个新“香港”。比如厦门，过去 11 年间人均国民生产总值翻了三番，已达万元；现在的目标是力争 15 年内赶上“四小龙”的水平。比如上海，以其人才、技术和管理方面的明显优势，完全有条件加快发展；现在的目标是在 90 年代国民生产总值翻两番。

除了沿海省份将以超越全国平均速度的增长率发展外，随着我国经济建设的发展、改革的进一步深化和开放的全方位展开，一些内陆省份也会出现高速增长阶段。

（四）相对于国民经济整体，那些利用先进科技的、优化经济结构的、优质高效的部门和产品要“超越平均”

加速经济发展，并非片面追求产值、速度，不顾结构、比例、效益、质量；而是讲效益、讲质量、讲协调、讲科技进步、讲外向型经济的加速发展"超越平均"。特别是那些利用先进科技的、优化经济结构的、优质高效的部门和产品，要"超越平均"。比如新技术（电子信息技术、生物技术、新材料技术、新能源技术、空间技术和海洋开发技术等）带动和形成的新兴产业结构群，既可以优化整个国民经济的产业结构，又有广阔的生产前景和市场需求，我们必须加快其发展并以其带动国民经济整体素质的提高和整体速度的加快。而且，由于新兴产业比传统产业，技术与资金要密集得多，产品增值也高得多，从而其增长速度"超越平均"是可能的，在一定条件下也是现实的。

再如第三产业，也应该以"超越平均"的速度发展。第三产业的发展，是社会生产力水平不断提高的结果和标志之一；第三产业的发展，反过来又加快社会生产力水平的不断提高。目前我国第三产业占国民生产总值的比重仅为27%，既大大低于发达国家的平均比重（60%以上），也低于发展中国家的平均比重（40%以上），严重制约着我国国民经济的全面发展和经济效益的提高。加快发展第三产业，既是90年代我国产业调整的重要内容，也是我国经济加快发展的重要组成部分。因此，第三产业必须是以超越国民经济整体平均速度、超越第一、二产业增长速度的更快发展。

市场经济的历史发展

（1993年4月）

市场经济是在人类社会经济发展过程中自然产生和逐渐发展起来的，迄今已有几百年历史。

一、市场经济形成与发展的决定要素

市场经济，是以市场为基础和主导进行资源配置的经济体制和运行机制。

市场经济的构成要素主要有三：一是企业制度。企业是市场经济的主体，市场经济必须有足够数量的产权清晰，组织结构完整的工商企业。二是市场体系。市场是市场经济的活动场所，市场经济必须有一个统一、开放、完备的市场体系。三是调节体制。市场经济必须以市场机制作为经济运行的基础和主要调节方式。也正是这三者成为市场经济形成与发展的决定要素，即本文所述市场经济历史发展过程中不同阶段的坐标。

市场经济与商品经济密切相关。市场经济必然是商品经济；市场经济是商品经济的一种自我表现形式；离开了商品经济，市场经济就无从谈起。但是，市场经济并不等同于商品经济。商品经济未必是市场经济；市场经济并非商品经济的共生物；市场经济是发达商品经济的表现形式。从历史发展的进程来看，市场经济是商品经济发展到一定阶段的产物，至今最多也不过三五百年。

商品生产和商品交换活动早在原始社会后期就已经产生了，迄今已在奴隶社会、封建社会、资本主义社会和社会主义社会存在过。但是，资本主义以前的商品经济，基本上是简单商品经济，其特点是：生产和交换商品是为了重新购买其他商品，以满足自己的需要，即生产和交换商品的目的是满足使用价值的追求；而且，商品生产在整个社会经济中不占统治地位，占统治地位的是自给自足的自然经济。在这种商品经济条件下，市场经济所必需的三个基本构成要素并不具备。

商品经济发展到资本主义社会，由简单商品经济变成了发达商品经济，这时商品生产和交换的目的已经不是满足自己需要的使用价值，而是价值和价值的增值，而且商品经济已经取代自然经济在社会经济中占了统治地位，与这种发达商品经济相应的是，市场经济所必需的基本构成要素已经具备，商品经济表现为市场经济，市场经济得以形成。可见，商品经济只是发展到了发达商品经济，即资本主义商品经济时期，市场经济才成为商品经济必然的、自我表现形式，市场经济与商品经济遂成了同义词。就这个意义而言，市场经济是伴随着资本主义生产方式的产生、发展而演变的（这不等于说市场经济就是资本主义经济）。这个市场经济形成至今，经过了两个历史发展阶段，即自由市场经济（或称古典市场经济）和现代市场经济。

二、自由市场经济

市场经济是伴随资本主义社会的产生而产生的，自由市场经济时期，大致相当于17世纪中叶人类进入资本主义社会到20世纪中叶第二次世界大战以前的这一个历史时期。

从16世纪中叶开始，工场手工业这种以手工技术和雇佣工人的分工为基础的资本主义大生产，在工业中占据了统治地位，为从手工业生产向资本主义机器大工业过渡，做了物质技术准备。17世纪中叶英国资产阶级革命的胜利，推翻了封建制度的统治、建立了资本主义制度，标志着人类社会从封建主义时代进入资本主义时代。此时，市场经济的基本构成要素也已经具备，从而进入了资本主义的自由市场经济时期。

自由市场经济的企业制度：封建主义制度下不存在私人产权制度，其特征是政治权力与土地占有权合一，封建君主把自己当成全体臣民和属地上财产的所有者，有权任意剥夺其臣民的财产。在这种情况下，由于财产安全无制度保证，阻碍了人们从事工商业活动所必不可少的财富积累。因此，不承认产权的地方，市场制度不可能顺利地发展起来。经过资产阶级革命，资本主义私人产权制度作为法律制度被普遍规定下来。与此同时，企业组织形式也发生了根本的变化。中世纪工商业组织形式，都是一些家庭性的组织。随着生产和投资规模的扩大、贸易活动的发展，客观上要求一种不是以血缘关系为纽带，而是以经济契约关系为纽带的生产经营组织。于是，家庭性组织为拥有独立财产、资金的企业所取代。自由企业制度成为经济运行的主体。这一时期的企业，主要是个人独资企业和合伙企业，但也出现了股份制企业。

自由市场经济的市场体系：在这个时期中，大多数资本主义国家相继完成了工场手工业到资本主义机器大工业的转变，加上铁路的铺设和航运的开通，商品生产和交换大大发展起来，市场已扩大到全社会，过去狭小的、地区间相互隔绝的市场，为一个国内统一的市场所代替。不仅产品广泛进入商品市场，劳动力、土地等也成为商品进入了市场，资本也随着商品交换的发展和信用关系的发展在市场上广泛流通，形成了包括商品市场和其他各种要素市场在内的一个完整的国内市场体系。市场的发展，不仅在于国内市场，还在于跨越了国界形成了国际市场。早在奴隶社会和封建社会，越出一国范围的商品交换就出现了，可以说，有了国际市场的萌芽。特别是到了 15 世纪末 16 世纪初，随着工场手工业的发展、地理大发现和东西方航路的开辟以及资本原始积累的进行，国际商品交换有了相当大的发展，可以说形成了原始状态的世界市场。之所以说它不是真正意义的或原始状态的世界市场，主要在于其不是以国际分工为基础的，而是以国内的社会分工为基础的。国际分工只是到了 18 世纪中叶至 19 世纪中叶的机器大工业时期，才得以形成。机器大工业的巨大生产能力，使其产品已不能为国内市场所容纳，其所需要的原料已非国内市场所能满足，因而不得不到国外去寻找工业品销售市场和原料、粮食来源。在这种情况下，不仅先进资本主义国家之间的商品交换增加了，而且先进资本主义国家凭借机器大工业生产的廉价商品，把许多落后国家卷入到国际商品交换中，这样，以国际分工为基础，进行国际交换的资本主义国际市场（或世界市场）于19世纪中叶遂告形成。恩格斯更明确地指出这个时间：自1867年以来，“第一次真正地形成了世界市场。”[①] 当然，在自由市场经济后期形成的这个国际市场，还只是单一的国际商品市场。

自由市场经济的调节体制：商品经济发展到资本主义，在社会经济中占了统治地位，几乎全部社会经济活动都与市场相联系。市场调节取代了过去的传统习惯和本能，成为整个社会资源配置、经济运行的基础和主导性机制。而且在这一时期甚至可以说市场是经济调节体制的唯一机制和手段。这时的经济运行遵从的是亚当·斯密最早系统提出的完全由市场调节的经济理论。其政策就是主张自由放任，经济行为只受市场机制这一只“看不见的手”的指导，任何超市场的指导和政府干预都被视为不必要而且有害，国家只起“守夜人”、“看门人”的作用。虽然这一时期的末期出现了垄断，但是指导经济运行的仍然是自由主义政策。可以说自由放任是自由市场经济的显著特点，自由市场经济是一种完全由市场调节的“纯市场经济”。

三、现代市场经济

第二次世界大战之后进入了现代市场经济时期。对于现代市场经济的形成、发展，我们仍从决定市场经济的三个基本构成要素来分析。

现代市场经济的企业制度：现代市场经济也叫“混合经济制度”的市场经济。根据某些西方学者的解释，“混合经济是这样一种经济，它的资源分配一部分由私人和私营企业（私有部分）决定，一部分由政府和国营企业（公有部分）决定”[②]。这个解释，道出了现代市场经济调节机制的变化，同时也道出了资本主义条件下现代市场经济的企业所有制方面的变化。战后资本主义的企业，从所有制形式看，其主要变化在于占统治地位的私人企业（主要是私人垄断企业）成了在社会再生产的生产、交

---

① 《马克思恩格斯全集》第25卷，人民出版社2001年版，第554页。

② 克里斯·马登：《比较经济制度》，《现代国外经济学论文选》第11辑，商务印书馆1987年版，第15页。

换、分配、消费各个环节上与国家密切结合的企业，从而具有了国家垄断的性质；另外，还出现了国有垄断所有制企业（特别是在五六十年代发展较大）。现代市场经济的企业，从组织形式（或法律形式）上看，也有了重大的发展，这可以从几个方面的特点看：一是股份制企业成了企业制度体系中的主要形式。现代市场经济的企业形式仍然包括个人企业、合伙企业和股份制企业，但是股份制企业已经成了占主导地位的企业组织形式。由于发达国家的大中企业的绝大多数都采取股份制形式，因而，尽管在企业总数中，股份企业所占比重较小（在美国占20%），但是在国民经济中（资本、产值、利润、销售额等）却占有最大的比重。二是企业制度促进个人资本向社会资本的变化，现代市场经济是一种社会化大生产，它要求资本的社会化，而股份企业具有变个人资本、较小资本、分散资本为社会资本、较大资本、集中资本的功能，从而是一种适应、促进生产社会化、资本社会化的有效的企业组织形式。三是企业所有权与经营权分离。两权分离是现代公司企业的显著特点。出资者拥有最终所有权，并凭借这一所有权取得股息和红利，而企业经营权连同法人财产权一道归企业所拥有，由作为法人的企业支配自己的一切，自主地按照市场竞争规律从事生产经营活动。这是企业具有活力，从而市场经济具有活力的重要源泉，是现代企业制度促进经济发展的突出体现。

现代市场经济的市场体系：现代市场经济市场体系的发展，无疑体现在国内市场规模更大、结构更完善、运转更通畅了，但更突出的是体现在愈加面向国际市场。国际市场在自由市场经济的末期就已形成，但那时占统治地位的甚至可以说唯一的国际市场是国际商品市场，而在现代市场经济时期，如同早已形成的完整的国际市场体系一样，也形成了一个包括商品市场、资本市场、技术市场、劳务市场等在内的完整的国际市场体系。而且这些国际市场在当代都有了迅速的发展。从国际商品市场的发展来看，战前的资本主义国家商品出口额的年均增长率，1900—1913年为5.2%，1913—1938年为0.6%，而战后1950—1992年的世界商品出口额的年均增长率高达10%。从国际资本市场的发展来看，战前的25年（1913—1938年），主要资本主义国家的资本输出额仅增长20%多，而当代的37年（1945—1982年）却增长了26.5倍，1983—1992年的10年内，仅世界的跨国直接投资就增长了2.2倍。从国际技术市场的发展来看，国际技术贸易主要是从50年代中期以后迅速发展起来，世界技术贸易额1955年只有6亿多美元，1985年已达到400亿美元，若加上计算机软件的许可贸易，90年代初已逾千亿美元。从国际劳务市场的发展来看，劳务贸易增长速度超过商品贸易增长速度，已是当代国际市场发展的一个趋势。1992年的世界劳务贸易出口额已达1万亿美元，相当于世界商品贸易出口额的1/4。

现代市场经济的调节体制：在自由市场经济时期，唯一的调节方式、手段是市场机制，那时连宏观经济政策这个名词都没有，更不存在系统论述政府调节的宏观经济理论。市场经济无疑必须以市场机制作为经济运行的基础和主要调节方式，但是市场作用并非万能，它也有缺陷和局限性。例如，市场机制不可能自动地实现宏观经济总量的平衡和稳定；市场调节是一种靠市场价格信号反馈的事后调节，中长期的调节能力不足；市场调节对诸如收入分配、环境保护等社会效益目标不能充分实现；市场调节在日益国际性、全球性的经济中不能独自保证经济活动的顺利进行。这些缺陷在19世纪的社会经济条件下尚不突出，随着生产社会化和诸种经济矛盾的发展，进入20世纪以后，市场调节的缺陷和局限性逐渐显示和突出起来，完全自由放任的自由市场经济已经不适应日益社会化的大生产。1929—1933年的资本主义世界经济大危机的发生，集中证明了这一点。它宣告了完全市场调节、国家不干预经济政策的破产。以1933年罗斯福“新政”的实施和1936年凯恩斯《就业、利息和货币通论》的发表为标志，国家干预、调节出台并合法化。当然，三四十年代的国家调节还是局部的，且有反危机和应付战争的暂时性。到了战后的当代，市场经济的调节体制真正由单纯市场调节转变成为“双重调节”：第一重调节是市场调节，它是基础性的、占主导地位的调节。第二重调节是政府调节，它是辅助性的调节。凡在市场调节能够充分发挥作用的地方，就不再需要政府调节；而在市场调节有局限性的方面，则需要政府调节。

总之，从上述市场经济的演变史可以看到，市场经济是伴随着资本主义商品经济而形成、发展的；但是作为一种经济体制，市场经济却不是资本主义所独有的。在已经不仅有资本主义经济，也有社会主义经济的当代，它与资本主义基本经济制度结合就是资本主义市场经济；它与社会主义基本经济制度结合就是社会主义市场经济。这是市场经济演变至今的一个鲜明的时代特色。

当代资本主义市场经济的新特点

（1993 年 9 月）

当代资本主义经济作为一个大概念，有三重含义。从生产力看——“发达经济”；从根本经济制度（所有制）看——“国家垄断资本主义经济”；从经济体制、运行机制看——“市场经济”。三者构成当代资本主义经济总体。着眼点、角度，可以放在某一含义上，但同时也要联系另外两重含义。

“市场经济”，也有广泛的内容。我们今天讲其基本的三个问题：一是从微观方面，讲讲当代资本主义市场经济的企业制度方面的新特点；二是从宏观方面，讲讲当代资本主义市场经济的政府调节方面的新特点；三是从国内延伸到国际，讲讲当代资本主义市场经济的国际市场方面的新特点。

一、当代资本主义市场经济的企业制度

（一）企业所有制——根本制度

1. 所有制体系构成

（1）国有垄断所有制企业。国有垄断所有制，即国家直接占有垄断

资本，成为垄断资本的所有者。

国有垄断所有制企业有两种：一种是国有独资企业。它是通过国家购买整个私人企业使之国有化和国家独资兴建新企业这两个途径形成的。另一种是国私共有企业。它是国家向私人垄断企业投资参股，国有企业吸收私人垄断资本参股和国家与私人垄断资本家共同投资创建新企业这三个途径形成的。企业所有权的大头可能是国家，也可能是私人资本家。因此，这种企业是一种不完全国有制（或国家参与制）。

国有垄断所有制企业在战后五六十年代发展迅速，到 70 年代初，达到高峰，80 年代、90 年代的发展和趋势是非国有化。

（2）与国家密切联系的私人垄断所有制企业。战后国家垄断所有制的发展，既没有削弱，更不会取代私人垄断所有制。当代私人垄断所有制与战前一样，仍是资本主义所有制体系中的主体，而且其统治地位进一步加强了。但是，与战前所不同的是，当代私人垄断企业实际上已不是原来意义上的私人垄断企业，而是在整个社会再生产运动过程中都同国家结合在一起的私人垄断企业。这种国家与私人垄断资本在社会再生产领域内的密切联系、结合运动，贯穿于剩余价值的生产、实现和分配的全过程。因此，当代的私人垄断所有制，是与国家密切联系的私人垄断所有制，已经发生了部分质变，具有了国家垄断资本主义的性质，从而成为战后资本主义由一般垄断阶段转变为国家垄断阶段的最主要的所有制基础。

（3）资本家个人所有制企业。在当代资本主义经济中，虽然占统治地位和主导地位的是与国家密切联系的私人垄断所有制经济和国有垄断所有制经济，但就企业的数量而言，占绝大多数的却是中小企业（一般占企业总额的 90%以上，日本更高达 99%以上）。一方面，中小企业在经济生活中发挥着重要作用；另一方面，中小企业是非垄断的资本家个人所有制企业，在经济生活中不占支配地位。

2. 所有制体系的特点及作用

通过上述当代资本主义国家企业所有制体系的分析可见，占统治和主导地位的是与国家密切联系的私人垄断所有制和国有垄断所有制。由此决定了当代发达市场经济的所有制基础具有国家垄断资本主义的本质特征，即当代资本主义的生产关系发生了局部质变——一般垄断转变为国家垄断。这是资本关系社会化的又一次新发展。

对于资本关系社会化及其作用怎么看？应该说具有二重性。

(1) 资本主义生产关系在它确立以后并不是一成不变的，而是随着生产力发展、生产社会化程度的提高而不断调整、逐步社会化的，从而具有适应生产力、生产社会化发展的一面。

国家垄断是比私人垄断更适应生产力、生产社会化发展的一种资本关系社会化形式。在国家垄断生产关系与当代其他因素的结合作用下，战后 40 多年资本主义经济增长较为迅速和稳定，甚至出现了 50 年代至 70 年代初的经济高速增长的“黄金时代”。据统计，1913 年以前的 50 年中发达资本主义国家经济的年均增长率不到 3%，1913—1950 年为 1.9%，而 1953—1973 年高达 5.54%。

(2) 资本关系的社会化，是在资本主义生产方式范围内的生产关系调整，并没有改变资本主义的根本性质，从而始终具有不适应生产力、生产社会化发展的一面。

不管是单个私人资本转变为股份资本、非垄断资本转变为垄断资本，还是一般垄断资本转变为国家垄断资本，都是在“资本主义生产方式本身范围内的扬弃”①，没有改变资本主义私有制的经济基础和由此决定的按资分配、剥削、两极分化，仍然存在资本主义基本矛盾及其他固有矛盾对生产力、生产社会化发展的不适应和阻碍作用。从战后来看，虽然总的来说资本主义经济是较为迅速、平稳地发展，但仍周期性地发生经济危机，70 年代初以来还出现“滞胀”和持续的低速增长。

(二) 企业具体制度

1. 企业具体制度体系

当代发达市场经济国家的企业制度体系，按组织形式主要由三种类型构成。

(1) 个人企业。个人企业是单个人独自投资兴办，独自经营，个人独享收益和承担风险的企业。这种企业的开办不需得到任何人的允许，无法人地位，自生自灭；企业业主个人对企业的欠债具有“无限的责任”，即他的一切个人财产，除了极少数量以外，在法律上都可以被用来抵偿债务。

(2) 合伙企业。合伙企业，即两个或两个以上的人合伙投资兴办，

---

① 《马克思恩格斯全集》第 25 卷，人民出版社 2001 年版，第 495—496 页。

合伙经营，分享利润和分担风险的企业。也不是独立法人；每一个合伙人对整个企业所欠的债务具有“无限的责任”，而不管其占企业的份额多少。

(3) 公司企业。公司企业，亦即股份制企业（或称股份公司），它是发起人通过集资入股的方式使不同财产所有者共同出资组建的企业。公司企业是需经政府有关部门批准发证而成立的具有法人地位的企业（企业是民事主体，企业拥有法人所有权），全体股东在公司破产后就其所认股份对公司负有限责任。

公司企业划分为股份有限公司和有限责任公司两种形式。股份有限公司和有限责任公司的不同点在于：股份有限公司向社会发行股票，且公司资本必须划分为等额股份，筹资能力强，资本雄厚。狭义的股份公司仅指这种股份有限公司。有限责任公司（亦称有限公司）则不向社会发行股票，公司资本可不划分为等额股份，股东人数限制在少数，但权利大、相互关系密切。

公司企业（或股份公司）是当代发达市场经济国家企业制度体系中占据统治地位的企业组织形式。由于股份公司是发达市场经济国家企业的最发达、最完善的形态，发达国家的大中企业的绝大多数都采取这种形式，因而，尽管在企业总数中，公司企业所占比重较小，但它在国民经济中却占有特别重要的地位。

2. 企业制度的作用与特点

对于上述企业具体制度怎么看？应该说在主流上它是适应当代发达市场经济的，而且在很大程度上也适用于一般社会条件下的市场经济。这从该企业制度的特点可以得到具体的说明。

(1) 企业制度促进个人资本向社会资本的变化。这主要是就占主导地位的公司企业而言的。发达市场经济是一种社会化大生产，它要求资本的逐步社会化。而股份公司则是具有变个人资本为社会资本、变分散资本为集中资本、变小资本为大资本、变闲置或消费性资金为生产性资本、以较少的资本支配众多的资本的功能，从而适应、促进资本社会化、生产社会化的一种有效的企业组织形式。

(2) 企业所有权与经营权分离。现代公司企业制度的一个突出特点是企业所有权与经营权分离。企业所有权与经营权结合为一，这只有在所有者不多，企业规模不大的情况下才是有效率的，如在现代股份公司占主导地位以前的时代和在当代的个人企业与合伙企业中。而在大生产中、在企业拥有众多的所有者条件下，企业经营难免受不同所有者的意志支配，而非受市场竞争规律的支配。只有将所有权与经营权分开，所有者只是凭借其所有权取得利润，而经营权则交给企业自身，使企业能支配自己的一切，按照市场竞争规律而从事经营活动。

(3) 企业行为主体化。现代企业制度的另一显著特点是企业行为主体化。当代发达市场经济国家的企业是市场经济的主体，不管是个人企业、合伙企业，还是公司企业，都具有一个独立的市场主体所应具有的生产经营的全部权力，以及独立的经济利益和实现最大利益的高度自觉性。这是企业具有活力，从而市场经济具有生命力的源泉。

任何因素都不能干扰企业行为主体化。企业作为市场的主体，主要是按照市场需求、市场价格、利润的导向和杠杆，自主决定自己的行为。市场调节，是企业行为和整个经济活动的主导力量。

通过上述分析可见，发达国家企业具体制度在主流上是适应当代发达市场经济的，但这一套企业制度自有其缺陷从而影响其经济发展的一面。就股份制这种最适应市场经济的企业方式而言，其主要消极作用就有：

第一，股份制可能产生虚拟资本过度膨胀，甚至导致“泡沫经济”的崩溃，从而给社会经济造成破坏性后果。

第二，股票市场作为发达国家经济运行的“晴雨表”，有加剧经济的不稳定性的一面。

二、当代资本主义市场经济的宏观调节

(一) 当代发达市场经济是有政府调节的而非完全放任的经济

在当今世界上，完全由市场调节的经济已经绝迹。当代发达市场经济是一种有政府宏观调节的市场经济。

1. 完全放任的市场经济（纯市场经济）

在资本主义经济发展史上，直到本世纪初，是一种完全由市场调节的自由放任的市场经济，19 世纪是其“黄金时代”。经济运行遵从亚当·斯密最早系统提出的完全由市场调节的理论。

2. 单纯市场调节的局限性

随着生产社会化和资本主义基本矛盾的发展，市场调节自身的缺陷

和局限性逐渐显示和突出起来。例如：

（1）市场机制不可能自动地实现宏观经济总量（譬如商品总供给总需求、财政收支总量、信贷收支总量等）的平衡和稳定。

（2）市场调节不能单独保证社会资源的最有效配置（譬如产业结构、地区结构等）。

（3）市场调节是一种事后调节（主要靠市场价格信号的反馈），中长期预测和调节的能力不足。

（4）市场竞争可能产生两极分化，市场调节对诸如收入分配、环境保护等社会效益目标不能充分实现。

（5）市场竞争是经济活力的源泉，但市场竞争也会产生垄断，垄断又反过来抑制市场调节的效能。

（6）市场调节在日益国际性、全球性经济中不能独自保证经济活动的顺利进行。

3. 国家宏观经济调节的产生和加强

进入20世纪，完全放任的市场经济已经不适应日益社会化了的大生产，1929—1933年的资本主义世界经济大危机的发生，集中证明了这一点。它宣告了完全市场调节、国家不干预经济政策的破产。

战后以来的当代发达市场经济，是一种“双重调节”市场经济。第一重调节是市场调节，它是基础性调节占主导地位的调节。第二重调节是政府调节，它是占辅助地位的调节。

当代发达市场经济和战前相比，总的说来国家宏观调节是加强了。不仅宏观调控政策和法规比从前更广泛、更完善、更经常化了，而且宏观经济计划也出现并发挥了重要的作用。从空间上看，尽管各国宏观调控的领域、力度、方式不尽相同，从而出现不同的模式，但总体来看，宏观调节是加强了。从时间上看，尽管战后40多年中也不时出现减少或增加政府干预的政策调整和波动，但并没有出现实质性的国家宏观调节大的削弱，总的看仍是朝着加强的方向发展。目前西方国家又普遍转向加强政府干预的轨道。

（二）当代发达市场经济国家宏观调节的手段

国家调节经济的手段主要有三种，经济政策、经济计划、经济法规。

1. 经济政策

它包括财政政策、货币政策、产业政策、物价政策、收入政策、就业政策、国际收支政策等。各国公认财政政策和货币政策是两大最主要的经济政策手段。

正是主要基于这种政策调节的普遍运用，当代资本主义也被称之为“有调节的资本主义”。

2. 经济计划

经济计划是西方国家战后开始运用的调节手段。以 1948 年欧洲各国建立的“经济复兴计划”为发端，以后成为一种较为普遍的、正常性的调节手段。所以，经济学家也把当代资本主义称之为“有计划的资本主义”。

3. 经济法规

经济法规在当代发达市场经济国家宏观调节中发挥着十分重要的作用。各国普遍在国民经济各个领域、各个层次颁布了为数众多的经济法规。经济法规已成为当代发达市场经济运行的重要依托。从这个意义上说，当代发达市场经济已是一种法制经济。

（三）当代发达市场经济国家宏观调节的对象（内容）和作用

1. 调节总需求以保证经济发展较少受周期性危机的冲击

当代发达市场经济国家宏观调节的实质是对总需求的管理；凯恩斯国家干预经济理论的核心是有效需求不足理论。按照这一理论有效需求（即商品总供给价格和总需求价格达到均衡时的总需求）不足是资本主义经济的一个常态，单靠市场调节解决不了，需要国家干预。当代发达国家主要是运用财政政策和货币政策等手段，来调节市场供求关系，以实现社会总需求与总供给的相对平衡。

2. 调节和制定国家的中长期经济目标，引导和指导企业生产及整体经济的发展

作为市场经济主体的企业，有其完全独立的经济利益和目标方向。然而，为数众多的、各式各样的企业利益，目标之间是有差异的，企业利益、目标与社会的整体利益和长期目标也不是完全吻合的，这就需要政府制定国家的中长期目标来协调不同的利益、目标。这个调节内容，是各国政府宏观调节普遍都有的，尽管各国的具体做法不同，有的通过

中长期计划，有的不采用计划形式。其中，采用中长期计划的调节，效果和作用更好些。

3. 调节和维护市场秩序，限制垄断，保障市场竞争机制作用的发挥

市场竞争在规模经济意义显著的行业，会产生垄断，而垄断会破坏市场秩序、损害市场竞争机制作用的发挥。因而，政府就要发挥市场秩序维护者的作用，限制垄断。

政府调节在这个方面主要是运用法律手段。

4. 调节经济关系，为市场经济的发展创造内部的、外部的条件

通过政策、法规、计划等手段调节诸经济关系，也是政府调节的一个重要内容。(1) 通过收入分配政策、雇佣与就业政策、社会福利政策等调节劳资关系。(2) 通过产业政策、部门政策、小企业法等手段调节部门间关系、企业间关系，协调资本家间的利益。(3) 通过区域政策、国土开发计划等手段调节地区关系，城乡关系，协调社会资源空间上的合理配置。(4) 通过对外投资政策、外汇汇率政策、贸易法、对外援助法等手段调节国际经济关系。

(四) 当代发达市场经济国家宏观调节的局限性

通过上述政府调节手段、调节内容的分析可见，政府宏观调节在当代发达市场经济中发挥了重要的作用。我们不能再笼统地说资本主义社会生产是无计划、无政府状态（只不过这种有政府、有计划在资本主义条件下具有局限性）。

同时，应该指出，资本主义条件下的国家调节有其自身的局限性。这一局限主要不在于调节手段本身，而在于调节的资本主义基础。经济政策、经济计划、经济法规等在资本主义国家的制定和实施，不能不从资本主义私有制、资产阶级阶级利益出发，从而影响其作用的发挥。

例如，政府财政政策和货币政策，在出现“滞胀”后的美国经济中，其调节作用就处于两难境地，难以有效地发挥。在资本主义基本矛盾作用下，美国于1973年发生了周期性经济危机以及而后出现持续性的“滞胀”。这种经济停滞与通货膨胀并存的局面，限制了宏观财政政策与货币政策调节作用的余地——“滞”要求扩张性政策，但这会造成“胀”进一步恶化；“胀”要求紧缩性政策，但这会使“滞”难以走出。

美国宏观政策只能在既要对付“滞”又要对付“胀”的钢丝绳上表演，有时表演不下去了，就成为“一脚踩油门，一脚踩刹车”的自相矛盾的政策。这并非宏观财政政策与货币政策本身有无功能的问题，而是美国资本主义经济基础、环境造成的政府宏观调节的局限性。

三、当代资本主义市场经济的国际市场

（一）当代发达市场经济国家的国际市场体系

生产社会化越出了民族国家的界限，形成了生产国际化。随着生产社会化、国际化的发展，市场也越出了民族国家的界限，形成了国际市场。

最初的国际市场是国际商品市场。直到 19 世纪末，唯一的、占统治地位的国际市场是国际商品市场，两者是同一概念，直到今天，国际市场的狭义概念仍往往是指国际商品市场。

在国际商品市场的发展和带动下，原来只是在国内市场上运动的生产要素也越出了国界，走向国际领域。

19 世纪末 20 世纪初，“资本输出有了特别重要的意义”，国际资本市场成为国际市场的一个重要形式。接着，特别是战后，随着国际科技交流、国际技术转让的发展，随着国际劳动输出入、国际承包工程、国际旅游的发展，国际技术市场和国际劳务市场也发展起来。

这样，当代发达市场经济国家，如同早已形成的完整的国内市场体系一样，也形成了一个包括商品、资本、技术、劳务诸要素在内的完整的国际市场体系。其中商品市场和资本市场是两大主要市场。

（二）当代发达市场经济国家国际市场的发展和作用

1. 市场总量扩大

市场，是市场经济活动的舞台。在发达国家早已有了一个统一的（而非地方割据的）国内市场，而且这个市场还延伸到国外，形成了包括国际市场的大市场。这是市场舞台或市场总容量的扩大。

（1）市场总容量的扩大，在战后的当代有了进一步的发展。

从国际商品市场来看：出口贸易迅速增长。

从国际资金市场来看：资本的国际流动迅速膨胀。

从国际技术市场来看：国际技术贸易在战前已出现，但其发展主要是在战后（特别是从50年代中期以后）。

从国际劳务市场来看：战后以来，劳务贸易、劳动力输出入、国际承包工程等迅速发展。

（2）市场总量扩大对当代发达市场经济国家经济发展的促进作用。

①市场扩大意味着需求的扩大，促进生产的扩大。生产决定需求，需求也反作用于生产。一国国内市场的有限性会束缚生产的扩大趋势，而国际市场的扩大，给生产的扩大提供了一个更广阔的空间，从而促进生产的发展。

②市场总量扩大，把市场经济一般规律扩大到国际范围。市场调节是整个社会经济基础性的、占主导地位的方式。市场由国内扩大到国际，也把市场经济一般规律扩大到国际范围，即把市场调节以及由此带来的经济活力扩展到世界经济中。

2. 国际市场体制、规则进一步完善

（1）当代国际市场体制、规则进一步完善。国际市场从其形成开始，就有一些管理制度、规则。特别是战后，随着国际经济活动的增加，国际市场管理制度、规则得到了进一步的修正、充实和完善，形成了一套包括各个领域、各种形式层次的管理、调节国际市场的体制和规则。它主要包括：①国际经济机构。例如，“关税与贸易总协定”、“国际货币基金组织”、“世界银行”。②国际经贸法规、规章、通则、惯例。③双边或多边的经贸协议、协定。

（2）国际市场体制、规则对当代发达市场经济国家经济发展的促进作用。

①为市场调节作用在国际范围的发挥创造条件，从而给经济增添活力。市场调节，是市场经济占主导地位的调节方式，也是市场经济具有活力的主要源泉。国内经济如此，国际经济也如此。但是，国内市场调节也是要辅之以国家调节才能更好地发挥作用。而国际经济又增加了民族国家的不同利益，则更需要由各国政府出面进行国际调节。

②有利于解决国际市场上的纠纷、矛盾，使国际经济较顺利地发展。国家之间的经济贸易纠纷、矛盾是不可避免的。但国际市场体制、规则的进一步完善，使国际经贸活动有章可循，一旦出现纠纷，解决起来也有据可依，发挥缓冲矛盾的作用，以减少国际经贸关系受到大的冲

击甚至矛盾双方两败俱伤的损失，使国际经济得以较为顺利的发展。

3. 区域性共同市场迅速发展

当代发达市场经济国家的市场，虽然已经打破了民族国家的疆界延伸到国际，但是它仍然不能不受民族国家界限的制约和束缚。在这种情况下，区域性共同市场迅速发展起来，即区域集团化趋势伴随着生产国际化、全球化趋势并存与发展。

（1）区域性共同市场的迅速发展。以当代发达市场经济国家为主体的区域性共同市场有以下三个。

①欧洲共同市场：它始创于1957年3月25日，当时法、德、意、荷、比、卢签订了“罗马条约”，成为欧共体6个创始国。而后，欧共体在外延上多次扩展。目前仍在继续扩展。欧共体在一体化内涵上也在不断深化。1968年实现关税同盟，在共同体内取消了关税。1992年建立了欧洲统一大市场，在共同体内实现了商品、劳务、资本、人员的自由流动。力争1999年前建立“欧洲经济货币联盟”，实行统一货币。

②北美共同市场：1988年1月美国与加拿大签约建立了北美共同市场。1992年8月墨西哥与美、加签约，加入北美共同市场。力争在90年代内建成一个实现商品和其他生产要素自由流动的“世界最大的自由贸易区”。

③亚太共同市场：这是一个没有协定关系、没有组织形式的市场。但是作为该市场主体的日本正在把商品贸易、资本流动的重点逐渐向这一市场转移，形成一个松散的却又实际存在的共同市场。

（2）区域性共同市场的迅速发展对当代发达市场经济国家经济发展的促进作用。区域性共同市场的主要作用就是，促进了区域内商品和生产要素的自由而迅速的流动。从而给参与共同市场的有关国家的经济发展以促进。

（三）当代发达市场经济国家国际市场所不能消除的固有矛盾

1. 国际市场不能消除生产与需求的矛盾

国际市场并没有消除生产与需求的矛盾，只不过是把这一矛盾从国内领域扩大到国际领域。随着生产国际化发展而来的生产能力的巨大增长趋势，与虽然是大为扩展了、但仍然是相对狭小的国际市场之间，依然存在矛盾。因此仍然不能避免生产过剩和周期性的生产过剩危机。

2. 国际市场不能消除西方国家之间的矛盾

资本主义世界生产能力的无限扩张与有支付能力的社会需求相对狭小发生碰撞，使得国际商品销售市场、原料来源、投资场所等对于每一个发达资本主义国家的经济增长都是至关重要的。同时，出于私有制决定的这些国家各自的垄断资本追逐高额利润的私利和不同民族、国家的利益，哪个国家都想在这个相对有限的盘子（世界市场、资源、投资等）中占有尽可能多的一份，从而矛盾与斗争不可避免。

国际调节可以缓和矛盾，但不能消除矛盾。

3. 国际市场不能消除南北矛盾

市场调节、市场竞争的一个缺陷是可能造成两极分化，而在资本主义私有制这一剥削制度基础上，两极分化则成了必然。其在国内经济领域中表现为不同阶级、阶层的贫富两极分化，而在国际经济领域中则表现为穷国与富国的两极分化。

国际调节没能消除南北分化，从而没能消除南北矛盾。

以上就是本讲的全部内容——我们着眼于资本主义市场经济，具体分析了当代发达市场经济的企业制度；分析了当代发达市场经济的宏观调节；分析了当代发达市场经济的国际市场。通过这样的分析，一方面（主要方面），探讨我们可以从发达市场经济体制和运行方式中学习、借鉴的一般、基本的东西；另一方面，阐明资本主义本质决定的特有矛盾国内、国际的当代新特点。

关于“三个世界格局”过渡为“南北两方格局”

（1995年3月）

世界格局[①]划分，是现代国际关系的集中体现。进入90年代，“三个世界格局”发生了重大变化，过渡为“南北两方格局”。

一、世界格局过渡为“南北两方”

80年代末90年代初，世界格局发生的重大变化是第一世界的一个超级大国——苏联的覆亡，“东方”的消失。作为世界格局重大变化的“东方”的消失，是指超级大国苏联及其东欧势力范围的消失，而非世界社会主义的灭亡。

在苏联、“东方”消亡的同时，美国在世界格局中的位置也发生了重大变化。美国推行霸权主义的势头不减，并在苏联崩溃之后，俨然以

① 本稿所论世界格局，是指由“片”组成的“域格局”。而非由“极”组成的“极格局”。关于这两个概念，详见拙文《论未来世界的“域格局”与“极格局”》，《世界经济与政治》1991年第8期。

世界唯一超级大国自居。而且在多极化的世界中。确实有着诸“极”之首的特殊地位。但相对于美国自身的前后状况，特别是相对于日本、西欧的壮大，美国的实力地位实际上在衰落。可以说美国单独推行霸权主义、独霸世界的能力不足。于是出现了一个新趋势：原来第一世界的美国与原来第二世界的西方大国联手，加上俄罗斯，对第三世界推行和维护大国强权政治、集团霸权主义和不合理经济关系，力图以“3＋1”（美、英、法加上俄罗斯）的方式操纵联合国，或“7＋1”（西方七国加上俄罗斯）的方式支配全世界。一个过去各种国家分化、对立的北半球，现在一体化了；或者如贝克 1991 年 6 月在柏林阿斯彭学会所说的“一个从温哥华往东一直延伸到符拉迪沃斯托克的大西洋共同体”，现在出现了。这个北方世界形成的标志，言论上在于 1989 年戈尔巴乔夫“北半球合作带”的主张，行动上在于 1990 年“海湾危机——海湾战争”中的东西方合盟。

这样，进入 90 年代，“三个世界”的格局过渡为南北“两个半球”的格局。“北方”是发达资本主义国家和向此过渡的国家，包括北美、日本、西欧、东欧、俄罗斯、澳大利亚、新西兰等。它是当今世界霸权主义、强权政治、国际剥削的策源地。“南方”是第三世界国家，包括发展中民族主义国家和发展中社会主义国家。它是当今世界霸权主义、强权政治、国际剥削的主要受害者和反对者。

关于新的世界格局存在各种看法。美国的约翰·奈斯比特和帕特里夏·阿伯迪尼在其 1990 年出版的《2000 年大趋势》一书中，从经贸和文化的角度把世界划分为由日本、中国等组成的太平洋的“东方”与由北美、欧洲等组成的大西洋的“西方”。两者的地位关系为“东方的崛起，西方不一定衰落”。美国的另一位著名学者塞缪尔·亨廷顿在其 1993 年发表的《文化冲突》一文中，则从文化的角度把世界划分为“西方”和“非西方”。前者由“西方基督教”（天主教与基督新教）的西欧、北美与同西方文化比较接近的东欧、拉美等组成，后者由东正教、伊斯兰教、印度教、儒教等国家组成。他认为，国际政治的关键议题已是“西方与非西方的关系”；在今后的新世界中，文化冲突将取代政治、经济冲突，成为国际事务的核心；特别是在可预见的将来，“冲突焦点会集中在不屑加入西方的儒教与伊斯兰教国家同西方阵营爆发的纷争”。法国的伊夫·拉科斯特则从地理政治的角度把世界划分为“西方”、“东方”和“南方”。他的“西方”主要是指欧洲“（东、西欧）、北美、日本等”，“东方”主要是指“没有转向西方，而是转向了古老神圣的俄罗斯的一整块横跨欧亚的大陆”，“南方”则主要是指伊斯兰世界。三者的关系是，“西方已不再是世界的主宰”，处于“东方威胁和南方威胁的夹缝之中”；特别是“伊斯兰主义的大地缘政治计划，在很多方面与前共产主义的全球计划比较接近，过去人们称‘全世界无产者’，现在说的是全世界穆斯林”。英国的B. 博安，从世界大战、冷战、非殖民化已成为历史出发，把1989年作为20世纪终结的标志，认为构建21世纪国际关系模式，要抛弃“第二世界”、“第三世界”等“已过时的术语”，并抛弃旧的“南北”关系的二分法，而采用“核心—边缘”模式。世界的“核心”是指包括一体化的欧洲、北美、日本、澳大利亚（或许还有俄罗斯）在内的“资本主义安全共同体”，世界的“边缘”是指“旧的第三世界”。

以上关于90年代以后新的世界格局的种种看法，都没有抓住坚持还是反对霸权主义、强权政治、不合理国际经济关系这个当今世界的主要分野和实质，因而，只能说在某一侧面有其道理，而从总体看，作为新的世界格局的划分，则是片面、不当的。

二、“南北两方”格局中的两大问题和三种关系

在新的世界格局中，原来的“第一世界”和“第二世界”不存在了，融合为一个“北半球”（或“北方”），只有原来的“第三世界”，或称“南半球”（“南方”），延续下来，与“北半球”并立于世界。“北方”是发达国家，“南方”是发展中国家。

有人认为第三世界的概念已经不存在了。的确，第三世界产生时之所以名其为“第三”，与当时存在的“第一”、“第二”的排列有关，但第三世界概念决不是由数字排列决定的，而是由其自身特定的涵义即基本特征决定的。具体来说，组成第三世界的国家，有着共同的历史遭遇——过去都曾是帝国主义的殖民地、半殖民地、附属国，为摆脱殖民统治和剥削、争取国家独立和解放，进行了长期的斗争；有着共同的地位和处境——都是贫穷落后的发展中国家，生产力和社会发展水平低下，对外具有依附性；有着共同的现实目标和历史任务——维护独立、

发展经济、摆脱贫困、争取社会进步和国家富强，反对强权政治、霸权主义和不合理国际经济秩序。正是这些共同的特征结合在一起，形成了第三世界概念。只要这些构成第三世界概念特定涵义的基本特征仍然存在，第三世界这一历史形成的概念就不会因“第一”、“第二”的失去而消亡，它仍是今天和今后相当长的一个历史时期中，与“南方”、“发展中国家”通用的概念。

第三世界不仅是“南北两方”世界格局中的一方，而且在这个新的世界格局中，南北关系、南北矛盾，也有了新的位置。在当代世界，人类社会面临的两大问题是和平与发展问题，而在七八十年代，这两大问题又集中体现在东西方关系和南北关系上。邓小平“东西南北”理论，科学地概括了当今时代的两大全球性问题和七八十年代世界的两大主要关系，是在毛泽东“三个世界”理论基础上的进一步发展和深化。

进入 90 年代，和平与发展两大全球问题一个也没有解决，仍是时代的主要问题。不过随着原有世界格局过渡为新的世界格局，东西方之间的和平问题已不复存在，而原来在相当程度上笼罩在东西方矛盾中的南北矛盾突出起来，成为新的世界格局中的主要矛盾之一。这实际反映的是，在新的世界格局中，和平与发展两大时代问题相比较，经济问题即发展问题凸显，成为新的时期最迫切需要解决的问题。

南北矛盾、南北问题，仍主要是经济矛盾、发展问题。南北之间早在殖民主义时期就已存在的不平等经济关系延续至今一直未得到解决。这种不平等经济关系导致了南北贫富鸿沟的存在和差距的继续扩大，从而南北实力水平、权益地位严重失衡。这个问题不仅是南方经济发展的问题，也是北方经济发展以至整个世界经济发展的问题。正如邓小平所说：“南北问题不解决；就会对世界经济的发展带来障碍”①。

南北矛盾、南北问题，也包含着政治矛盾、和平问题。其一，南北间的发展问题长期不能解决，许多发展中国家经济状况恶化，成为政局不稳、社会动乱以至军事冲突、局部战争的根源。其二，发生在第三世界的政治动荡、军事冲突，往往有北方大国插手、操纵的背景。其三，北方大国推行霸权主义、强权政治，直接干涉南方国家的内政，甚至出兵动武。这种北方集体武力干涉南方国家的战争，在苏联消亡、“东西

① 《邓小平文选》第 3 卷，人民出版社 1993 年版，第 56 页。

方”合一为北方的今天，可能性更大了。

可见，和平与发展两大全球问题，在南北两方世界格局中很大程度（不是完全）体现在南北关系上。尽管南北失衡加剧、南方国家实力地位相对下降，但南北关系则是新的世界格局里诸种关系中的主要关系之一，是影响全球和平与发展的主要关系之一。

西西（或北北）关系，也是南北两方世界格局中的一个主要关系，而且在这个新的世界格局中，西西关系和矛盾，也有了新的位置。同南北关系一样，西西关系在原来的世界格局中，笼罩在东西方关系的阴影之下。随着苏联、东方集团的崩溃、东西方融合为一，情况发生了变化。一方面，北方实力地位增强了，南北失衡加剧，北方更有条件（他们也感到有必要）联合起来，对南方推行新的强权政治、霸权主义，维护给北方带来更多权益、地位的不合理国际经济政治秩序。另一方面，原来来自东方的外在威胁的消失和西西（北北）之间的不平衡发展，使得原来受到压抑和掩盖的西西矛盾、竞争与斗争突出起来。而且，由于北方拥有世界最强大的实力地位，在很大程度上控制着世界经济政治组织及国际经济政治事务，故西西（北北）联合也好，西西（北北）斗争也罢，所影响的不仅在于北方国家自身，也在于整个世界。因此，西西（北北）关系，这本来是北方内部的关系，但其意义、地位可以说是与南北关系并列的新的世界格局的两大主要关系之一。

西西（北北）关系，基本是发展问题，不是和平问题。北方国家尽管经济社会发展水平较高，但其与南方国家一样，也面临着一个发展和再发展的问题。而且由于经济越来越成为世界各国综合国力的核心，从而成为一个国家国际地位的决定因素，每一个国家都在谋求更快、更好地发展自己的经济。同时，随着世界市场问题的突出和经济保护主义的抬头，世界各国，特别是与世界市场联系更紧密、占有市场更大份额的北方国家之间，竞争加剧、矛盾激化。当然，西西经济矛盾还往往上升为政治矛盾。但在西方国家之间经济、政治矛盾激化到军事冲突、战争的可能性，现阶段看，并不存在。因此，西西（北北）关系基本是发展问题。尽管世界和平问题的根源仍在于北方，无论表现在南北关系中的和平问题，还是表现在南方内部的和平问题，往往都直接或间接地与北方有关，但就北北关系本身而言，还不是和平问题。

南南关系，是南北两方世界格局中的又一重要关系。南方国家，地理分布广阔，国家数量众多，经济、政治、文化的体制、背景千差万别，发展水平不平衡，客观上相互联系松散，不像南北之间和北北之间那样，竞争、斗争也好，依赖、协作也罢，有着谁也离不开谁的紧密联系。因此，在南北两方新世界格局的诸种关系中，南南关系不如南北关系和北北关系意义重大。但是，南方国家在新的世界格局中必须大力发展相互之间的关系，加强南南合作。通过这种合作，给各南方国家带来实力、利益的增进和经济社会的发展。同时，南南关系的意义还不仅限于南方内部，通过南南合作的加强，也可以起到促进南北关系改善的作用和意义，增强和提高南方国家在南北关系、南北对话中的实力地位。因此，在新的世界格局中，努力发展南南关系，加强南南合作，这对广大南方国家至关重要。

南南关系，主要是发展问题，即经济问题。南方国家普遍贫穷落后，发展经济是其国内面临的主要任务。同样，发展经济关系也是南南关系的主要问题。无论是南南关系的协作，合作方面，还是南南关系的竞争、矛盾方面，其核心是经济问题。同时，南南关系也是和平问题。据德国汉堡大学政治研究所 1993 年底的一份报告，到 1993 年圣诞节为止，世界还有 43 个地方在打仗。地点几乎都在亚非拉地区。今后的世界仍会战乱不止，而且地点仍多在南方地区。这里面既会有北方国家直接出兵动武的南北国家之间的战争（类似 1989 年美国入侵巴拿马），也会有由于北方间接插手，南方国家国内关系或南南国家间关系而产生的南方国家国内战争（类似 1993 年的波黑三方战争）和南南国家之间的战争（类似 1990 年伊拉克入侵科威特）。因此，南南关系主要是发展问题，同时也是和平问题。

对以上所述两个半球世界新格局中的两大问题、三种关系，作一个归结：

——从南北两方世界格局的主要问题来看，一个是发展问题，一个是和平问题，前者更为突出。发展问题主要体现在南北关系上，同时也体现在北北关系和南南关系上；和平问题主要体现在南北关系上，同时也体现在南南关系上，而无论南北和平问题还是南南和平问题都往往与北方有关。

——从南北两方世界格局的主要关系来看，一个是南北关系，一个是北北（或西西）关系，还有一个是南南关系，前两者尤为重要。西西

（北北）关系基本是发展问题；南北关系主要是发展问题，同时也是和平问题；南南关系亦主要是发展问题，同时也是和平问题。

——对这两大问题、三种关系综合起来看，如果说在七八十年代“三个世界”格局中的两大问题、诸种关系，择其要点概括为“东西南北”；现在，在“南北两方”世界格局中的两大问题、诸种关系，择其要点可以概括为“西西南北”。

三、“南北两方”世界格局中的社会主义

在新的世界格局中，社会主义和由于社会主义国家存在而产生的国际关系，处于何种位置？

毫无疑问，自从1917年俄国十月革命诞生了第一个社会主义国家以后，世界就出现了一个全新的制度体系——社会主义。不管当时它在世界上是多么弱小，还是尔后几十年发生了多么大的曲折，社会主义都是立足于世界的一个客观存在，而且资本主义向社会主义过渡，是人类社会发展不可逆转的历史大趋势。但是，资本主义在世界范围内过渡到社会主义，是一个相当长期、曲折、复杂的历史过程，在这一历史过程的不同时期，社会主义国家以及与社会主义国家相关的国际关系（主要是社会主义与资本主义的关系、矛盾），并不一定在世界处于突出的地位，从而并不一定作为世界政治力量分野的界限或世界格局划分的标准。没有理由把社会主义国家作为新的南北两方世界格局中的一个单独力量集团或是单独一种国家类型，而是把它包含在南方国家之中，是第三世界的一个内在的有机组成部分，而非外在的同盟者。

当然，社会主义国家是第三世界中有其特殊性的组成部分，即作为一种制度体系，社会主义国家是不同于世界任何国家，包括其他第三世界国家的独特类型。世界形势、世界格局的任何风云变化，都不能改变中国等国在自己国家内部坚持自己特有的社会主义制度、道路和远大理想、信念。同时，从国际政治发展的实际出发，中国等社会主义国家与其他第三世界国家有着更多的共同性，即我们前文论述第三世界概念时所说的，共同的历史遭遇，共同的地位和处境，共同的现实目标和历史任务。特别是在世界进入90年代后的新阶段，这种共性在国际舞台上更是远超过了特性。

因此，在南北两方世界格局中，社会主义国家无疑仍然存在，但我们没有必要把它作为一种单独力量或国家类型凸显并与北方国家和南方国家并立，而宁肯以南方国家的面目现身于国际舞台。同样，社会主义国家与发达资本主义国家之间的关系、矛盾无疑仍然存在，但我们也没有必要把它作为一种单独的关系凸显并与南北关系、北北关系以及南南关系并立，而宁肯把这一关系视为南北关系或纳入南北关系的范畴。这样做，不仅不妨碍社会主义国家坚持自己国内的制度、道路，而且由于其国际战略、策略切合新的历史条件下世界诸种力量、关系、利益等重组的实际，终究是有利于社会主义国家、有利于社会主义事业的。

四、毛泽东“三个世界”理论的现实意义

毛泽东在70年代初把世界划分为三个世界，这既提出了三个世界的格局，又形成了三个世界的理论。它对于七八十年代中国人民、世界人民反对霸权主义、维护和平与争取发展，发挥了重要的历史作用。进入90年代以后，三个世界作为一种格局，已经成为历史，过渡为一个新的南北两方格局。但是，三个世界作为一套理论，并不因三个世界格局变为南北两方格局这种世界结构形式的变化而失去意义、作用，其许多基本思想，仍是我们今天观察世界、制定国际战略、政策的指导性原则。实际上，我们前面对新的世界格局的具体分析，已经融入、贯穿、体现、运用了这些基本思想，这里再归纳、概括几点具有重大现实意义的基本思想。

第一，观察世界，一切从实际出发。实事求是，具体情况具体分析，这是马克思主义活的灵魂。毛泽东“三个世界”理论鲜明地体现了这一思想原则。毛泽东恰恰不是从教条出发，而是从世界各种力量大变动、大分化、大改组的实际出发，才得以对世界作出了科学的划分和阐释。这对我们今天以及今后从实际出发观察世界，树立了一个活生生的范例。

第二，国际关系不以意识形态划线。国际关系的基础和核心是国家利益，而社会制度、意识形态只是国家对外关系中整体国家利益的一个部分，而且比之经济利益、安全利益等，并非总是很重要的利益。因此，国际关系不能以社会制度、意识形态作为划线的决定性因素。

第三，反对霸权主义是当代世界的主要任务、主要分野。毛泽东紧

紧抓住霸权主义这个世界的主要敌人和霸权主义与反霸权主义这个世界的主要矛盾，来划分世界的各种政治力量。正如邓小平所评价的，“毛泽东思想在世界上是同反霸权主义的斗争分不开的”[①]。反对霸权主义仍是世界人民面临的一项主要任务。

第四，第三世界是反对霸权主义的主力军。南方国家在历史上长期遭受帝国主义、殖民主义的压迫和剥削，殖民体系崩溃之后，第三世界国家的政治独立，经济发展又继续遭受霸权主义及其维护下的国际政治经济旧秩序的威胁和阻碍，他们是霸权主义的主要受害者，从而其反对霸权主义的愿望最强烈，旗帜鲜明。因此，毛泽东把第三世界视为反对霸权主义的主力军。如果说，在七八十年代世界格局中，第二世界也具有受超级大国霸权主义欺负从而有反霸的一面，属于反霸的力量，在这种情况下第三世界尚且是反霸的主力军。那么，在 90 年代世界格局中，苏联已消亡，一二世界已融合为一，霸权主义的制衡因素已大大削减，在这种情况下，第三世界直面北方大国霸权主义，无疑更是反霸的主力军。当然这种力量失衡情况也增加了今天反霸的艰难性。

第五，中国属于第三世界。把中国在国际舞台上的身份、面貌定位为第三世界的一员，这是毛泽东的一个伟大贡献。中国无论过去，还是现在、将来，永远属于第三世界。

综上所述，在世界进入 90 年代并迈向 21 世纪的时候，一方面，世界格局发生了重大变化，由三个世界格局过渡为南北两方格局；另一方面，毛泽东“三个世界”理论的许多基本思想（特别是反对霸权主义和中国属于第三世界的思想），仍具有重大现实指导意义，仍是我们今后观察世界、制定国际战略和对外政策的基础。

---

① 《邓小平文选（1975—1982 年）》，人民出版社 1983 年版，第 158 页。

世界经济的市场机制与中国经济的对外开放

（1996 年 1 月）

一、世界经济的市场机制取向

市场经济是当今世界各国经济体制、运行机制的普遍取向。发达资本主义国家早已是现代市场经济；发展中国家也在普遍采取市场经济的体制和机制（如印度、墨西哥等的改革）；社会主义国家，如中国，也在建立社会主义市场经济；俄罗斯及东欧一些国家也在按照自己的模式朝着市场经济过渡。市场经济，不仅存在于各国国民经济，也存在于国际经济；市场经济通行的原则，不仅适用于各国国民经济、国内市场，也适用于国际经济、国际市场。

市场经济的基本机制是配置社会资源，即尽可能合理化地把有限的资源配置到社会需要的众多地区、领域、部门的生产上，以产生最佳的效益。为了做到资源的优化配置，必须使资源合理流动，不仅要在国内市场流动，而且要在国际市场流动。

对于任何一个参与资源国际流动、配置的国家来说，都不能只满足于物的互通有无、调剂余缺，更重要的是满足价值的实现和增值。因为是通过市场、国际市场来配置经济资源，所以资源的国际流动必须遵守市场经济的法则，运用价值规律。社会主义市场经济条件下实行的对外开放，就是要使我国国内经济与世界经济互接互补、国内市场与国际市场相互衔接。这种互接互补、相互衔接自然要运用价值规律这个市场经济基本规律的作用。无论是对外贸易，还是利用外资，以及其他开放领域和渠道，都应该如此。

二、国际贸易与价值规律

在世界范围内，价值量仍然是由社会必要劳动时间来决定的，所不同的是，它不是由个别国家的社会必要劳动时间所决定，而是由世界市场上的平均必要劳动时间来决定。前者是国民价值，后者是国际价值。由于各国之间劳动强度和劳动生产率的差异，各国的国别价值必然有的高于国际价值、有的低于国际价值。在世界市场上，商品只能按照国际价值这一世界统一的尺度来交换。于是便会出现马克思所说的“一个国家的三个工作日也可能同另一个国家的一个工作日交换”①。这仍然体现了等价交换原则，只是这种等价交换原则是通过不相等的国别价值相交换而体现的，包含着形式上的平等，事实上的不平等。商品经济、市场经济条件下的等价交换从来如此，特别是在当代世界各国之间的生产力水平差异很大情况下更是如此。当然，还应看到，在当代国际商品交换中也不尽是等价交换，也存在因垄断等因素造成的不等价交换。

对于我国来说，一方面，社会主义市场经济在面向国际市场开放、参与国际商品生产和交换中，也要遵从国际价值这一市场共性规律，谋求等价交换、平等互利；另一方面，目前我国劳动生产率较低，在国际市场上往往是以较多的国别价值交换较少的国际价值。这就要求我们努力提高劳动生产率，降低商品生产的劳动耗费，提高商品的价值竞争力，以在国际市场上得到尽可能多的价值实现。在当前和今后 5 年、15 年，特别是在优化出口商品结构、发展深加工、高附加价值制成品出口方面，在发展高质量、高效益、高创汇产品出口方

① 《马克思恩格斯全集》第 26 卷第三册，人民出版社 1974 年版，第 112 页。

面，继续贯彻“出口商品结构优化战略”和“出口发展以质取胜战略”。

“出口商品结构优化战略”：早在1986年，我国就提出要实现出口商品结构的两个转变的战略目标，即由以初级产品为主向以工业制成品为主的转变，由以粗加工、低附加价值工业制成品为主向深加工、高附加价值工业制成品为主的转变。

80年代末90年代初，我国完成了第一个转变，1990年工业制成品出口占出口总额的比重由1978年的46.5%上升到74.4%。进入90年代以来，我国在实现出口商品结构转变的第二步战略目标方面又取得了新的进展。1994年，除了工业制成品出口比重进一步提高到83.7%外，深加工制成品出口增长迅速，比重上升。特别是其中的机电产品出口增幅高达40.9%，出口额达320亿美元，占我国出口总额的比重由1993年的24.7%上升到26.4%。

当然，目前距实现我国出口商品结构的第二个转变尚有不小的差距，我们必须继续大力发展加工深度高、附加价值大、国际竞争力强、出口前景好的机电产品和成套设备出口。

“出口发展以质取胜战略”：改革开放以来，我国出口商品的质量、档次有所提高，品种大大增加，但出口质量存在的问题也不少，严重制约着我国外贸经济效益的提高和出口数量的扩大。

从国际市场形势看，在目前激烈竞争的国际市场上，低质的产品，即便价格低、价值实现不充分、亏本销售，也是没有出路的；而高质的产品，尽管价格高，也有市场。从我国国情看，我国是一个人均资源占有量相对不足的大国，这决定了我国不能依靠发展“低质价廉”的资源密集型产品扩大出口，根本出路在于提高出口商品的质量、档次，尽快由“以量取胜”转变为“以质取胜”。

1991年初，我国提出了“以质取胜”的出口发展战略，其目标是使对外贸易逐步走上高质量、多品种、高创汇的发展轨道，在提高效益前提下扩大出口。1992年以来，我国采取了一系列新措施落实以质取胜战略。以质取胜战略已取得较大进展。

当然，我国出口商品质量、档次仍需不断提高。进一步落实出口发展以质取胜战略，仍任重而道远。党的十四届五中全会也提出，要继续坚持外贸以质取胜战略。

三、利用外资与价值规律

我国利用外资主要是两大形式，直接利用外资（外商投资）和间接利用外资（借用外资）。两者都要运用市场经济价值规律的作用。这里着重考察外商（直接）投资。

1. 从资本生产与价值规律的一般关系看

直接投资是产业资本的投资。产业资本循环的总过程可以用下列公式表示：

$$G-W\begin{matrix}A\\PM\end{matrix}\cdots P\cdots W'-G'$$

这里面 $W\begin{matrix}A\\PM\end{matrix}\cdots P\cdots W'$ 是生产阶段，即资本所有者把购买来的特殊商品（W），劳动力（A）和生产资料（PM），转化为生产资本（P）进行生产，其结果是生产出包含一定剩余价值的新商品（W'）。当这个新商品售出之后，不仅使原来投入的价值得到实现或补偿，也使得剩余价值得到实现，并为资本的所有者无偿占有。剥削由此而产生。剥削是资本主义生产的本质和最大不合理性之所在。

但是，剩余价值的生产和占有（即剥削）并不违背价值规律、等价交换原则。因为剩余价值既不在流通过程中产生（如上所述，只有在生产过程中才能创造价值和剩余价值），又必须经过流通过程，即要进行生产，首先要在流通中用货币购买劳动力和生产资料（即产业资本循环总过程的公式中的 $G-W\begin{matrix}A\\PM\end{matrix}$），生产出新的商品后又必须在流通中卖掉变成货币，从而使商品中的价值和剩余价值得以实现（即公式中的W'－G'），而无论是市场购买，还是市场销售，都必须遵从价值规律，等价交换。正如马克思在《资本论》中阐述剩余价值的生产时指出：由于剩余价值的生产和占有，货币转化为资本。"问题的一切条件都履行了，商品交换的各个规律也丝毫没有违反。等价物换等价物"。具体说，作为买者，资本家对每一种商品——棉花、纱锭和劳动力——都按其价值支付。然后进入生产过程，生产出一个价值增值了的新商品。现在又回到市场上来出售商品，他卖这个商品仍是等价交换，"既不比它的价值贵，也不比它的价值贱”①。

可见，剥削并不在于违背价值规律、贱买贵卖，而在于资本家在市场上买到了，一种特殊的商品劳动力，这种劳动力的买卖是等价交换，但是劳动力一旦进入生产过程，就不仅创造了用于补偿资本家购买劳动力时付出的劳动力自身的价值，还创造了一个剩余价值，而这个剩余价值由于生产资料的资本主义私有制而被资本家所占有。

2. 从中国利用外资的实际情况看

外商来华投资这个“外资本身”具有资本主义的性质。列宁把苏俄新经济政策时期利用外资的形式“租让制”企业称之为国家资本主义性质的经济。邓小平对中外合营企业也只是说有一半是社会主义的，他还明确指出“外资”是资本主义经济②。资本的本质是利润取向。人家来投资，就是要赚钱。私人资本通过投资谋取利润，无疑存在剥削。这是清楚的，也是用不着讳言的。关键是如何正确认识、对待这个问题。

首先，如同在资本主义国家内部剩余价值的生产、实现和占有（即剥削）丝毫也不违背价值规律、等价交换一样，通过国际投资而谋取利润也不应违背价值规律、等价交换。如是，则在商品经济、市场经济条件下，我们应该视之为平等互利而接受。

其次，我们无疑要付出代价，但这种代价是发展中国家利用外资所必须付出的。一方面，我们要尽可能限制不能不付出代价的这一面；另一方面，我们利用外资主要是利用它作为发展生产的要素促进生产力发展的这一面，使之有利于我国的社会主义经济建设。

早在1979年，邓小平提议研究一下利用外资问题时就指出，我们要下这么个决心，权衡利弊，算清账，略微吃点亏也干，总归是在中国形成了生产能力③。“多吸引外资，外方固然得益，最后必然还是我们自己得益”④。实践表明，利用外资有利于发展社会主义社会的生产力，有利于增强社会主义国家的综合国力，有利于提高人民的生活水平。具体说，一是直接弥补了我国建设资金的不足。外资占我国全社会固定资

① 《马克思恩格斯全集》第23卷，人民出版社1972年版，第220页。
② 《邓小平文选》第2卷，人民出版社1994年版，第235页。
③ 《邓小平文选》第2卷，人民出版社1994年版，第199页。
④ 《邓小平文选》第3卷，人民出版社1993年版，第313页。

产投资的比重，1985 年为 5.4%，1994 年上升到 24.8%。二是加快了我国经济建设的步伐。外资经济为我国经济发展增加了一个新的增长点，其创造的工业产值在我国工业总产值中所占的比重，1991 年为 4.4%，1994 年上升到 12.2%。三是增加了国家财税收入。主要来源于外商投资企业的涉外税收（不含关税），1991 为 70 亿元，1994 年已达 390 亿元。四是创造了就业机会。已开工外商投资企业从业人员，1991 年为 290 万，1994 年为 1260 万，1995 年 9 月已达 1500 万（开工企业达 11 万多家）。五是促进了外贸出口。外商投资企业出口占我国出口总额的比重，1988 年为 5.2%（24.6 亿美元），1994 年为 28.7%（347.1 亿美元）。六是许多不能简单量化的重要作用。如带进了先进实用技术，促进了产业升级；引进了管理经验；带来了市场机制，有助于经济体制改革等。

由此可见，“外资本身”和“利用外资”是两个不同事物，有不同的定性，不能混为一谈。“外资本身”姓“资”，具有资本剥削的特性。而“利用外资”这件事、这个举措，同我国改革开放、现代化建设的其他举措一样，姓“资”姓“社”，判断的标准，如同邓小平所说，应该主要看是否符合“三个有利于”。如上所述，实践表明是符合的，故我们说，“利用外资”这个举措姓“社”不姓“资”。

上面考察了我国外商投资企业的生产阶段，现在再考察一下外商投资企业的交换阶段，即 G—W 和 W’—G’。通过国际投资进行生产以谋取利润并不违背价值规律、等价交换，即无论是进入生产阶段之前的购买机器设备、原料、劳动力，还是生产出产品之后在市场上销售，都应是等价交换。然而，我国的现实却是存在着投资的外方在这两个流通阶段不按国际价格，而是高进低出的不等价交换行为。由此造成的中方的损失，则不是我们利用外资应该付出的代价。

机器设备的“高进”：外商对华投资中，设备等实物投资占相当的比重，目前平均约占其总投资的 70%，而外商对其出资的设备普遍存在高报价值的问题。我国自 1991 年各地商检机构开展外商投资财产鉴定工作以来，至 1995 年上半年，共完成外商投资设备鉴定 11300 多批，判定外商累计报价 47.4 亿美元的机器设备（占外商全部设备投资的比重不足 10%）实际价值为 39.3 亿美元（降值率 17%），使合资中方挽回直接经济损失 8 亿多美元。若按照 17%的降值率计算那尚未进行鉴定的设备投资，意味着我国有上百亿美元的损失未能挽回。

原料的“高进”和产品的“低出”：合资企业的外方通过“转让价格”而非国际市场价格为合资企业高价买进原材料、低价售出合资企业的产品，从而使合资企业的利润单方面转移到外方手里（通过其海外关联企业）。这种不等价交换实现的利润转移，造成了合资企业“假亏真盈”，既使合资中方利益受到损害，也造成了国家税收的流失。

工人工资的克扣：有些外商采取资本主义早期残酷剥削工人的办法，侵犯职工合法权益，随意打骂、体罚职工，克扣职工工资，任意延长工作时间，违反劳动保护法规，等等。其中，克扣工人工资，不按劳动力的价值和价格付酬，属劳动力购买的不等价交换。这实际是把劳动力价值的一部分也作为利润的一部分，为外商所占有。

以上利用外资中种种违背等价交换的市场经济规律的行为，是我们要反对和防范的。国家有关部门要依法加强监督管理，以避免外商投资中不等价交换给我们造成的损失。

中国利用外资的理论与实践

（1996 年 4 月）

一、中国利用外资的理论认识

社会主义市场经济条件下利用外资的理论，要阐述、说明的主要问题是两大方面。一是为什么要利用外资。这包括利用外资的必然性和可能性何在。二是怎样利用外资？这包括我国利用外资遵循什么基本规律、原则？我国利用外资在国际上基于什么样的立足点？利用外资在我国经济中的地位、作用如何？为在理论上回答这些问题，本节所论内容的出发点为：社会主义市场经济是世界经济的一个组成部分，因此要从世界经济的共性出发探寻其利用外资的客观依据；社会主义市场经济在体制上是各国普遍采用的市场经济体制，因此要从市场经济的共性出发探寻其利用外资所要遵循的基本规律；社会主义市场经济的生产力水平目前尚不发达，因此要从欠发达经济的特性出发探寻其利用外资的立足点：社会主义市场经济的所有制基础是以公有制为主体，因此，要从公有制经济的特性出发探询其利用外资在国民经济中的地位。

（一）国际分工是利用外资的客观基础——基于世界经济共性的论述

社会主义市场经济利用外资的必然性，在于国际分工、国际市场和世界经济的客观要求。

社会分工发展到一定阶段，具备了条件，就会超越国家界限而形成国际分工。在资本主义机器大工业以前的社会，虽然各国之间也存在自然条件的差异，但由于缺乏社会经济条件（特别是科技、生产力水平），因而不能形成国际分工。只是到了机器大工业时期，巨大的生产能力，使其产品已不能为国内市场所容纳，其所需要的原料也非国内供应所能满足，必须到国外去寻求工业品销售市场和原料、粮食来源。这样就把世界各发达国家和许多落后国家卷入到国际商品交换中，从而使得原来在一国范围内的社会分工演变成国与国之间的分工，使国际分工得以形成。在国际分工的基础上，通过国际市场上的交换把各国不同的生产转化成世界总生产的组成部分。马克思、恩格斯在《共产党宣言》中有一段著名的论述："资产阶级，由于开拓了世界市场，使一切国家的生产和消费都成为世界性的了。……过去那种地方的和民族的自给自足和闭关自守状态，被各民族的各方面的互相往来和各方面的互相依赖所代替了。"[①] 19世纪中叶以后形成了日益紧密结合、相互开放、相互依赖的世界经济。这时，连接各国经济的纽带是国际贸易。19世纪末20世纪初，又出现了连接各国经济的新纽带——国际资本流动，从而除国际商品市场之外，又形成了国际资本市场。此时的国际资本流动主要发生在以工业制造业为主的发达资本主义国家与以农矿业为主的殖民地落后国家之间，而且是以借贷资本为主要形式。二战以后，除了原来的工业制造业与农矿业的垂直分工和工业部门之间的水平分工外，国际分工的发展又深入到工业部门内部，出现了同一工业部门内部不同的产品、零部件和工序的分工。在这种国际分工新发展的基础上，资本国际化也有了新的发展。除了商品资本和货币资本国际化之外，生产资本的国际化（体现为国际直接投资基础上的跨国生产）也迅速发展起来。通过这些纽带，当代世界经济更加紧密地联结成一个整体，因而也更加开放。正

---

① 《马克思恩格斯选集》第1卷，人民出版社1995年版，第254—255页。

如邓小平所说，“现在的世界是开放的世界”①。“现在任何国家要发达起来，闭关自守都不可能”②。

就中国而言，且不说18世纪以前时代的闭关和开放（明成祖时郑和下西洋还算是开放的），因为那时的社会分工仍只是各国的国内分工，不存在国际分工对外开放的客观要求，开放与否取决于统治者的主观好恶。从19世纪算起，在机器大工业的基础上，国际分工、世界市场、世界经济已经形成，开放的客观必然性已经存在的情况下，中国却闭关自守，逆客观必然而动，其结果只能是越来越落后。正如邓小平所说：“中国在西方国家产业革命以后变得落后了，一个重要原因就是闭关自守。”③ 在中国社会主义经济建设的相当一个时期，即建国以后的前30年，此时国际分工、国际市场、世界经济又有了新的发展，而我国由于种种原因，在某种程度上也还是闭关自守，这给我们的经济建设带来了困难、影响了发展。30多年的经验教训告诉我们，关起门来搞建设是不行的，发展不起来，社会主义国家只有对外开放，参与包括国际资本流动在内的经济资源、生产要素的国际流动，才能更快、更好地发展自己的经济。这是国际分工的客观要求。也只有国际分工的发展、世界经济联系的愈益紧密，才是对外开放、利用外资的必然性、长期性之所在。而资金短缺之类的因素是我国对外开放利用外资的直接原因或目前的迫切要求。因为当中国发达起来，资金充裕以后，也还是要对外开放、利用外资（正如目前的发达国家在大量对外投资的同时，也大量引进、利用外资），这是由国际分工的发展、世界经济联系愈益紧密的客观基础所决定的。从中国经济的长期发展来看，我们目前正在实现到本世纪末翻两番的第二步战略目标，必须借助国际市场、资金、技术，而后在下个世纪的前50年实现中等发达国家的第三步目标也离不开对外开放政策，那么到了下个世纪后50年又怎么样呢？那就更不能改变开放政策了。因为那时我们同国际经济交往更加频繁，联系更加紧密，更加相互依赖，更不可分，千丝万缕的联系怎么能断得了呢？

对外开放、利用外资有其必然性，同时也有其可能性。其经济上的

---

① 《邓小平文选》第3卷，人民出版社1993年版，第322页。

② 《邓小平文选》第3卷，人民出版社1993年版，第90页。

③ 《邓小平文选》第3卷，人民出版社1993年版，第64页。

可能性，早已随着国际分工、世界市场、世界经济的形成而于19世纪末20世纪初出现。那时世界各国包括许多落后国家都已卷入国际分工和世界市场，具备了外部资本进入并获利的可能性，用列宁当时的话说："其所以有输出资本的可能，是因为许多落后国家已经卷入世界资本主义的流通范围，主要的铁路线已经建成或已经开始兴建，发展工业的起码条件已有保证等等。"① 俄国十月革命后开始了社会主义经济建设，但是在这之前俄国就已具有利用外国资本、技术的可能性，因为革命前的俄国已卷入国际分工、世界市场。问题是要不要利用这种可能性。列宁认为，革命后的俄国不能割断与世界市场的联系，并通过"租让制"形式把利用外资的可能变为现实。

中国建国以后的社会主义经济建设时期，面临的也是能不能把开放、利用外资业已存在的经济上的可能性变为现实的问题。毛泽东曾设想扩大中外经济技术交流，包括同一些资本主义国家发展经济贸易关系，甚至引进外资、合资经营等等。但是那个时候没有条件——国内外的政治条件，环境不具备。先是在国际上被封锁，后来国内"四人帮"搞的什么都是"崇洋媚外"、"卖国主义"，把我们同世界隔绝了。70年代后期，国际、国内局势发生了很大的变化，我们在和平共处五项原则的基础上，积极建立和发展同世界各国正常的国家关系，到70年代末，我们已同所有发达资本主义国家实现了关系正常化。与此同时，积极发展同世界各国的经济文化往来。经过多年的努力，如同邓小平所说："有了今天这样的、比过去好得多的国际条件，使我们能够吸收国际先进技术和经营管理经验，吸收他们的资金。这是毛泽东同志在世的时候所没有的条件。"② 条件已经具备，于是对外开放、利用外资的可能性转化为现实。

（二）价值规律是利用外资的基本规律——基于市场经济共性的论述

市场经济是当今世界各国经济体制的普遍取向。市场经济活动的领域，不仅在于各国国内市场，也在于国际市场；市场经济通行的原则，

① 《列宁选集》第2卷，人民出版社1995年版，第783页。

② 《邓小平文选（1975—1982年）》，人民出版社1983年版，第122页。

不仅适用于各国国民经济、国内市场，也适用于国际经济、国际市场。市场经济的基本机制是通过市场尽可能合理地把有限的资源配置到社会需要的各个地区、领域和部门，以产生最佳的效益。为了要做到资源的优化配置，必须使资源合理流动，不仅在国内市场流动，而且在国际市场流动。因为是通过国际市场来配置经济资源，所以资源的国际流动必须遵守市场经济的规律。价值规律是市场经济的基本规律，也是国际商品生产交换的基本规律。

社会主义市场经济参与国际市场活动，也要遵从价值规律这一市场经济的共性规律。中国建国以来，一直从事诸如对外贸易之类的国际经济交往。但是在旧的计划经济体制下，价值规律并未充分发挥其作用。既然国内没有市场体系和按价值规律决定的生产和交换，也就谈不上在国际经济交往中的等价交换。那时的对外贸易主要是满足物的互通有无、调剂余缺以及得到外汇，而不是满足更重要的价值的实现和增值。从党的十一届三中全会开始，我国进行了以市场为取向的经济体制改革，直至党的十四大确立了社会主义市场经济体制的改革目标模式。这就使得社会主义经济在体制和运行机制上得以与世界各国通行的经济体制和运行机制相互衔接。社会主义经济既然也是一种市场经济，那就要把自己的国内商品生产和交换融入到国际商品生产和交换之中，充分利用国内和国外两个市场、两种资源。而且在面向国际市场开放、参与国际生产和交换中，遵从价值规律这一市场经济的共性规律，谋求平等互利。我国对外开放的总设计师邓小平早在改革开放之初就指出，“我们坚定不移地实行对外开放政策，在平等互利的基础上积极扩大对外交流”①。平等互利原则，就政治关系而言，是主权独立原则的体现，就经济关系而言，是等价交换原则的体现。

当然，平等互利在当代有着现实世界的时代烙印和特征。一个与中国实际相关的理论问题是，我国是一个发展中的社会主义国家，劳动生产率较低，因此在国际市场交换中，往往要以较多的劳动换取发达国家较少的劳动，这是否有悖于等价交换、平等互利原则？这个问题要根据劳动价值论及其所体现的国际价值论来说明。在国际范围

① 《邓小平文选》第3卷，人民出版社1993年版，第3页。

内，商品的价值量与在各国国内一样仍然是由社会必要劳动时间来决定的，所不同的是，它不由个别国家的社会必要劳动时间所决定，而是“由世界市场上的平均必要劳动时间来决定”①。前者是国别价值，后者是国际价值。由于各国之间劳动强度和劳动生产率的差异，各国的国别价值必然有的高于、有的低于国际价值。而在世界市场上商品只能按照国际价值这一世界统一的尺度来交换。于是便会出现马克思所说的“一个国家的三个工作日也可能同另一个国家的一个工作日交换”②。这仍然体现了等价交换原则，只是这种等价交换原则是通过不相等的国别价值相交换而体现的。这种以较多的国别价值换取较少的国际价值的等价交换，无疑包含着形式上的平等，事实上的不平等，然而对于这种现实，我们应视之为平等互利而接受。有时为了社会主义经济的长远利益和根本利益，我们需要付出很高的代价。就利用外资而言，外国资本家就可以通过对我们的投资得到很高的利润。这是否有悖于等价交换、平等互利原则？对这个问题，列宁在俄国“新经济政策”时期，邓小平在中国改革开放时期，都有理论上的说明，概括地说，一方面，“资产阶级的资本对我们是有利的。当我们的国家在经济上还极其薄弱的时候，怎样才能加速经济的发展呢？那就是要利用资产阶级的资本”③；另一方面，既然是“互利”，那就也要给外国资本家以利益，因为资本流动的本质是利润取向。私人资本通过投资以谋取利润，无疑存在剥削。但是，如同在资本主义国家内部剩余价值的生产和占有，丝毫也不违背价值规律和等价交换一样，通过国际投资而实现的利润也不会违背等价交换、平等互利的原则。当然，我们要付出代价，有时甚至很高的代价，但这种代价也是社会主义国家利用外资所必须付出的，我们所得到的将是主要的东西。正如邓小平所说：“多吸引外资，外方固然得益，最后必然还是我们自己得益。”④“归根到底是有利于社会主义的。”⑤

① 《马克思恩格斯全集》第 47 卷，人民出版社 2004 年版，第 405 页。
② 《马克思恩格斯全集》第 26 卷，人民出版社 1975 年版，第 112 页。
③ 《列宁全集》第 40 卷，人民出版社 1984 年版，第 42 页。
④ 《邓小平文选》第 3 卷，人民出版社 1993 年版，第 313 页。
⑤ 《邓小平文选》第 3 卷，人民出版社 1993 年版，第 373 页。

（三）比较优势是利用外资的立足基点——基于欠发达经济特性的论述

怎样利用外资，还有一个站在什么样的国际地位上利用外资的问题，因为世界各种类型的国家在当代世界经济、国际市场和国际资本流动中所处的地位是有很大不同的。

在当代世界经济体系中，原来的殖民地附属国，已成为政治独立的主权国家，但经济上仍是欠发达的，是发展中国家。原来的帝国主义国家，尽管其殖民地丧失殆尽，但在经济发展水平上是发达国家，并且在世界经济中仍然处于垄断地位。正如邓小平所说："现在国际垄断资本控制着全世界的经济，市场被他们占了。"① 这种地位的不同，决定了发达资本主义国家与发展中国家在资本国际流动中的不同地位。中国社会主义经济在目前的生产力水平上仍属欠发达经济，是发展中社会主义国家经济。相对于发达资本主义国家经济的垄断优势地位，我们与其他发展中国家经济一样，在世界经济、国际市场、资本流动中处于劣势、不利地位。

明确这种地位后，我们无非面临着两种出路选择：一是割断同占优势地位的发达资本主义国家的经济联系；二是保持和发展这种联系。

60年代出现的"核心—外围理论"认为，在世界经济体系中，具有强大实力的发达资本主义国家处于"核心"、"主导"地位，实力弱小的发展中国家处于"外围"地位、"依附"地位；发达国家之所以与发展中国家进行经济交往，目的在于获取最大利润；发展中国家经济发展迟缓的原因，是这些国家在整个世界特别是在同发达资本主义国家的经济交往中所处的不利地位，受剥削的地位。这一理论在阐述发展中国家与发达资本主义国家之间的关系上，有其"合理内核"，从而成为发展中国家要求建立国际经济新秩序的理论根据之一。但是，同时，国外有的学者据此认为，发展中国家应割断这种关系（或仅保持同发达国家的贸易往来，但要断绝金融方面的联系）的结论，则是错误的，不可取的。我们必须保持和发展与发达资本主义国家的经济联系。因为如前所述，包括中国和其他发展中国家在内的世界任何国家都必须参与国际经

① 《邓小平文选》第3卷，人民出版社1993年版，第218页。

济交往，这是国际分工的共性要求，发展市场经济的共性要求。除此而外，这也是欠发达经济的特性要求。我国是一个发展中的社会主义国家。资金短缺是制约我国经济迅速发展的一个重要因素。诸如像其他发展中国家一样存在的储蓄缺口、外汇缺口及其他经营资源缺口，也需要引进、利用外资来弥补。邓小平清楚地看到了西方发达国家在世界经济中的控制地位、国际市场中的垄断地位和像我们这样穷的国家要奋斗出来很不容易的一面，同时他又指出出路不是自我封闭，“没有开放政策、改革政策，竞争不过。”① 中国要发展、要赶超、要实现现代化，必须与国际市场保持联系，特别是与发达国家的联系，“我们吸引外资、引进技术等等主要从那里来”②。若割断这种经济联系，再来个闭关自守50年要接近经济发达国家水平，肯定不可能，只能是与发达国家的差距越拉越大。

认清发达资本主义国家在世界经济中心的垄断地位、主导地位和发展中国家的从属地位、不利地位，是重要的。但其目的在于找到发展中国家同发达国家经济交往中，包括资本国际流动中的地位和立足点，寻找自己的比较优势和长处，积极参与国际经济交往，在充分利用国际优势资源的同时，充分发挥发展中国家的优势资源实现优势互补。

在资本国际流动中，无疑发达资本主义国家拥有更大的优势，甚至垄断优势。这些优势包括：技术优势，规模经济优势，市场垄断优势，组织管理优势，资金融通优势等等。这些优势使得发达国家的企业，通过对外直接投资能获得比在国内投资更高的垄断利润；另外，各发达国家企业的垄断优势也是相对的，并非完全的垄断。垄断不排斥竞争，而是与竞争并存。在这种情况下，发达国家投资者之间进行着激烈的竞争，而主要作为投资接受者的发展中国家则可以利用它们之间的竞争，寻求自己的比较利益。而且发展中国家自身在利用外资上，也有其比较的优势。就中国而言，我们拥有资源优势，有很多好的东西由于缺乏资金，尚未开发；我们也有劳动力成本优势，能够以低成本、高利润率吸引外国投资；我们还有市场优势，12 亿人口的大市场被视为世界最有潜力的市场之一；我们能够以市场换取外国的资本和技术。只要充分发

---

① 《邓小平文选》第 3 卷，人民出版社 1993 年版，第 218 页。

② 《邓小平文选》第 3 卷，人民出版社 1993 年版，第 99 页。

掘和运用自己的比较优势，我们就可以更多、更有效地吸引、利用国外的投资，加快本国的经济发展。

总之，比较优势互换、相互需求满足，这是国际资本流动得以进行的条件。而在生产力水平尚不发达、国际经济实力地位较低处境下发挥自己的比较优势，这是从欠发达经济特性看，社会主义市场经济条件下利用外资的立足点。

（四）有益补充是利用外资的地位、作用——基于社会主义经济特性的论述

把利用外资置于社会主义国家，经济发展中的何种地位，使其发挥什么样的作用？这也是我们怎样利用外资所必须考虑的一个重大理论问题。

社会主义经济的本质特性决定，利用外资只能是社会主义经济的必要补充，其最终目的是使社会主义经济发展壮大。外资的补充作用，一是相对于公有制经济而言，即公有制是社会主义经济的主体，外资只是社会主义经济的必要补充；二是相对于民族经济而言，即以自力更生为主，本国的民族经济是社会主义经济的主体，外资经济是补充。这是社会主义市场经济条件下利用外资在本国经济中的地位。

公有制为主体，是我国社会主义经济制度的根本，也是社会主义市场经济建立的基础，由此体现出社会主义市场经济与其他社会经济制度下市场经济的根本区别。但是，公有制为主体，并不排斥其他经济成分，而是需要多种经济成分并存，包括外资在内的其他经济成分又只能是社会主义经济的补充。这个“主体”与“补充”之间关系的问题，在中国改革开放的总设计师邓小平的思想中是十分明确的。他指出：“我们采取的所有开放、搞活、改革等方面的政策，目的都是发展社会主义经济。我们允许个体经济发展，还允许中外合资经营和外资独营的企业发展，但是始终以社会主义公有制为主体。”①

之所以说利用外资是社会主义公有制经济的“补充”，一是在于利用外资数量的比重；二是在于利用外资作用的性质。从第一个方面看，利用外资的数量只占整个经济较小的比重，从而才称之为“补充”，否

---

① 《邓小平文选》第3卷，人民出版社1993年版，第110页。

则就成了“主体”。邓小平在谈到特区经济时指出，那里公有制是主体，外商投资只占 1/4，因此特区姓“社”不姓“资”。列宁在苏俄“新经济政策”时期，也曾设想把巴库油田的 1/4，格罗兹尼的 1/4，森林资源的 1/4 以及一些工厂等等租让给外国辛迪加。即便是这个很大胆的设想：租让出去的资源和企业也只占少数，正如列宁所说，如果我们只是把少数工厂租让出去，而把大部分工厂保留在自己手中，那租让并不可怕；当然，如果苏维埃政权把自己的大部分工厂拿去租让，那是十分荒唐的，那就不是租让，而是复辟资本主义①。从第二个方面看，利用外资的作用性质是有益于发展社会主义经济的，从而才称之为“补充”。就外资本身姓“资”姓“社”的辨析，其意义是不重要的。外资本身就是姓“资”，你说它姓“社”外国资本家也不同意。列宁称租让制企业是国家资本主义性质的经济。邓小平对中外合营企业也只是说有一半是社会主义的。因此，问题不在于“外资”本身的性质是姓“资”还是姓“社”，问题在于“利用外资”这件事、这个举措的性质如何。它同我国改革开放、现代化建设的其他举措一样，姓“资”还是姓“社”，判断的标准，应该主要看是否有利于发展社会主义社会的生产力，是否有利于增强社会主义国家的综合国力，是否有利于提高人民的生活水平。通过吸收、利用外资，不仅可以解决我们资金的不足，还可以给我们带来技术、管理、信息、市场、税收、就业等等方面的益处，而且外商投资企业受到我国整个政治、经济条件的制约，归根到底是有利于社会主义的。因此我们说利用外资是社会主义经济的有益补充。

自力更生，也是社会主义经济本质特性的要求。资本主义制度的本质决定了它们除了由生产国际化、市场经济客观规律决定的正常的国际经济交往外，也存在由资本主义制度本性决定的对落后国家的经济剥削。而社会主义国家的经济发展，不能靠对别国的剥削和掠夺，也不能靠西方国家的援助。“生气勃勃的创造性的社会主义是由人民群众自己创立的。”② 社会主义的发展必须主要靠本国人民自己的力量，自力更生，艰苦创业。另外，自力更生还是我国具体国情的要求。中国的国情仅国家大这一点，就使得世界上任何国家都不可能包办代替来解决中国

① 《列宁全集》第 41 卷，人民出版社 1986 年版，第 151 页。

② 《列宁全集》第 26 卷，人民出版社 1990 年版，第 269 页。

的问题。世界上有一些小国可能会主要依靠外国的资金、技术，在一个时期迅速发展起来，而“中国这样的社会主义大国，不可能走‘捷径’”①。中国的事情要靠中国人自己的力量来办。因此，自力更生成为我国社会主义革命和建设一贯坚持的指导方针。在我国进入社会主义现代化建设、改革开放的新时期，邓小平重申了这一原则，他在1982年9月党的十二大开幕词中指出：“独立自主，自力更生，无论过去、现在和将来，都是我们的立足点。”②

但是，以自力更生为主，并不意味着闭关自守，盲目排外，并不是拒绝国际经济合作与交流。社会主义经济要更好地发展，必须不断扩大由生产国际化客观规律决定的平等互利的国际经济交往。对此邓小平指出：“像中国这样大的国家搞建设，不靠自己不行，主要靠自己，这叫做自力更生。但是，在坚持自力更生的基础上，还需要对外开放，吸收外国的资金和技术来帮助我们发展。”③ 对外开放，利用外资和技术，有助于增强自力更生的能力，有利于社会主义经济的发展。

只要我们坚持公有制为主、自力更生为主，就可以大力引进外资的有益补充作用。从我国社会主义经济发展的需要来看，目前我国引进、利用外资不是太多，仍然要像邓小平曾说的那样，要多吸引外资，要多搞点“三资”企业，不要怕。为什么不怕？“因为我国是以社会主义经济为主体的。社会主义的经济基础很大，吸收几百亿、上千亿外资，冲击不了这个基础。”④ “相反地，吸收外资也好，允许个体经济的存在和发展也好，归根到底，是要更有力地发展生产力，加强公有制经济。”⑤

二、中国利用外资的基本实践

中国利用外资的伟大实践已历17年而且将继续下去，本节就这一

① 《邓小平文选（1975—1982年）》，人民出版社1983年版，第221页。
② 《邓小平文选》第3卷，人民出版社1993年版，第3页。
③ 《邓小平文选》第3卷，人民出版社1993年版，第78—79页。
④ 《邓小平文选》第3卷，人民出版社1993年版，第65页。
⑤ 《邓小平文选》第3卷，人民出版社1993年版，第149页。

实践过去的发展和今后的继续，进行分析和论述。

（一）17年利用外资的状况

1. 直接利用外资概况

引进外商来华直接投资，是我国对外开放的显著标志和基本形式之一。自1979年7月至今的17年，大体上为四次浪潮或四个阶段。

第一次浪潮（1979—1983年）：引进外商来华投资兴办“三资”企业，这是我国实行改革开放政策后出现的一个全新事业，就连“合资企业”这个概念也是开放初期才从国外引进的。以1979年7月我国颁布第一个《中外合资经营企业法》为开端，以1980年8月国家批准成立深圳、珠海、汕头、厦门四个经济特区为契机，出现了我国吸引外商直接投资的第一次浪潮。当然，这4年多还只是个初始阶段，“三资”企业主要是在经济特区，外资来源基本是港澳资本，引进外资项目的数量和金额尚不多。

第二次浪潮（1984—1987年）：以1984年4月国家批准14个沿海开放城市及其所含13个经济技术开发区，1985年国家批准长江三角洲、珠江三角洲、闽南三角地为沿海经济开放区为契机，出现了我国吸引外商直接投资的第二次浪潮。加上第一次浪潮，这两次投资浪潮的8年多（1979年7月至1987年底），全国共批准成立“三资”企业10000余家，协议外资金额206亿美元。可以说在“三资”企业项目数量、金额上已初具一定规模。而且在地区分布上已不仅限于南方几个“点”，而是由南向北延伸遍及我国东部沿海。在这一阶段，我国有关“三资”企业的法规体系进一步完善，包括外资企业法、涉外经济合同法、投资比例规定、进出口规定、外汇平衡规定、贷款办法、财务管理规定、会计制度、人事工资规定等等，都在此一阶段相继出台。

第三次浪潮（1988—1991年）：1988年我国进一步扩大对外开放，沿海经济开放区的范围扩大到辽东半岛、山东半岛和沿海其他地区规定范围内（如河北省秦、唐、沧地区）开放城市的市区、重点县和城关区等，批准海南建省并成立特区，1990年又决定开发、开放上海浦东新区。这些举措带来我国吸引外商直接投资的第三次浪潮。在1988年至1991年的4年里，全国共批准“三资”企业项目30000余个，为前8年总和的 3 倍，协议外资金额 317 亿美元，为前 8 年总和的 1.54 倍。这样，经过三次投资浪潮，到 1991 年底，全国累计批准成立“三资”企业 42027 家，协议外资金额 523.4 亿美元，实际使用外资金额 323.7 亿美元。

第四次浪潮（1992 年至今）：1992 年，借邓小平南方视察谈话的东风，我国对外开放从沿海到内陆全面铺开，除了原来的沿海开放（经济特区、沿海开放城市、沿海经济开放区等）继续发展外，还出台了沿边开放、沿江开放和内陆城市开放的一系列新举措。以此为契机，我国引进外商直接投资再掀新的浪潮。1992 年新批外商直接投资项目 48764 个，协议外资金额 581.2 亿美元，实际使用外资金额 110.1 亿美元（无论是新批项目个数，还是协议外资金额，1992 年这 1 年都超过在这之前的 13 年的总和）。1993 年继续高速增长，新批项目数 83437 个，协议外资金额 1114.4 亿美元，实际使用外资金额 275.2 亿美元。1994 年新批项目数 47490 个，协议外资金额 814.06 亿美元，实际使用外资金额 337.87 亿美元（增长 22.77%）。1995 年新批项目数 37126 个，协议外资金额 909.67 亿美元，实际使用外资金额 380.82 亿美元（增长 11.61%）。这样，到 1995 年底，我国累计批准外商投资项目 25.8 万个，协议外资金额 3957 亿美元，实际使用外资金额 1354 亿美元。

2. 间接利用外资概况

我国间接利用外资包括借用外资和国际证券投资两种方式。

（1）借用外资。速度、规模——1978 年底召开的十一届三中全会确立了党的基本路线，我国破除了过去那种“一无外债、二无内债”的束缚，从 1979 年开始起步借用国外贷款，而后经历了一个由少到多逐步发展的过程。第一个时期（80 年代前期）以“十亿美元计”，即借用国外贷款平均每年仅十几亿美元；第二个时期（80 年代后期）以“几十亿美元计”，即平均每年借 50 多亿美元；第三个时期（90 年代前期）以“百亿美元计”，即平均每年借上百亿美元。这样，1979—1994 年，我国借用国外贷款累计实际使用额为 900 多亿美元；截至 1994 年底外债余额 928.06 亿美元。

资金来源——我国借用外资最初是从借用日本贷款起步的，所以直到今天，来自日本的贷款仍居第一位；但来自欧美国家的资金已大大增加；港澳地区仍然是我国获得外部贷款的一个主要来源，但所占比重已经下降。这种外资来源状况的变化，体现了我国债务资金来源逐步多样化。

币种结构——1985 年以前的第一时期，我国借用外资只有日元、美元、马克和港元等少数几种货币，目前已发展到 20 多种，货币构成日趋多样化。但目前日元的比重仍然较高，随着近十多年来日元的升值，无疑增加了我国的债务负担。

期限结构——我国借用的外资中，绝大部分是中长期资金，1994 年末长期外债占全部外债的 88.8%，短期外债所占比重保持在国际公认的“安全线”（20%）以下。这种期限结构是合理的。

利率结构——我国借用外资的前 5 年那个时期，借用的贷款基本上都是固定利率的，后来随着商业贷款的增加（目前其占借用国外贷款的比重已逾 1/2），浮动利率资金也开始增多，但我国借用外资利率的总水平目前尚保持在中低水平线内。

产业结构——借用外资的目的是使用好外资、使之产生效益，而且外资最后还是要偿还的，这就有一个投向哪里效益最佳，即外资投向的产业结构是否合理的问题。我国借用外资的产业结构最初是“基础设施型”的，这是应该的，但是仅限于此不够，目前已逐步开始向“基础设施—出口创汇混合型”转变。这种结构，既强化“瓶颈”产业，增强经济发展后劲（长期借款多投向交通运输、能源、原材料、采掘、机械、化工等基础产业），又兼顾提高出口创汇能力和偿还能力（短期借款多投向轻纺工业、商业、居民服务业等能创汇、见效快的产业）。

总之，我国借用外资已发展到一定规模，随着外债偿还高峰的到来，还本付息负担也是不轻的。但我国借用外资的规模仍然控制在国力所能承受的范围内。1994 年，我国的债务率为 77.8%，偿债率为 9.12%，均低于国际公认的警戒线，即我国外债规模总体上看是安全的。

（2）国际证券投资。在国际资本市场上发行各种有价证券，是随着我国经济的发展、随着国际资本市场筹资证券化趋势，而开辟的我国利用外资的新渠道。它主要包括发行境外债券和境外股票两种方式。

我国向境外发行债券始于 1982 年。这一年，中信银行在日本发行了 100 亿日元武士债券。到 1994 年末，我国发行的境外债券的余额已达100亿美元左右，即13年时间里由最初的1亿～2亿美元，增长了几十倍。我国债券的种类，由最初的企业债券到1993年首次发行政府债券；由最初的“外国债券”扩大到“欧洲债券”。债券的币种也由最初的单一的日元，扩大到美元、德国马克、港元等。

我国向境外投资者发行股票是近几年随着我国企业股份制改革和股票市场发展而出现不久的筹资新形式。它起步于1991年12月，当时上海电真空股份有限公司首次向境外投资者发行人民币特种股票（B股）并于1992年2月在上交所上市，截至1994年底，我国共发行B股56只，筹资24.5亿美元。从1993年开始，我国企业又在境外发行股票并在香港联合交易所、纽约证券交易所等上市，截至1994年底我国已有1.7家企业在境外发行股票，筹资192.3亿港元和9.58亿美元。

总之，17年来我国通过各种方式共实际引进和利用外资2000多亿美元，在我国经济建设中发挥了重要的作用，同时在利用外资的实际工作中也存在着一些问题，有待于在今后的实践中加以解决。

（二）今后利用外资的发展

目前和今后我国利用外资的总的指导思想是“积极、合理、有效”。

1. 我们要积极地利用外资

我们要积极地利用外资，这是由国际分工和我国的国情所决定的，也是为我国利用外资的实践所证明了的。改革开放十多年来，利用外资在加快我国社会主义现代化建设中发挥了重要的积极作用，这些积极作用也正是今后我们之所以仍要积极利用外资的根据所在和目的所在。

利用外资有利于弥补我国国内建设资金的不足。我国是一个发展中国家，资金短缺是长期制约我国经济增长的一个主要因素。十几年来外资的大规模投入，有效地缓解了我国建设资金紧张的矛盾。我国每年实际利用外资占全社会固定资产投资完成额的比重逐年上升。1985年外资占固定资产投资的比重为5.4%，1994年该比重上升到24.8%。

利用外资有利于加快我国经济建设的步伐。引进外资举办的企业、项目形成了我国国民经济中的一种新的经济成分——外资经济，从经济增长的角度看，外资经济为我国经济发展增加了一个新的增长点。1991年我国外商投资企业工业产值为1200亿元，占全国工业总产值的4.4%，而1994年外商投资企业工业产值已逾5000亿元，占全国工业总产值的比重已达 12.2%。

利用外资有利于创造更多的就业机会。截至 1995 年底，已开工的 12 万多家“三资”企业中从业人员已达 1600 万。此外，我国借用外资建设了大批基础设施和基础工业项目，也创造了大量就业机会。

利用外资有利于增加财税收入。主要来源于外商投资企业的涉外税收（不含关税）1991 年为 70 亿元，随着大量外商投资企业的陆续建立和开业，到 1994 年，涉外税收额已增至 390 亿元。

利用外资有利于促进对外贸易和对外经济合作的发展。外商与国际市场有着天然的联系，故外商投资不仅带来资金、技术、设备，也带来了市场、客户、销售渠道、信息；外商投资企业还由于产品档次较高、竞争力较强，能够使产品打入国际市场；加之国家鼓励外商投资企业产品出口，故“三资”企业产品的出口率大大高于国内其他企业，使之越来越成为我国出口的一支生力军。“三资”企业自营出口占全国出口总额的比重，1988 年为 5.20%，1994 年上升为 28.7%，平均每年上升近 4 个百分点。吸收外商投资，也使我国出口产品的加工深度和档次大大提高，有力地促进了我国出口商品结构的改善。

利用外资有利于引进先进技术，促进产业升级。十几年来，外商直接投资带来了一批先进实用技术，填补了我国许多产品技术空白，使许多行业（如汽车、电子、通信等）的大批产品更新换代，一大批老企业得到技术设备改造。不仅直接投资，通过借用外资也引进了大量技术和技术设备，为我国工业新添了大批关键项目，如大型钢铁联合企业、发电厂、通信设施等。

利用外资有利于吸收先进的管理经验。举办利用外资项目，带进了国外先进的生产管理、质量管理、销售和售后服务管理、人才管理、财务管理等一系列管理经验和方法。举办外资项目还培养、造就了一批新型的管理人才。

利用外资有利于社会主义市场经济体制的建立。外商投资企业的大量出现，对形成以国有经济为主导，国有、集体、个体、外资等多种经济成分共同发展的所有制结构起了积极作用。外商投资企业采用国际上通行的企业组织形式，客观上促进了我国国有企业制度的改革。外商投资带进了市场机制和竞争机制并促进了我国市场体系的发育。外商投资企业还推动了我国宏观管理体制的改革。

利用外资在我国经济建设的诸多方面发挥了积极作用，今后我们仍然需要利用外资发挥这些积极作用。因此，我们在利用外资上，要继续以积极的态度，采取积极的方针。这里面不存在“收”的问题。实践证明，利用外资是加快我国现代化建设的重要条件，它已成为建设有中国特色社会主义伟大事业的不可缺少的组成部分。

2. 我们要合理地利用外资

利用外资的积极作用实现得好不好、充分不充分，关键还要看我们的工作，看我们的本事，要取决于我们对利用外资的正确决策、措施配套、法制健全、管理严密以及经验积累。目前，我国利用外资已进入了一个新的发展阶段，为更多更好地利用外资，我们要讲求合理确定外资使用的规模、结构和方向。

合理地利用外资的总量规模。10 多年来，我国利用外资的增长速度较快、规模逐步扩大。到 1995 年底，累计批准的外商投资企业项目数已达 25 万多个，协议外资金额 3957 亿美元，实际使用外资金额 1354 亿美元，特别是 1992 年和 1993 年的实际使用金额分别比上年增长 1.52 倍和 1.50 倍。1979—1995 年我国借用国外贷款累计实际使用额也已达 1000 亿美元。如上所述，这些外资在我国经济建设中发挥了重要的积极作用。无疑我们利用外资的数量规模将继续扩大。但规模的扩大不是不顾主客观条件的盲目扩大。利用外资的数量规模的增长不可能每年都翻番，这除了取决于国外投入方面的条件，更取决于国内吸收方面的条件。今后在引进、利用外资上，要以吸收直接投资为重点，而且直接利用外资的数量规模也要与国民经济发展和国内配套能力相适应；至于借用外资，要根据我国经济发展的需要和偿还能力，做到适度和高效，并建立责权利统一的借、用、还管理体系。

合理地利用外资的产业结构。确定和保障合理的利用外资结构包括诸多方面，外商投资的产业结构是其中的一个重要方面。十几年来，外商投资的行业已涉及到石油、煤炭、交通、通信、冶金、机械、电子、化工、建材、轻工、纺织、医药、种植、养殖、房地产、旅游服务等广阔的领域；目前航空、货运代理、商业、保险、会计事务所等新领域，也开始了利用外资的试点。从国民经济的三大产业来看，1979—1994 年，累计的协议外资金额中，工业项目占 56%，农业项目占 1.4%，第三产业项目占 39.5%。外商投资的产业结构基本上是合理的。但也仍然有一个根据新的形势进一步调整、改善使之更为合理的问题。在新的形势下，应按照国家产业政策积极有效地引导外资投向国民经济急需发展的部门和国家重点经济建设项目。具体说，要使外资主要投向基础设施、基础产业和企业的技术改造，投向资金、技术密集型产业，适当投向金融、商业、旅游、房地产等领域。按照这样的外资产业导向，我国将实施以产业倾斜为主的政策优惠：国家对重点扶植的产业，在资金、税收减免期、国内市场占有率、土地使用费等方面，给予充分优惠；对投资现有企业技术改造，产品能够替代进口或扩大出口的项目，给予适度优惠；其他项目，享受一般国民待遇，并充分发挥市场竞争机制的作用，优胜劣汰。

合理地利用外资的地域投向——近年来，随着中西部地区开放的扩大和利用外资速度的加快，其利用外资占全国利用外资总量的比重逐步提高，但是与沿海地区相比仍有很大的差距。目前，我国利用外资的2/3，其中吸收外商直接投资的4/5以上，集中在沿海地区。随着形势的发展和条件的成熟，在沿海地区改善结构、提高水平的同时，努力促使外资向内陆推进的战略势在必行。通过政策倾斜等措施鼓励中西部地区吸收外资开发利用自然资源，对劳动密集型项目向内陆地区实行梯度转移，这是我国今后吸引外资规划中的一个方向。这样将有利于我国产业结构的层次分布、梯度转移和升级，有利于中西部地区的经济振兴。

3. 我们要有效地利用外资

效益，是投资包括利用外资的最终目的。积极地利用外资也好，合理地利用外资也好，其目的都是更有效地利用外资，使外资在我国经济中能够产生更大的宏观效益和微观效益。其实积极、合理利用外资的内容中，有效利用外资（特别是宏观效益方面）已经是题中应有之义。譬如，我们要把利用外资的总量与国内经济增长、国内配套能力结合起来，就是为了防止因两者的失调可能带来的投资规模失控、债务危机之类的问题而影响我国经济的总体效益；我们要把引进和利用外资同调整产业结构和产品结构、提高技术水平和管理水平更好地结合起来，就是为了引导外资投向国民经济急需发展的部门、高技术含量和高附加价值部门，以提高外资使用的宏观效益；我们要把利用外资同生产力布局结合起来，就是为了使我国不同地区的各种区位优势通过利用外资而充分地发挥出来，变为现实的区位效益。

有效地利用外资从微观效益方面看，主要是从每个外商投资企业项目的质量、效果出发，在三个环节上做好工作。上项目前，对外商投资要坚持竞争择优的原则，防止片面追求数量、速度，“饥不择食”上项目，否则就会为一些项目投产埋下隐患从而导致效益不佳。在这个环节上，做好对外商的资信调查，搞好可行性研究，是选好项目、选好合作伙伴的关键。上项目中，要做好国有资产评估，包括无形资产的评估，不能片面追求合资成功率而对国有资产不评或少评，使得国有资产在出资阶段就受到损失；同时对外商投资的设备、技术要做好价值鉴定工作，防止尚未投产见效就在出资阶段因外商高报财产价值而使我方受到损失。上项目后，要加强企业管理，使企业在市场竞争中产生较好的效益；不仅使整个企业见效益，而且合资的中方和国家有关部门还要加强管理，避免合资的外方通过“转让定价”进行利润转移，而使中方利益受到损害；要依法管理外商投资企业，保护中外投资者和职工的正当权益。

总之，我国利用外资要以优化结构、增强总体效益为中心，利用外资工作要从重数量、重速度转移到重结构、重质量、重效益上来，把利用外资的数量与实际效果统一起来，使利用外资在我国经济建设中更好地发挥作用。

世界发展不平衡与世界区域一体化的相互作用

（1997 年 5 月）

发展不平衡和区域一体化，是当代世界两个并行发展的趋势，同时也是两个相互影响相互作用的趋势。发展不平衡，既有动态（速度）不平衡与静态（水平）不平衡之分，又有内部不平衡与外部不平衡之别；区域一体化，既有一体化内涵（程度）深化与一体化外延（规模）扩大之分，又有一体化向心力与一体化离心力之别。这种种因素相互影响、相互作用的交织、组合，形成了种种复杂的情形。

一、外部不平衡对一体化的向心力作用

一个国家或区域集团、组织与外部的发展不平衡，无论是静态观察实力水平的不平衡还是动态观察增长速度的不平衡，都会给其加入或结成区域一体化组织以及区域一体化的发展以向心力。

（一）与外部经济增长速度的不平衡给区域一体化以向心力作用

世界上任何一个国家都不愿自己的经济发展落在别的国家后面，都

力求以较快的速度发展自己的经济，而结成区域一体化组织则是促进本国经济发展的有效途径。今天的世界是开放的世界。国际分工、世界市场、开放性的世界经济的发展，客观上要求世界各国要更快、更好地发展自己的经济，必须跨越国家界限，参与国际分工、世界市场活动和世界经济一体化进程，并通过这种参与，运用国外资源、国外市场来促进本国经济的发展。然而，全球性经济一体化，由于更多地受不同民族国家界限的束缚，从而其一体化局限性较大，不可能达到很高的程度。在这种情况下，与全球性经济一体化艰难发展的同时，一种较少地受不同民族国家界限束缚的国际经济一体化——区域一体化，应运而生。

区域一体化的市场，兼有国际市场和国内市场两者的长处。从市场外延看，区域市场也是一种国际市场，突破了国内市场的界限；从市场内涵看，区域市场比一般国际市场自由度更高，无论何种层次的区域一体化，都有比一般国际市场更多的市场内部优惠，而像目前一体化层次最高的西欧共同市场，其障碍已不多，市场自由度越来越接近一个国家国内市场的自由度。这无疑会使参与区域一体化的国家之间商品和其他生产要素的流动加快（如欧共体从其成立的 1958 年到其关税同盟实施的 1968 年，成员国间的贸易年均增长 16.5%，大大高于同期整个世界贸易的年均增长速度），从而促进相关国家经济的发展。可见，区域一体化不在于有关各国经济力量的简单相加，而在于有关国家通过联合产生的协作力，而这种协作力使各相关国家受益，使其经济更快地发展。正因为如此，人们估计若本世纪末欧洲一体化目标实现，则会给西欧经济的发展注入新的活力；人们估计北美一体化的实现将使长期不景气的美国经济有所改观。发展中国家也基于同样的动因谋求区域一体化。1992 年墨西哥与美、加签订一体化协定，是想借助于北美自由贸易协定来加快经济发展，成为一个经济强国；1995 年越南加入东盟是期望入盟后能促进东盟各国对其投资和扩大贸易，从而在经济上腾飞为一条新的“龙”。

（二）与外部经济实力地位的不平衡给区域一体化以向心力作用

在世界经济联合协调趋势发展的同时，世界经济竞争、斗争趋势也在发展。经济竞争、斗争靠的是经济实力、水平、地位，而世界各国经济实力、水平、地位是很不平衡的，有经济大国、小国之分，经济富国、穷国之别。在这种情况下，任何一个国家为了在经济竞争中谋取本国的利益，都力求一个相对优势的经济实力地位。通过结成区域一体化集团，不失为增强自身经济实力地位的一个途径。

“富”而“小”的国家，需要通过区域一体化增强经济实力地位从而与外部竞争、抗衡的能力。50 年代后期的西欧各国，经过战后 10 多年的较快发展，经济实力已有提高，但是若就任何单独的一个国家与经济大国美国相比，经济实力差距仍然很大的（如 1957 年西欧国民生产总值最高的法国仅相当于美国国民生产总值的 1/8），单枪匹马，谁也难以与美国匹敌。只是西欧国家联合起来，才形成了一股可观的经济实力，大大缩小了同美国经济实力对比的不平衡，进而也就有了欧共体成立后的 60 年代，在关贸总协定“肯尼迪回合”贸易谈判中，美国被迫坐下来与西欧以对等的地位（而非霸主的地位）协商解决美欧之间的经贸问题。欧共体成立近 40 年来，与外部的经济不平衡所产生的一体化向心力作用始终存在着。今天欧盟的 15 个成员国，大部分是中小发达国家，但作为一个区域集团却是世界最大的经贸集团。其经济实力早已超过了包括美国在内的世界任何一个国家。而且以欧盟（过去欧共体）的身份，而非单独一个欧洲国家的身份与其他国家进行协商、谈判解决经贸问题（如在关贸总协定“乌拉圭回合”谈判中美欧农产品问题之争），显然是更为有利的。

东盟是这种一体化向心力作用另一个相似的例子。东盟 7 国多是中小国家，且经济蒸蒸日上。其中的新加坡人均国民生产总值已逾 2 万美元，可谓“富国”，但其经济实力规模只有年国民生产总值 600 多亿美元，可谓“小国”，单枪匹马的经济实力地位并不引人注目。然而 7 国结成的区域集团东盟，却不能受到世人的重视。1995 年 5 月，东盟和欧盟两个区域一体化组织的官员在新加坡开会，商定召开亚欧会议（欧亚“最高层对话”的建议是 1994 年 10 月新加坡提出并得到东盟各国赞同的），并于 1996 年 3 月实现了东亚 10 国与欧盟 15 国历史性的首脑会晤。从中可见东盟这个主要由中小国家组成的区域一体化集团，其在世界上的经济实力地位远非其中单独一国可比。

“富”而“大”的国家，需要通过区域一体化增强经济实力地位从而与外部竞争、抗衡的能力。美国既是一个世界经济富国（其 1996 年的人均国内生产总值为 29000 美元），又是一个世界经济大国（其 1996 年的国内生产总值为 7.5 万亿美元）。但是美国在世界经济中的实力地位相对而言已比战后初期大为下降。1950 年，在美欧元间、美日元间的经济实力对比不平衡状况中，美国占有很大的优势，日本的国民生产总值仅相当于美国的 6%，西欧 6 国（即后来成立的欧共体 6 个创始国）的国民生产总值也仅相当于美国的 1/4，而 40 多年后的今天，日本国民生产总值已相当于美国的 60%，欧盟则超过了美国。所以，美国尽管仍是大国、富国，但在与外部经济实力对比不平衡状况已大为变化的情况下，单靠自身一国的力量与外部竞争、抗衡，已感不足，需要通过与一些国家结成区域一体化组织来增强自己在世界经济中的实力地位。这样，自 80 年代末，以美国为主导的北美区域一体化也开始起步。差不多是在欧洲联盟条约正式生效（1993 年 11 月）和亚太经合组织非正式首脑会议首次召开（1993 年 11 月）的同时，1994 年 1 月 1 日，北美自由贸易协定正式生效。不仅是美国，同样的一体化向心力作用也发生在其他大而富的国家身上。例如欧盟中的德国，经过 50 年的发展，已经由战争的废墟上崛起为一个世界经济大国、富国，但是德国也需要通过加强欧洲区域一体化，借助于西欧其他国家的力量来增强、提高自身在世界经济中的实力地位。

“穷”而“大”的国家，需要通过区域一体化增强经济实力地位从而与外部竞争、抗衡的能力。在今天的世界上，一些块头较大的国家由于自身经济实力水平不高而影响其在世界经济中的地位。为了弥补这一缺陷，聚合自身所在地区的国家建立区域一体化集团，并在其中发挥主导或重要作用，无疑会增强该地区大国在整个世界经济中的实力地位。1995 年 12 月，由印度、巴基斯坦、孟加拉国、斯里兰卡、尼泊尔、不丹和马尔代夫 7 国组成的南亚区域合作联盟决定，拟在 2000 年建立一个自由贸易区。这一区域一体化的向前迈进，对该大小不等的 7 国，各有不同的动因，但 7 国中的大国印度，通过借助于本地区各因形成的合力来提高自身在世界经济中的实力地位，这一动因是该区域一体化向心力的一个重要方面。

“穷”而“小”的国家，需要通过区域一体化增强经济实力地位以及与外部竞争、抗衡的能力。经济不发达的中小国家是世界经济中的多数，也是世界经济实力水平不平衡中处于劣势的国家类型。从单一国家个体看，实力地位低下、竞争、抗衡能力弱小，但若结成区域一体化集团，则会增强集体自力更生的能力，提高与外部竞争、抗衡的实力地位。这种一体化的向心力作用，促进了 80 年代以来遍及亚、非、拉各地区，各种南南合作性质的区域一体化的较快发展。例如由布基纳法索、科特迪瓦、马里、塞内加尔、多哥、尼日尔和贝宁等 7 个非洲小国于 1994 年 8 月 1 日正式成立的西非经济货币联盟，在 1996 年 5 月 10 日召开的 7 国首脑会议上，作出了到 1998 年 1 月 1 日实现工业品可免税在成员国间自由流通的一体化日程安排。这个一体化进程，在世界各区域一体化组织中比较而言，可以说是较快的。

（三）与外部政治实力地位的不平衡给区域一体化以向心力作用

经济是政治的基础，政治是经济的集中表现。经济不平衡会发展为政治不平衡，经济不平衡状况也要求有相应的政治不平衡状况。正如任何一个国家都力求一个相对优势的经济实力地位一样，任何一个国家也都力求一个相对优势的政治实力地位；正如单独一个国家经济实力地位有其局限性一样，单独一个国家政治实力地位也有其局限性；因此，正如结成区域一体化集团可以成为增强自身经济实力地位的一个途径一样，结成区域一体化集团也可以成为增强自身政治实力地位的一个途径。

当然，根据世界各国情况的不同，这种与外部政治实力地位的不平衡对区域一体化向心力作用的表现，也有不同：一是“聚众增强”作用。一些中小国家为了在政治实力地位不平衡的世界上拥有相对有利的实力地位，通过区域一体化把不甚强大的单个国家的力量聚合为一个增强了整体实力面对世界。更有甚者，通过“聚众”不仅可以“增强”，还可以“成强”——以区域集团（而非单独一个国家）的身份成为世界格局诸极中的一强。西欧一体化起步之初，除了前述与外部经济不平衡产生的向心力作用外，也有与外部政治不平衡产生的向心力作用，当时西欧国家只有联合起来，才能具有摆脱作为美国的政治小伙伴地位的实力，才能增强与所谓“苏联威胁”相抗衡的能力，才能拥有在国际事务中发挥举足轻重作用的权力。面向 21 世纪的欧洲一体化也同样，既有经济的动因，又有政治的考虑。1996 年 1 月，德国总理科尔在比利时的一次讲演中就曾强调，“欧洲一体化能否实现，关乎 21 世纪的欧洲对战争与和平的选择”。在世界上政治实力地位弱小的发展中国家，“聚众增强”更是其区域一体化的一个重要动因。1995 年 7 月，东盟正式接纳越南为其新的成员。对于东盟一体化的这一举动，人们认为其战略意图大于经济考虑——对于东盟来说，接纳越南不会给它带来多少直接的经济好处，但从长远战略来说，东盟最终会成为一个有 10 到 12 个成员国的组织，将有能力同大国在本地区的政治和经济意图相抗衡。二是“挟众增强”作用。在世界政治发展不平衡的情况下，特别是在世界趋于多极化的今天，即便是大国、强国也越来越感到单靠自身的实力在世界上行事，力不从心，也需要通过区域一体化，挟众多国家的力量来增强提高自身在世界政治中的实力地位。拿美国来看，战后相当一个时期与之抗衡的大国只有苏联，苏联崩溃后，尽管美国成了唯一超级大国，但同时又面对后来崛起的世界多强。这样，美国与其他北美国家搞一体化，进而再使北美与南美一体化，就不仅具有一体化的经济动因，同时借一体化增强美国与愈益一体化的欧洲、东亚相抗衡的能力的政治上的考虑，也在其中了。同样的与外部政治实力地位不平衡给区域一体化的内心力作用，也发生在日本、德国等大国、强国身上。三是“依强增强”作用。一些自身政治实力地位较低的小国、弱国，通过与某个或某几个大国、强国结成区域一体化组织，可以依靠、借助于大国、强国的威势，增强、提高自身在政治发展不平衡的世界上的政治实力地位。

二、内部不平衡对一体化的离心力作用

内部发展不平衡是分化、分离、离心力的渊薮。意大利南北的不平衡，使得分离主义倾向愈来愈甚。1996 年 5 月 4 日，意大利北方联盟领导人博西在其自行成立的议会上说，联邦主义已经过时，分裂具有战略重要性，现在是像 1993 年的捷克斯洛伐克那样，坐在桌旁分割国家的时候了——把意大利繁荣的北方和欠发达的南方一分为二。在一个主权国家内部不平衡尚且会产生离心力，而在多个主权国家组成的区域一体化集团内部，不平衡产生的离心力作用会更甚。这种内部不平衡的离心力作用，既表现为影响区域一体化的深化，又表现为影响一体化的扩大。

先来看看这种内部不平衡产生的离心力对区域一体化“内涵”深化的作用。一体化组织内部各成员国发展不平衡，使各国在一体化深化过程中的利益也不平衡，从而各国对一体化深化的态度也不尽相同，甚至

大相径庭；同时，一体化深化的意义在于统一的目标以及相应于该目标的相同或相近的标准、条件，而各成员国间愈是不平衡，意味着愈是难以形成相同、相近的标准、条件，从而一体化深化的目标愈难以实现。

欧洲一体化，当其在减免关税这一较低的阶段，浅层次地进行时，还是比较顺利的，比原计划提前2年建立了关税同盟。但是，一体化越深入，内部不平衡产生的离心力作用越凸显。农业是欧共体一体化较深入的领域，共同体集中掌握的财力（共同预算）大多用于调节和干预农业。但农业又是共同体各成员国间不平衡很严重的一个领域，相应于农业上的不平衡状况，共同体各成员国在共同农业政策上的得失是不同的。法国是最大的受益者，它在共同预算农业基金保证支出中比重一般达30%左右，差不多抵偿了它对共同预算的缴款份额。英国则是共同农业政策的最大受损人，既要承担向共同预算提供很大份额的牺牲，又要作为共同体国家中最大的农产品进口国而承担农产品高价的损失。鉴于这种情况，在欧洲共同农业政策上的分歧和矛盾主要表现为英法矛盾，这一矛盾从70年代一直持续到今天。在这期间，英国要求持续补偿其在农业上的损失，多次不惜以退出共同体相要挟。农业这一领域尚且如此，而欧洲一体化正在为实现“马约”规定的经济货币联盟这个更深层次的一体化目标而努力，这要求各成员国有更高的统一标准和条件——包括通货膨胀率、利率、财政赤字、国债、汇率等方面的标准。但由于各国发展不平衡，目前欧盟15个成员国达到了规定的5项经济标准的只有卢森堡等两三个国家。在这种情况下，欧盟能否如期实现原定的一体化目标，具有相当大的难度。甚至在欧盟中有更为悲观的看法——鉴于欧洲联盟内部在单一货币等问题上分歧严重，可能导致欧盟分裂，正如约翰·帕尔默于1995年在英国《卫报》上发表文章中所说，“我们大家都可能会对欧盟解体的速度要超过一体化的速度感到惊讶”。

亚太区域一体化“内涵”的深化受内部不平衡产生的离心力作用的影响，比欧洲更甚。亚太经合组织作为一个区域一体化组织，其特点是松散、不平衡。该组织目前的18个成员，成分复杂、千差万别。既有亚洲的中国、日本、韩国、东盟国家等，也有大洋洲的澳大利亚、新西兰等和美洲的美国、加拿大、智利等，这意味着在文化背景上有佛教、伊斯兰教、天主教等等的差别；既有资本主义国家，又有社会主义国家，这意味着在政治、经济制度上存在着差别；既有美国、中国、日本这样的大国，又有新加坡、文莱、巴布亚新几内亚这样的小国，这意味着在经济、政治实力地位上存在着差别；既有美国、日本等人均国民生产总值2万～3万美元的发达国家，又有韩国、阿根廷等人均国民生产总值5000～10000美元的新兴工业化国家，还有中国、印度尼西亚、菲律宾等人均国民生产总值不足1000美元的发展中国家，这意味着在经济发展阶段、水平上存在着差别；既有近10多年来平均经济增长率不足3%的美国、加拿大、澳大利亚、新西兰、墨西哥、菲律宾等国家，又有增长率超过6%的中国、韩国、泰国、新加坡、马来西亚、中国香港、中国台湾等国家和地区，这意味着在经济增长速度上存在着差别。这种种内部差异、不平衡状况，使得亚太地区形成一体化程度较高的区域组织十分不容易。即便较低层次的贸易与投资自由化的一体化目标，通过何种手段、何种途径来实现，成员们的看法也并非一致。正如日本外交政策分析家佐佐木孝明1995年10月24日在《世界周报》上发表的文章所说，“以美国为主的发达国家和亚洲发展中国家对如何实现贸易和投资自由化的观点存在分歧。如果弄巧成拙，亚太经合组织内部就可能出现巨大裂痕，亚太经合组织的向心力就可能下降。”

区域内部不平衡产生的离心力不仅作用于区域一体化“内涵”的深化，也作用于区域一体化“外延”的扩大。一个区域一体化组织经济实力地位的增强，既靠“积聚”，又靠“集中”。所谓“积聚”，是指一体化组织现有成员国以其自身的经济发展而逐步积聚该区域组织的经济实力。所谓“集中”，是指一体化组织通过“外延”的扩大，增加新的成员而使该区域组织的经济实力增强。外部的不平衡给一体化以向心力作用，促进一体化“外延”的扩大；但一体化“外延”的扩大、成员的增多，又使一体化组织内部不平衡加剧，从而给一体化带来离心力。所以，一体化“外延”的扩大取决于两种相互矛盾的力量合力的作用——外部不平衡产生的向心力要求“外延”的扩大，内部不平衡产生的离心力约束“外延”的扩大。

东盟这个主要由中小国家组成的区域一体化组织，为了增强其与外部对比的实力地位，有着“外延”扩大的动力。像1995年越南的入盟，也的确起到了加强东盟实力地位的作用。但是，越南的入盟使东盟内部的不平衡性加剧，使得东盟一体化遇到了来自自身内部的新的挑战。越南当前的经济发展水平比其他东盟成员落后至少20年，因而人们担心越南有可能成为东盟各国经济关系中的包袱。而且作为一个较小的组织取得共识是比较容易的，而越南的加入将使东盟取得共识，可能变得更为困难。东盟“外延”扩大、增加了越南一个新成员，而且把与越南同样甚至更为落后的缅甸、老挝、柬埔寨等扩大进来，东盟不能不在一体化“外延”扩大到10国的诱惑与一体化“内涵”深化难度增加的挑战面前，仔细权衡。

上述区域内部不平衡产生的离心力对区域一体化“内涵”的深化和“外延”的扩大的影响作用，是客观的，不以人们的意志为转移的。人们不能无视、也不能拗背这一客观影响作用，只能根据各区域一体化组织的具体情况，在一体化发展上作了艰难的、不得不为之的选择。为了使区域一体化能够维持、巩固并继续发展，人们能够做的事无非有三。

第一，使一体化的扩大缓行。欧洲一体化，在80年代末90年代初，随着国际环境的变化和自身发展的要求，对于“外延”的扩大充满了热情，其理想化的成员国数目多达30个。近年来，这种对“外延”扩大的理想和激情为扩大可能带来的内部不平衡的疑虑和担忧所代替。因为扩大的主要对象东欧申请国（波兰、匈牙利、捷克、斯洛伐克、罗马尼亚、保加利亚、斯洛文尼亚、拉脱维亚、爱沙尼亚、立陶宛等）和地中海国家（塞浦路斯、巴耳他、土耳其、突尼斯、摩洛哥等）与欧盟国家有着很大的经济不平衡差距。光是在目前占欧盟共同预算80%的共同农业政策和支援欠发达地区政策这两大支出上，由于东欧等国的加入就会使其困难重重，甚至欧洲有的人认为，“如果把这两项政策都运用于东欧国家，那将会导致欧洲联盟破产。”如果东欧10国加入欧盟，欧盟就要给这10个欠发达的国家大量的钱，这不仅会给欧盟预算带来沉重的负担，也会增加那些目前正需要这方面资金的欧盟国家（西班牙、葡萄牙、爱尔兰、希腊等）的忧虑和不满。再如东欧10国的国内生产总值仅相当于欧盟15国的4%，而其农田面积却相当于后者的44%，若这些国家入盟，不仅欧盟的负担更沉重（目前欧盟共同农业政策消耗了欧盟总额为700亿英镑共同预算的近一半的款额）而且还将使本已矛盾重重的共同农业政策支出更加难以施行，得益于共同农业政策的法、意等国，明显不愿意改变目前的这项政策。因此，欧盟的扩大已经缓行，本世纪内不再增加新的成员。欧洲一体化的扩大，过去曾用

20年时间分批完成了英国、爱尔兰、丹麦、希腊、西班牙、葡萄牙、奥地利、瑞典、芬兰等9国的入盟，从而由欧共体6个创始国扩大为欧盟15个成员国，今后由15国扩大为25国甚或愈30国，或许也要经过20年的时间。亚太区域一体化的扩大也同样放慢了速度。1989年成立的亚太经合组织在5年内就使其成员增加了50%，由最初的12个扩大到1994年的18个，这种规模庞大且内部松散的状况，使得该区域一体化即便是在低浅的层次上进行也是不容易的。1996年5月召开的亚太经合组织第二次高级官员会议做出了不急于发展新成员的明智的选举。多数成员同意将已到期的不发展新成员的“冻结期”延长到本世纪末。

第二，使一体化的深化放慢。为适应一体化组织内部的不平衡、考虑到各个成员对一体化轻重缓急的不同要求，一体化的深化不能急于求成，而是要循序渐进、稳步发展，以求突破。1994年确定的亚太区域一体化，尽管是比较低浅层次的一体化，其实现所需的时间也是较长的——15年至25年。《马约》规定的欧洲一体化目标，根据近年来的实际情况看，相当多的成员国是难以如期达到的，甚至连一体化的积极促进者法国能否按原定时间达到一体化趋同标准都相当困难。在这种情况下，明智的选择是放慢一体化的速度，正如西欧在70年代曾不得不放慢其货币一体化的速度一样。1996年3月举行的欧盟特别首脑会议“都灵会议”已有修改、推迟《马约》规定的欧洲一体化进程的意向，未来一年内还要就此问题进行政府间的会谈。

第三，使一体化深化多种速度、多种层次。在一体化组织内部不平衡的情况下，如果强求一体化的较快发展，则会有一些成员不愿意、也不可能跟上一体化的步伐；如果放慢一体化的进程，则会另有一些成员得不到满足而耿耿于怀。在这种情况下，一体化组织内部，多种速度、多种层次地进行一体化，就成了一种不得已、但又是现实的选择。东盟1995年一体化扩大、增加了越南这个新成员。一方面，东盟一体化深化的速度就原有成员而言并不放慢，反而加快——将实现关税减让的最后期限提前5年，在2003年建立东盟“共同实效特惠关税”；另一方面，照顾到越南经济发展比其他东盟国家落后、现行关税税率比其他东盟国家高得多这种不平衡现状，同意越南的关税减让的期限推迟3年，到2006年再实现“共同实效特惠关税”。亚太区域一体化根据内部的不平衡状况，对于经济发展水平不同的成员，制定了不同的一体化时间表，即亚太经合组织中的工业发达国家在2010年以前实行自由、开放的贸易与投资，发展中国家和地区在2020年以前实行自由、开放的贸易与投资。欧盟内部的不平衡差距相对于其他区域一体化组织是较小的，但随着欧洲一体化的深化（其一体化层次是目前世界最高的）和外延的扩大，目前也陷入了一个矛盾之中——若坚持其一体化的高层次和较快的速度，就有使其内部纷争扩大甚至一体化分崩离析的危险；若降低其一体化层次、大大放慢一体化的速度，又有使欧盟在经济上变成一个低层次的自由贸易区，政治上滑向一个松散的国家协会，从而失去欧盟的活力、实力的担心。于是人们认识到欧盟成员国在所有的领域都齐步走是难以办到的，出路是建立一个高层次充分一体化的、扎根于大欧洲中的“小欧洲”，其成员至少在三个至关重要的方面（货币、外交和防务）拥有共同的主权；同时，15国乃至更多成员国的欧洲一体化其他政策仍完全可以存在。这种大欧洲中的“小欧洲”的看法，实际上与近年来欧洲出现的“三层同心圆欧洲”（欧盟委员会主席德洛尔、法国前总理巴拉迪尔等提出），“多车道、多速度欧洲”（英国人说法），“西欧极”（法国外长德沙雷特用语），“核心欧洲”（德国人主张）等，异曲同工。当然，区域一体化多种速度、多种层次，并非理想化的选择。对欧洲一体化持比较消极态度的英国就认为“如果欧洲舰队不能使所有的船只协调一致，那么舰队就不复存在”（英国外交大臣里夫金德语）。然而，面对区域内部不平衡产生的离心力对一体化的客观影响作用，使一体化的扩大缓行，使一体化的深化放慢，使一体化多速度、多层次，都是人们不得不为之的现实选择。

三、区域一体化对世界发展不平衡的影响作用

不仅世界发展不平衡对区域一体化有着重大的影响作用；反过来，区域一体化也影响着世界发展不平衡。区域一体化对世界发展不平衡的影响作用，体现在两个方面。

（一）区域一体化加剧世界发展不平衡

区域一体化内外有别的特点，会加剧一体化组织与外部的不平衡。任何一种区域一体化，都有内部的优惠性与外部的非优惠性甚至排他性

的差别待遇。在这种情况下，一体化组织的成员国在享有内部优惠的情况下，会更好地发展；而一体化组织之外的国家不仅不会享有特殊的优惠待遇，反而可能受一体化组织排他性衍生的保护主义的伤害而影响其经济的发展。近年来区域一体化的一个趋势，是经济发达的国家，或者再加上经济发展势头强劲的国家，逐渐形成了少数几个“工业化——新兴工业化”国家集团，而把广大发展中国家抛在之外。这个区域一体化的趋势可能会加剧整个世界南北不平衡。欧洲联盟、北美自由贸易区和亚太经合组织这三大区域一体化组织，其成员加在一起不过三十几个国家和地区，但包含世界几乎所有发达国家和经济发展势头强劲的国家，故经济实力占了全世界的八成以上（如三大组织的贸易额占世界贸易总额的85%），而被抛在三大组织之外，与之对应的是150多个国家和地区，其中的绝大多数是越来越与世界经济发展主流脱离的不发达国家。

作为世界经济三大中心的北美、欧洲、东亚，不仅自身在加强本地区的一体化，而且三者相互之间一体化也初露端倪。北美与东亚已经组成亚太经合组织；欧洲（15国）与东亚（10国）也召开了首届“亚欧会议”（1996年3月）；北美与欧洲力图成立“欧美自由贸易区”。这态势会加强相关的30多个国家（地区）之间的经济联系从而有助于这些国家（地区）的经济发展，但对世界其他100多个国家和地区却不是一个好兆头。难怪世界贸易组织总干事鲁杰罗对拟议中的“欧美自由贸易区”大泼冷水。他指出，乌拉圭回合谈判取得的最大成就之一就是把发展中国家进一步纳入了世界贸易体制，而美国和欧盟力图成立北大西洋自由贸易区的做法可能会损害这个多边贸易体制。“如果这么多富国建立这样一个自由贸易区，就会让人觉得我们又重新生活在一个分裂的世界上，一边是富裕区，一边是贫穷区”①。

区域一体化不仅会加剧一体化组织与外部世界的不平衡，也可能加剧一体化组织内部的不平衡。各成员国一般都会得益于一体化政策，但在一体化组织内部，经济实力、地位、水平不同的国家，得益的大小、多少是不同的；而且各成员国不仅享受利益，还要承担义务，这种为承担义务付出的代价在有的国家或许会大于一体化带来的利益。匈牙利这

---

① 《萨瑟兰和鲁杰罗皆对“北大西洋自由贸易区”泼冷水》，《世界贸易组织动态与研究》1995年第5期。

个落后于欧盟国家的东欧国家，既朝着加入欧盟努力，同时也存在目前加入欧盟弊多利少的担忧。在匈牙利，一种观点认为，目前加入欧盟不但不会缩小差距，反而会使匈牙利从危机走向危机。加入欧盟而造成的沉重负担和义务会使匈牙利负债累累和社会不稳定，匈牙利政府将丧失用经济政策手段，来保护为生存而斗争的匈牙利工业，这种完全公开的经济在没有保护的情况下，失业人数将达到 100 万。即便是发达国家的英国，也在担心欧洲一体化的深入导致英国相对衰落，而使德国受益、实力增强。特别是对于欧洲货币一体化，英国更是认为具有可能损害英国经济——英国不得不于 1992 年 9 月退出的欧洲汇率机制，是造成英国 60 年来最严重的经济衰退的原因之一；假如英国继续留在欧洲汇率机制内，保持 1992 年的汇率，那么英国的利率、失业率、破产现象和预算赤字就会高得多。假如作为加入欧洲单一货币的一个必要条件。英国必须返回欧洲汇率机制的话，英国的失业率将急剧增高，很可能将达到法国的 12%，甚至达到西班牙的 24%。意大利、西班牙等国，对欧洲货币一体化也有与英国相同的担心。甚至欧洲一体化的积极促进者法国，其通过欧洲一体化加强自己的地位，遏制、约束德国的实力的意愿，也不一定能够实现，很可能随着欧洲一体化的发展，获益最大、地位得到加强、甚至支配欧洲联盟的是德国。从某种意义上说，欧盟高级官员康纳利的预言并非耸人听闻。他在其 1995 年 9 月出版的《腐烂的欧洲核心》一书中指出，欧洲建立单一货币所作的努力起到了法国和德国在旧时代争夺对欧洲的控制权的那种作用，如果欧洲一体化在目前的道路上继续发展下去，法国和德国会发生战争。

（二）区域一体化减弱世界发展不平衡

区域一体化也会起到缩小不平衡差距的作用，特别是在如下两个方面。一是各成员国充分利用一体化组织内部的各种特殊优惠待遇，努力发展本国的经济，缩小同世界发达国家的差距或增强本国与世界上其他国家相比的优势。对于任何一个国家而言，这都是其加入某一区域一体化组织的主要动因；现实中一些做得成功的国家（如欧盟的、东盟的一些成员国），也确实通过区域一体化起到了这样的作用。二是一体化组织内部通过地区协调政策，较富成员国对较穷成员国单方面的优惠、援助等，来缩小一体化组织内部的不平衡。当然，这种一体化对不平衡的减弱作用，在现实中表现得并不很明显。例如，即便是在一体化组织内部地区协调政策上花钱最多的欧盟，在这个区域组织中，北部的富裕和南部的贫困反差仍很大，南部各成员国的人均国民生产总值仅为北部各成员国的1/3，同二三十年前大体差不多。但是，这也不能说明一体化对不平衡的弱化作用不存在，因为若无这种作用，一体化内部的不平衡，就不仅是维持在原来的程度上，而可能是差距的扩大。

世界经济发展与我国对外开放

（1997年10月）

对外开放，一定意义上说就是国内市场与世界市场的相互衔接，国内经济与世界经济的互接互补。因此，对外开放既要基于本国的具体国情，又要顺应世界经济的发展趋势。本讲着重分析与我国对外开放密切相关的几个世界经济发展趋势以及它们与我国对外开放的关系。

一、世界经济一体化趋势与我国“开放型”经济的客观基础

世界经济一体化，是指世界经济的各个组成部分（国家或地区）之间，日益相互开放、相互交融、经济联系愈来愈紧密的状况和进程。自世界经济于19世纪六七十年代形成，就开始了其一体化的进程，即世界经济本身就是一种一体化经济、开放经济；在当代，一体化作为世界经济发展的一大趋势，尤显其强劲势头。

世界经济一体化，是一国对外开放、发展开放型经济的客观基础。

一个国家的发展需要对外开放，这可以说人所共知；然而为什么说发展需要开放，或者说对外开放的客观基础是什么？尚不能说已人人共识。

关于发展中国家在其发展经济时为什么要对外开放、利用外资，国外有一个较为著名的理论观点，“两缺口”理论。该理论集中体现在1966年美国经济学家钱纳里和斯特劳特“两缺口模型”的分析上。他们认为，发展中国家由于收入低下，国内储蓄不足，难以满足国内投资的需要，从而出现一个“储蓄缺口”（储蓄减投资）；同时由于贸易条件的限制，发展中国家出口有限，难以支付国内发展生产所需要的进口，从而出现一个“外汇缺口”（出口减进口）。依据凯恩斯国民收入均衡等式，储蓄与投资之差应该同出口与进口之差相等，亦即“储蓄缺口”等于“外汇缺口”。在这种情况下，如何平衡（或者弥补）两个缺口，成为国民经济正常发展所必须解决的问题。这个问题不能通过“内部解决”，只能寻求“外部解决”。譬如，利用外资，既可以为入超的进口提供暂时“无须付现”的外汇支付手段，即弥补“外汇缺口”；又可以因外来投资品的进入而减少国内储蓄对投资水平的约束，即弥补“储蓄缺口”。因此，利用外资是同时解决发展中国家经济发展中存在的两缺口的办法。

关于我国经济发展为什么要对外开放，人们也往往更多地侧重于从我国经济欠发达，缺少资金、技术、人才、管理经验等方面寻找原因。

然而，发达国家也好，包括中国在内的发展中国家也好，其对外开放深层次的、基础性的、长期的动因，或客观必然性，却不在于要素短缺这里，而在于国际分工以及相应的开放的世界经济的要求。

社会分工发展到一定阶段具备了条件，就会超越国家界限而形成国际分工。18世纪60年代至19世纪60年代，以蒸汽为代表的技术革命使资本主义生产从工场手工业过渡到机器大工业。机器大工业不仅使先进国家内部工业从农业中完全分离出来，而且使工业与农业间的分工向国际领域发展。原来在一国范围内城市与农村、工业与农业的分工，演变成“世界城市”与“世界农村”的分工、工业国与农业国的分工。正如马克思所说：“一种新的、国际的分工，即和机器生产主要中心相适应的分工产生了”①。在此基础上，通过世界市场上的交换这一媒介，把各国不同的生产转化成世界总生产的组成部分。于是，一个整体上看愈益紧密结合，组成部分间相互开放的世界经济得以形成。

① 《马克思恩格斯全集》第23卷，人民出版社1972年版，第491页。

在当代世界，国际分工、生产国际化进一步发展，在此基础上，世界经济整体上更加一体化，组成部分之间更加相互开放。正如邓小平所说，“现在的世界是开放的世界”，“现在任何国家要发达起来，闭关自守都不可能”①。国际分工、开放的世界经济，客观上要求各国必须实行经济开放，才能更好地发展自己的经济。

“中国的发展离不开世界”②。我国实行对外开放促进经济发展，其客观基础同世界各国一样，在于国际分工，开放的、一体化的世界经济的要求，而且也唯有这一点，才是对外开放的必然性和长期性之所在。江泽民同志在中共十五大上的报告中指出，对外开放是一项长期的基本国策。面对经济、科技全球化趋势，我们要以更加积极的姿态走向世界，完善对外开放格局，发展开放型经济。至于经济尚不发达，资金、技术之类的要素缺乏方面的因素，则属我国对外开放的现实直接原因或作为发展中国家的特殊需要。因为即便将来中国发达起来，或者现实某些“缺口”并不存在，也还是要对外开放。正如目前的发达国家。资金充裕、技术先进，但同时开放性却更强一样，这是由国际分工的深化、世界经济开放性，一体化的加强所决定的。

世界各国经济都要开放，这是由共性的客观基础所决定的；然而世界各国以什么样的战略模式，在多大程度上开放，则是由各国具体的国情所决定的。一般认为，世界各国（特别是发展中国家）经济发展与开放的战略有两种模式。一种是“进口替代战略”，即采取限制进口、扶植和保护本国相关产业发展的措施，以便用国内生产的工业品代替进口品，从而促进本国经济发展的战略。由于该战略着眼于国内市场的需要，因此又称为“内向战略”，实施这一战略的国民经济被称作“内向型经济”。另一种是“出口替代战略”。即采取促进出口及相关产业发展的措施，以便用加工、制成品出口代替传统的初级产品出口，从而带动本国经济发展的战略。由于该战略着眼于开拓国际市场，因此又称为“外向战略”，实施这一战略的国民经济被称为“外向型经济”。

两种战略的实施各有自己的短长。无论是进口替代的内向型战略还是出口替代的外向型战略都不是万能的，而且它们也不是互相排斥的对

① 《邓小平文选》第3卷，人民出版社1993年版，第64、90页。

② 《邓小平文选》第3卷，人民出版社1993年版，第78页。

立两极。发展中国家不应该单纯地采取二者之一作为自己发展的战略模式，应该根据不同国家的具体国情和所处发展阶段，以不同的组合将“内向”与“外向”结合运用，发展开放型经济。

开放型经济（或开放经济）不等于外向型经济。开放经济是相对于封闭经济而言的，而外向经济是相对于内向经济而言的。外向型经济固然是开放型经济，而且由于其面向国际市场、“两头在外”的特点，是开放性更强的经济；而内向型经济不等于封闭型经济，也可以是开放型经济，即便是面向国内市场生产替代进口的产品，也需要进口燃料、中间产品和资本品，也需要通过出口换取进口所需的外汇。

就世界而言，开放经济是建立在国际分工基础上的整体上日益一体化、组成部分间日益相互开放的世界经济。就国家（地区）而言，开放经济是参与世界经济、国际市场活动，发展对外经济关系的国民经济，即开放型经济。其国内市场与世界市场通过各种渠道相互衔接，其国内经济与世界经济通过各种纽带互接互补。

我国的对外开放，是兼蓄出口替代和进口替代，发展开放型经济。就部门而言，一方面，面向庞大的国内市场，大力发展替代进口的产品、产业，以培植和增强民族经济，完善国民经济体系；另一方面，面向广阔的国际市场，大力发展工业制成品出口，以增强国际竞争力，促进经济的增长和技术水平的提高。就地区而言，一方面，在经济发展主要立足于国内的基础上，从沿海到内陆都要对外开放；另一方面，要根据各地区的具体情况，实行各具特点的地区开放战略——例如经济特区等有条件的开放区域，就可以发展两头在外的外向型经济，因为这样的地区不仅具有发展开放型经济的客观基础，而且具有发展外向型经济的客观基础。

二、世界经济全球化趋势与我国对外开放的“大经贸”战略

经济全球化，是 20 世纪 80 年代末 90 年代初以来世界经济中出现的一个引人注目的大趋势（这个名词现已风靡全球）。

世界经济全球化趋势实质上是世界经济一体化趋势衍生出来的一个趋势，或者说是一体化趋势发展到世纪之交达到一个新的层次的表现。

全球化的意义在于，相对于一般的世界经济一体化其程度更高；相对于区域经济一体化其范围更广。

在这样一个世界经济趋势面前，我国的开放战略实质上就是，或者说应该是“大经贸”战略。“大经贸”战略是我国90年代初提出的发展对外经济关系的战略，其内容是多方面的。这里仅就与世界经济全球化趋势相关的两个方面而论。

（一）面对经济全球化趋势，强化“大经贸”的多领域发展及其与开放型国民经济发展的相互关系

经济全球化是通过把世界各国经济紧密联结在一起的各种经济纽带的增强，或者说世界市场上各种资源流动渠道的迅速扩张实现的。

从国际商品流动看，世界贸易增长既高于历史上任何一个时期，也高于同期世界经济的增长。

从国际资本流动看，当代资本国际流动以前所未有的速度迅速膨胀。

从国际技术流动看，国际技术贸易虽在战前就已出现，但其主要是在当代迅速发展。

从国际劳务流动看，近20多年来，世界服务贸易增长超过商品贸易增长已成为一个趋势。

既然我们要对之开放、与之衔接的世界经济是通过多种纽带的增强而趋于全球化的，世界市场是通过多种资源流动的活跃而多领域容量扩大的，那么，我们的对外开放也必须是多个领域、多种渠道的开放，多个领域、多种渠道的与世界经济、世界市场的对接。

新中国成立后，我们一直搞对外贸易，但这并不意味着我们一直在搞对外开放。这除了因为对外贸易本身过去和今天比无论规模还是性质都大为不同外，还因为单是外贸这一个渠道不能算是真正意义的对外开放。因为对外开放一定意义上说就是面向世界市场开放，而世界市场早已不单是指国际商品市场而是一个市场体系。因此，面对这样的多领域的世界市场，也应该是多领域的或多渠道的开放，即我国对外开放实施的应该是多领域的“大经贸”。

随着我国十多年对外开放的发展和扩大，可以说我国“大经贸”内含中的多领域已初步形成。它包括：通过对外贸易，对国际商品市场开

放；通过引进利用外资、对外投资，国际资本市场开放；通过国际技术交流和转让，对国际技术市场开放；通过对外承包工程、国际劳务合作、国际旅游等，对国际劳务市场开放。

更重要的问题在于，“大经贸”的多领域不是自成体系、孤立发展的另一层皮。而是国民经济大系统中的一个子系统。开放领域的发展，改变了我国封闭、半封闭的状况，促进了开放型经济的形成；而在一个开放型经济条件下，外经贸的各个领域已经与国民经济各部门、各环节紧密相连，开放领域的发展与调控决定于整个国民经济的发展与调控，开放领域的发展状况影响着整个国民经济的发展状况。

事实上，在经济全球化趋势面前，世界上任何一个开放型的国民经济，其开放领域与国民经济之间都有着上述关系。拿美国来说，近年来，其经济状况不错。杰勒德·贝克在英国《金融时报》发表文章中说：“目前美国正享受着自从越南战争以来经济成就最辉煌的时期。”目前美国经济增长率是 10 年来最高的，失业率是 20 年来最低的，与此同时通胀率没有上升，这是过去 25 年独一无二的。且不说美国经济是否进入了“新时代”，也不说美国经济状况转好的原因有哪些，至少可以说经济全球化和美国对外经贸的发展，是目前美国经济“一高两低”的一个重要原因。

从我国的开放领域的发展与开放型国民经济的发展两者之间相互影响、制约的关系看，当前在对外贸易领域，要继续努力扩大出口，以增强对国民经济增长的需求拉动作用；在利用外资领域，则要注意保持数量规模增大的速度适当，以适应国民经济持续快速健康发展的要求。

对外贸易，这个我国多领域开放中的一个重要领域，改革开放 19 年来，以年均 16.5%的速度递增。这个速度既高于同期国民经济增长率近 7 个百分点，也高于同期世界贸易增长率约 8 个百分点。外贸的迅速发展对于国民经济 19 年的快速发展贡献很大。为实现我国到 2000 年年均 8%、到 2010 年年均 7%的经济增长速度，我国的外贸必须要继续以高于经济增长的速度迅速增长。外贸（特别是出口）要以尽可能快的速度增长，这既是国民经济快速增长的需要，也是宏观经济总量平衡的要求。因为在一个开放经济条件下，相对于社会总供给增长而平衡的社会总需求，已经不仅仅是国内的消费需求和投资需求，还包括国外需求（出口需求）。在当前我国经济已成功实现“软着陆”后，主要不是刺激国内需求，倒是可以尽可能地扩大出口，增强出口需求对经济的拉动作用。外贸出口要以尽可能快的速度增长，除了上述是国民经济快速增长和宏观经济总量平衡的需要外，也是增强我国国力和国际地位的要求。在经济全球化趋势面前，作为一个世界经济大国，不仅要有年万亿美元以上国内生产总值的经济总量规模，还要有 2000 亿美元以上外贸出口总额的国际经济联系。

总之，为适应开放型国民经济发展的要求，当前在外贸这个开放领域要尽可能地扩大出口，出口增速没有上限；而在另一个重要开放领域——利用外资中，其数量规模增大的速度要适当，并非越快越好。

我们要积极地利用外资，这是由国际分工和我国的国情所决定的，也是为我国利用外资的实践所证明了的。改革开放 10 多年来，利用外资在加快我国社会主义现代化建设中发挥了重要的积极作用：

第一，有利于弥补我国建设资金的不足；

第二，有利于加快我国经济建设的步伐；

第三，有利于创造更多的就业机会；

第四，有利于增加财税收入；

第五，有利于促进对外贸易；

第六，有利于引进先进技术，促进产业升级；

第七，有利于吸收先进的管理经验，培养管理人才；

第八，有利于经济体制的改革，社会主义市场经济的建立。

这些积极作用正是我们之所以要积极利用外资的根据所在和目的所在。过去如此，今后仍要继续如此。积极利用外资，就是要以积极的态度，采取积极的方针，发挥外资的积极作用。

积极利用外资，不在于外资数量规模增大的速度。利用外资数量规模越大越好，增长速度越快越好，这是对积极利用外资的误解。外资数量增长迅速，这在一定时期、环境下，也可以说是积极利用外资的某种体现。但是，在利用外资已经历十多年发展、外资已达相当数量规模的今天，利用外资从重数量、重速度转移到重结构、重质量、重效益上来，同样也是积极利用外资的体现，而且是主要的体现。

利用外资数量增长不可能每年都翻番或快速，这除了取决于“外”——外国投资者的意愿，更取决于“内”——我国经济发展的需要和消化、吸收能力的状况，并非盲目扩大。当前和今后一个时期确定引进外资的数量规模，要考虑到如下一些主要因素。

第一，目前我国利用外资已达相当规模。到1996年为止，我国共实际使用外资3500多亿美元，其中借用外资1750亿美元，外商直接投资1772亿美元（占世界总额的5%以上）。1996年我国实际使用外资金额583.5亿美元（占世界总额的3%以上，发展中国家总额的20%以上），其中，借用外资160亿美元（按全口径计划管理范围统计），外商直接投资423.5亿美元（占发展中国家总额的近40%）。可见，无论绝对数额还是相对比重，我国利用外资数量规模都已不小。

第二，我国经济增长率下调，固定资产投资增速放慢。经济增长速度目标是确定投资增长包括外资数量增长的基本依据。我国"九五"时期的平均经济增长率（8%左右）是比"八五"时期（年均增长12%）较大幅度压低的速度；相应于经济增长率的下调，"九五"时期的全社会固定资产投资增长率（年均增长10%，1996年增长18.5%，1997增长目标7.5%）也要比"八五"时期（年均增长30.8%）大幅度降低。在这种情况下，利用外资数量规模扩大的速度，必定要比"八五"期间利用外资年均增长60.8%的高速度大为降低，才能使利用外资数量规模与投资总规模保持合理的比例。

第三，我国储蓄持续快速增长，内资动员潜力巨大。在今后相当一个时期，我国经济发展上的资金解决首先且主要着眼于国内资金，同时继续引进、利用外资。

第四，我国外汇储备充裕，可以适当替代外资。

总之，我们不是说我国利用外资数量已经过多、规模已经过大。利用外资不仅在于解决资金不足（否则在我国高储蓄情况下就无需外资了），更重要的在于它是我国参与国际分工、发挥比较优势、获得比较利益的一个途径。故我们始终要以积极的态度，把引进利用外资作为我国一项长期的、战略性的任务。但是，外资总量规模要适当，要受我国经济发展的需要和国内消化、吸收的可能制约，并非增速越快越好。

（二）面对经济全球化趋势，强化多领域的"大经贸"内部各个领域发展之间的相互关系

经济全球化的另一个突出表现是，把世界各国经济更紧密地联结为

一个全球经济的各种纽带、渠道愈来愈相互融合、影响和制约，而非各自互不相干地平行、孤立发展。在这样一个国际商品流动、资本流动、技术流动、服务流动等各种领域、渠道愈来愈一体化发展的趋势面前，我们必须实行外贸、外资、外经等领域一体化的“大经贸”，使对外贸易、利用外贸、对外投资、技术进出口、对外承包工程和劳务合作、国际旅游、对外援助等“大经贸”各个领域、各项业务相互渗透和促进，以发挥多领域“大经贸”的整体合力、协作力的作用。这种国际经济关系各领域的一体化所产生的合力、协作力，主要表现为三个方面：促进，转换，互补。

第一，外经贸各个领域间的相互促进。这是指某种外经贸方式，领域自身发展的同时，兼及使其他外经贸方式、领域也得到发展。譬如，资本流动带动商品流动。

第二，外经贸各个领域间的相互转换。这是指某种外经贸方式、领域发展的动机，既可以通过自身的发展来实现，也可以转换为其他外经贸方式、领域的发展来实现。譬如，商品贸易转换为对外投资。

第三，外经贸各个领域间的相互弥补。这是指某种外经贸方式、领域发展的不足，由其他外经贸方式、领域的长足发展所弥补，从而使整个外经贸的总体合力及其作用保持强劲。譬如，服务贸易与商品贸易的互补。

总之，面对经济全球化趋势，我国实行的“大经贸”开放战略，在当前一方面，要强于化“大经贸”的多领域发展及其与开放型国民经济发展的相互关系；另一方面，要强化多领域的“大经贸”内部各个领域发展之间的相互关系。

三、世界经济区域集团化趋势与我国对外开放的区域层次

（一）世界经济区域集团化趋势

区域集团化，即地理相近的国家相互采取比对区域外国家更为开放、自由的政策，从而结成一体化程度更高的组织以至国家集团的进程。

区域集团化的组织形式，按其一体化程度排序主要有：①“特惠关

税区”：其特点是区内成员相互给予第三国不能享受的关税特别优惠待遇。②“自由贸易区”：其特点是对区内取消关税，对区外不统一关税标准。③“关税同盟”：其特点是对内取消关税，对外统一关系。④“共同市场”：其特点是成员之间不仅商品贸易，其他生产要素流动的限制也都取消。⑤“经济联盟”：其特点是除了共同市场的要求，还要统一经济政策，建立超国家的权力机构等。

区域集团化趋势自80年代末90年代初以来尤显其强劲的势头。据联合国、世贸组织等国际机构的统计，目前全世界区域性经济组织已逾100个，其中约70%是90年代以后建立的。在这众多的区域组织中，“欧洲联盟”、“北美自由贸易区”和“亚太经合组织”是世界经济区域化趋势的代表。该三大区域组织的贸易额占了世界贸易总额的85%左右。

区域集团化趋势的主要动因有两个：一是对内可使区域组织的成员享有区域一体化的好处。因为任何一种形式的区域一体化组织内部都有其特殊的优惠待遇。如果区域一体化的市场优惠从而带来的好处低于全球性一体化、全球多边安排，那就失去了意义。正是这些好处使得区域内资源流动更方便自由。例如目前欧盟国家60%的出口是在欧盟内部进行的。二是对外可以增强区域集团及其成员的实力地位。在国际舞台上，以单独一个国家的面目出现毕竟不如以一个国家集团或集团的成员的面目出现更有分量。例如，东盟以其集团的身份就可以倡导和组织“亚欧会议”。正是在上述动因驱动下，世界经济区域化成了相对于世界经济全球化的另一大趋势，并行发展。

（二）世界经济区域化与我国对外开放的区域层次

面对方兴未艾的经济区域化趋势，我国的经济开放要把对本国所处的亚太地区的开放，作为一个更深层次的区域对象。就此我们采取的对策主要有两个方面：

1. 在客观的经济联系上，进一步加强同亚太国家和地区的经贸往来

这包括在商品贸易、资本流动以及其他资源要素的流动上，充分发挥地缘经济的优势，更多地把着眼点放在东亚周边国家以及太平洋相邻国家上面。即把对亚太地区的开放作为我国对外开放的区域层次重点。

只有现实经济联系的紧密，才是经济区域化的实质所在，同时也才能为在组织形式上的区域一体化发展，奠定坚实的客观基础。

2. 在亚太经合组织的框架内，积极地发挥我国的作用

这种作用具体表现为：一是赞成并推动APEC一体化目标的实现进程。成立于1989年的APEC，在区域一体化的道路上已迈出了步子。特别是1994年、1995年和1996年三次非正式首脑会议分别通过的《茂物宣言》、《大阪行动议程》和《马尼拉行动计划》，明确了发达国家的成员在2010年以前、发展中国家的成员在2020年以前实现自由和开放的贸易与投资这个一体化目标。我国赞成这一目标并且采取诸如降低关税的实际步骤推动贸易与投资自由化的进程。除了贸易、投资自由化外，我们还主张加强APEC的经济技术合作以促进发展中成员的经济发展。二是维护亚太区域一体化循序渐进、稳步发展。亚太区域一体化在相当长一个时期程度不能太高、不能不切实际地冒进。因为APEC的特点是18个成员千差万别、很不平衡。直至21世纪前期，基本上处于“自由贸易区”层次，某些方面兼有“共同市场”的内容——是小写的c的Community（“大家庭精神”）而非大写的C的Community（“共同体”）——这是稳妥且有实效的。三是促进亚太区域一体化“外延”的扩大。APEC不应是排他性较强的国家集团，而应是开放性的区域组织。“外延”的扩大，例如吸收俄罗斯、越南等为新成员，有助于该组织开放性的增强。

四、世界经济发展不平衡趋势与我国对外开放的基本条件

（一）世界经济发展不平衡趋势

发展不平衡，是当代世界经济发展的一个重要规律和趋势。这一趋势在当今世界，表现在西方国家之间，那就是由大战结束之初的美国一极独霸演变成美、欧、日三足鼎立；表现在南方国家之间，那就是100多个发展中国家分成了，“最不发达国家”、“中等水平发展中国家”、“新兴工业化国家”和“高收入石油生产国”四种类型；表现在南北之间，那就是世界经济南北鸿沟的扩大。

特别是其中的南北不平衡，既对整个世界经济发展的意义重大，也

对作为发展中国家一员的我国经济发展意义重大。这个不平衡，可以从当今西方发达国家在世界经济中的优势地位体现出来。

第一，发达国家在世界经济实力中处于主体地位。

发达国家其国家数仅占世界的一成，人口占一成半，但其体现经济实力的主要指标所占的比重却很高——GNP 占七成，外贸占七成半，国际投资占八成，信贷占九成。

第二，发达国家在世界产业结构和国际分工体系中处于优势地位。

西方国家第三产业比重大（60%以上），制造业特别是技术密集型产业发达，使其经济的应变能力较强，财富的增值幅度较大，并在国际经济交换中攫取较大的利益。

第三，发达国家在世界经济发展中处于制约地位。

西方国家在很大程度上制约着世界经济发展的规模、速度。

第四，发达国家在国际经济事务中处于支配地位。

西方国家在相当程度上支配着国际经济机构的活动（例如世界银行的五大常任执行董事由美、英、法、德、日各居其一；该 5 国的投票权占全部投票权的近 40%）；支配着世界经济主要因素（如国际价格、利率、汇率等）的变动。

（二）世界经济不平衡与我国对外开放的基础条件

在当代世界体系中，原来的殖民地附属国，已成为政治独立的主权国家，但仍是经济欠发达的发展中国家，并且与发达国家的经济不平衡加剧。而原来的帝国主义国家，尽管殖民地丧失殆尽，但在经济发展水平上是发达国家，并且在世界经济中仍然处于主体地位、支配地位。正如邓小平所说“现在国际垄断资本控制着全世界的经济，市场被他们占了”①。

基于这种南北经济水平的差距、实力地位的不同，发展中国家在对外开放特别是在同发达国家的经济关系上面临着两种选择：一是拒绝和割断同占优势地位的发达资本主义国家的经济联系；二是保持和发展这种联系。

关于这个问题，发展经济学有一个著名的理论观点，“中心—外围”

---

① 《邓小平文选》第 3 卷，人民出版社 1993 年版，第 218 页。

理论。该理论集中体现在60年代后拉美经济学家普雷维什、埃及经济学家阿明以及弗兰克等激进经济学家的论述中。他们认为，在世界经济“星系”中，具有强大实力的发达资本主义国家处于星群的“核心”、“主导”地位，实力弱小的发展中国家处于星群的“外围”、“依附”地位；发达国家之所以与发展中国家进行经济往来，在于以自己的优势地位，通过不等价交换，吸吮“外围”的“经济剩余”，而发展中国家在这种国际经济交往中，只是服从于“中心”的资本积累，被剥削、受支配，结果是经济发展迟缓、落后；因此，这个“星系”是一个“外围”依附于“中心”的不平等体系，牺牲“外围”的利益而让“中心”发展的剥削体系，促成世界范围内两极分化的不合理体系，必须进行变革，建立国际经济新秩序；更有甚者，一些有代表性的“中心—外围”依附论者得出了发展中国家要想发展自己必须割断同发达资本主义国家的经济关系的结论——用萨米尔·阿明的话，“同国际经济和世界市场决裂”。

关于上述问题，我们认为：

第一，在世界经济体系中，发达资本主义国家与发展中国家的地位是不同的。“中心—外围”论者尽管有各自的分析角度、论据等，但他们所得出的在世界经济中发达国家处于核心、主导地位，欠发达国家处于边缘、依附地位的结论，是有其道理的。

第二，发达国家与发展中国家的经济关系具有不平等的性质。“中心—外围”理论在阐述发达国家与欠发达国家之间不平等关系上，有其“合理内核”，从而成为发展中国家要求建立国际经济新秩序的理论根据之一。

第三，在争取建立国际经济新秩序的同时，必须保持和发展与发达资本主义国家的经济关系。因为如前所述，对外开放、参与国际经济交往和世界市场活动，这是国际分工的客观要求。若割断与发达资本主义国家的经济联系而闭关自守或在一个狭小的国际空间范围内进行经济往来，只能是与发达国家的差距越拉越大——“中心—外围”论一度受青睐的拉美国家相当一个时期的不开放，说明了这一点。

第四，通过在开放中运用比较优势来获得比较利益、发展自己。出路不是拒绝和割断，而是保持和发展同世界经济的联系；那么，作为发展中国家，在生产力水平较低、经济实力地位较低情况下，以什么条件与发达国家进行经济交往并得到自己的利益？国际经济交往并非基于各国“绝对优势”的相拼，而是基于各国“比较优势”的互换。无论何种国家，都会有自己的比较优势，都可以利用自己相对优势的经济资源从事生产和国际交换，并获得自己的比较利益。

李嘉图的“比较成本说”就是讲要生产本国目前具有比较成本（劳动成本）优势的产品以供出口，进口本国比较成本劣势的产品。“赫克雪尔—俄林模型”即资源禀赋理论在李嘉图的劳动成本比较优势的基础上又增加了其他禀赋资源的比较优势。

从我国对外开放的优势条件来看，一是市场优势。“中国是一个大市场”，我们要很好地利用这个优势发展同外国的经济合作，这一点早在80年代初就被邓小平视为“一个战略问题”①。一方面，西方国家面临的问题是，它们的资本要找出路，商品要找出路；另一方面，我国12亿人口的大市场被视为世界最有潜力的大市场之一，特别是由于近10多年来我国经济的迅速发展，使得这个大市场的潜力越来越充分地发挥出来，越来越成为现实的大市场。因此我们有条件以自己的市场优势与发达国家的资金、技术等优势实现互惠互利。二是劳动力优势。我国是一个劳动力资源丰富的国家，且有劳动力成本优势。这个优势在吸引外商投资方面、发展劳动密集型出口加工方面等对外开放领域，发挥着重要作用。我们既要运用静态比较优势（现有的优势），也要注重动态比较优势的发掘、培植和运用。劳动力优势就是一个方面。目前更多的是劳动成本低廉优势，但这个优势是会变化的（例如在某些地区已谈不上是优势），因此，现在就应该注重使我国劳动力优势体现在劳动者素质不断提高、科技队伍不断扩大的人才优势上，从而在对外开放中运用这一优势，如发展高档次、高技术含量的出口商品生产，吸引外商来华投资兴办高档次的技术密集型项目，发展高档次服务贸易，等等。三是资源优势。我国是一个具有某些资源优势的国家。但是长期以来由于自己缺少资金、技术而不能迅速开发、利用，使资源优势转化为现实的经济优势。目前和今后相当一个时期，我们在对外开放中要努力运用资源优势，特别是在近海石油开发、内陆煤炭、石油等一些资源开发方面，要继续以资源优势吸引和利用外国的资金和技术。

---

① 《邓小平文选》第3卷，人民出版社1993年版，第32页。

总之，比较优势互换、相互需求满足，这是国际经济交往得以进行的条件。而在目前我国生产力水平尚不发达，国际经济实力地位较低状况下，充分发掘、运用自己的比较优势，是我国对外开放的基础条件。

五、世界经济两极分化趋势与我国对外开放的对象重点

（一）世界经济两极分化趋势

世界经济发展不仅是不平衡的，而且已不是一般的不平衡。它已带来世界的两极分化，贫者愈贫、富者愈富。换言之，世界经济发展不平衡趋势衍生出另一个趋势——两极分化趋势。

从经济增长率来看近10多年来发展中国家的确要比发达国家高一些，然而发展中国家经济的粗放性、不成熟性抵消了经济增长率本不太大的优势。尽管人们一般预测未来的经济增长率发展中国家仍会高于发达国家，但是考虑到经济粗放性、基础差、人口多等因素，发展中国家需在经济增长速度上有较大的优势才能缩小与发达国家的差距。像非洲这样的经济落后地区，虽然在1994年、1995年、1996年连续3年经济增长取得不错的成绩，它的1996年3.9%的增长率比世界平均增长率2.8%高，但不足以缩小差距，改变世界经济的两极分化趋势。

再者，发展中国家自身发展很不平衡。在过去的10多年，只是东亚（主要是中国、四小龙、东盟）的7.8%和南亚（主要是印度、巴基斯坦）的5.2%的增长率就高于发达国家许多，而广大发展中国家的增长率普遍低于发达国家或与发达国家差不多。可以说，过去10多年3.1%的发展中国家总体平均的增长率，以及未来更高的增长率（世界银行1997年9月9日发表的《1997年全球经济前景和发展中国家》的报告预测，从现在到2020年期间发展中国家的年均增长率可能达到5%～6%），主要是反映发展中国家的佼佼者在以较快的速度追赶发达国家，并不说明世界经济两极分化趋势的减弱。正如美国《外交政策》季刊冬季号（1996年初）载文所说：在21世纪的世界上，将有20多个富国，10来个已开始缩小同富国之间差距的穷国，还有近140个落得更远的穷国。

若再考虑到人口因素，世界两极分化趋势更为明显。由于贫富两极

分化主要是指人均经济水平而非经济总量，而发展中国家不仅人口多而且人口增长过快。因此，对比一下世界两端的人均水平的贫富差距状况可见，两极分化趋势在加强。1950 年世界银行统计的人均收入，发达国家为低收入国家的 24.3 倍，这个差距在世界银行 1996 年的统计中，扩大为 60.6 倍。

（二）世界经济两极分化与我国对外开放的全方位、有重点

世界经济是趋于全球化的，也是趋于两极分化的，而且两者也是相关联的。联合国贸发会议秘书长里库佩罗在该会议的 1997 年度报告中指出：80 年代开始的全球化，其特点不仅是经济增长缓慢，而且还有贫富差距拉大。这样一种趋势既要求我们保持国民经济的迅速发展以便在两极分化的世界中不落人后，也决定了我国对外开放重点对象的选择。

无疑，当今的开放性世界经济和世界市场，已不是它们在 19 世纪中叶形成时的资本主义世界经济、资本主义世界市场，而是包括发达资本主义国家、发展中民族主义国家、社会主义国家和苏联、东欧国家等各种类型国家在内的世界经济、各种类型国家参与的世界市场。所以，对外开放应该是对世界所有类型国家的全方位的开放，全方位的利用国际市场。目前我国的对外贸易伙伴已达 220 多个国家和地区，利用外资的来源也已达 150 多个国家和地区。我们的对外开放是全方位的开放。

我国的对外开放既是全方位的，同时也是有重点的。在对世界各种类型国家的开放中，对发达资本主义国家开放的意义尤为重要。这是因为，世界经济发展具有不平衡性，趋于两极分化，而在这个全球化且实力水平两极分化的当今世界经济中，西方发达国家具有资金、科技、管理、产业结构、外贸、人才等优势，在世界经济中处于主体地位。因此，我们要对外开放，参与和利用国际分工、世界市场、世界经济，就必须把对作为世界经济主体、世界市场主体的发达资本主义国家的开放放在一个重要地位，即把发达资本主义国家作为我国对外开放对象的重点。

事实上，在我国 10 多年的全方位的对外开放中，也形成了重点对发达资本主义国家开放的现实。我国对外贸易，主要是同西方发达国家进行。我国引进外资、技术、设备、管理等等，也主要从西方发达国家

那里来。例如，我国吸收的境外投资除了港澳台地区外，主要来自美国、日本以及西欧国家，而且今后还要有重点地争取来自发达国家的投资，因为在我国吸收的外商投资中，来自发达国家的投资项目一般规模较大，技术含量较高、管理较先进，有助于促进我国产业升级，提高我国的技术水平和管理水平。

当然，我们对外开放的有重点，是在全方位的前提基础上的有重点，并非忽视对广大发展中国家的开放。毕竟这个拥有100多个国家、约40亿人口的市场潜力是很大的。特别是在对外贸易这个开放领域，为了推行我国全方位的开放政策，加强同第三世界的团结与合作，在国际竞争中争取有利地位，保持我国外贸持续、快速、健康发展，实施市场多元化是必要的。事实上，近年来由于新市场的开拓，到1996年我国与日本、美国、欧盟和中国香港地区四大贸易伙伴的贸易额占我国外贸总额的比重已由90年代初的70%以上降为63%。全方位开放、市场多元化，大有可为。

然而我们务必不能忘记这一点：发达国家始终应是我国开放的重点对象。原因概括起来有两条：一是其经济规模巨大，从而资源国际流动规模巨大，与之交往扩大我国外经贸规模的机会亦巨大；二是其经济技术先进，与之交往促进我国经济技术水平和国际竞争力的提高更迅速。

六、世界经济市场化趋势与我国对外开放的制约规律

（一）世界经济市场化趋势

市场经济是作为世界经济组成部分的各国国民经济在经济体制和运行机制上的普遍取向。发达资本主义国家早已是现代市场经济；发展中国家也在普遍采取市场经济的体制和机制（如印度、墨西哥等的改革）；社会主义国家，如中国，也在建立社会主义市场经济；苏联、东欧国家也在按照自己的模式、方向朝着市场经济过渡。

市场经济，不仅在于各国国民经济，也在于国际经济；市场经济活动的场所——市场，不仅在于各国国内市场，也在于国际市场；市场经济通行的原则，不仅适用于各国国民经济、国内市场，也适用于国际经济、国际市场。

市场经济的基本机制是配置社会资源，即尽可能合理地把有限的资源配置到社会需要的众多地区、领域、部门的生产上，以产生最佳的效益。为了要做到资源的优化配置，必须使资源合理流动，这不仅在于国内市场流动，而且要在国际市场流动。因为是通过市场、国际市场来配置经济资源，所以资源的国际流动必须遵守市场经济的法则。我们知道，价值规律是商品经济、市场经济的基本规律，也是国际商品生产和市场交换的基本规律。价值规律的主要内容和客观要求是：商品的价值量由社会必要劳动时间所决定；商品的交换按照商品的价值量进行，即等价交换。

（二）世界经济市场化与我国对外开放所要遵循的基本规律

1. 国际贸易要遵从价值规律

在世界范围内，价值量仍然是由社会必要劳动时间决定的，所不同的是，它不是由个别国家的社会必要劳动时间所决定，而是由世界市场上的平均必要劳动时间来决定。前者是国民价值，后者是国际价值。由于各国之间劳动强度和劳动生产率的差异，各国的国别价值必然有的高于、有的低于国际价值。而在世界市场上，商品只能按照国际价值这一世界统一的尺度来交换。于是便会出现马克思所说的“一个国家的三个工作日也可以同另一个国家的一个工作日交换”①。这仍然体现了等价交换原则，只是这种等价交换原则是通过不相等的国别价值相交换而体现的，包含着形式上的平等，事实上的不平等，但商品经济、市场经济条件下的等价交换从来如此，特别是在当代世界各国之间的生产力水平差异很大情况下更是如此。当然，还应看到，在当代国际商品交换中也不尽是等价交换，也存在因垄断等因素造成的不等价交换。

对于我国来说，一方面，社会主义经济也是商品经济、市场经济，在面向国际市场开放、参与国际商品生产和交换中，也要遵从价值规律这一市场经济共性规律的要求，谋求等价交换、平等互利；另一方面，目前我国劳动生产率较低，在国际市场上往往是以较多的国别价值交换较少的国际价值，这要求我们努力提高劳动生产率，降低商品生产的劳动耗费，提高商品的价值竞争力，以在国际市场上得到尽可能多的价值

① 《马克思恩格斯全集》第26卷第三册，人民出版社1974年版，第112页。

实现。就外贸遵循价值规律的要求的具体体现而言，在当前和今后相当一个时期，特别是在优化出口商品结构、发展深加工、高附加价值制成品出口方面，在发展高质量、高效益、高创汇产品出口方面，继续贯彻“出口商品结构优化战略”和“出口发展以质取胜战略”。

“出口商品结构优化战略”：早在1986年，我国就提出要实现出口商品结构的两个转变的战略目标，即由以初级产品为主向以工业制成品为主的出口商品结构的转变，由以粗加工、低附加价值工业制成品为主向深加工、高附加值工业制成品为主的出口商品结构的转变。

80年代末90年代初，我国完成了第一个转变，1990年工业制成品出口占出口总额的比重由1978年的46.5%上升到74.4%。进入90年代以来，我国在实现出口商品结构转变的第二步战略目标方面又取得了新的进展。1996年，除了工业制成品出口比重进一步提高到86%以外，深加工制成品出口增长迅速，比重上升。

“出口发展以质取胜战略”：产品质量是制约一国外贸经济效益的提高和出口数量的扩大的一个重要因素。从国际市场形势看，在目前激烈竞争的国际市场上，低质的产品，即便价格低、价值实现不充分、亏本销售，也是没有出路的，而高质的产品，尽管价格高，也有市场。从我国国情看，我国是一个人均资源占有量相对不足的大国，这决定了我国不能依靠发展“低质价廉”的资源密集型产品扩大出口，根本出路在于提高出口商品的质量、档次，尽快由粗放型经营转变到集约型经营，由“以量取胜”转变为“以质取胜”。出口不讲效益、甚至亏本也卖的“以量取胜”，不是市场经济的做法，违背价值规律的客观要求。

1991年初，我国提出了“以质取胜”的出口发展战略，其目标是使对外贸易逐步走上高质量、多品种、高创汇的发展轨道，在提高效益前提下扩大出口。自那时以来，我国采取了一系列新措施落实以质取胜战略。以质取胜战略已取得较大进展。当然，进一步落实这一战略仍任重而道远。

2. 利用外资要遵从价值规律

利用外资要遵从价值规律，其核心问题是外资运用的效益最大化问题。这个效益既包括国家的宏观效益，也包括企业的微观效益；既包括生产，领域的价值创造，也包括流通领域的等价交换。这里仅结合我国利用外资现实中的问题讲三点：

（1）外资方式结构中的宏观效益问题。利用外资的积极作用、宏观效益实现得好不好、充分不充分，与利用外资的结构是否合理密切相关。可以说，“合理利用外资”既是“积极利用外资”的一个重要体现，又是“有效利用外资”的一个重要前提。合理地利用外资结构包括诸多方面，如合理地利用外资的产业结构、地区结构、来源结构、单项规模结构等等，这里撇开其他结构不谈，仅考察合理的利用外资的方式结构。我们认为，在直接利用外资和间接利用外资这两大方式中，要继续以吸收外商直接投资为主，以尽可能使我国利用外资的宏观效益最大、风险更小。

目前在我国吸收的外资总量中，外商直接投资由过去的较小比重逐渐上升至1996年底的直接投资与间接投资已各占外资累积总量（3500多亿美元）的50%，这得益于每年吸引的外资额在近年来是直接投资比重大于间接投资比重，今后要继续以吸收外商直接投资为主。

主要原因在于，我国间接利用外资基本是借款（贷款和债券），而借款是要形成一国外债、最终需要偿还的。随着外债的不断增多，还本付息压力的增大，保持借用外资的合理规模、控制借用外资的增长速度是必要的。

外商直接投资则不存在偿还的问题，而且这种方式更有利于发挥我国在市场、劳动力、资源等方面的比较优势，更有利于我们利用伴随着外资而来的一揽子经济资源。当然，吸收外商直接投资也有个处理好利润流出、市场控制、直接投资本身方式结构的问题。

（2）国际股票融资中的效益问题。在我国的间接利用外资中，证券融资，特别是其中的股票融资起步较晚、数额尚不大，但发展势头不错。我国目前通过发行股票筹措外资主要有两种形式：一是“境内上市外资股”（B股）。它起步于1991年12月，当时上海电真空股份有限公司首次发行人民币特种股票（B股），并于1992年2月在上交所上市。到1996年底，共有86家国有企业在国内两个交易所发行、上市B股，筹集外资30亿美元。二是“境外上市外资股”（H股、N股）。它起步于1993年，当时青岛啤酒股份有限公司等首批九家国有企业到香港发行股票。到1996年底，共有26家企业在香港联合交易所（24家H股）、纽约证券交易所（2家N股）上市股票，筹资49亿美元。

融资证券化是国际投资的一个发展趋势，相对于这一趋势，我国国际股票融资的发展还远远不够。正因为我国股票融资规模还不大，融资证券化趋势的动因，以及国际证券融资的好处、作用（如筹资主体主动、对象广泛、筹资成本较低，既不像国际借贷需要偿还债务，也不像直接投资控制企业生产、经营以至市场），在我国尚未充分利用、发挥，所以我们要大力发展国际股票融资。不仅如此，更重要的是发行国际股票的企业要注意运用好筹措的资金创造企业效益。筹资并非股票发行、上市的唯一目的，重要的在于上市公司真正实现建制转机，使企业经营绩效增长、提高。股票上市将使企业开始接受更严格的市场检验。

（3）直接利用外资中的企业微观效益问题。从利用外资的微观企业效益看，目前（1996年底）已开业的14万多家外商投资企业的绝大多数经营状况良好。目前值得注意的问题在于企业利益的中、外方分配。

引进外资是“互利”——我们允许外商利用我们的劳动力、市场、资源等，并使外商得到利益；但我们不能单方面被外方所利用，我们要利用外方的资金、技术、管理等，使我国得到利益。互利与否，等价交换是一个尺度。

我国是在发展商品经济、市场经济条件下利用外资的，外商投资进行生产以谋取利润是我们必须付出的代价，但是应该遵从等价交换这个商品经济、市场经济的基本规律。无论是进入生产阶段之前的投资购买机器设备、原料和劳动力，还是生产出产品之后在市场上销售，都应是等价交换。然而，在我国的现实中却存在着外方在这两个环节高进低出的不等价交换行为，从而使我们付出了不应该付出的代价。

总之，我国对外开放已走过光辉的19年历程。在迈向21世纪之际，我们要立足本国国情，把握世界经济发展趋势，使对外开放在我国社会主义现代化建设中发挥更大、更好的作用。

世界经济五大趋势与中国发展的战略取向

（2000 年 1 月）

21 世纪即将来临，在和平与发展这个当今时代主题的大背景下，世界经济主要趋势呈现出新的发展状况。相应于此，我国也要确立一些顺应世界潮流、有利本国经济社会发展的战略取向。

一、世界经济全球化趋势与我国的大开放战略

经济全球化这个名词 80 年代后期一经出现，很快就风靡全球。对其意义做怎样高的估价都不算过分。可以说经济全球化是一个关系世界经济全局的、长期的发展大趋势。诸如世界经济两极分化、多极化、区域集团化、市场化等等趋势的新发展，都与全球化趋势的发展有着这样那样的关系；诸如日本泡沫经济崩溃、东亚金融风波以及今后可能出现的其他世界经济重大事件，都离不开经济全球化趋势这个大背景。

经济全球化，是指这样一种状况和进程：经济资源愈益跨越国界在全球范围内自由、全面、大量，结合地流动和配置，使得世界各国经济愈益相互开放和融合，各国经济的发展与整个世界经济的变动愈益相互

影响和制约。

面对经济全球化趋势，我们要进一步推进实施我国的开放战略，而且这种开放战略是开放深度和广度都更进一步的大开放战略。

我们要更深入地与世界经济相互衔接、相互融合。经济全球化的客观基础是国际分工，而国际分工首先是与生产力发展联系在一起的。国际分工以及经济全球化，反映和促进了生产力的发展，是一个客观的进程、进步的过程。我们只有通过进一步的深入开放、参与国际分工和全球化进程，以及更深地融入于世界经济之中，才能更好地发展自己的经济。首先，只有参与国际分工和全球化进程，才能更快地提高生产率、加速经济发展。因为分工、专业化从来就是提高生产率的有效手段，参与国际分工和全球化是在更广阔的领域发挥这一手段的效能。其次，只有参与国际分工和全球化进程，才能更好地运用比较优势和禀赋资源。因为参与国际分工和全球化的过程，就是在更广阔的领域运用、交换比较优势的过程，合理配置、有效利用经济资源的过程。再次，只有参与国际分工和全球化进程，才能更多地实现价值、积累财富。因为在市场经济条件下参与国际分工和全球化而导致的生产率的提高、资源合理有效的利用，意味着在更广阔的领域中价值竞争力的提高和财富的增值。

我们要更广泛地与世界经济相互衔接、相互融合。经济全球化的突出表现是包括商品、劳务、资本、技术等资源愈来愈全面、自由、大量、结合地在全球范围流动。世界商品贸易在 1948 年至 1998 年期间以年均增长 6%这个高于同期世界生产增长 2 个多百分点的速度迅速增长；世界服务贸易近 20 年以年均增长 11%这个高于同期世界商品贸易增长近 3 个百分点的速度迅速增长；世界跨国直接投资额（年流量）从 1970 年的 400 多亿美元迅速增加到现在的 4000 多亿美元；世界跨国银行的国际贷款额（累积量）从 1970 年的 4000 多亿美元迅速增加到现在的 8 万多亿美元；全球外汇市场日交易额从 1973 年的 150 亿美元迅速增加到现在的 1.5 万亿美元。既然我们要对之开放，与之衔接的世界经济是通过多种资源流动领域迅速扩大而趋于全球化的，因而我们的开放也必须是领域更为广泛、扩大的大开放。无疑，随着 20 年的开放，我国已初步形成了多领域的开放格局。它包括参与国际商品流动、资本流动、技术流动、劳务流动等。然而仅此初步的大框架还远远不够，我们在许多具体的开放领域还有待进一步扩大开放。如逐步削减商品进口的关税，增加贸易透明度，开放服务贸易市场，扩大对知识产权的保护，放宽对引进外资的领域限制，以及在条件成熟时实行人民币的全面自由兑换等等。

总之，面对全球化趋势，我们要如江泽民同志在十五大的报告中所说的那样，“以更加积极的姿态走向世界”。我们要坚定地把握在深度和广度上更进一步的开放战略取向，不为世界上任何风云变幻所动摇；在此基础上，采取切合本国实际的开放措施并正确处理开放中遇到的各种问题，包括全球化带来的风险。这就是全球化趋势面前我们的开放战略选择。

二、世界经济两极分化趋势与我国的经济自主战略

世界经济从动态发展来看是不平衡的，而且对于世界的南北两方而言已不是一般的不平衡，它带来了世界的两极分化，贫者愈贫，富者愈富。世界经济的南北静态不平衡，体现在两者悬殊的总体实力地位上；世界经济的南北动态不平衡，体现在两者仍在扩大的人均经济水平上。无疑，就发展中国家的总体而言，平均发展速度较快、整体实力在增强，然而就人均经济水平而言，南北之间的贫富差距不断扩大。世界银行 1950 年统计的人均收入，发达国家为低收入国家的 24 倍，目前已扩大到 60 多倍。

方兴未艾的经济全球化，不会改变甚至会加剧世界经济南北两极分化的态势。作为全球化基础的国际分工具有二重性——一方面，是国际范围内生产力发展的反映；另一方面，是国际生产关系的反映，以及全球化具有二重性。在当代世界，发达资本主义国家是国际分工体系中和经济全球化进程中占主体、支配地位的参加者和最大的受益者，国际分工体系和全球化进程主要由资本主义国际生产关系所决定，受资本主义积累规律制约，具有剥削、不平等性质。因此，经济全球化可以促进世界经济总体的发展，也可以使一些发展中国家抓住机遇、迅速发展，缩小同发达国家的差距，但在不公正、不合理的国际经济旧秩序没有根本改变的情况下发生和发展的全球化，并非通向世界各国共同富裕之路，不仅不会改变世界经济南北的两极分化，甚至可能全球化愈发展，两极分化愈加剧。

面对世界经济两极分化趋势，特别是面对一些发展中国家在全球化

进程中更为落后的两种可能的危险——一是在被动卷入全球化中，失去自主性，得益不多，受害不小；二是被抛弃在全球化进程外面，成为世界经济主流之外的“边缘化”国家——我们要坚持经济自主战略，加快经济发展，以不落人后。

“独立自主，自力更生，无论过去、现在和将来，都是我们的立足点。”[①] 中国这样的社会主义大国，不能依靠别人来进行建设。中国的事情要按照中国的情况来办，要依靠中国人民自己的力量来办。我们要利用外国的资金和技术，要大力发展对外贸易，但是必须以自力更生为主。这除了是由中国的国情（人口众多、国内市场广阔，内需潜力巨大等）所决定，也是由国际的环境所决定——世界上总有那么一些人还是老殖民主义的头脑，他们企图卡住我们穷国的脖子，不愿意我们得到发展。早在开放之初，邓小平就曾指出，中国人民珍惜同其他国家和人民的友谊和合作，更加珍惜自己经过长期奋斗而得来的独立自主权利。任何外国不要指望中国做他们的附庸，不要指望中国会吞下损害我国利益的苦果[②]。

自力更生为主与对外开放是相辅相成的，对外开放是经济自主战略的题中应有之义。对外开放，是在总结我国历史上封闭导致落后的教训之后得出的一个正确方针，也是为 20 年开放实践证明了的一个正确方针。如前所述，面对全球化趋势我们要以更加积极的姿态走向世界，实行大开放战略，是我们唯一正确的选择。作为我国的一项长期的基本国策，对外开放不会因这样、那样的事件而改变。无论是 1989 年“六四风波”后西方制裁我们时邓小平的讲话，还是 1999 年“五八事件”（北约轰炸我驻南联盟大使馆）后西方对我施加霸权时江泽民同志的讲话，都表明了中国对外开放的方针不变的坚定立场。

无疑，在全球化、两极分化给发展中国家带来经济发展的更大的风险、经济自主性受到更大的挑战的形势下，我们必须正确处理对外开放与保护民族经济、维护国家经济安全的关系。时代的变化、全球化的发展，使民族经济的内涵和外延都发生了重大变化，但并没有使民族经济消失。民族经济，一定意义上说就是本国国民所属的经济。对于一个国

---

① 《邓小平文选》第 3 卷，人民出版社 1993 年版，第 3 页。

② 《邓小平文选》第 3 卷，人民出版社 1993 年版，第 3 页。

家来说，国民生产总值是一个体现“所属”的概念，它包括本国国民所属的经济延伸到国外的所在；国内生产总值是一个“所在”的概念，它包括外国国民所属的经济延伸到本国的所在。我们既要讲“所属”——这是真正属于本国拥有的国民财富；又要讲“所在”——这有利于我们利用国内外各种资源发展本国经济。不求所属但求所在与不求所在但求所属，都是片面的、不可取的。特别是本国国民所属的民族经济。它是一个国家经济实力的主体，国家综合国力的基础，也是一个国家经济安全的基本保证。世界各国在其经济发展的不同阶段中都程度不同地扶植和保护民族经济的发展，维护民族经济的利益。譬如最近的美欧“香蕉战”，其实质不是美国为香蕉园“所在”的拉美国家的经济利益打抱不平，而是在维护投资于拉美香蕉园的美国国民“所属”的经济利益。我们在扩大开放的同时，也必须采取适合本国实际情况，符合国际经济规则、惯例的保护措施。当然，决不能仅仅是消极的保护。民族经济是经济自主和国家安全的基础，但只有在开放中迅速发展和提高民族经济实力、质素和竞争力，才是保障国家经济自主与安全的最好屏障。

三、世界经济多极化趋势与我国的综合国力战略

多极化是世界经济发展主要趋势之一。全球化不能排除多极化，而是与之并存甚至加剧多极化。一方面，全球化增强了大国利益倾向。经济全球化不排斥各国的国家经济利益，而且加剧了利益的不均等。利益的分配取决于实力的大小。经济大国不仅能够以其强大的经济实力分享更多的经济全球化利益，还会以其大国主导地位支配经济全球化朝着符合自己国家利益的方向发展。这种由于全球化而加强了的大国利益倾向，为世界多极化发展注入了新的驱动力。另一方面，全球化加剧了大国间的实力变动。国家之间的发展从来都是不平衡的，全球化会加剧这种不平衡。它既可以加大一国经济发展的风险，使其更易受到国外不利因素和不测事件的冲击，以致出现经济实力地位大幅下滑的情况；也可增加一国经济发展的机会，使其更方便地运用国际资源，以致出现经济实力迅速增强的情况。两种情况之于大国，就是原有的经济大国之间的实力地位此消彼长、跌宕起伏，原来

已有一定实力基础的国家乘全球化之势而上，跃升为新的世界经济大国。可见，全球化会加剧各国特别是大国的经济实力消长变化，为世界多极化发展创造了新的条件。

经济多极化是包括经济、政治等在内的整个世界的多极化的基础和重要组成部分。多极化是动态的发展趋势，无论是经济多极化，还是包括经济在内的整个世界的多极化，都是任何力量无法阻挡的潮流；而多极格局是多极化形成的结果，由于两个多极化发展的不平衡，目前看这个结果，经济格局与包括经济在内的整个世界的格局有不同的情形。从经济格局看，是美欧日“三足鼎立”，三极之间实力地位较为均等，且会有新的经济大国在不久的将来跻身其间；从整个世界格局看，是“一超多强”，美国这个唯一超级大国的实力地位高居于欧盟、俄罗斯、中国、日本等大国之上，且竭力维持这个不二的地位。大国（“极”）地位的基础在于实力。在整个世界格局中成为一极的基础是包括经济、政治等在内的综合国力；在世界经济格局中成为一级的基础是经济实力。面对世界多极化趋势，为提高我国的国际地位、我们要推进我国的综合国力战略，特别是迅速增强经济实力这个综合国力的核心。

作为一个世界经济大国，至少要具备两个条件：一是要有相当巨大的国民经济总量规模，其主要衡量指标是国民生产总值占世界生产总值的5%以上（即年1.5万亿美元以上国民生产总值）；二是要有相当密切的国际经济联系，其主要衡量指标是对外贸易总额占世界贸易总额的5%以上（即年6000亿美元以上外贸总额）。这两个5%是世界经济大国经验的数字。若无如此巨大的经济总量规模，就谈不上其在世界经济中的分量；若无如此密切的国际经济联系，就谈不上其对世界经济的影响力。目前世界上只有美国、欧盟、日本同时具备两个条件，从而可谓世界经济三级。而经济实力紧随其后的是中国——1998年我国的国民生产总值约合1万亿美元，进出口总额3241亿美元。如果我们能够在未来一定时期内（如2010年以前）以7%的年均经济增长率和较高的外贸增长率发展下去，则会在21世纪初使经济大国的两个条件都具备，成为多极世界经济中新的一极。

综合国力需要综合努力。我们除了要努力增强经济实力这个国力的基础和核心外，还要努力增强国力的其他方面，使中国屹立于多极化世界中的强国之列。正如江泽民同志所说，1999 年以来，我们抵御了自然灾害和金融风波的冲击，顶住了强权政治的压力。实践证明，发展是硬道理。一个国家综合国力的主要标志，一是经济实力，二是保卫自己的国防能力，三是全国人民团结一致的民族凝聚力。只有综合国力提高了，才能立于不败之地。

四、世界经济区域一体化趋势与我国的地缘经济战略

区域一体化，即地理相近的国家之间采取比对区域外国家更为开放、自由的政策，从而结成一体化程度较高的组织以及国家集团的进程。

区域一体化趋势的主要动因有两个。一是对内可使区域组织的成员享有区域一体化的独特好处。经济资源愈益跨越国界自由、全面、大量、结合地流动和配置的进程，发生在全球范围内就是全球化，发生在各区域内就是区域化。两个趋势都是生产国际化、一体化发展到一定程度的体现。然而区域性的一体化程度更高，好处更大，任何一种形式的区域一体化组织内部都有其特殊的优惠待遇。如果区域一体化的经济优惠带来的发展经济的好处低于全球一体化、全球多边安排带来的好处，那就失去了区域一体化的意义。二是对外可以增强区域集团及其成员的实力地位。在国际舞台上，以单独一个国家的面目出现毕竟不如以一个国家集团或集团成员的面目出现更有分量。这种通过区域化而增强实力地位的情形各有不同，如“聚众称强”（区域组织内无大国），“依强增威”（区域组织内小国之于大国），“挟众称强”（区域组织内大国之于小国）。在这方面，全球化给区域化的进一步发展带来新的刺激和驱动力——通过推动区域化而增强区域集团和区域组织的成员在全球化进程中的地位和作用，以便得到更多的全球化利益。

正是在上述动因驱动下，世界经济区域化趋势与世界经济全球化趋势并存，而且自 80 年代末 90 年代初以来，区域一体化尤其显示了其强劲的发展势头。据联合国、世界贸易组织等国际机构的统计，目前区域性双边、多边的经济协定、经济组织逾 100 个，其中 70%是 90 年代以后签约建立的。

面对世界经济区域一体化趋势，我们要确定和实施自己的地缘经济战略，积极参与区域一体化的进程并从中获得区域化组织对内、对外的好处。

我国的对外经济关系首先是全面的，发展同世界各类国家、各个地区的经济关系。这是本国经济发展的需要，也是全球化趋势的要求。事实上我国的对外经济关系已经波及世界各个地方。目前我国已同世界上220多个国家和地区有贸易关系，150多个国家和地区有资金合作关系，130多个国家和地区有承包工程和劳务合作关系，90多个国家有经济技术合作关系。

同时，我国的对外经济关系也应该有区域重点，即除了全面对外经济关系，还要有地缘经济关系。地缘经济关系既可以是多元的，也可以是单一的。但目前世界上具有多元地缘经济关系（特别是带有区域组织框架的地缘经济关系）的只有美国一家。作为美国的一大经济优势的多元地缘经济关系，既包括美国本身所处的北美（区域组织框架为"北美自由贸易区"）以及南向整个美洲（1998年4月正式启动建区谈判的"美洲自由贸易区"），也包括西向亚洲、大洋洲（"亚太经合组织"）和东向欧洲（拟议中的跨大西洋的"美欧自由贸易区"），这种美国独有的地缘经济优势，使得美国的对外经济联系和影响力在世界任何地区都是举足轻重的。相比之下，欧盟和日本的地缘经济重心基本是单一的，前者在于东西欧和欧洲大陆邻近地区，后者在于亚太地区，从而经济影响力更多地带有地区性色彩。中国在相当长的时期，地缘经济关系的重心也只能是单一的。

我国地缘经济关系的重点在亚太地区。一方面，在客观的经济联系上，已经形成了我国对外经济关系的区域重点在亚太地区的基础——我国的商品贸易、资本流动以及其他资源要素的国际流动，大部分都在这一地区；另一方面，在区域一体化组织框架上，我国是亚太结合组织的重要成员。我们要进一步加强同亚太国家和地区的经济往来，在各种资源要素的流动上，充分发挥地缘经济的优势，更多地把着眼点放在本国所处的亚太地区。只有现实经济联系的紧密，才是经济区域化的实质所在，而且才能够为组织形式上的区域一体化发展，奠定坚实的客观基础。同时，在亚太经合组织的框架内，也要努力发挥我国的自主性和积极作用，这既能更多地分享区域一体化带来的经济实惠，也会进一步加强我国地缘经济大国的实力地位。

在积极参与和推动亚太区域一体化的同时，我们还要在其中一些较小的区域范围内加强一体化——“次区域一体化”，作为我国地缘经济关系的更紧密层次。一体化的规律是，其范围与其内部差异成正比，而与其程度成反比。亚太经合组织由于其范围广泛（涉及环太平洋四大洲的国家和地区），参与者众多（目前有21个成员），差异巨大（各个成员间的经济水平、规模、体制等千差万别），从而利益协调较难，一体化程度，层次不易提高，也不能不切实际地冒进，人为地拔高。在这种情况下，区域范围内地缘经济关系更为密切，相对经济差异较小，从而一体化程度较易提高的“次区域一体化”发展，有其现实的可能和必要。就连世界上一体化程度最高的区域组织欧盟，都有15国欧盟中的11国欧元区甚至荷比卢3国集团等紧密程度不同的层次。我国有现实基础和地缘经济政治需要的次区域经济合作的两个方面，一个是发展同日本、韩国、俄罗斯远东等东北亚国家、地区的地缘经济关系（“东北亚经济圈”），另一个是发展同东盟10国的地缘经济关系（“东南亚经济圈”）。在该两个区域，不仅推进贸易、投资自由化这个层次的一体化有较好的条件，而且在经济技术合作，甚至货币金融合作上，也有潜在的可能。

五、世界经济市场化趋势与我国的产业结构优化战略

世界经济与市场经济是同一事物的两面。可以说世界经济自形成始，就伴随着市场化趋势发展；特别是自80年代以来，市场化趋势在世界经济发展中愈益显示了其强劲的势头。

世界经济市场化趋势，既表现为世界经济组成部分的市场化，又表现为世界经济有机整体的市场化。就第一个表现而言，市场经济已经是作为世界经济组成部分的各类、各国国民经济在经济体制和运行机制上的普遍取向。发达资本主义国家从来就是市场经济，在当代已经发展为现代市场经济。发展中民族主义国家经济作为战后出现的一种经济类型，自80年代以来，已普遍采取了市场取向的体制改革与调整，如墨西哥、印度等国的改革。社会主义国家，如中国，正在致力于建立社会

主义市场经济。苏联、东欧国家发生剧变后，也在按照自己的方向、模式向着市场经济过渡、转轨。就第二个表现而言，市场经济，不仅在于各国国民经济，也在于国际经济；市场经济活动空间——市场，不仅在于各国国内市场，也在于国际市场；市场经济通行的原则、规律，不仅适用于各国国民经济、国内市场，也适用于国际经济、国际市场。80年代末90年代初以来，伴随着经济全球化发展，世界经济有机整体的市场化尤为迅速地发展起来。

面对世界经济市场化趋势，我们要注重实施产业结构优化战略。市场经济是效益经济，最注重的是价值的增值而非物的取得，而价值的增进、效益的提高与经济结构密切相关。一个国家在世界产业结构和国际分工体系中的位置、层次的不同，使其获得的效益、价值大为不同。诸如美国这样的发达国家就能够以其经济结构的高层、强势地位，出口高技术、高附加值的产品，进口低附加值的初级产品和一般工业制成品，从而获得更多的效益、利益。我国发展社会主义市场经济和把本国经济、国内市场与世界经济、国际市场相互衔接，必须努力优化自己的产业结构、提高在国际分工体系中的位置层次，以便获得更大的经济效益和利益。

对于中国这样的一个发展中国家来说，经济结构优化、升级是一个长期的、逐步的过程。劳动力优势（劳动力充裕且劳动成本低廉）是目前我国诸种经济优势中重要的一条，而总体经济技术水平还不高，是一个弱势。这种情况决定了目前我国在世界产业结构和国际分工体系中的层次、位置，主要是劳动密集型和部分资本、技术密集型。我们在结构层次、位置上要做的是双重努力。一方面，要正视、承认这个位置并在这个层次上努力创造自己的竞争优势、站稳脚跟，取得和增进企业的微观效益和国家的宏观利益；另一方面，不能仅仅固守现有的位置，还要努力争取国际分工体系、世界产业结构中的新位置、更高层次。东亚金融危机发生后，人们总结经验、教训时有一条，要进行结构优化、产业升级。这是非常重要的。其重要性主要还不在于经过调整，避免与谁结构雷同。要知道调整到什么层次、位置都有一个与他国雷同的问题，新的雷同取代原来的雷同，都有一个激烈的国际竞争问题，而且层次愈高竞争愈烈。因此，关键不在于同别人雷同与否，而在于效益、效率和竞争优势。我国条件较好的领域和地区，致力于结构调整，把目标瞄准高新技术产业，甚至在某些领域努力抢占世界的制高点，十分必要且意义重大。这种努力带动着国家整体结构的优化、位置的提升，以便使我们能够在更高层次的竞争领域中创造竞争新优势，赢得更大的效益和利益（结构层次愈高，得到的价值增值、比较利益的潜力愈大），进而增强国家抵御各种风波的能力和实力。

欧盟增强实力地位的三大课题：聚合·集合·联合

（2000 年 9 月）

在全球化且多极化的世界上，各个国家、国家集团都在努力争取自身在世界上的实力地位。欧盟作为多极世界经济中的重要一极，在步入 21 世纪之际面临着三大课题——如何进一步聚合、集合、联合，以增强、提高在世界格局中的实力地位。

一、聚　　合

所谓“聚合”，是指通过自身的发展积聚力量。一个企业、一个地区、一个国家，要增强自己的实力地位，首先是靠自身一定速度的发展，逐步积累、聚合起越来越大的力量。

西欧主要国家在战后半个多世纪里，以一个较快且相对平稳的经济增长速度发展，聚合起欧洲国家集团强大的经济实力，成为与美、日一样的世界经济三极之一。过去的几十年总体看来，西欧的经济发展态势在美欧日三者中始终处于中间的位置。即 80 年代以前，西欧的经济增长速度不如日本，但快于美国；进入 90 年代后，西欧的经济增长速度落后于美国（比美国低1个多百分点），但超过日本（比日本高1个多百分点）。目前以一个国家集团的经济实力计，欧盟的一些主要实力指标不仅大大高于日本，甚至超过美国。例如，国内生产总值，欧盟1999年为8万多亿美元，略高于美国；外贸出口总额，欧盟1999年为21000多亿美元，大大高于美国的9500多亿美元；外汇储备总额，欧盟截至2000年6月底为2480亿美元，大大高于美国。

从现在到21世纪初期，欧盟要继续通过自身的发展积聚实力，面临着新的发展目标和实现目标要解决的重大问题。2000年3月下旬举行的欧盟里斯本特别首脑会议通过了加速经济发展、改造欧洲经济的中长期规划，争取到2010年在欧洲建成“世界上最有竞争力、最有活力的经济”，到2020年彻底改造欧洲经济，实现“欧洲模式现代化”。

如何能有在较低通胀率和较低失业率情况下的较高经济增长率，是欧盟目前和今后一个时期要着力解决的一个重要问题。相比于美国近年来已出现的“一高两低”（较高的经济增长率伴之以较低的通胀率和失业率）新经济现象，欧洲要逊色一些。

经济增长率——近年来，美国每年的经济增长率都在4%以上，欧盟的经济增长情况是，1997年为2.7%，1998年为2.8%，1999年为2.3%。预计2000年欧洲的经济增长率将第一次突破3%（欧盟委员会去年底的报告预测为3%，经合组织2000年5月的报告预测为3.4%，欧洲中央银行行长杜伊森贝赫2000年7月表示“经济增长率将明显高于3%”），但仍低于美国；到2001年，据经合组织等预计，欧盟的经济增长率将超过美国。从更长期的发展看，自现在起到2010年每年的经济增长率为3%，已是欧盟确定的发展目标。

失业率——高失业率一直是多年来困扰欧洲经济发展的一大难题。与美国近年来失业率压低到4%的情况相比，欧盟的失业率高达10%左右。失业率是与经济增长率密切关联的两个指标。一方面，高失业率是经济长期稳定发展的压力。据欧盟的统计，欧洲每年用于失业、贫困人口救济和社会福利保障的开支高达1万亿到2万亿欧元，占各成员国国内生产总值的12%到20%。如此巨大的开支拖累了经济增长；另一方面，提高经济增长率是增加就业、降低失业率的主要途径。近年来，随着经济增长的趋强，欧盟的失业人数在减少——从1996年及其之前的约2000万人减少到1997年3月的1800万人、1998年5月的1700万人，1999 年 2 月的 1600 万人和 2000 年 1 月的 1230 万人；欧盟的失业率也在降低——从 1996 年的 10.8%降至 1997 年的 10.6%、1998 年的 10%、1999 年的 9.1%和 2000 年 1 月的 8.8%。从今后较长一个时期的发展看，按照欧盟确定的十年发展目标，是使每年的经济增长率达到 3%，创造就业率每年高于 1%，即从现在起到 2010 年创造 2000 万个就业机会。继去年西欧的失业率自 1992 年以来第一次降到低于 10%，今年会进一步降到低于 9%（有估计为 8.6%），但据联合国 2000 年 7 月的一份报告估计，2000 年西欧的失业率不会降到 8%以下。或许随着欧盟经济增长率在明年的进一步提高以及欧盟采取的扩大就业门路的措施逐渐显效，2001 年的欧盟失业率会降至 8%以下。

通货膨胀率——通胀率也是与经济增长率（以及相应的失业率）密切相互关联的。按照西方传统的经济理论和实践，美国、欧盟之类的发达国家，其经济增长率在 2.5%～3%的情况下是合适的，这既会使就业增加，也不会使通胀过于上扬。欧盟近年来在经济增长率、失业率、通胀率三个指标上，只有在低通胀率方面可以与美国媲美，甚至比美国通胀率还低。据国际货币基金组织《世界经济展望报告》，欧盟通胀率 1998 年为 1.4%，1999 年为 1.3%，2000 年估计为 1.5%。然而伴随着知识经济的发展，美国是在经济增长率（及相应的失业率）突破了传统的界限，不仅在 90 年代年均经济增长超过 3%，还在近几年超过 4%的情况下，仍保持了较低的通胀率。欧盟则面临着既要经济增长率突破 3%，并把高失业率降下来，同时又不至使通胀率有大的上扬的艰难任务。事实上，自 1999 年下半年欧盟经济增长速度加快以来，欧盟的通胀率也呈小幅攀升态势。例如 1999 年 12 月的通胀率为 1.7%，2000 年 1 月为 1.8%，5 月为 1.9%。2000 年 7 月初，欧洲央行行长杜伊森贝赫在欧洲议会发表讲话时说，“我们绝不反对经济增长率高于 3%，我们所不希望的是通货膨胀达到这一水平”，因此，欧洲央行对影响欧元区物价稳定的因素保持警惕，将继续实行“把通货膨胀压力消灭在萌芽状态”的长期战略。

如何能在加快向知识经济和信息社会转变的过程中改造欧洲经济结构，是欧盟目前和今后一个时期要着力解决的另一个重要问题。知识经济发展和经济结构改造的滞后是过去的 90 年代欧盟经济发展落后于美国的原因，从而是未来欧盟经济得以实现较高的经济增长率伴之以失业率降低、通胀率较低的目标的关键。

在以高技术产业（特别是信息技术产业）为主导的新经济竞争中，美国已在90年代赢了一个回合，正是主要仰仗高技术的驱动，才造成了已持续9年多的美国“一高两低”的新经济现象。相比之下，欧洲的科技、科技产业发展的整体水平落后于美国。例如在高技术领域，早在90年代中期的1995年，欧洲在26个关键技术领域中就有19个领域落后于美国，超过或与美国不相上下的只有7个领域。欧洲在科研资金投入上也远不如美国。例如在1998年，美国用于研究与开发的总支出高达2206亿美元，占GDP的比例高达2.7%，差不多比欧盟相应比例高1倍。特别是欧洲在高技术（尤其是信息技术）应用经济上与美国有不小差距。英国《独立报》2000年1月27日载文《欧洲能够赶上美国吗?》，文章在谈到“三个值得欧洲注意的美国经济成功因素”时，第二个因素就是“开发新技术在商业方面应用的能力”，并指出欧洲人宁愿用投资获得赞誉，而不愿从应用中赚钱，但可悲的是，推动经济发展的正是应用。的确，仅在美国，信息技术及其应用一年就使经济总产值增加约1000亿美元。可以说欧盟与美国的经济差距，主要在于以高新技术为基础的“新经济”方面的差距。著名的戈德曼—萨克斯公司的资深经济学家托马斯·迈耶认为，欧元区的“新经济”规模大概是美国“新经济”的1/2到2/3。这在两者经济总规模大体相当情况下表明，美国的经济结构优于欧洲。

解决这种美欧差距对于未来欧洲经济发展和实力增强至关重要。德国著名经济学家多恩格斯教授指出，欧洲只有迅速进行经济结构改革，从而走上“新经济”之路，其经济才会获得持久、迅速发展的动力，否则难有持续发展可言。欧盟2000年3月通过的《里斯本计划》提出，要彻底改造欧洲经济社会结构，通过向电子商务和信息产业的全面过渡，通过对欧盟人口进行有关欧洲电子化的教育和培训，在解决失业的同时使欧盟更好地面对“新经济”的挑战，加快欧洲经济向知识经济的转轨。这标志着欧洲经济发展跨入了一个新阶段。

无疑，由于在“新经济”方面欧盟与美国有不小的差距，要实现里斯本计划，缩小这个差距，以至于赶上美国，并非易事；但欧洲是具备发展美国式“新经济”的潜力的。例如，据欧洲信息技术特别观察小组预测，2001年，欧洲互联网用户占世界用户总数的比例将上升到31.8%，而美国用户所占的比例将下降到37.9%。再如，在网上贸易方面欧洲人也在迎头赶上，据估计到2003年，欧洲电子贸易总额将增长935%，而美国只增长406%（当然是在一个更大的基数上）。因此，对欧洲来说，重要的任务在于发掘这种发展“新经济”的潜力。

二、集　　合

所谓“集合”，是指通过国家集团的扩大集中力量。诚如在企业层面由若干分散的小资本合并成为一个大资本这种资本集中过程可以较快地使单个资本实力增大一样，若干国家的力量集中、合并在一块，可以较快地形成更大的一个国家集团的力量。

西欧地区国家林立且多是中小国家，即使是以目前GDP达2万多亿美元的西欧第一大国德国与美国、日本两国相比，德国的GDP也仅相当于美国的三成、日本的五成。因此，西欧任何一个国家单枪匹马的力量，都不足以在世界上占有很高的地位。但是，西欧国家把力量集中起来，以一个区域国家集团的实力与美、日相比，则不仅大大超过日本，甚至略超过美国。

欧洲这种集合力量的过程，是通过区域组织扩大成员实现的，是一个逐步的过程。在欧共体—欧盟40多年的历史上，已经过了4次扩大。

1957年3月25日，法国、联邦德国、意大利、荷兰、比利时、卢森堡6国签订了《罗马条约》（该条约1958年1月1日正式生效），这标志着欧洲经济共同体的成立。1973年，英国、爱尔兰、丹麦加入欧共体，为其第一次扩大。1981年，希腊加入欧共体，是为其第二次扩大。1986年，西班牙、葡萄牙加入欧共体，是为其第三次扩大。这样，欧共体集合的国家就由最初的6个创始国扩大为12个成员国。进入90年代后，随着国际政治环境的变化——东西方、东西欧“冷战”结束所创造的条件，欧共体进一步扩大有了新的契机和空间。这种扩大首先是向西欧剩余国家的扩大。1995年1月，原来在东西方“冷战”时期保持相对中立的奥地利、瑞典、芬兰3国加入欧盟（欧共体于1993年11月变成了欧盟），是为其第四次扩大。至此，欧盟15国包括了全部西欧大国和差不多所有西欧主要国家，欧盟成了西欧甚或欧洲的代名词。

目前已经启动，将在未来21世纪第一个十年实现的欧盟新扩张，主要是“东扩”，即主要向东欧国家扩大。实际上，早在苏东剧变后的

90 年代初，东欧国家就相继提出了入盟的要求，而且欧盟也在 90 年代上半期推出了“先期准备战略”，将东欧国家列为联系国。然而，90 年代欧盟一体化的主要任务不是“外延”的扩大，而是“内涵”的深化——努力实现欧洲经济货币联盟的目标，建立统一的欧洲中央银行、实行单一的“欧元”货币。因此，除了在 1995 年完成了向奥地利、瑞典、芬兰 3 个西欧国家的扩大外，对东欧的扩大基本上停留在“准备”阶段。90 年代末，欧盟货币一体化的目标基本完成，东扩的任务遂提上了日程。

欧盟新一轮扩张的谈判启动于 1999 年。1997 年 7 月欧盟委员会提出“2000 年议程”，把波兰、匈牙利、捷克、斯洛文尼亚、爱沙尼亚和塞浦路斯 6 国定为候选国，并于 1999 年初开始同 6 国进行入盟的实质性谈判。1999 年 12 月欧盟赫尔辛基首脑会议把保加利亚、罗马尼亚、斯洛伐克、拉脱维亚、立陶宛、马耳他定为候选国，并于 2000 年 2 月开始与 6 国举行入盟谈判，首脑会议同时给予土耳其候选国资格。这样，向东扩大这项欧盟跨世纪的重要战略，进入新千年加快了实施的步伐。

世纪之交，欧盟之所以加快东扩步伐有其新的动因。

第一，也是最主要的动因，欧盟力图通过扩大，集合更多国家的力量，进一步增强和提高该国家集团在多极化世界中的实力地位。与美国、日本作为单独国家成为多极世界之一极不同，欧盟是以 15 国集合而成的国家集团作为世界之一极的。如果在 10—20 年能完成此轮扩大，15 国欧盟将变成 28 国欧盟，其经济规模将扩大约一成，人口将扩大三成多，面积亦将扩大三成多。这无疑会使欧盟作为世界一极的分量加重。

第二，欧盟力图通过扩大，拓展出一个更广阔的经济空间、市场空间，以利加快发展经济、积聚实力。换言之，欧盟的扩大，对于欧盟在世界上的实力地位的增强与提高，除了直接的通过“集合”力量来发挥作用，同时还间接地通过“聚合”力量来发挥作用。欧洲多为中小国家，单个国家的地域面积、人口数量、经济规模、市场容量相对较小，从而资源配置、经济发展的空间受到限制。这就需要通过结成区域一体化组织把若干国家的市场合并成一个更大的区域共同市场。现在已有 15 个国家组成的欧洲共同市场，如果能随着欧盟的东扩把 12 个或 13

个东欧、东南欧国家纳入进来的话，将使欧盟增加一个面积为100多万平方公里、人口1.3亿多的广阔市场和具有资源、劳动力优势的投资场所，从而促进欧盟经济长期、持续的较快发展和实力的更大积聚。

第三，德国、法国等欧盟大国力图通过扩大，挟更多的国家的力量，进一步增强和提高自身的国际实力地位。如同小国希冀通过区域一体化“聚众称强”或“倚大增强”一样，大国希冀通过区域一体化“挟众增强”，这些都是区域集团形成和发展的重要动因。德国作为15国欧盟的第一大国，当然希望通过欧盟的扩大，成为28国（或更多国家）欧盟的第一大国，以提高其自身在世界上的地位。而且德国在地缘关系上现处于欧盟的东部边缘，当欧盟东扩完成后，则德国正好处于欧盟的地理中心位置。法国虽然其过去的欧共体第一大国的地位早已被德国所取代，但也一直以“德—法”轴心的欧盟领导国身份，希望通过欧盟的扩大来提高法国自身在世界上的地位。这样，德、法等欧盟大国的积极推动，成为欧盟进一步扩大的重要动因。

欧盟东扩不仅有其动因，同时也有阻力、困难，决非一蹴而就的事情。欧盟扩大遇到的阻力、困难从根本上说就在于，随着成员国的增多，欧盟内部的差异会增大，从而各国在欧盟中利益、权力上的分野、矛盾会增加。

就利益矛盾而言，现在的欧盟15国的经济水平差距不很大，但入盟候选国与现在的欧盟成员国有着不小的差距（候选国人均收入仅相当于成员国的1/3），这些国家入盟后将会打破欧盟内部现有的利益分配格局，扩大矛盾。譬如，欧盟有两项数额巨大的基金，共同农业基金和用于“扶贫”的结构基金，该两项基金约占欧盟共同预算的80%。目前法国、意大利、西班牙、葡萄牙、希腊、爱尔兰等国是该两项基金的主要受惠国。东扩后13国中，除了塞浦路斯，其他国家不仅都将是纯受益国，而且这些更穷的新成员将从原有受惠国那里夺去很大一部分利益，并且会使欧盟共同预算支出的负担加重。据欧盟的一项研究报告估计，东欧国家加入欧盟将使欧盟每年的农业预算增加156亿美元，结构基金增加500亿美元，欧盟总的预算要增加60%。而目前各成员国都强调希望保持目前欧盟的经费支出水平，不愿承受预算增加的沉重负担。

就权力矛盾而言，欧盟的内部权力问题涉及成员国向欧盟让渡部分国家主权并关系到各国在欧盟共同机构中的权力地位，因此原本就是一个非常敏感、充满矛盾和困难的问题，现在仅15个成员国，欧盟机构已不能很好地运转了。如若不进行共同权力机构的改革，欧盟扩大以后，它们可能将无法运转下去。譬如，欧盟的执行机构欧盟委员会，现由20名委员组成，机构已显庞大，如不改变，仍按原来的比例，欧盟扩大后，委员将会增加到30多人；欧洲议会现有626名议员，如不改变原来的比例，欧盟扩大后，议员将超过1500名；再加上欧盟最高权力机构理事会的投票决策机制是“一致通过表决制”，只要一个成员国投反对票，一项决定就不能实施。可见，欧盟共同权力机构必须改革，才不致使扩大后的欧盟陷于运转失灵甚或瘫痪；而机构改革又必然触动现有的权力结构和各成员国的权力与利益，是有相当大的难度的。

总之，欧盟的扩大，既有强大的动力，又有不小的障碍，既是世纪之交欧洲面临的最大挑战，又是圆大欧洲之梦的一次机会。从历史上看，从最初的欧共体6国扩大到后来的欧盟15国，经历了一个为期近半个世纪的漫长而困难的进程。此一轮扩大当然也将是一次旷日持久的艰难进程，但大概不会再用半个世纪。尽管欧盟委员会在2000年7月举行的欧盟15国外长与申请入盟的12国外长卢森堡会议上宣布，最快也要到2005年才会接纳第一批新成员，这比欧盟原来的时间表推迟了2年，但人们一般估计，包括十几个国家入盟的第五次东扩，可望在21世纪前20年内完成。

三、联　　合

所谓“联合”，是指通过深化一体化，使组成国家集团的各成员的力量相互结合得更紧密。正如一个实力强大的企业集团并非众多小企业外在地捆绑在一起而成一样，一个实力强大的国家集团也非多个国家力量的简单外在组合，而是需要通过内在的联合，即提高一体化的程度、层次，才能真正把力量结合为一。

欧盟是一个15国集团而非单独一个国家，这决定了它尽管在经济实力很多方面超过美国，但仍不能位居世界经济三极之首的地位；欧盟又是一个一体化程度较高的国家集团而非15国经济简单相加之和，这决定了它尽管不像美、日那样作为单一国家立于世界，但仍能跻身于世界经济三极之一的行列。这种情况表明，加强联合、深化一体化，是决定欧盟在世界上实力地位提高和增强的一个重要因素。

“联合”与“聚合”有着密切的关系。联合不仅仅是使现有的力量结合得更紧密，联合还产生协作力，促进联合体内资源更方便地流动、更优化地配置，经济更高效、快速地发展，经济实力更多地生长和积聚。

“联合”与“集合”也有着密切的关系。如果只有国家集团外延上的扩大集合而无内部联合的加强、一体化的深化，则势必成为一个庞大的但又是松散的组织，这样的组织不可能具有一个世界经济力量中心的地位。因此，欧洲一体化的深化是与其外延的扩大并行、且相辅相成的。

欧洲联合的加强或一体化的深化，已经历了若干阶段、层次。1967年欧共体一体化完成了第一步，建立了关税同盟，实现了共同体内商品的自由流动。1993年欧共体一体化完成了第二步，启动了欧洲统一大市场，实现了共同体内包括商品、劳务、资本、人员四大要素的自由流动；并且在这一过程中，其他方面的一体化，包括共同农业政策、共同权力机构、货币一体化等，也都相继启动并程度不同地取得进展。1999年欧盟一体化又进一步，主要是建立了统一的欧洲中央银行，实现了单一的欧元货币（11国范围内），实行了共同的货币金融政策。

欧盟实现其《经济货币联盟条约》所确定的货币一体化目标，有着重大的意义。它既使得欧盟一体化达到一个新的高度，为欧盟经济的发展提供新的动力、创造更好的条件（如货币统一、利率统一、汇率统一），也会在动荡不已、危机迭起的世界货币金融领域，为欧洲货币地位的提高增加一个新的筹码。原来业已存在的美元、欧洲货币、日元三极世界货币格局，随着欧元的问世，发生了新的变化。欧元和原本地位就最弱的日元相比，其地位会进一步增强；就是和雄风犹在且地位最高的美元相比，从长远看欧元也会构成新的挑战（尽管欧元诞生一年多来，其对外汇率表现不佳），这种挑战的结果不是欧元取代美元成为世界货币之王，而是欧元很可能抢占美元的一些地盘，缩小其在地位上与美元的差距，形成“两强（美元、欧元）一弱（日元）”的新的三极世界货币格局。

21世纪初，欧洲一体化的深化将在坎坷中继续发展。一是继续深化经济一体化。尽管欧盟的经济一体化已进入一个新的层次，但是，就连已经建立了统一的欧洲中央银行、实现了单一货币的货币一体化，也是不完善的。2000 年 6 月，希腊已获准加入“欧元区”，但英国等 3 个成员尚在欧元区之外；欧元如何经过 2—3 年的过渡期，实现单一货币流通，这需要继续解决；欧元如何稳定对外价值（2000 年 5 月初，欧元对美元汇率曾跌至 1 欧元兑 0.8831 美元的低水平）并真正成为国际货币，也需要加以解决。除了货币政策有待完善外，宏观经济政策两大轮子的另一个——财政政策的统一尚有更长的路要走。特别是随着新成员的入盟，一体化的深入势必面临着新的问题和挑战（例如前面分析过的欧盟共同预算、共同农业政策等遇到的新挑战）。二是加快政治一体化进程。经济决定政治，政治是经济的集中表现。一方面，经济一体化为政治一体化奠定了基础；另一方面，经济一体化也需要政治一体化来保障。西欧一体化的目标也不仅仅是经济方面，还涉及政治领域。早在 1957 年建立共同体的《罗马条约》签订时，就确定了这样的目标：在经济一体化达到一定阶段时，将考虑政治一体化问题。1991 年与《经济货币联盟条约》一道，也通过了《政治联盟条约》。从政治一体化的实际进展看，就协调政治外交立场，改革共同政治机构和加强防务政策合作等方面而言，西欧在政治领域的协调、合作与一体化，已取得了一定进展。但迄今为止，欧盟的政治一体化仍处于低级阶段。由于政治一体化是增强欧盟的超国家因素，牵涉到敏感的成员国国家主权问题，因此是比经济一体化更复杂、更困难的。

无论是经济一体化还是政治一体化，其继续深化都面临着诸多问题与困难。特别是把一体化的深化与外延的扩大联系起来（两者从来都是对立统一的矛盾关系），则欧盟未来一体化的深化尤显得矛盾重重——若坚持其一体化的深化、高层次和较快的速度，就会有一些成员不愿意、也跟不上一体化的步伐，从而就有使其内部纷争扩大甚至一体化分崩离析的危险；若大大放慢一体化的速度，或是随着扩大而降低其一体化的层次，又有使欧盟在经济上变成一个低层次的自由贸易区，政治上滑向一个松散的国家协会，从而失去欧盟的活力、实力和吸引力的危险。在这种两难的情况下，人们开始认识到，欧盟在所有的领域都齐步走是难以办到的，可能的出路是建立一个高层次的、充分一体化的扎根于大欧洲中的“小欧洲”；同时，15 国乃至扩大后更多成员国的欧盟仍可继续实施现有的其他一体化政策。这种大欧盟中的“小欧洲”的看法，其实是前些年欧洲出现的“三层同心圆欧洲”、“多车道、多速度欧洲”、“西欧极”等等观点的延续，也是最近德国外长菲舍尔提出的“欧洲联邦”或法国总统希拉克提出的“核心欧洲”设想的渊源。

2000年5月，菲舍尔提出欧盟中的一小批核心国家在一体化上先行一步，加快步伐，建设一个“拥有一部宪法、一个政府和一个欧洲议会的欧洲联邦”。法国总统希拉克在6月的一次讲话中“以赞成的态度”对菲舍尔的呼吁做出了回应，重提“核心欧洲”的观点。“核心欧洲”（或“多速欧洲”）的论点，其实质是以法德“发动机”为轴心，建立德法意荷比卢（即1957年欧共体的6个创始国）为核心的“欧洲联邦”。然而，建立欧洲联邦，关系到主权让渡，谈何容易，而“核心欧洲”、“双速欧洲”又涉及到各成员国在欧盟中的地位（核心，边缘？主角，配角？一等公民，二等公民?），因此法德对欧洲未来的设计遭到了英国、西班牙、爱尔兰、芬兰、希腊、奥地利等国的反对，难以达成共识。然而，近几年内欧盟终究要就一体化的深入以及欧洲一体化未来模式进行认真的讨论，因为在2005年前后欧盟就要开始有新的成员扩大进来了。

顺应世界经济区域化趋势　加强中国与东亚地区的经济一体化

（2001 年 6 月）

21 世纪初的世界经济，在全球化方兴未艾的大背景下，区域一体化趋势也在蓬勃发展。我们在关注、参与经济全球化的同时，也必须对区域化潮流给予足够的重视和积极的对待。特别是目前我国加入 WTO 这个全球多边贸易组织在即，有条件把关注的重心更多转向构建有中国参与的区域一体化组织，从而使参加全球多边贸易组织和参加区域一体化组织成为中国发展对外经济关系在组织框架上的“一车两轮”。在新世纪之初我国参与经济区域化，不仅在于继续参与现有的亚太经合组织（APEC）这个地区经济论坛性质的组织框架，更在于构建新的范围更小而一体化程度更高（即有实质性内部优惠安排）的区域一体化组织框架。目前一个时期，有条件、现实可能性，也有必要构建的是，中国与东亚地区在不同范围（例如中国与东盟、中国与韩国等）、不同层次（例如特惠关税区、自由贸易区）上的区域一体化组织。这样一种中国与东亚地区实质性区域经济一体化的加强，对我国不仅具有直接的经济意义，同时也具有重要的政治战略意义。我们应该把它当作新世纪我国对外关系战略的重要内容。

一、世界经济全球化趋势与区域一体化趋势并存

已迅速发展了10多年的经济全球化浪潮在进入新世纪的时候方兴未艾，与此同时区域一体化趋势也在发展。

区域化是与全球化并存的一个世界经济发展趋势，而且这两个趋势本是同根生。经济资源愈益跨越国界自由、全面、大量、结合的流动和配置的进程，发生在全球范围内就是经济全球化，发生在各区域范围内就是区域化。不过全球化在范围上比区域化更广，而区域化在一体化层次上比全球化更高。

全球化与区域化两个趋势不能相互取代。世界上所有国家都要参与全球范围的资源流动，以便在广阔的国际空间中，合理地配置自己的资源，有效地运用自己的比较优势，得到发展本国经济的条件和好处，从而使全球化迅速发展起来。与此相应，全球性的经济组织和协调机制，如世界贸易组织、国际货币基金组织、世界银行等，逐步发展和完善起来。一体化的规律是，其范围与其内部差异成正比，而与其程度成反比。全球化由于其范围广泛，参与者众多，差异巨大，利益协调较难，从而一体化程度、层次不易提高。在这种情况下，地缘经济关系密切，相对经济差异不大，从而一体化程度较高的区域一体化以及相应的区域合作组织、机制蓬勃发展起来。区域化的资源流动比全球化的资源流动更为便捷、自由——例如1993年1月1日“欧洲统一大市场”正式启动，实现了区域范围的商品流动、资本流动、服务流动、人员流动的“四大自由”，而全球范围的资源流动只能说是在与各种障碍、保护的冲撞中朝着自由与开放的方向发展；区域化的协调功能比全球化的协调功能更为强健、有效——例如1999年1月1日欧元正式登场，实现了区域范围的货币金融一体化，而全球范围的货币体系自布雷顿森林体系崩溃后20多年，仍在苦苦寻找新的有效的国际货币调节机制。

所以，全球化再怎么发展，也是不可能完全取代区域化的；反而会给区域化的进一步发展带来新的刺激和驱动力——通过推进区域化而增强区域集团和区域组织的成员在全球化进程中的地位和作用，以便得到更多的全球化利益。正因为如此，自80年代末90年代初以来在全球化

方兴未艾的同时，区域化也再现新浪潮。据世界贸易组织等国际机构的统计，目前世界上的区域性经济组织已逾 100 个，其中约 70%是 90 年代以后签约建立的。

我们在关注、参与经济全球化的同时，也必须对区域一体化潮流给予足够的重视和积极的对待。

二、中国加入 WTO 全球多边贸易组织与参加区域一体化组织“两轮同转”

经济全球化和区域一体化的发展都要求有相应的组织、体制框架。经济全球化的组织框架，主要体现为被称作当今全球经济体制三大支柱的世界贸易组织、世界银行和国际货币基金组织。区域一体化的组织框架，具体体现为采取特惠关税区、自由贸易区、关税同盟、共同市场和经济货币联盟等不同形式、不同层次的 120 多个区域经济组织。

加入全球性的或区域性的国际经济组织机构，是参与全球化或区域化的重要体现和不可或缺的体制保障。目前，世界上绝大多数国家及地区都加入了世界贸易组织（有 140 多个成员和 30 多个正在争取加入的国家和地区）、世界银行（有 180 多个成员）和国际货币基金组织（有 180 多个成员）这三大全球性经济组织；与此同时，世界上绝大多数国家和地区也都至少加入了一个上面所提到的各种形式的区域一体化组织。可以说现在世界上，中国、日本等是尚未缔结参加任何一个区域自由贸易协定的为数不多的几个国家。而且就连日本也在这个问题上正在变化。过去日本一直比较重视 WTO 框架内的全球多边贸易安排，对区域自由贸易安排态度消极。但近年来随着全球多边贸易安排矛盾重重、WTO 多边贸易谈判陷入困境，而区域经济一体化潮流蓬勃发展，使得日本开始转变其对外经贸政策，从日本 2001 年版《通商白皮书》中对区域自由贸易协定的作用的积极评价中，可以清楚地看到这种态度、政策的转变。实际上，近两年日本已在把这种政策的转变付诸实施。例如，自 2001 年初以来日本与新加坡经过几个月的政府协商，到 5 月份初步确定“日新自由贸易协定”的纲要，并争取该协定能在 2002 年生效，这将是日本缔结的第一个自由贸易协定。与此同时，日本也在与墨西哥和韩国进行类似的磋商。

我国在1980年4月和5月相继恢复了在国际货币基金组织和世界银行中的合法席位，并自1986年以来致力于先是“复关”、后是“入世”的谈判，目前加入世贸组织在即，大局已定。中国“入世”是我国改革开放20多年来发展到今天的必然结果，是面向新世纪加快我国改革开放、经济发展的一项重大举措，也是以更加积极的姿态走向世界、参与经济全球化的一个重要体现。可以说以加入WTO这个最大的全球多边贸易组织、这个“经济联合国”为标志，中国对外经济关系的组织框架之“车”的一个“轮子”已经构建完成；现在要适时地把关注的重心更多地转向构建另一个“轮子”——有中国参与的、具有实质性内部优惠安排的区域一体化组织，以便最终使参加全球多边贸易组织与参加区域一体化组织并行、同时转动，成为中国发展对外经济关系在组织框架上的“一车两轮”。

三、中国继续参与亚太经合组织的合作进程与参与新的区域经济组织的一体化进程并行不悖

无疑，中国早在1991年就加入了APEC这个区域合作组织，这是我国参与区域化的一种体现，但是仅此不够。

亚太经合组织不同于一个具有实质性内部优惠安排的区域一体化组织，其特点是松散。这表现为：一是没有国家间协定。亚太经合组织不像西欧一体化和北美一体化那样具有法律约束性很强的“欧洲联盟条约”和“北美自由贸易协定”。领导人就地区发展和合作所做出的承诺，不是法规，具有“政治义务”的性质。二是没有权威性很强的共同机构。亚太经合组织是一个经济论坛，不是一个具有管理职能的地区经济组织。与一般的区域一体化组织不同，它是通过一种共同参与、自主自愿、协商一致和承诺机制来推动成员间的合作的方式。三是成分复杂，千差万别。目前的21个成员，既有亚洲的中国、日本、韩国等，也有大洋洲的澳大利亚、新西兰等，北美洲的美国、加拿大等，南美的智利、秘鲁等；既有发达资本主义国家的美国、日本、加拿大等，又有发展中国家的中国、墨西哥、韩国等；既有美国、日本这样的大国，又有新加坡、文莱这样的小国。

如前所述，一体化的范围与其内部差异成正比，与其程度成反比。

亚太经合组织由于其范围广泛（涉及环太平洋 4 大洲的国家和地区），参与者众多（目前有 21 个成员），差异巨大（各个成员间的经济水平、规模、体制等千差万别），从而利益协调较难，一体化程度不易提高，也不能不切实际冒进，强求一致，人为地拔高；其区域合作只能承认多样性、灵活性，只能自主自愿、循序渐进，长期坚持其经济论坛性质。在这种情况下，区域范围内地缘经济关系更为密切，相对差异较小，从而一体化程度较易提高的“次区域一体化”发展，有其现实的可能和必要。就连世界上一体化程度最高的区域组织欧盟，都有 15 国欧盟中的 12 国欧元区，甚至德、法提出的 6 国“核心欧洲”（“欧洲联邦”或“欧洲邦联”）等紧密程度不同的层次。我国在积极参与和推动亚太区域合作的同时，还要在其中一些较小的区域范围内加强一体化——“次区域一体化”，作为我国地缘经济关系的更紧密层次。考虑到区域一体化在新世纪的蓬勃发展和我国是世界上尚未加入任何一个区域自由贸易协定的少数国家之一这个现状，缔结、参与新的区域一体化协定、组织，更具有了现实性、紧迫性。在新世纪之初我国参与经济区域化，不仅在于继续参与现有的亚太经合组织这个地区经济论坛性质的组织框架，更在于构建新的范围更小而一体化程度更高（即有实质性内部优惠安排）的区域一体化组织框架。

四、加强中国与东亚地区实质性区域经贸一体化

目前一个时期，我国有现实基础和地缘经济政治需要的区域经济一体化（或相对于亚太经济合作而言的次区域经济一体化）在于东亚地区。

第一，在客观的经济联系上，已经形成了我国对外经济关系的区域重点之一在东亚地区的基础——我国的对外贸易、资本流动以及其他要素的国际流动，相当部分在这一地区。例如，目前（2000 年）我国最大的贸易伙伴（日本）和最大的外资来源地（香港特区）均在东亚地区。2000 年我国十大贸易伙伴中，东亚占了 5 个（日本、中国香港特区、东盟、韩国、中国台湾省），进出口额 2417 亿美元，占我国进出口总额的 51%；截至 2000 年年底，我国十大外资来源地中，东亚也占了 5 个（中国香港特区、日本、中国台湾省、新加坡、韩国）。

第二，在区域化体制框架上，我国与东亚地区经济一体化也已有一些现实的基础。例如，既有我国与东亚国家和地区同为亚太经合组织成员这一合作体制，也有东盟与我国“10+1”、东盟与中国、日本、韩国“10+3”等合作机制。

新世纪之初，加强我国与东亚地区实质性经济一体化，主要体现在构建中国与东亚地区在不同层次（例如特惠关税区、自由贸易区等）、不同范围（例如中国与东盟、中国与韩国等）的区域一体化组织。其可能的步骤、方式、对象具体有三个方面：

第一，“特惠关税区”。特惠关税区的特点是，其成员相互给予第三国不能享受的减免关税的特别优惠待遇（即比最惠国待遇更优惠）。它是区域经济一体化的最低级的然而也是最易行的组织形式。2001 年 4 月，中国与斯里兰卡、孟加拉、印度、韩国、老挝等 5 个亚洲国家达成一项贸易互惠协议《曼谷协定》，中国政府承诺削减 634 种商品的进口关税 10%～84%。这是中国加入的第一个具有实质性内部优惠安排的区域贸易协定。迈出了这第一步，接下来我们在特惠关税区这个层次上要继续向前推进。在一体化“内涵”深化上，中国积极支持启动《曼谷协定》内部新一轮谈判，通过谈判扩大关税和非关税减让的范围，提高优惠幅度，增强该特惠协定的活力。在一体化“外延”扩展上，既要吸引更多的国家加入《曼谷协定》（越南、缅甸、巴基斯坦、尼泊尔等国已有意参与该协定），也可以与东亚其他一些国家缔结新的具有特惠关税安排的协定。

第二，“自由贸易区”。自由贸易区的特点是，其成员相互取消它们之间的关税，同时并不统一规定成员对区外国家的关税率标准。自由贸易区比特惠关税区一体化程度高，但也是一种较为易行的组织形式，故许多区域经济组织一开始就从自由贸易区形式起步。现在连日本这个对自由贸易协定一直态度消极的国家都在争取缔结其第一个自由贸易协定“日新自由贸易协定”。我国在参与特惠关税区的同时，也要积极参与、构建东亚地区的自由贸易区。这可以在中国与东盟“1+10”基础上参与、构建，也可以与东盟的一部分成员和东盟之外的其他东亚国家如韩国共同参与、构建。

第三，货币金融合作等更高层次的区域一体化。无疑，东亚地区这方面的经济一体化难度较大，现实条件尚不充分，要经过更长的过程；

但合作的意愿和潜在的可能是存在的。特别是东亚金融危机后，东亚地区货币金融合作的呼声高企。例如一些东亚人士关于创建“亚洲货币基金组织”、“亚元”等的提出。甚至连美国华盛顿国际经济研究所所长弗雷德—伯格斯滕都认为（见英国《经济学家》2000 年 7 月 15 日），“全球金融体系的最重要变化可能来自正在东亚——包括日本、中国、韩国等东盟十国——进行的地区新调整。”当然，情况也并非像他所说的“亚洲货币基金组织呼之欲出”，但东亚地区货币金融合作的潜在可能性是存在的。未雨绸缪，我国加强同东亚国家包括货币金融合作在内的一体化是必要的，也是有潜在可能的。特别是东亚金融危机发生后，我国采取的包括稳定人民币汇率、向一些危机国提供直接的资金帮助等政策措施，密切了我国与东亚国家的经济关系、提高了中国在该地区的地位和影响力，这为进一步加强我国与东亚地区的经济一体化奠定了基础。

五、加强中国与东亚地区经济一体化的经济政治战略意义

如同中国加入世贸组织是我国一项具有战略意义的举措，从而过去 15 年我们就“入世”做了积极的努力一样，中国加强与东亚地区的经济一体化也是一项具有战略意义的举措，因此也需要我们在今后一个时期投入相当的努力。

就直接的经济意义而言：任何一种形式的区域一体化组织内部都有其独享性的特殊优惠，如果区域一体化的经济优惠带来的好处低于全球多边安排，那就失去了区域一体化的意义。尽管区域一体化组织内部独享性的特殊优惠安排与全球多边贸易组织的基本精神有不一致之处，但还是为世界贸易组织的特别规定的有关条文所容许的。我国缔结、参与东亚地区的有实质性内部优惠安排的区域一体化组织，可以享有其特殊的经济优惠从而得到发展本国经济的更大的好处。同时，我国同东亚地区客观的经济联系，通过结成区域一体化组织，可以在体制框架上更好地保障和促进经济关系的进一步发展。

就政治战略意义而言：经济关系的发展促进政治关系的发展。中国与东亚地区的经济一体化会加强我国在本国所处的东亚地区的地缘政治关系，正如美国通过与加拿大、墨西哥缔结北美自由贸易协定加强了美

国的地缘政治关系，德国、法国通过建立欧洲经济货币联盟加强了自己的地缘政治关系一样。特别是在进入新世纪之际，美国的全球霸权主义愈益横行，针对中国的强权政治也愈益凸显，甚至加强在我国周边地区对我国实施围堵（美国《国际先驱论坛报》2001 年 5 月 15 日载文称，美国对东盟在东南亚地区安全中的作用“不可等闲视之”，提出布什政府不仅“与个别东南亚国家发展和改善双边关系还具有一些空间，更重要的问题是如何对待作为一个整体的东盟”)。在这样一个国际环境大背景下，构建、加强我国与东亚地区的经济一体化，对我国 21 世纪的发展就不仅具有直接的经济意义，同时也具有重要的政治战略意义。

关于全球化条件下的劳动价值论

（2001年9月）

江泽民在“七一”讲话中提出了“我们应该结合新的实际，深化对社会主义社会劳动和劳动价值理论的研究和认识”，这是具有重大现实意义和理论意义的。

马克思基于他所处的时代，从资本主义社会的实际出发，创立了劳动价值论，并在此基础上提出了剩余价值学说。这成为马克思主义经济理论的基础，并与唯物史观共同构成了科学社会主义的基石。我们要坚持马克思劳动价值论的基本立场、观点和方法。同时，马克思劳动价值论不是教条，我们必须结合新的实际情况、新的变化，深化对劳动和劳动价值论的研究，发展马克思劳动价值论。

我们所处的时代面临的新的实际有两大方面：就世界而言，那就是经济全球化浪潮、科技革命浪潮蓬勃发展这个新的实际；就我国而言，那就是有中国特色社会主义、社会主义市场经济这个新的实际——我们建设的是有中国特色社会主义，处于社会主义的初级阶段，实行以公有制为主体、多种所有制经济共同发展的基本经济制度，搞社会主义市场经济。这些新的实际与马克思主义创始人当时面对的实际情况有很大的发展和变化，我们必须发展马克思劳动价值论。

本文着重围绕经济全球化条件下的劳动价值论的意义、作用，做一些探讨性的阐述。

一

马克思所处的世界，远没有今天我们所看到的如此深刻的经济全球化，但那时伴随着第一次科技革命和产业革命的发展，国际分工、世界市场、世界经济得以形成；而且对于这样一个世界的实际，马克思也力求在他的经济理论研究中给予体现。马克思在他1857年所写的《政治经济学批判》导言中，设想的经济理论体系大厦由五个部分构成。(1)一般的抽象的规定；(2)资产阶级社会内部结构（资本、雇佣劳动、土地所有制等）；(3)资产阶级社会在国家形式上的概括（税、国债、公信用等）；(4)生产的国际关系（国际分工、国际交换、输出和输入、汇率等）；(5)世界市场和危机①。

从这里面可以看到，马克思研究的政治经济学既包括一国范围的经济运动规律——第(1)、(2)、(3)部分，也包括国际范围或世界范围的经济运动规律——第(4)、(5)部分。虽然马克思有生之年对有关国际经济的两个部分的研究没能像对一国范围内经济的三个部分的研究那样独立成篇，而是散见于他的《资本论》和其他著述中，但这并不应妨碍人们把马克思揭示的一些经济规律、范畴、理论从一国范围与国际范围的统一的视角来完整把握。对劳动价值论及其所涉及的范畴、规律——如劳动、社会必要劳动、价值、价值规律等，无疑也应如是理解。马克思的劳动价值论说明，商品的价值是人类抽象劳动的凝结。这是价值的最抽象最本质的规定。进一步的分析表明，人类抽象劳动的抽象范围是不同的，从而有层次不同的价值形态。人类劳动在一国市场范围内抽象平均的结果，凝结为国别价值，国别价值量由一国生产某一商品的社会平均必要劳动时间所决定。人类劳动在国际市场范围内抽象平均的结果，凝结为国际价值，国际价值量不是由一个国家生产该种商品的社会必要劳动时间决定的，而是由"世界劳动的平均单位"② 决定

---

① 《马克思恩格斯选集》第2卷，人民出版社1995年版，第26页。

② 《马克思恩格斯全集》第23卷，人民出版社2001年版，第614页。

的。正如马克思所指出的，在世界市场上，“棉花的价值尺度不是由英国的劳动小时，而是由世界市场上的平均必要劳动时间来决定”①。

两种抽象范围不同的劳动、不同的价值形态是有差别和联系的。在一国市场上形成的社会必要劳动及商品价值，在世界市场上就变成了“个别劳动”及“个别价值”而与社会劳动（国际的社会必要劳动）及社会价值（国际价值）相对应。因此可以说，在国际范围来看，国别必要劳动的社会化程度是低层次的、不充分的，国别价值并不是真正的社会价值；只有国际必要劳动的社会化程度才是高层次的、充分发展的，只有国际价值才是真正的社会价值。正如马克思所说：“真正的价值性质，是由国外贸易才发展的，因为国外贸易才把它里面包含的劳动，当作社会劳动来发展。”②

二

在当代世界，特别是近20年来，经济全球化蓬勃发展，这使劳动、价值、价值规律的作用发生了与过去时代不同的新发展、新变化。

经济全球化的一个基本内容是各种经济资源愈益大量地跨越国界在全球范围内流动和配置。就商品服务的国际贸易而言，二次世界大战结束之初的40年代末，世界贸易额每年约600亿美元，20世纪末的2000年世界贸易额为7.8万亿美元；不仅贸易的绝对数额大大增加，其相对比重也大大提高——全世界的贸易出口占世界总产出的比重，1950年仅为7%，而到1999年已达22%。

这种新的变化、新的实际情况意味着，在当代世界上人类抽象劳动的社会化程度更高了——劳动的抽象范围更大地向国际领域扩展，社会劳动更多地体现为国际的社会必要劳动，价值更大量地体现为国际价值，价值规律的作用方式更多地适用于国际范围的生产和交换。价值规律是商品经济、市场经济的基本规律，即它既是一国国内商品生产和市场交换的基本规律，同时也是国际商品生产和市场交换的基本规律。当然，该规律的作用，在国际领域发生了重大变化。在世界范围内，价值

① 《马克思恩格斯全集》第47卷，人民出版社2004年版，第405页。

② 《马克思恩格斯全集》第26卷第三册，人民出版社1974年版，第294页。

量仍然是由社会必要劳动时间决定的，所不同的是，它不是由个别国家的社会必要劳动时间所决定，而是由世界市场上的平均必要劳动时间来决定。由于各国之间劳动强度和劳动生产率的差异，各国的国别价值必然有的高于、有的低于国际价值。而在世界市场上，商品只能按照国际价值这一世界统一的尺度来交换。于是便会出现一个国家的若干个工作日同另一个国家的一个工作日交换的现象。这仍然体现了等价交换原则，只是这种等价交换原则是通过不相等的国别价值相交换而体现的。但是商品经济、市场经济条件下的等价交换从来如此，从来都是按照社会价值而非个别价值（在国际交换中，国别价值是个别价值）交换的。20世纪六七十年代一些第三世界经济学家、激进经济学家所批评的发达国家与发展中国家的不等价交换乃至国际剥削，不应适用于这里的场合。

当然，也应看到，在当代国际商品交换中也不尽是等价交换，也存在因国际垄断等因素造成的不等价交换。

当代世界经济全球化的发展引起的劳动、价值、价值规律的新变化，还不仅仅体现在上述方面。经济全球化的资源跨国流动和配置，其一个鲜明的特征是越来越自由。即经济全球化是与经济自由化、贸易投资自由化相联系的。就以关税率大幅度下降、数量限制的非关税壁垒渐趋消失为主要内容的贸易自由化而言，二战结束后初期，世界各国进口的平均关税率高达40％以上，随着贸易自由化的进程，现在世界工业品的加权平均关税率已降至6％，其中发达国家更是降至3％，发展中国家也已降至13％；原来的众多繁杂的进口配额、许可证之类的非关税措施，根据WTO的协议，在2000年也基本取消（除了服装、纺织品的非关税措施可延长到2005年取消外）。这使得商品服务国际流动的国家界限障碍愈益弱化。

当代世界的新变化意味着，国际市场与国内市场愈益相互开放、相互融合，国际价值与国别价值适用范围的界限愈益淡化。过去时代往往是这样一种情况：国际价值适用的场合是国际市场上的交换，国别价值适用的场合是国内市场上的交换；那些落后的国家由于可以采取各种保护主义措施，排斥外来商品的竞争，因而使国别价值较高的本国商品尽管在国际市场交换中不能充分实现其价值，但可以在国内市场上得到实现，不致被价值竞争力较强的、价格较便宜的外国商品所淘汰。然而在当代世界，国际价值的适用范围不仅随着全球化条件下国际市场、国际交换的规模增大而大为扩展，也随着国际市场与国内市场愈益相互开放、市场障碍及界限愈益淡化而愈益向各国国内市场渗透和波及。那些劳动生产率较低的、高于世界平均必要劳动的劳动，不仅在国际市场上不能体现为社会价值，即便在本国国内市场上也越来越不被承认为社会必要劳动、不能得到价值实现。而这些新的变化，同样体现的是等价交换的价值规律的要求。

当代世界经济全球化的发展所引致的劳动、价值、价值规律的新发展、新变化，对于包括中国在内的发展中国家有着重要的意义。生产力水平较低的发展中国家在参与全球化过程中，既要努力争取一个公正合理的国际经济新秩序，又不能仅限于此，不能因为把按照国际价值进行的市场交换视为不等价交换、视为国际剥削而反对甚或拒绝参与；重要的是要致力于本国的科技进步、生产力水平的提高、价值竞争力的增强。

对于我国来说，一方面，有中国特色的社会主义经济也是商品经济、市场经济，在实行对外开放、参与经济全球化、参与商品生产和交换中，也要遵从国际价值这一市场共性规律，谋求等价交换、平等互利；另一方面，我们是一个发展中的社会主义国家，目前的劳动生产率水平较低，在国际市场上，或是在国内市场上往往是以较多的国别价值交换较少的国际价值。这要求我们必须努力提高劳动生产率，降低商品生产的劳动耗费，提高商品的价值竞争力，以便在日益相互开放、融合的国际市场、国内市场上，得到尽可能多的价值实现。

经济全球化与中国入世

（2002 年 6 月）

从 20 世纪 80 年代中期以来，经济全球化已经成为世界经济发展中一个引人注目的大趋势，不管是世界经济的主体还是世界经济的组成部分，其发展越来越受到全球化的影响。江泽民总书记 5 月 31 日的讲话在分析进入新世纪国际局势正发生的深刻变化的时候，也提到了经济全球化趋势形势逼人，不进则退。而且总书记把经济全球化和我们国家加入世贸组织，以及我们国家进入对外开放的新阶段，把这些问题都联系起来提出。他指出要适应经济全球化和我国进入世贸组织的新形势，在更大范围、更广领域、更高层次上参与国际经济技术合作和竞争，拓展经济发展空间，全面提高对外开放水平。

一、方兴未艾的经济全球化的趋势

（一）经济全球化的重要意义

经济全球化的重要意义在于它是关系全局的发展大趋势。经济全球化作为世界经济发展中出现的一个引人注意的大趋势，已经蓬勃发展了十多年，人们对全球化的认识也有了十多年历史，应该说这是一个有着相当丰富内容的全球化大趋势。对于这样一个有丰富内容的趋势，我们先看经济全球化的意义。经济全球化一经出现，很快就风靡全球，可以说经济全球化已经成了有关国际问题领域使用频率最高的术语，也是当今世界重要国际会议不可缺少的话题之一。为什么人们这么关注全球化呢？为什么全球化这么引起人们的议论、兴趣？简单一句话就是，它关系世界经济全局的发展大趋势。怎么叫关系世界经济全局呢？第一个体现经济全球化是在世界发展趋势中最重要的趋势，其他趋势与全球化趋势有这样那样的关系。第二个体现是在世界经济发展过程中发生的各种重大事件，比如说 20 世纪 90 年代发生过日本泡沫经济破裂、东南亚金融危机、美国经济“一高两低”新现象等等，都有经济全球化的大背景。离开了经济全球化，去分析世界发展中的大事，就不能说清楚，所以我们说经济全球化是关系世界经济全局的发展大趋势。1994 年，美国出现了“一高两低”的新经济现象。什么是“一高两低”呢？“一高”是指比较高的经济增长率，比如美国在 90 年代，特别是最后的 5 年，年均经济增长率高达 4%以上。“两低”是指低失业、低通胀。从低失业来看，美国经济在 90 年代，特别是 90 年代后期的 5 年，年均失业率只有 4%多一点，这是美国 30 年以来最低的失业率。低通胀，美国的通胀率在 20 世纪 90 年代，特别是后半期，平均只有 2%多一点。这是美国 1959 年以来最低的一个通胀率。对美国这样的经济，在过去可能某个年份出现某一个经济指标良好，这个不奇怪。新在什么地方呢？新在三个经济指标同时良好，“一高两低”同时并存。为什么会有这样一个经济现象呢？其最重要原因是经济全球化的蓬勃发展。比如从“一高”来说，一个国家经济高增长，它的重要拉动因素是投资拉动，投资的重要源泉是储蓄，但是美国的储蓄率是全世界最低的国家之一，因为他们有钱就花，没钱借贷也要消费。拉动它经济高增长的投资源泉从哪里解决呢？经济全球化和美国参与全球化在相当程度上解决了它经济高增长所需要的投资拉动。我们国家是次于美国的第二大引进外资国家，但我们在引进外资的数量上没法和美国相比。比如说 20 世纪 90 年代的最后一年——2000 年，美国这一年中引进外国资金 9000 多亿美元，其中外国直接投资 3000 亿美元。而我们这一年吸引的外国资金是 407 亿美元。正是这样一个参与全球化，并通过参与全球化得到的大量国际资金，支撑了美国 90 年代所谓“一高两低”的高经济增长。至于其他国家出现的经济事件也都一样，离不开全球化大背景。

（二）什么是经济全球化

所谓经济全球化，是各种经济资源跨越国界，在全球范围内流动、配置的状况和进程；同时，它又是各国经济越来越相互依存、相互影响的状况和进程。

1. 经济全球化是资源跨国流动的发展和进程

资源的跨国流动具有新发展、新特点。第一个特点：越来越自由。也就是弱化国家界限障碍，贸易越来越自由化。就贸易自由化来说，在WTO的前身关贸总协定刚刚生效的1948年，全世界的关税率平均高达46%，这谈什么自由？这不是自由。贸易自由化就是弱化这个国家界限障碍。关贸总协定自它成立以后的近半个世纪的历程中，肩负着这个使命，组织了八轮全球多边贸易谈判。每一轮多边贸易谈判，都把这个关税降下来一些。所以，到今天全世界关税只有6%左右。其中，发达国家更是降低到3%多一点。资源跨国流动的第二个特点：越来越全面。不是某一种资源在跨国流动，而是包括商品、资本、技术、劳务等各种资源全面跨越国界。第三个特点：越来越大量，即不是少部分资源跨出国门，而是越来越多的经济资源跨越世界，在国与国之间流动和配置。就拿贸易来说，在关贸总协定刚刚生效的那个年代，全世界每年的贸易量也就是600多亿美元。600多亿美元是一个什么概念？去年，我们一个国家，贸易总量就突破了5000亿美元，我们还不是世界最大的贸易主体。根据WTO今年5月份公布的去年的数字，全世界的贸易总额已经达到7.8万亿美元。第四个特点：各种资源流动方式越来越结合。在这众多的资源跨国流动里面，它们不是平行的、互不相干的，而是越来越相互影响、相互结合。早在1957年时，美国著名经济学家蒙德尔教授就已经提出了商品流动和资本流动的相互替代关系。发展到今天，各种资源跨国流动，不是互不相干的、孤立的，而是越来越相互影响、相互结合。所以，我们观察全球化资源跨国流动这样一个基本内涵，它是有新特点的。

2. 经济全球化的第二个基本内涵是各国经济越来越相互依存、相互影响

这一般用经济依存度来体现，也就是贸易依存度。所谓贸易依存度，即贸易总量占生产总值的比重。全世界的贸易依存度是逐步上升

的。1950年时全世界贸易依存度只有7%。1990年，这个比重上升到18%。到现在，根据世界银行的统计，全世界贸易依存度上升到26%。去年我们的进出口已经达到23%，其他各国也都突破了20%的界线。各国贸易相互依存，各国经济相互影响。应该说，在全球化条件下，一个国家的经济深受外部经济的影响和制约，反之，一个国家经济的发展变化对外部经济亦产生越来越大的影响。如果在条件具备、传导机制完善的情况下，这种影响甚至会大到产生“蝴蝶效应”。什么是“蝴蝶效应”?“蝴蝶效应”就是一只蝴蝶在这里扇扇翅膀，产生不大的震荡，但它经过在大气中遇到各种条件不断反应、放大，经过几个月的时间，它可能在遥远的几千里的另外一个地方产生一场大风暴。90年代经济全球化蓬勃发展，很多事情，已经证实了“蝴蝶效应”在世界经济中的存在。例如：1997年发生的东南亚经济金融危机，最初始端，就是泰国一个国家的事情，是泰国金融领域出现的问题。后来，国际炒家通过冲击它的货币、货币制度，以获取利益。简单地说，就是国际炒家不断地抛出泰国的泰铢，力图使泰铢在市场上过量。一过量就不值钱，从而引起泰铢汇率贬值。简单说就是这样一个途径。泰国当局为了捍卫自己的汇率制度，采取了这样的措施，泰国当局不断买进泰铢，不让自己的泰铢过量，从而维持与美元相对固定的汇率制度。这场泰铢保卫战，最后是泰国失败，因为它的外汇储备逐渐枯竭了。在泰铢保卫战最厉害的一天，泰国抛出了100亿美元的储备。但是，在当天外汇市场收市时，仍没有遏制住泰铢汇率一路下跌这样一个态势，最后泰国只得放弃了泰铢的汇率，从而引发了泰国的金融危机。很快，这场危机波及到了跟它经济关系密切的国家，又很快波及到了东南亚其他国家。第二年，泰国的经济危机以强大的冲击力，向整个世界经济波及，以至于对1998年的世界经济产生了巨大的影响。1998年初，国际货币基金组织预测的那一年世界经济增长率比上一年的增长率4.1%还要高，但几个月后，发现不行，下调到3.8%，以后发现也不行，就又下调到2.5%。那一年，世界经济增长率只有1.8%。所以说，经济全球化，各国经济越来越相互依存、相互影响。这种影响之大，甚至会在传导机制完善、条件具备的情况下，产生类似于“蝴蝶效应”的现象。

（三）为什么会产生全球化

即经济全球化趋势的基础与特性是什么？国际分工是经济全球化的基础。国际分工的产生和发展决定经济全球化的形成和发展，国际分工的二重性质决定了经济全球化的二重性。什么二重性呢？一方面，它体现先进生产力；另一方面，体现某种国际生产关系。人们对全球化的认识是不一样的，一方面，经济全球化蓬勃发展；另一方面，反全球化运动方兴未艾。1999 年底，在美国召开的 WTO 会议，会场外面成千上万的人在那里游行示威，反对全球化，从此也拉开了世界反全球化的帷幕。从 1999 年底到今天，我们看到这种场景不断地、反复地出现在各种国际会场外面。特别是那些最主张全球化、最推动全球化的发展的组织，在他们开会时，会场外一定有反全球化的示威、游行。去年，八国集团首脑会场外面，达到了空前的规模，十几万人在那里游行，反全球化。所以，现在会议不敢在中心城市开了。经济全球化究竟是田园般的乐园？还是罪恶的渊源？我们认为，对全球化不能用一个“反”字来概括，也不能用一个“赞”字来概括。因为它是一个具有二重性质的东西，它一方面体现国际生产力，另一方面体现某种国际生产关系。

我们就二重性问题展开一下讨论。国际分工，与生产力密切相关。只有生产力发展到一定程度，国际分工才会产生。国际分工出现之后，靠什么把国与国之间的生产分工联系到一起呢？靠世界市场上的交换。各个国家参与世界市场活动，使得一个国家的经济越来越具有了国际性，经济全球化就蓬勃发展起来。这样才使得各国经济都有了世界性。用马克思、恩格斯 19 世纪中叶描述的这样一个客观现实，即体现在它们共产党宣言里的：资产阶级由于开拓了世界市场，使一切国家的生产、消费、销售都成为世界性的。应该说这是经济全球化的真正起源。所以说，许多经济问题是有历史根源的，要从历史的演变，用历史的眼光看待现在经济出现的问题。很多当代世界经济的现实问题不是凭空产生的，它有它历史的根源。

在当代生产力巨大发展的基础上，国际分工都有了新的大发展。正是有了新的大发展，各种经济资源越来越跨越国界，在全球范围内自由地、全面地、大量地、结合地流动和配置，经济全球化蓬勃兴起。经济全球化反映国际生产力，也促进生产力，就这个意义来说，经济全球化具有进步性。经济全球化同时还体现某种国际生产关系，也就是体现在今天世界市场体系中占主体支配地位的参与者之间的生产关系。在今天发达资本主义国家就是经济支配者。体现经济实力的主要国家，主要在20多个发达国家中。虽然数量较少，但体现经济实力的主要指标占了世界相应总额的七八成。所以，他们是世界经济体系中占主体地位的参与者，即主要体现的是资本主义的生产关系。因此，经济全球化还有不平等性，正因为这种不平等性加剧了世界经济的南北贫富两极分化。

二、经济全球化对世界经济的影响

经济全球化对世界经济的影响主要体现在三个方面：

1. 经济全球化放大了机会和风险，加剧了世界各国发展的不平衡

这里所说的经济全球化是市场经济的全球化，这样一个市场经济的全球化，把市场经济中的机会和风险全都放大了。这样，它加剧了世界各国发展的不平衡。本来，国与国之间的发展就是不平衡的，但是过去的经济发展不平衡是需要一个缓慢过程的。但现在条件变了，经济全球化把机会和风险全都放大了，在这种情况下，一些国家如果抓住的是全球化放大的机会，就会在不太长的时间里迅速地发展自己的经济，很快缩小与发达国家之间的差距。如果一个国家在全球化放大的风险里面没把握好，它可能在不太长的时间里，与发达国家的差距越来越大。经济全球化放大了机会和风险，加剧了世界发展的不平衡，就看你怎么把握。

2. 全球化既增进全球整体利益，又会加剧各国之间利益的争夺

讲到利益，应该说全球化带来的国际利益，不是离合的关系。所谓离合关系，简单地说，利益的饼就这么大，你多咬的这一口，正好是我少吃的这一口。经济全球化带来的不是离合关系，它是把利做大，给经济全球化的各国提供了各种机会，提供增进自己利益的机会。换句话说全球化增进全球整体利益。但是，全球整体利益，不是抽象的东西，它最终要化解为各国的国家利益。于是，对于利益的分配、争夺问题就出来了。我们看到，在全球化面前，一方面，增进了全球利益。因此，人们都愿意参与，以便获得自己的利益；另一方面，都力图在参与过程中，尽可能多地得到自己的利益。美国是一个典型。所以我们说，在这

样一个全球化中，任何一个国家在参与全球化的过程中，都要把握获得利益的机会。于是，我们看到各种关于利益之争的贸易战，在全球化面前，愈演愈烈。如2002年3月美国挑起的针对各主要出口钢的国家的钢铁贸易战。

3. 经济全球化加剧了世界经济南北贫富两极分化

发展中国家在跟发达国家进行经济对比中，从来都是不平衡的。而且这种南北的不平衡，表现为南北两极分化。在经济全球化条件下，应该说它不仅没有弥合南北贫富两极分化，反而加剧了经济南北贫富两极分化。一方面，全球化会促进世界整体的发展；另一方面，经济全球化也会给一些发展中国家提供参与资源、配置流动的大好机会，发挥后发优势，迅速缩小同发达国家的差距。但是全球化不会改变南北贫富两极分化态势，反而在加强这个态势，这已经是一个客观的现实。下面用联合国报告的一组数字来分析南北两极分化。根据人均收入的对比：1960年，发达富国和发展穷国的人均收入是30∶1；1990年时，扩大到60∶1；经过10年的全球化发展，扩大到74∶1。因此，经济全球化面临着严峻的两极分化。特别是那些世界最穷国，已经不是他们参与全球化利多弊多的问题，对于这些最不发达国家，是你能不能参与进去的问题。也就是说，他们越来越被高速运转的全球化抛出世界经济的主流，成为所谓边缘化国家。1971年，联合国根据它所设计的指标体系，包括人均收入、经济结构、制造业在生产总值中的比重等等，搞了一个指标体系，然后用这套指标体系衡量各个国家。结果确定了世界第一批最不发达国家，有25个。这25个世界最穷国，经过几十年之后，结果怎么样呢？只有一个国家波次瓦纳以比发达国家快得多的速度，迅速发展了几十年，才从那25个最穷国之列走了出来。你一定要比人家快得多，否则便会越来越穷。国际组织这样估计非洲，非洲是一个粗放经济地区。非洲这样的粗放经济年均增长率达到5%，仍不足以遏制贫困人口的继续增加。所以一定要有比发达国家快得多的发展速度，你才能实现赶超，才能缩小差距。这几十年里面，又有新的25个国家沦入最不发达之列，所以，联合国确定的最不发达国家有49个了。所以在这种不公正、不合理的国际经济旧秩序没有根本改变的条件下，不会改变经济发展全球化的两极分化，反而会加剧这种态势。

三、加入 WTO 是中国面对全球化的战略决策

加入 WTO 是中国面临全球化的战略决策。应该从三个方面来看这个问题。

1. 加入 WTO，进一步扩大开放，是经济全球化的客观要求

我们只有通过加入 WTO，进一步扩大开放，才能更深地参与到国际分工里面去、参与到全球化里面去，才能利用经济全球化促进生产力发展的好处，加快发展自己。具体到什么好处呢？有三个好处是必不可少的：(1) 提高劳动生产率、加快经济发展的需要。因为，只有参与国际分工、参与全球化，才能更快地发展生产力、加快经济发展。因为分工、专业化是提高劳动生产效率的重要手段。我们加入 WTO 参与的是国际分工，这就意味着我们通过参与国际分工把提高劳动生产率的手段在广阔的国际空间里面把它充分发挥出来。(2) 充分运用比较优势，更合理地配置、使用资源。因为，只有参与国际分工、参与全球化进程，你才能更好地运用你的比较优势、比较资源。一个国家在发展、开放过程中，都有它的比较优势或相对优势。不管是一个国家也好，一个地区也好，如果你有劳动力优势，劳动力成本低廉，但在那里闲着没有用，那你就没有比较优势。所以，你只有通过扩大开放，参与到国际分工里面去，你才能把比较优势更充分地发挥出来，才能在广阔的国际空间领域里面，更合理地配置和使用资源。(3) 价值增值、财富积累的需要。因为，只有参与国际分工、全球化进程，才能更多地实现价值、积累财富。因为我们是在市场经济条件下，参与市场经济全球化。市场经济讲的是价值增值，故最终的体现是在价值增值力的提高和财富积累上。实际上，发达国家为什么主张参与国际分工、参与全球化？就是因为这个。而且它们在运用过程中，在实际经济发展过程中，比发展中国家到位得多。比如：美国的波音飞机公司，表面上波音飞机是美国西雅图生产的，实际上波音飞机上的零部件是经世界上几十个国家分工从而完成最终产品的，它是通过庞大的分工体系来完成的。为什么要通过国际分工来完成跨国生产呢？为什么要搞国际分工不自己产生呢？就是要得到这些好处。比如以运用世界各地比较优势为例，波音飞机上的某一个零部件，如果需要很多劳动力，那么它就会到一个有劳动力比较优势的国

家投资、办厂。通过这种劳动力分工，把劳动力的比较优势集中到波音飞机上来。再比如另外一个零部件是需要特殊原料的，它就寻找一个此类资源最丰富的国家，然后在那里面投资、办厂，专门使用这种零部件的原料。它集中了这么多的比较优势，从而使得它的产品成本最低，价值最高。我们国家也参加了波音飞机的国际分工和跨国生产，沈阳等几家公司专门为波音公司生产尾翼。这样，波音公司利用了我们的比较优势，得到了它的利益。我们通过参与国际分工和跨国生产，也得到了它的比较优势，利用了它的资金、技术优势，我们也得到了我们的利益。所以，参与国际分工就是这样一种比较优势互换、相互利益满足的过程。随着对外开放的发展，我们慢慢地也会建立某些重要产品的以我们为中心的国际分工体系，让别的国家为我们生产零部件。我相信，我们的国家会慢慢朝着这个方面发展，以便得到更多的利益。

2. 加入 WTO，使我国对外开放进入新阶段

可以说，以加入 WTO 为契机，我们将在更大范围内、更高层次上参与全球化。所谓新阶段体现在三个方面：(1) 入世后，我们的开放将是法律规则框架下的开放。在世界范围内这套规则由谁来制定？由国际组织来制定，这个组织就是 WTO 和它的前身关贸总协定。换句话说，规范市场经济全球化的那些经贸法律、法规由谁来制定呢？主要由世界贸易组织来制定。我们常常说遵循国际通行的经贸规则，这套经贸规则实际上是 WTO 的前身关贸总协定。在乌拉圭谈判中，所达成的 29 个协议和相应的宣言即所谓乌拉圭协议，构成当今世界通行的一套规范，世界各国贸易措施的一套完整的贸易规则，这一套规则涉及的面是很广的，包括服务贸易总协定，包括与贸易有关知识产权协定，包括与贸易有关的投资措施协定，还有 1997 年世贸组织成立以后，达成的金融服务协议、基础电信协议、信息技术产品协议等等。这一套东西构成了规范市场经济全球化，规范各个国家参与国际经贸活动的法律规则，或者叫世界贸易组织的“圣经”。我们要参与全球化、加入世贸组织，当然也要遵守世界贸易组织制定和监督实施的经贸规则。加入世贸组织以后，我们的开放将由原来的政策性开放转为法律框架下的开放。这就要求我们按法律程序对现有的法律、法规进行清理和修订。在我们加入世贸组织后，已经在修改一些不符合国际世贸组织通行的规则的东西。需要废止、修改的行政法规有 50 多个，需要停止执行的国务院文件有 40

多个，需要修订和废止的部门规定和其他政策有1000多个。同时，在我们入世后，我们还要制定一些过去没有的有关技术、质量、环保、卫生、安全等等国家标准，也就是首先和国际通行的经贸法律、法规接轨。(2)“新”的第二个体现，入世之后，我们的开放将是与世贸组织成员的相互开放。世界贸易组织和它的前身关贸总协定的一个重要职责就是组织开放市场全球多边贸易谈判。按照世贸组织通行的最惠国待遇原则，相互开放市场，这是WTO各个成员的一项义务，也是一个国际潮流。我们加入WTO后，就将享受所有WTO成员开放市场所承诺的义务，也就说，它们承诺的义务，将成为我们享受的权利，而且是无一例外地按最惠国待遇原则，享受这些成员开放市场的义务。过去，美国曾试图给我国一个例外，因为我们不是WTO成员，所以没有办法。在我们没有加入WTO之前，虽然美国也曾给我们最惠国待遇。但是它给予的是一年一审的最惠国待遇。比如，美国给其他WTO成员商品进口关税待遇是3%多一点，给中国也是3%，但它是一年一审，假如哪一年没有通过，就不能享有3%的关税待遇，而且高达100%，这就会使我国产品没有办法向美国出售。因为我们不是WTO成员，所以没有办法。我们现在加入WTO了，我们就要求美国在我们加入WTO之后，要给予对我国永久性的最惠国待遇，美国在我国加入WTO之后，还想给我国一个例外。但在我们坚持下，美国同意给中国永久性的最惠国待遇，也就是可以享受搭便车的好处。许多发展中国家为什么要加入WTO，某种程度上就是为了要搭便车。在WTO前身的关贸总协定主持的谈判中，常常会看到这样一个场景，所有的成员和缔约国都去日内瓦开会，去参加某一轮多边贸易谈判。但往往是大家都到会了，真正在小屋子里进行某种产品市场准入的谈判的，是少数几个实力相当的国家在那里讨价还价。大多数成员国和缔约国都是在会场周围看着报纸、聊着天。但是，当这些实力相当的国家经过讨价还价的谈判之后，就会通过原来关贸总协定，现在的WTO，向大家宣布关于某种产品的准入谈判已经达成协议，在座各位都是这个协议的缔约方，就是大家都会享受。所以，用不着双边的一对一的讨价还价的谈判，就自动享受别的成员讨价还价的结果，这就是搭便车的好处。我们享受人家开放市场的好处，当然，我们也要承担开放我们市场的义务。我们加入WTO要承诺一些开放市场的义务，换句话说，要遵守世贸组织关于市场开放的规定，放宽市场准入的条件和领域，也就是对其他国家都开放。应该说，在市场开放这一方面，我们入世之后，特别是在服务业这一方面的开放，恐怕将有一个新的变化。因为，在过去20多年的开放过程中，可以说我们的开放领域主要在第二产业，特别是制造业。但是第三产业，也就是服务业，没有怎么向国外开放。在入世谈判过程中，人家要求我们在服务领域也要承诺开放市场的义务。我们在与WTO成员谈判时，所达成的协议里面都承诺了在服务业这个领域承担扩大开放的义务。比如，电信领域，我们承诺入世后两年，外资所占的股比可达50%。人寿保险这个领域，我们承诺的义务也是与电信一样，即入世后两年，外资的股比可达50%。再比如，银行业领域，我们承诺银行入世5年内，外资银行可以对中国居民进行人民币业务。也就是说，我们入世后5年，我们手里的人民币，不一定只存在我们自己的商业银行，也可以存在外资在华银行的机构里。反过来，我们在加入WTO之后，我们向所有的WTO成员更大程度地开放我们的市场，特别是在服务业，服务业的开放肯定是有一些风险的，我们国家服务业不发达，自然会带来一些风险和挑战，会给我们的人才、业务、客户以很大冲击。现在我们国有商业银行里拥有的客户和外商投资企业，一旦外国银行随着开放增多起来，原来是我们国有银行的客户、优质客户不一定还是我们的客户，他可以成为人家的客户。如果我们的优质客户大量流失到外资在华银行机构，给我们剩下的都是非优质的客户，那我们的国有商业银行怎么发展？显然会带来一些冲击和挑战，但这种开放是必须的。因为任何一个行为，包括服务业，如果它总在一个封闭的环境内，是永远不可能很好地发展的。我们看到我国的服务业和服务贸易，与发达国家相比是有不小的差距的。比如说我国的服务贸易和货物贸易增长相比，在世界的趋势是服务贸易超过货物贸易，即无形贸易超过有形贸易，而在我们国家，正好相反。我国的服务贸易现在总规模700多亿美元，在世界排行远远在十几位之后，货物贸易在世界排行在第六位，服务贸易落后于货物贸易。世界上服务贸易占货物贸易比重的20.34%，而我们国家服务贸易只占货物贸易比重的10%。另外，我国的服务贸易连年巨额逆差，去年，我国服务贸易逆差59亿多美元，而且在短时间内也不会改变，因为我国没有多少服务可以提供。入世之后，我国对外开放进入一个新阶段，我们国家的通信等行业，都有待于发展。开放肯定是有一些风险的，我们国家服务业不发达，会带来一些风险和挑战，也会给我们的人才、业务、客户以很大冲击。中国服务领域少，结构不合理。世界贸易组织提出的服务业和服务贸易有 11 个大类，150 多个具体部门，而我们中国能够提供的只有 40 多个部门，而且主要集中在传统的服务贸易领域。比如劳务合作、国际运输，而那些发展势头最好、价值最高的新型服务业、国际金融、国际保险、国际通信等等，在我们国家都有待于发展。所以，在这种情况下，这个行为不开放，在一个封闭的环境下发展，是永远不可能很好发展的。(3) 入世之后，我们的开放将是与国民经济稳定发展越来越互动的开放。对外开放的各个领域，是整个国民经济发展大系统中的子系统。对外开放各个领域的发展和整个国民经济的发展，是越来越互动的关系。这样一种互动，体现在开放领域的发展决定于整个国民经济的发展。反过来对外开放各个领域发展的好与坏，也影响着整个国民经济发展的进程，是这样一个越来越互动的过程。例如：对外贸易领域，从 1978 年至 2001 年的 23 年间，贸易增长年均 14%多一点。这个概念就是既高于同期经济增长的 5 个百分点，又高于同期世界贸易增长率 7 个百分点。从绝对量来看，进出口商品贸易额，1978 年只有 206 亿美元，经过 23 年，到 2001 年达到了 5098 亿美元。贸易的份额在 1978 年不到 1%，2001 年上升到占世界贸易总额的 3.8%。贸易的排位由 1978 年的 32 位，2001 年上升到第 6 位。为了实现我国第一个十年年均 10%的增长率，要求贸易开放领域必须有一个比较快的发展，才能满足经济增长所需要的进口装备、原材料、零部件和产品的国外市场的需求。特别是从贸易出口来看，应该说它既是决定整个贸易增长的一个关键因素，也是整个国民经济快速发展的需要，制约着国民经济能否快速发展。所以贸易出口和整个国民经济的关系随着开放越来越密切。1998 年，我国的年增长速度要保持 8%，1998 年确定的出口贸易增长率是 10%以上。但是随着东南亚金融危机对中国经济的影响，1998 年年初确定的出口贸易增长率只维持了一个季度。到第二个季度，受金融危机的影响，甚至某些月份出现了负增长。经过千方百计的努力，到这一年结束时，我们的增长率几乎为 0，统计数字是 0.5%的增长率。大受金融危机的影响，而且是没有预料到会有这么大的影响。那怎么办呢？那年我们是要保 8%。所以，速度还是不变的。那一年的 7、8 月国家紧急发行国债，使得那一年的增长率基本实现了目标，是7.8%。2000年的情况和1998年正好相反，2000年整个世界经济形势不错，整个世界贸易发展也很好。2000年世界贸易增长率高达7.8%，据估计，这样出口增长率拉动了工业生产增长近3个百分点。所以说，足以证明，加入WTO之后，开放的各个领域已不是开放领域自身的事，它已经和国民经济稳定发展产生了一种互动关系。用朱镕基总理的话讲：我们国家出口每下降10个百分点，至少影响国民生产总值降低2个百分点。

3. 加入WTO既要敢于开放市场，又要善于保护自己

我们必须正确处理好对外开放和保护民族经济的关系，自由贸易和保护贸易一直是相伴而生、共同发展的，保护始终存在，手段在不断地发生变化。例如，二次大战以前的时期，保护手段是什么？是高关税措施。但后来就不行了，高关税逐步弱化，而非官税的措施包括进口配额、许可证等，应该说发挥了重要的保护作用，但到现在非关税又不行了。我们加入世贸组织后，也要取消目前存在的进口配额、许可证。所以，我们在入世协议里面承诺取消目前存在的进口配额许可证。因为我们是发展中国家，发展中国家有一个特殊的过渡期。我们承诺5年之内取消进口配额许可证。进入新世纪，保护措施有两方面：（1）WTO允许的反倾销、反补贴措施。现在许多国家动不动就以实行反倾销、反补贴为由，来保护自己本国产业的产品，因为这是WTO允许的。现在世界上，很多反倾销、反补贴是针对中国出口产品的，中国贸易出口已经遭遇到反倾销、反补贴措施的围堵。从1978年第一个反倾销案到今天的20多年间，累计针对中国出口产品的反倾销起诉案件有460多起，涉及中国出口产品100多亿美元。很多中国产品因为遭遇到反倾销而被逼出市场。比如中国的彩电在欧洲市场，被增加了一个40%的反倾销税，几乎使中国的彩电被逼出了欧洲市场。美国针对中国出口商品的反倾销税高达100%，而拉美有些国家甚至高达300%、600%。在这种情况下，我们必须拿起维护自己利益的武器，否则，就会大大影响贸易出口。从现在情况看，既要想维护自己的利益，又要开放，怎么来维护呢？我们国内的企业要敢于应诉。因为现在很多国家对我们国家的反倾销起诉是没有道理的，我们并不是倾销。但你不应诉，就等于默认，意味着你自动放弃原来的目标市场。实际上，根据统计，针对中国出口提出的反倾销案件，只要我们应诉，至少有一半我们是可以胜诉的。为了

应对反倾销，我们国家在入世的时候，专门成立了进出口公平贸易局，来协调国内企业的反倾销的应诉。而且确定了谁应诉，谁受益的原则。也就是说，参加应诉的企业，有权进行出口。没有参加应诉的企业，就无权进行出口。这样，调动协调我们国内企业来积极应诉。另一方面，我们也要拿起反倾销的武器，对付外国的产品对中国的倾销。比如富士牌胶卷，在日本市场上是 60～70 日元，在欧洲市场上是6～8美元，而在我国呢，才 20 元。这算不算倾销呢？我们也要拿起 WTO 允许的反倾销的武器，来维护自己的经济利益。我们国家在入世后，成立了产业损害调查局，负责反倾销、反补贴案件的调查工作。（2）各国制定各种技术标准，通过这个技术标准来保护本国的市场和本国的产业。运用标准这个方面，在发达国家，应该说是用到家了。制定了各种标准，如果你的产品不符合我这个标准，那你的产品就不能进口到我的市场上来。例如：日本对于农产品市场的保护，它就制定了各种标准。如大米，一粒大米的技术标准就有 100 多条，如果哪条不符合，就不能进口到日本市场，从而有效地保护了它的农产品市场。再比如法国，法国对进口的果汁，制定了葡萄糖含量的标准，实际上意在抵制美国果汁向法国的进口。我国在加入 WTO 之后，也要运用各种技术标准，来保护自己。现在我国的有关部门正在这方面采取措施，有的出台措施应该说是运用得相当巧妙。如对进口到中国来的鸡肉制品制定的一个技术标准。如果国外的鸡肉制品进口太多，会影响我国的相关产品，会影响我国的金融，但又不能用高关税、采用进口许可配额、数量去限制。怎么办呢？制定技术标准。我国的技术标准，简单说就是在鸡肉表面上，每平方厘米上残留的鸡毛（毫毛）不能多于多少根。这样既不违反 WTO 规则，又符合我国的国情，还能有效保护自己本国市场。因为进口鸡肉是机器脱毛，机器脱毛达不到我们的技术标准。如果你用人工脱毛，再出口到我们中国来成本就上去了。我们有劳动力优势，人工脱毛达到技术标准不会增加太多成本。所以说制定标准是一种保护本国市场的重要手段之一。

我们说的保护，不是对落后的保护，也不是消极被动的保护。那种消极被动的保护是不长久的。而且，像保护温室里的花朵一样保护本国产业，永远不可能真正达到维护本国经济利益的目的。从姿态上，我们也不能一讲入世，就害怕被动、挨打。不要害怕，积极走出去，参与市场竞争，在参与国际市场竞争中，壮大自己的经济实力。2002年2月25日，在省部级主要领导干部WTO研讨班结业时，江泽民作了一个重要讲话，他讲了这样一段内容：从21世纪国际竞争日趋激烈的大环境看，我们搞现代化建设，必须到国际市场的大海中去游泳，虽然我们能力还不强，但要奋力去游，并且要力争上游。不断提高我们搏击风浪的本领，这对提高我们国家的国际竞争力，在国际综合国力的较量中掌握主动权有利。如果我们总是不到国际市场上去经风雨、见世面，我们的经济现代化建设就很难更快推进。真正意义的保护，就是在参与市场竞争中，提高、增强我们本国产业的竞争力，这才是维护自己国家利益、经济安全最可靠的保障。

21世纪初中国对外开放若干问题

（2004年10月）

在21世纪初，世界各国都在按照自己谋划的路向寻求新的发展，包括对外经济关系的新发展。我国也同样。对外开放，是我国的一项长期基本国策；统筹国内发展和对外开放，是科学发展观的一个要求；掌握对外开放的主动权，是提高执政能力的一个重要方面。在新世纪、新阶段，特别是在全球化和我国入世的新条件下，我国的开放有着与以往不同的新情况、新发展、新特点，需要我们加以研究和解决。

一、关于开放动因——在经济全球化背景下开放，统筹国内经济和对外开放

（一）经济全球化趋势是中国开放的客观基础

当代世界，经济全球化蓬勃发展，成为关系世界经济全局的发展大趋势。所谓经济全球化，即资源跨国流动的状况和进程，各国经济愈益相互依存、影响的状况和进程。

经济国际化、全球化是一国对外开放、发展开放型经济的客观基础。包括中国在内的发展中国家也同样。至于其他因素，如“两缺口”

等要素短缺因素，则是发展中国家对外开放的特殊的、直接的原因。

关于发展中国家在其发展经济时为什么要对外开放、利用外资，国外有一个较为著名的理论观点——“两缺口”理论。该理论集中体现在1966年美国经济学家钱纳里和斯特劳特“两缺口模型”的分析上。他们认为，发展中国家由于收入低下，国内储蓄不足，难以满足国内投资的需要，从而出现一个“储蓄缺口”（投资I与储蓄S之间的差额）；同时由于贸易条件的限制，发展中国家出口创汇有限，难以支付国内发展生产所需要的进口，从而出现一个“外汇缺口”（进口M与出口X之间的差额）。用总量平衡公式表示二者的关系，即I—S∶M—X如同平衡或者弥补两个缺口，成为国民经济正常发展所必须解决的问题。这个问题不能通过“内部解决”，只能寻求“外部解决”。譬如，对外开放、利用外资，既可以为入超的进口提供暂时“无需付现”的外汇支付手段（从供给角度来看），即弥补“外汇缺口”；又可以因外来投资品的进入而减少国内储蓄不足对投资水平的约束（从需求角度来看），即弥补“储蓄缺口”。因此，利用外资是同时解决发展中国家经济发展中存在的两缺口的办法。

关于我国经济发展为什么要对外开放，在开放之初，人们也往往更多地侧重于从我国经济欠发达，缺少资金、技术等方面寻找原因。

“两缺口模型”自有其道理，而且缺口也确是发展中国家较为普遍的状况以及其对外开放的一个直接原因。然而，发达国家也好，包括中国在内的发展中国家也好，其对外开放深层次的、基础性的、长期的动因和客观必然性，却不在于资金等要素短缺这里，而在于国际分工以及相应的开放的、全球化的世界经济的要求。

国际分工，是生产力、生产社会化水平达到一定程度而形成和发展起来的；并且在国际分工的基础上，经济国际化、全球化才蓬勃发展起来。国际分工从而经济全球化，反映了和促进了生产力的发展，是一个客观的、进步的过程。只有通过开放和扩大开放、深入参与国际分工和全球化进程，亦即更深地融入世界经济之中，才能更好地发展自己的经济。首先，只有参与国际分工和全球化进程，才能更快地提高生产率、加快经济发展。因为分工、专业化从来就是提高生产率的有效手段，参与国际分工和全球化是在更广阔的领域发挥这一手段的效能。从钟表的生产分工到波音飞机的国际分工，都说明了这一点。其次，只有参与国际分工和全球化进程，才能更好地运用比较优势和禀赋资源。因为参与国际分工和全球化的过程，就是在更广阔的领域运用、交换比较优势的过程，也是合理配置和有效利用经济资源的过程。再次，只有参与国际分工和全球化进程，才能更多地实现价值、积累财富。因为在市场经济条件下，参与国际分工和全球化而引致的生产率的提高、资源合理有效地利用，意味着在更广阔的领域中价值竞争力的提高和财富的增值。例如，美国主要出口高附加值的产品（仅每年出口的半导体、软件等高技术产品和服务，就占其全部出口的30%），进口低附加值的产品，甚至彩电等劳动密集型产品，其经济意义主要不在于物的有无，而在于价值的增值。

无疑，我国之所以对外开放也与我国目前的经济发展水平相关。目前我国处于社会主义的初级阶段，生产力还比较落后，缺少资金、技术等。这些困难和不足需要通过对外开放来更好地克服和解决，以加快生产力发展的步伐。然而，经济不发达要开放，经济发达了更要开放。因为说到底，经济开放的深层次、基础性、长期性的动因在于国际分工和开放的、全球化的世界经济的客观要求，而不在于国家是否为发达国家。经济尚不发达，资金之类的要素缺乏等因素，属于我国对外开放的现实直接原因和作为发展中国家的特殊需要。因为即使将来我国经济发达起来，资金、技术等充裕以后，也还是要、甚至更要对外开放，以更充分地利用国际分工、国外市场和国外资源，正如目前世界上的发达国家经济的开放性很高一样。甚至现在我国某些“缺口”有时就不存在，例如2003年底，我国的外汇储备达4033亿美元（2004年9月底为5145亿美元），储蓄率也高达40%以上，到2003年底，居民储蓄存款余额逾10万亿美元。

（二）统筹国内经济和对外开放，促进宏观经济的平衡发展

多领域开放不是游离于国民经济之外、自成体系孤立发展的“另一层皮”，而是整个国民经济发展大系统中的一个子系统。开放诸领域的发展，改变了我国封闭、半封闭的状况，促进了开放经济的形成；而在一个开放型经济条件下，开放的诸领域已经与国民经济各部门、各环节紧密联结。开发领域的发展与调控受制于整个国民经济的发展与调控；开放领域的发展状况和进程影响着整个国民经济的发展状况和进程。经过20多年的开放，新世纪、新阶段中伴随着经济全球化的发展和我国

加入世界贸易组织，这样一种国内经济发展与对外开放的关系更为密切。2003年10月14日通过的《中共中央关于完善社会主义市场经济体制若干问题的决定》，正式把统筹国内发展和对外开放列为“五个统筹”之一，作为科学发展观的要求而提出来。这是具有十分重要的理论意义和实践意义的。

事实上，在经济全球化趋势面前，世界上任何一个开放型的国民经济，其开放领域与国民经济之间都不同程度地有着客观的联系。譬如美国，上个10年其经济“一高两低”的新经济现象，与经济全球化和美国对外经贸关系的发展密切相关。同样，基于这样的客观现实，各种经济理论一般也都不忽视对外经济与国内经济发展两者之间的关系。凯恩斯关于开放条件下宏观经济总量平衡的等式，既包括国内投资品供给、消费品供给，国内投资需求、消费需求，也包括国外进口供给和国外出口需求。西方宏观经济学关于宏观调控四大平衡目标，既有国内的经济增加、充分就业、物价稳定这三大平衡，又有国际收支平衡。钱纳里关于“二缺口”的理论，涉及的也是通过对外开放促进国内发展的问题。不过上述这些理论都没有把问题提到统筹国内发展和对外开放这样的高度上来。

从我国的多领域开放的发展与开放型国民经济的发展之间的相互影响、制约关系看，要特别注重对外贸易和利用外资这两个开放领域与国民经济发展的相互关系。

第一，对外贸易，是我国多领域开放中的一个重要领域，其自1978年以来有了长足发展。1978年到2003年的25年间，我国外贸年均增长率为16%，既高于我国经济增长率（9.4%）6个百分点，又高于同期世界贸易增长率大约10个百分点。进出口商品贸易额由1978年的206亿美元增至2003年的8512亿美元，占世界商品市场的份额由0.75%提高到逾5%，在世界商品贸易中的位次由第32位上升到第4位。经济的外贸依存度由9%提高到60.8%。

从我国外贸进出口发展的前景看，为了实现我国全面建设小康社会的目标，要求在21世纪的头20年年均7.2%的经济增长速度，基于这样的要求，我国外贸必须以一个较快的速度增长以解决技术装备、原材料等的国内需求和产品销售的国外出路。

特别是要继续注重外贸出口的扩大。外贸出口的扩大，既是保持外贸快速增长、进出口市场总量规模扩大的关键——因为在外贸进出口关系上，一般原则是量出为入、以出带入、出入平衡；同时又是宏观经济总量平衡、国民经济快速增长的需要。因为在一个开放经济条件下，按照凯恩斯总量平衡公式，相对于社会总供给增长而平衡的社会总需求、从而拉动国民经济增长的因素，已经不仅仅是国内的消费需求和投资需求，还包括国外需求（出口市场需求）——“三驾马车”。外贸出口只有以一个较快的速度增长，才能对经济增长产生足够的拉动作用，进而才能既保证经济快速增长目标的实现，又不会给国内消费需求和投资需求增加过大的负担和压力。在东亚金融危机对我国的负面影响尚未显现的1997年，情况就是这样——该年我国经济增长率高达8.8%，其中国内投资需求、消费需求和出口需求的拉动作用大致各占1/3。而东亚金融危机以及相继的危机深重的1998年，世界贸易的增幅比上年少了约6个百分点，世界经济增幅比上年少了2个多百分点，这自然会影响日益开放、参与国际市场活动的我国进出口市场的扩大和经济的增长。经验数字表明，世界经济增长每下降1个百分点，则我国出口下降近4个百分点，我国出口每下降10个百分点，影响国内生产总值减少2个百分点。1998年我国的出口仅有0.5%的微弱增长，主要依靠增加国债支出、拉动内需，保证了该年我国经济增长了7.8%。2003年我国高达34.6%的贸易出口增长率，估计拉动全国经济增长近3个百分点。预计未来10—20年我国外贸进出口将以10%的年均增长率发展（原来估计2001—2010年贸易出口年增长10%，从而到2010年外贸总额会达到10000亿美元以上，但现在看，2004年1—9月外贸总额达8285亿美元，比上年同期增长36.7%，预计2004年就会实现1.1万亿美元贸易额），这将对我国未来经济增长产生很大的拉动作用。

同时，也要注重外贸进口的扩大，尤其是能源、原材料的进口。一国经济的增长，既要靠需求拉动，包括国外市场需求的拉动，也要靠供给推动，包括国外市场供给的推动。我国是一个人均资源相对不足的国家，特别是进入新世纪，经济快速发展所需要的能源、原材料越来越显得不足，要保持经济发展一定的速度，必须靠进口来满足供给、利用国外资源来满足需求。事实上，我国对外开放的本意和实质，就是既利用国内国外两个市场，同时又利用国内国外两种资源。早在开放初期的80年代初，邓小平就反复强调，“要大力发展对外贸易”，努力开拓国际市场，充分利用国内国际两种资源和两个市场，以实现“三步走”的国民经济现代化的发展战略。而后在开放的20多年中，我们一直坚持这个开放的核心内容：80年代初——1984年10月20日中共十二届三中全会通过的《中共中央关于经济体制改革的决定》中指出，“我们一定要充分利用国内和国外两种资源，开拓国内和国外两个市场，学会组织国内建设和发展对外经济关系两套本领。”90年代初——1993年11月14日中共十四届三中全会通过的《中共中央关于建立社会主义市场经济体制若干问题的决定》中指出，“坚定不移地实行对外开放政策，加快对外开放步伐，充分利用国际国内两个市场、两种资源，优化资源配置。”21世纪初——2004年9月19日中共十六届四中全会通过的《中共中央关于加强党的执政能力建设的决定》中指出：“掌握对外开放的主动权，全面提高对外开放水平。坚持‘引进来’和‘走出去’相结合，利用好国际国内两个市场、两种资源，注重发挥我国的比较优势。”如果说过去20多年开放、对外贸易，重点是出口、是利用国外市场需求；那么，今后的开放、对外贸易，也要注重进口、注重利用国外资源供给。

第二，利用外资，这个我国对外开放的重要领域20多年来发展迅速，特别是外商直接投资的发展尤为引人注目。截至2003年底，全国共批准外商投资企业465277个（至2004年9月底为497556个），合同外资金额9431亿美元（至2004年9月底为10505亿美元），实际使用外资金额为5014亿美元（至2004年9月底为5501亿美元）。

国际投资（包括对外投资和引进外资）与宏观经济总量平衡的关系密切。当国内总需求不足、经济增长乏力时，引进外资流入或者减少对外投资，有助于增加国内投资需求、刺激经济增长；当国内总需求过大，经济增长过热、通货膨胀上扬时，增大对外投资或者控制外资流入，有助于抑制国内投资需求，防止经济过热（譬如2004年国家加强宏观调控，对引进外资“有保有压”）。

引进利用外资，对于发展中国家的中国来说，不仅有助于中短期的宏观经济平衡稳定，更有利于长期的国民经济持续发展。利用外资有利于弥补我国国内建设资金的不足——每年的外商投资约占当年固定资产投资总额的10％～15％（2004年上半年为10.8％）。利用外资有利于加快我国经济建设的步伐——截至2004年6月底外商投资企业工业增加值占全国增加值比重达31%。利用外资有利于创造更多的就业机会——2003年全国外资企业直接从业人员2350万人，约占全国所有非农业劳动人口的10%。利用外资有利于增加财税收入——2003年外资企业税收占同期全国税收收入额的21%。利用外资有利于促进对外贸易和对外经济合作的发展——外商投资企业进出口额占外贸进出口总额的比重由1995年的39%增长到2003年的55%。利用外资还促进了我国产业升级和技术水平提高，促进了企业改革和管理机制的转变。总之，利用外资有力地促进了国民经济持续、快速、健康发展。未来我们将继续坚持积极、合理、有效利用外资的方针，大力提高利用外资的质量和水平。特别是要积极探索利用外资的方式。

(1) 在利用外资方式结构上，继续以直接利用外资为主。在直接利用外资和间接利用外资这两大方式中，我们要继续以吸收外商直接投资为主，以尽可能使我国利用外资的宏观效益最大、风险更小。

据经济合作与发展组织2000年10月发表的一份报告，在1992年以前，外资流入中国的主要形式是贷款，这一部分约占总额的60%，而在1992年以后，外国直接投资取而代之，占据了主导地位，占流入外资总额的70%。这得益于每年吸引的外资在近年来是直接投资比重大于间接投资比重。我们今后要继续以吸收外商直接投资为主。

之所以如此，主要原因在于我国间接利用外资基本是借款，而借款是要形成一国外债、最终是需要偿还的。早在1979年邓小平就说，“利用外资一定要考虑偿还能力”。1995年江泽民也说，利用外资要“借得巧、用得好、还得起”。截至2003年底，我国登记外债余额折合美元1936亿元，到2004年6月底达2209.8亿美元。当然，按照国际口径计算，我国的债务率（外债余额/当年出口收汇额）近年来一直大大低于国际公认的100%的警戒线，如1994年为78%，1995年为70%，1996年为75.6%，1999年为75%，2000年为59.7%，2001年为56.8%，2002年为46.12%，2003年为39.9%（2001年拉美为181%，阿根廷为452%）；我国的偿债率（当年外债还本付息额/当年出口收汇额）近年来也一直大大低于国际公认的20%的警戒线，如1994年为9.1%，1995年为7.3%，1996年为6.7%，1997年为7.3%，2000年为11.68%，2001年为7.5%，2002年为7.89%，但2003年高达20.3%。这就是说，我国外债规模仍然控制在国力所能承受的范围内，偿债能力、信誉一直得到有效的保证。但是随着外债的不断增多如在过去的1996年至2000年的“九五”期间我国借用国外贷款570亿美元，比“八五”期间增长25%；现在，仅2003年一年我国新借外债1015亿美元，2004年1—6月仅半年就新借入外债834.38亿美元——当然，2004年外债猛增与2003年底开始实施的宏观调控政策逐渐发挥作用、国内融资较紧张、部分企业不得不从境外寻求资金有关，还贷压力增大（如2003年我国还本付息981亿美元，2004年1—6月为606.68亿美元），加之目前我国自己拥有充裕的外汇储备（至2004年9月底拥有5145亿美元），因此保持借用外资的合理规模，控制借用外资的增长速度，是必要的，特别是要严格控制国际商业银行贷款。

外商直接投资则不存在偿还问题，而且这种方式更有利于发挥我国在市场、劳动力、资源等方面的比较优势，更有利于我们利用伴随着外资而来的一揽子经济资源，要继续保持其增长。当然，吸收外商直接投资也有个处理好利润流出、市场控制、直接投资本身方式结构的问题。

（2）积极探索和发展并购、证券融资等利用中长期外资的多种方式。跨国并购——目前正在成为跨国投资的主要形式、国际直接投资的一个趋势。我国利用外资过去重投资建新企业、轻跨国并购。据经济合作与发展组织的报告，在1979年至1997年期间，外国企业在华直接投资的主要形式是建立合资或独资企业，而近几年的投资形式主要为合并或兼并，这部分投资约占总额的60%。跨国并购与新建投资企业各有利弊。一般来说，跨国并购在降低投资成本、获得廉价资产、投资、利用原有市场销售网络等方面具有优势，而对东道国来说，正如联合国的一份研究报告所指出的，为了求得生存和繁荣，企业不仅需要输入新的资本，而且需要输入新的管理资源。在许多情况下，这些企业不可能通过被国内企业收购来实现升级，原因是这些国内企业本身也同样缺乏资本、技术和管理资源。这也许是外国企业唯一的选择。并购的优点还在于可以理顺公司治理结构，整合有限的资源，盘活存量资产，较快地实现规模扩张，从而跃过自身积累扩大再生产的漫长过程。我们要积极探索和采用收购、兼并这种适应跨国投资发展趋势的利用外资新方式。鼓励外资参与国有企业改组改造。促进外商收购资产管理公司的不良金融资产。鼓励符合条件的国有企业在境内外上市，对外国投资者出让部分股权或资产。积极促进国内中小企业对外合资合作和出售，成为跨国公司的配套企业，进入跨国公司的国际配套采购网络。当然，在通过跨国并购方式利用外资中，也要注意恶意收购、市场垄断等问题。

融资证券化——是国际投资的另一重要发展趋势。在我国的间接利用外资中，证券融资，特别是其中的股票融资起步较晚，数额尚不大，相对于融资证券化这一国际趋势，我国的国际股票融资的发展还远远不够。截止到 2003 年底，我国两种国际股票融资累计总额也不过 315 亿美元，仅占我国利用外资累计总额（7200 多亿美元）的 4%。正因为我国股票融资规模还不大，融资证券化趋势的动因，即国际证券融资的好处、作用（如投资主体主动、对象广泛，投资成本较低，既不像国际借贷需要偿还债务也不像直接投资控制企业生产、经营以至市场等）在我国尚未充分利用和发挥，所以我们要努力发展国际股票融资。通过鼓励国有大中型企业发行国际股票，来利用外资进行资产重组，盘活存量资产，改善经营机制，提高管理水平；而且鼓励各种所有制企业发行 B 股并上市，筹集资本金并进行股份制改造。

二、关于开放类型——发展内向与外向结合、以内需为主的开放型经济

国际分工、经济全球化决定世界各国经济都要开放。然而世界各国以什么样的模式、怎样开放，这要结合世界各国具体的国情来决定。

（一）世界各国开放、发展战略的两种基本模式

一般认为，世界各国（特别是发展中国家）开放、发展的战略有两种基本模式。

一种是进口替代战略，即采取某些限制进口、扶植和保护本国相关产业发展的措施，以便用国内生产的工业品代替原来需要进口的产品，从而促进本国经济发展的战略。

进口替代战略的主要理论基础，是普雷维什等人提出的“外贸条件恶化论”。这些经济学家区分了两种贸易条件。一种是“商品贸易条件”，即商品的出口价格指数与进口价格指数之比。另一种是“收入贸易条件”，即商品贸易条件与出口量的乘积。他们的研究表明，无论是

商品贸易条件或收入贸易条件，都发生了不利于发展中国家的情况。这种研究为进口替代战略的提出和实施，提供了实证的基础。

由于该战略着眼于满足国内市场需求，因此又称为内向战略，实施这一战略的国民经济被称作内向型经济。

另一种是出口替代战略，即采取促进出口及相关产业发展的措施，以便用工业制成品出口代替传统的初级产品出口，从而带动本国经济发展的战略。

出口替代外贸发展战略的理论基础，主要是明特等人提出的“剩余的出路”理论等。该理论认为，一方面，发展中国家存在着大量的失业和剩余资源，资源未得到充分利用；另一方面，国际分工和专业化生产对发展中国家也不利，因而固守专业化会影响经济增长的进程。在这种情况下，发展中国家应突破传统理论的束缚，主要根据国际市场的需求（而不是国内资源的供给或比较成本）来安排出口产品的生产，打破国际分工和专业化对自己不利的限制，利用自己的剩余资源来发展出口部门，从而扩大本国的产出和总福利，实现经济的迅速增长。

由于该战略着眼于开拓国外市场，因此又称为外向战略，实施这一战略的国民经济被称作外向型经济。

应该说两种战略各有自己的短长。无论是进口替代的内向战略还是出口替代的外向战略都不是万能的。而且它们也不是非此即彼不兼容、相互对立的两极，两者中间有许多过渡形式。发展中国家应根据不同的具体国情和所处发展阶段，以不同的组合将内向型与外向型结合运用，发展开放型经济。

（二）发展我国的开放型经济

开放型经济，是参与世界经济、世界市场活动，参与经济全球化，发展对外经济关系的国民经济；开放型经济，其国内市场与世界市场通过各种渠道相互衔接，其国内经济与世界经济通过各种纽带紧密结合。开放型经济不等于外向型经济。开放型经济是相对于封闭型经济而言的，而外向型经济是相对于内向型经济而言的。外向型经济固然属于开放型经济，而且由于其着眼于开拓国外市场、甚至“两头在外”的特点，是开放性更强的经济；而内向型经济不等于封闭型经济，它也属于开放型经济，尽管是面向国内市场生产替代进口的产品，也需要引进国外资金、技术，也需要进口原料、中间产品和机器设备，也需要通过出口换取进口所需的外汇。

我国的对外开放，是兼蓄出口替代和进口替代发展开放型经济，我国的开放战略是一个由内向和外向双向构成的战略体系。经过20多年的开放，我们仍将进一步实施这样的兼蓄内向战略和外向战略的开放战略。

就部门而言，一是面向庞大的国内市场——我国是一个人口众多、国内市场广阔的大国，不同于国（区）内市场狭小的“四小龙”（小国小实体的外贸依存度比大国可以高许多。据钱纳里的经验统计，大国这一比重一般不超过小国的50%，而目前大国与小国的差距更大。例如根据世行发展报告，亚洲金融危机前的1997年的外贸依存度，美国为25%，韩国为76%，泰国为92%，马来西亚为189%，新加坡为312%），我国大力发展替代进口的产品、产业，以内需为主拉动经济快速增长。这一点的重要意义，经过90年代末东亚金融危机和我国摆脱短缺经济这几年的经历，进一步得到了证明。未来一个时期我们特别要选择一批进口量大、技术含量高、附加值大的产品，通过自主开发和引进制造技术，立足国内制造，以替代进口，满足国内市场需求。二是面向广阔的国际市场，大力发展工业制成品出口，以便更充分地利用国外资源和国际市场，增强本国的国际竞争力，促进经济的增长和技术水平的提高。应该说，发展高技术、高附加值产品出口，既要立足于比较优势（劳动密集型也可以是高技术、高附加值的），也要不囿于比较优势，主要由国际市场需求来决定出口。

就地区而言，一是在经济发展主要立足于国内的基础上，从沿海到内陆都要对外开放，都要发展外向型经济（特别是西部大开发战略，将在新世纪使西部进一步扩大开放）。二是要根据各地区的具体情况，实行各具特点的地区开放战略。如经济特区、沿海开放城市等不仅具有发展开放型经济的基础条件，而且具有发展外向型经济的基础条件的开放区域，就可以更多地着眼于发展两头在外的外向型经济。正如邓小平早在1987年时所说，深圳搞了七八年了，取得了很大成绩，由内向型转向外向型。

三、关于开放领域——完善宽领域开放，注重开放领域的相互结合

（一）进一步拓宽开放领域，特别是加快服务业开放

单一要素构不成系统。开放，是由多个领域作为其要素、子系统构成的一个体系、系统。正如全球化的资源跨国流动和配置是越来越全面的、包括各种经济资源的全面流动一样。

我国的经济开放是多领域且领域不断拓宽的开放。新中国成立后，我们一直搞对外贸易，但这并不意味着我们一直在搞对外开放。这除了因为外贸本身过去和今天相比无论规模还是性质都大为不同外，还因为单是外贸这一个渠道不能算是真正意义的对外开放。伴随着 20 多年对外开放政策的实施，我国已初步形成了包括外贸、外资、外经等在内的多领域开放：通过对外贸易，同国际商品市场相互开放；通过引进利用外资、对外投资，同国际资本市场相互开放；通过国际技术交流、技术贸易，同国际技术市场相互开放；通过对外承包工程、国际劳务合作，服务贸易，同国际劳务市场相互开放，等等。正是通过各种领域渠道的开放，使得我国经济的开放性和参与世界经济全球化的程度逐步加强。

随着经济全球化发展和我国经济发展的需要和可能，我国经济开放不仅要继续扩大领域，而且各个领域本身也要进一步深入拓宽其内部的领域。特别是服务业开放，将是未来我国开放领域扩大的重点。

我国服务业尚不发达。根据世行发展报告的数字，我国服务业占国内生产总值的比重仅有 32.3%，而世界的平均比重为 60%，发展中国家为 54%（其中低收入国家为 36%），发达国家 65%。GDP 在发达国家是数量增大的同时、重量变轻（因服务业比重增大），而在我国 GDP 的轻化还不明显。

我国服务贸易也欠发达。近 20 多年来，世界服务贸易增长超过货物贸易增长已成为一个趋势。而且服务贸易结构在朝着高技术含量的“其他商业服务”比重增大的方向发展。据世贸组织数字，20 世纪 90 年代在三大类服务贸易中，属传统服务业的“运输”年增 4%，“旅游”年增 6%，而“其他商业服务”（金融、保险、通信、信息、会计、法

律、专利许可、咨询、广告等）年增 9%，所占比重由 1990 年的 38.5%上升到 90 年代末的 42.9%。2003 年世界服务贸易额约占世界商品贸易额的 25%，而我国该比重仅为 16%，服务贸易出口在世界的排位 2003 年排第 9 位，落后于货物贸易的位次（排第 4 位），而且据国际货币基金组织的统计，自 1992 年以来我国服务贸易一直呈现逆差（2003 年我国服务贸易总额为 983 亿美元，其中出口 445 亿美元，进口 538 亿美元，逆差 93 亿美元）。特别是我国服务贸易领域少、结构不合理。在世贸组织提出的服务贸易和服务业 11 个大类 150 多个具体部门和行业中，我国目前只能提供 40 多个部门的服务，主要集中在国际运输、劳务合作等传统领域，而国际金融、保险、通信、信息服务等高档次、高附加值的服务贸易领域尚有待进一步发展。

我国服务业开放相对滞后。在过去的 20 多年中，我国开放的重点在第二产业以及第一产业领域，特别是制造业对外开放的领域是较宽的，几乎全部行业都已经开放。

中国目前吸收的外国直接投资 70%集中在制造业，而服务业吸收外资还不到 30%，这一比例与国际外资流动趋势恰恰相反。联合国贸发会议 2004 年 10 月发布的《2004 年世界投资报告》称，全球外国直接投资已向服务业转移——服务业吸收外国直接投资占全球外国直接投资存量的比例，已从 1990 年的不足一半（49%）上升到 2002 年的 60%，而制造业吸收外国直接投资的比例跌至 34%，初级产业（农业和采矿业）的比例从 9%降至 6%。

随着我国经济发展的需要和加入世贸组织的要求，今后我国开放的重点将转移到服务业领域。特别是金融、保险、电信、商贸等服务业中的最主要的行业和部门，既是我国传统的比较封闭、垄断的行业和部门，也是我国与发达国家关于我国加入世贸组织谈判中争议最多的部门和行业。根据我国加入世贸组织的承诺，在金融、保险、电信等领域的服务业开放，我国的过渡期只有 3—5 年的时间（我国承诺：电信、寿险在我国入世两年后外资股比可达 50%，银行在入世后 5 年，外资银行可对中国居民经营人民币业务）。因此，21 世纪初的一个时期服务业的开放将是未来开放的重点。应该说，服务业有其特殊性、敏感性，我国服务业又不太发达，这个领域的扩大开放无疑会使我们面临巨大的竞争压力与挑战，因此服务业的开放应是有条件的、逐步的。在此前提下，服务业的开放长期看对我国是有利的、必需的。服务业只有通过开放才会发达起来的，才会成为我国未来经济长期发展的增长点。

我国扩大服务业开放也有机遇和潜力。外资向服务业转移已成为经济全球化的又一新浪潮，我国抓住这样的机遇，就有可能在扩大服务业开放上有长足进展。事实上，近年来我国服务业利用外资发展很快。2002年至2004年8月，中国内地外商投资服务业新设企业17351家，实际投入外资334亿美元，大大超过以往水平。其中，外商投资商业领域、分销服务、教育服务、运输服务、医疗及社会服务、文体娱乐、环境服务等领域，增长幅度均超过50%，有的达200%以上。

（二）注重开放各个领域的相互结合

经济全球化的一个突出表现是，把世界各国经济更紧密联结为一个全球经济的各种纽带，渠道愈来愈相互结合、影响和制约，而非各自互不相干的平行、孤立发展。在这样一个世界经济趋势面前，我们必须实行外贸、外资、外经等领域一体化的“大经贸”，即“三外结合”，以及外贸、外资、外经、外汇、外债“诸外结合”，打破部门界限，使对外开放的各个领域、各项业务相互渗透、结合和促进，以发挥多领域开放的整体合力、协作力的效用。多领域开放不等于多个领域简单相加之和（即不是1＋1＝2的事，而是1＋1＞2效益），它是由相互联系、相互作用的各个领域组成的开放体系。这种开放各领域相互结合、一体化发展产生的整体合力、协作力主要表现为相互促进、转换、互补三个方面。例如外贸与外资的关系，早在1957年芒德尔就提出了贸易与投资替代模型；后来小岛清更是提出了投资创造外贸。我国实施走出去开放战略也要注重这个效益。

除了注重通过“诸外”结合产生协作力之外，还有注意通过对“诸外”统筹兼顾，避免顾此失彼、“单打一”，避免开放效应的抵消（即1＋1＜2的负效应）使整个对外开放协调发展。譬如，我国实行稳定人民币汇率政策，这就是兼顾了“诸外”协调。下面，我们以人民币对外汇率问题为例做具体分析。

在1997年东亚金融危机爆发后人民币一度承受着巨大的贬值压力。人民币是否贬值，表面上看是个汇率问题，其实是“诸外”关系问题——汇率与外贸，汇率与外资，汇率与外债等关系问题。人民币贬值有利于外贸出口、国际旅游，但是，加重外债偿还负担，不利于国内商品市场、资本市场的稳定。反之，人民币稳定不贬值则有利于外贸进口，有利于外债的偿还，更有利于国内市场的稳定。拿汇率与外债的关系来说，东亚危机当时我国已有 1300 多亿美元的外债，如果人民币汇率对美元贬值 1 元，我国的外债本金就要增加 1300 亿人民币，这是外贸出口短期内换不回来的（汇率贬值刺激出口不会立即就有正效益，还需符合“马歇尔—勒纳条件”以及“J 曲线效应”）。可见，人民币汇率贬值与不贬值各有利弊，要统筹“诸外”关系来权衡利弊。而且，人民币能否稳定，也不单是个汇率问题，主要取决于其他“诸外”的态势。只要外贸出口持续增长，外商来华投资继续增加，外汇储备充裕，外债规模不过大，人民币币值就可以稳定。

现在的问题是，根据我国“诸外”的情况，2002 年底以来又出现了来自国外要求人民币升值的压力。对此我们认为还是应继续执行稳定人民币汇率政策，这既是我国现时情况的要求，也有历史的经验教训。

我国在 80 年以前较长时期内执行的是汇率高估政策，汇率长期处于出口平均成本水平以下，没有真实反映人民币与外汇的比价。汇率高估政策助长了企业利用汇率进口的有利条件大量进口，影响出口创汇。进入 80 年代以后，随着人民币汇率几次下调（从 1981 年的 1.7 元兑 1 美元降至 1993 年的 8 元多人民币兑 1 美元）。使汇率真实反映出口成本。鼓励出口创汇，促进国际收支平衡。然后，1993 年又一度出现人民币贬值过度的情况，7 月份黑市 12 元换 1 美元，尽管当时全国仅有外汇储备 180 亿美元，但我国也下决心抛外汇以稳定人民币，一个月时间把人民币稳定在 8.7 元换 1 美元，并实行汇率并轨，这促进了外贸出口和外资流入，外汇储备也大幅度增加起来。随着外汇收大于支，1994 年至 1997 年人民币汇率升值（从 8.7 元升至 8.3 元），中央银行大量购进外汇促进了人民币汇率稳定。1997—1998 年东亚危机发生后，人民币升值压力解除、贬值压力出现；但由于我国外汇收支基本平衡，人民币汇率有充足条件保持了稳定直至今天。

现在的 8.28 元人民币换 1 美元的汇率，是外汇供求的市场力量决定的（2003 年底，我国外汇储备为 4033 亿美元，2004 年 1 月底外汇存款余额 1510 亿美元，其中居民存款 853 亿美元），基本上反映了人民币的真实价值。我们既无需升值人民币以限出奖入、减少外汇储备；当然也没必要通过贬值人民币来刺激出口。还是要执行稳定汇率政策为宜。而且根据市场供求变化，人民币汇率已经升过值了，因为事实上，自1994年汇率并轨至今，人民币总体呈升值态势。国家外汇管理局局长郭树清2003年3月23日说，1994—2002年末，人民币对美元、欧元（马克）、日元名义升值分别为5.1%、17.9%和17%；另据IMF测算，1991年1月—2002年9月人民币对主要贸易伙伴的名义汇率升值13.9%，实际汇率升值21.5%。因此，目前若再行升值，则既有损于我国经济，也不利于世界经济（这个“双损”或者“双输”，国内外已有很多分析）。这个损害，既包括不利于我国出口，更不利于我国吸引外国长期投资，从而两者都会影响国内就业。可见人民币对外汇率这一“外”，既直接影响“外”贸、“外”资这二“外”，同时还间接影响着国内就业——目前这二“外”吸纳着国内就业8500万人。而且人民币升值还会刺激短期外资进入投机，冲击尚不完善的金融体制、市场。从较长期看，保持人民币汇率基本稳定，有利于促进人民币成为自由兑换货币，有利于经济长远发展。

其实稳定人民币汇率政策，也不意味着将汇率制度固定得一成不变。譬如1997年亚洲金融危机以来，我国人民币汇率基本稳定，但也稳中有微调——美元的年度汇率，1997年为8.2898，1998年为8.2792，1999年为8.2789，2000年为8.2781，2001年为8.2770，2002年为8.2773，2004年9月底为8.2766，2004年9月底比1997年上升了132个基本点，即升值了0.16%。

今后要做的将是在保持汇率基本稳定前提下，适时改进人民币汇率形成机制（这是一项系统工程，不会一蹴而就，也没有具体的时间表），完善外汇市场，如有必要和可能，将来再进一步扩大人民币汇率的浮动范围。

四、关于开放层次——在三个层次上发展对外经济关系

新世纪之初的国际经济一体化，表现为两大趋势、三个层次——一体化进程发生在全球范围内，就是经济全球化趋势；发生在区域范围内，就是经济区域化趋势；后者包括区域一体化和其衍生的次区域一体

化。相应于这样的世界经济发展趋势，我们也要在三个层次上发展自己国家的对外经济关系。

(一) 积极参与全球化——发展 WTO 框架下的全球多边经济关系

已经迅速发展了 10 多年的经济全球化浪潮在进入新世纪的时候方兴未艾。经济全球化，即在跨国生产的基础上，经济资源愈益跨越国界在全球范围内自由、全面、大量、结合地流动和配置并在组织框架上加强国际经济联系、调节的进程。世界上的所有国家都要参与全球范围的资源流动，以便在广阔的国际空间中，合理地配置自己的资源，有效地运用比较优势，得到发展本国经济的条件和好处，从而促使全球化迅速发展。与此相应，全球性的经济组织和协调机制，如世界贸易组织、国际货币基金组织、世界银行等，逐步发展和完善起来。

我国的对外经济关系首先是全面的，即发展同世界各类国家、各个地区的经济关系。这是本国经济发展的需要，也是全球化趋势的要求。事实上我国的对外经济关系已经波及世界各个地方。目前我国已同世界上 220 多个国家和地区有贸易关系，190 多个国家和地区有资金合作关系（来华投资有 190 个国家和地区，我国对外投资于 168 个国家和地区），180 多个国家和地区有承包工程和劳务合作关系，150 多个国家和地区有科技合作与交流关系。我们要继续致力于发展这种全面的对外经济关系。

加入全球性的国际经济组织机构，是参与全球化的重要体现和不可或缺的体制保障。目前，世界上绝大多数国家和地区都加入了世界贸易组织（有 148 个成员）、世界银行（有 180 多个成员）和国际货币基金组织（有 180 多个成员）这三大全球性经济组织。我国在 1980 年 4 月和 5 月相继恢复了在国际货币基金组织和世界银行中的合法席位，并自 1986 年以来致力于“复关”、“入世”的谈判，目前已加入世贸组织。中国“入世”是我国改革开放 20 多年来发展到今天的必然结果，是新世纪加快我国改革开放、经济发展的一项重大举措，也是以更加积极的姿态走向世界、参与经济全球化的一个重要体现。可以说以加入 WTO 这个最大的全球多边贸易组织、这个“经济联合国”为标志，中国全面对外经济关系的组织框架已经构建完成。今后我们将在 WTO 的框架下积极参与经济全球化，发展全球多边经济关系。

（二）积极参与区域化——发展APEC框架下的区域经济合作关系

区域化是与全球化并存的一个世界经济发展趋势，而且这两个趋势本是同根生。经济资源愈益跨越国界自由、全面、大量、结合地流动和配置的进程，发生在全球范围内就是经济全球化，发生在各区域范围内就是区域化。不过，全球化在范围上比区域化更广，而区域化在一体化层次上比全球化更高。经济一体化的规律是，其范围与其内部差异成正比，而与其程度成反比。全球化由于其范围广泛，参与者众多，差异巨大，利益协调较难，从而一体化程度、层次不易提高。在这种情况下，地缘经济关系密切，相对经济差异较小，从而一体化程度较高的区域一体化以及相应的区域合作组织、机制蓬勃发展起来。

区域化比全球化的一体化层次更高，体现在两个方面。一是区域化的资源流动比全球化的资源流动更为便捷、自由——如1993年1月1日欧洲统一大市场正式启动，实现了区域范围的商品流动、资本流动、服务流动、人员流动的“四大自由”，而全球范围的资源流动只能说是在与各种障碍、保护的冲撞中朝着自由与开放的方向发展。二是区域化的协调功能比全球化的协调功能更为强健、有效——如1999年1月1日欧元正式登场，实现了区域范围的货币金融一体化，而全球范围的货币体系自布雷顿森林体系崩溃后20多年，仍在苦苦寻找新的有效的国际货币协调机制（已有各种各样的改革现行国际货币体系的探索）。

所以，全球化再怎么样发展，也是不可能完全取代区域化的，反而会给区域化的进一步发展带来新的刺激和驱动力——通过推进区域化而增强区域集团和区域组织的成员在全球化进程中的地位和作用，以便得到更多的全球化利益。正因为如此，自20世纪80年代末90年代初以来全球化方兴未艾的同时，区域化也再掀新浪潮。据世界贸易组织等国际机构的统计，至2002年底在世界贸易组织备案的世界上的区域性经济组织已达259个（仍在生效的有176个），其中约70%是90年代以后签约建立的，另有已存在的、但未在世贸组织登记的区域贸易集团约有70个，还有约70个正在谈判过程之中。

我们在关注、参与经济全球化的同时，也必须对区域一体化潮流给予足够的重视和积极的对待。我国的对外经济关系既是全球多边的，也应该是有区域重点的，即除了全面对外经济关系，还要有地缘经济关系。

我国地缘经济关系的重点在亚太地区。一是在客观的经济联系上，已经形成了我国对外经济关系的区域重点在亚太地区的基础——我国的商品贸易、资本流动以及其他资源要素的国际流动，大部分在这一地区。例如，在 2001 年我国的十大贸易伙伴中，亚太地区占了 9 个（日本、美国、中国香港、东盟、韩国、中国台湾、澳大利亚、俄罗斯、加拿大）；截至 2001 年年底，我国十大外资来源地中，亚太地区占了 6 个（中国香港、美国、日本、中国台湾、新加坡、韩国）。二是在区域一体化组织框架上，我国早在 1991 年就加入了 APEC 这个区域合作组织，是该组织的重要成员。在新世纪之初，我们要进一步加强同亚太国家和地区的经济往来，在各种资源要素的流动上，充分发挥地缘经济的优势，更多地把着眼点放在本国所处的亚太地区。只有现实经济联系得紧密，才是经济区域化的实质所在，而且也才能够为组织形式上的区域一体化发展，奠定坚实的基础。同时，在亚太经合组织的框架内，也要继续努力发挥我国的自主性和积极作用，特别是要继续坚持倡导和积极促进贸易投资自由化和经济技术合作“两个轮子”齐头并进。亚太经合组织是一个经济论坛，但这并不意味着它是一个空谈俱乐部，它有着实际的区域经济合作内容和目标（特别是 1994 年“茂物宣言”中所体现的为建立某种形式的亚太自由贸易区的目标）。推动该组织发展的是贸易投资自由化和经济技术合作两个轮子。从目前的实际情况看，经济技术合作这个轮子转动还相对滞后。亚太经合组织 21 世纪发展的一个重要课题是使两个轮子齐头并进，这样才能增强该组织的凝聚力。否则，若仅有贸易投资自由化而没有经济技术合作，则亚太经合组织的发展将缺乏持久的动力。在这个方面，我们要发挥积极的促进作用，以便使包括中国在内的发展中成员更多地分享区域一体化带来的经济实惠。

（三）积极参与次区域化：发展中国—东亚一体化框架下的更紧密经济关系

在积极参与和推动亚太区域一体化的同时，我们还要在其中一些较小的区域范围内加强一体化——区域一体化——作为我国地缘经济关系的更紧密层次。

如前所述，一体化的范围与其内部差异成正比，与其程度成反比。

亚太经合组织由于其范围广泛（涉及环太平洋四大洲的国家和地区），参与者众多（目前有 21 个成员），差异巨大（各个成员间的经济水平、规模、体制等千差万别），从而利益协调较难，一体化程度不易提高，也不能不切实际地冒进，人为地拔高，只能自主自愿、循序渐进，长期坚持其经济论坛性质。在这种情况下，区域范围内地缘经济关系更为密切，相对差异较小，从而一体化程度较易提高的次区域一体化的发展，有其现实的可能和必要。就连世界上一体化程度最高的区域组织欧盟，都有 25 国欧盟中的 12 国欧元区，甚至德、法提出的 6 国“核心欧洲”等紧密程度不同的层次。在新世纪之初，我国参与经济区域化，不仅在于继续参与现有的亚太经合组织这个地区经济论坛性质的组织框架，也在于构建新的范围更小而一体化程度更高的、有实质性内部优惠安排的次区域一体化组织框架。根据国际经济一体化理论，区域一体化组织形式有五种。即特惠关税区、自由贸易区、关税同盟、共同市场、经济联盟。

目前一个时期，我国有现实基础和地缘经济政治需要的、相对于亚太经济合作而言的次区域经济一体化，主要在于东亚地区（此外还有“上海合作组织”、2004 年 7 月启动谈判的“中国—海合会自由贸易区”等框架）。加强我国与东亚地区有实质性内部优惠安排的经济一体化，主要体现在构建中国与东亚地区在不同层次（例如特惠关税区、自由贸易区等）、不同范围（例如中国与东盟、中国与韩国等）的次区域一体化组织。其可能的步骤、方式、对象，具体有三个方面：

第一，特惠关税区。2001 年 4 月，中国与 5 个亚洲国家达成一项贸易互惠协议《曼谷协定》，这是中国加入的第一个具有实质性内部优惠安排的区域贸易协定。迈出了第一步，接下来我们在特惠关税区这个层次上要继续向前推进。例如积极支持启动《曼谷协定》内部新一轮谈判，通过谈判扩大关税和非关税减让的范围，提高优惠幅度。还可以与东亚其他一些国家缔结新的具有特惠关税安排的协定。

第二，自由贸易区。自由贸易区比特惠关税区一体化程度更高，但也是一种较为易行的区域组织形式。现在连日本、韩国这样的对自由贸易协定一直态度消极的国家都分别在 2002 年缔结了它们的第一个自由贸易协定《日本—新加坡自由贸易协定》、《韩国—智利自由贸易协定》。我国在参与特惠关税区的同时，也要积极参与、构建东亚地区的自由贸易区。这一方面，可以在中国与东盟1+10基础上参与、构建——2001年11月朱镕基总理提出十年内建立中国—东盟自由贸易区，该自由贸易区正在积极发展，如中泰两国自2003年10月1日起，在该自由贸易区框架下提前实现中泰间果蔬产品的零关税，而且此项安排将对所有东盟国家开放，中国与东盟将在2004年11月万象中国—东盟领导人会议期间签署货币贸易协定，2005年将全面启动中国与东盟自由贸易区的建设；另一方面，也可以与东盟之外的其他东亚国家共同参与、构建——例如与韩国、日本（2003年中日韩三国领导人发表了经济合作宣言）。

第三，货币金融合作等更高层次的一体化。无疑，东亚地区这方面的经济一体化难度较大，要经过更长的过程，但合作的意愿和潜在的可能是存在的。未雨绸缪，我国加强同东亚国家包括货币金融合作在内的一体化是必要的，也是有潜在可能的。2000年5月，10+3财长达成的清迈协议，就有扩大东盟和东盟与中日韩之间的货币互换的金融合作的内容；2002年6月24日，中韩两国央行签署可在必要时向对方提供相当于20亿美元资金的货币互换协议；不仅中韩之间，“清迈倡议”4年来，东亚各国已签了总计350亿美元的货币互换协定，还有多份双边协定在谈判之中。照这种发展势头，将来有一天形成统一的“亚元”，也并非天方夜谭。2003年3月13日，日本国际货币研究所理事长行天丰雄提出经过10年过渡，实现亚洲统一货币的构想；2004年7月香港中文大学的一名教授说20年实现“亚元”；日本内阁经济顾问黑田东彦甚至为“亚元”催生规划了五大步骤的计划：首先是区域国家统筹运用外汇储备，继而发展以当地货币为主的债券市场，然后签署自由贸易协定，稳定区域贸易货币兑换其他货币的汇率，最后成立货币联盟、完成亚洲货币整合。

世界经济学绪论

（2009 年 1 月）

世界经济学是一门新兴的学科。伴随着世界各国国民经济越来越紧密地联结成一个整体和我国经济越来越广泛地融入世界经济体系的进程，世界经济学应运而生，并在发展和完善之中。本章作为全书的绪论，着重就世界经济、世界经济学科、当代世界经济的教学与研究等，做一个概要的介绍。

一、世界经济与世界经济学概述

（一）世界经济

作为世界经济学研究对象的世界经济是什么？这是首先需要阐明的范畴。由此出发，才谈得上世界经济学、学科的对象、体系等等。

世界经济是全世界范围内各国国民经济，通过各种经济纽带紧密联结而成的有机整体。

世界经济包含三大要素：一是各国国民经济；二是国际经济关系（经济纽带）；三是世界经济整体的问题和规律。

世界经济是一个历史的范畴。它是人类社会发展到一定阶段的产物，并始终处于一个变动和发展的过程；它是与国际分工、世界市场相伴而产生和发展的。

在人类社会发展的原始社会、奴隶社会和封建社会的漫长过程中，不存在世界经济。在原始社会末期，随着社会分工的出现，个别的、偶然的商品交换（部落内部和部落之间的）产生。在奴隶社会，随着分工、交换的发展，有了个别的国与国之间的商品交换，产生了国际商品交换的萌芽。在封建社会，社会分工和商品交换进一步发展，但社会分工仍限于国内并且不发达，自然经济仍占统治地位，国际商品交换只是个别的、偶然的、局部的，一国内的统一的国民经济尚未形成，更谈不上形成统一的世界经济。

15 世纪末、16 世纪初至 19 世纪中叶，世界经济处于形成过程之中。15 世纪末、16 世纪初，随着资本主义的发展，地理大发现和东西方航路的开通，以及海外殖民地的开拓，国际商品交换有了相当大的发展，早期的世界市场开始出现。但是此时的国际分工尚处于萌芽状态；国际交换并非以国际分工为基础，国际交换关系没有形成确定的体系；世界市场不是真正的资本主义市场；世界经济形成的条件还未完全具备。从 18 世纪 60 年代开始，相继出现了产业革命、机器大工业和资本主义生产方式确立等重大历史变革。相应于此，国际分工开始形成；在此基础上真正意义的世界市场到 19 世纪中叶形成；通过世界市场上国际交换纽带的联结，世界经济得以形成。

19 世纪六七十年代世界经济形成至今，100 多年来伴随着国际分工、世界市场的发展变化，世界经济也有了新的巨大的发展和变化。

（二）世界经济学

世界经济作为一个客观事物，有自己的形成、发展的历程和特殊的运动规律，需要一门专门的学科对其进行研究，这就是世界经济学。

世界经济学的建立和发展同世界经济的形成和发展一样，也经历了一个历史的过程。

在马克思主义经典作家那里，尚没有一个独立的世界经济学学科，但是在他们的著述中有关世界经济问题的思想、理论、观点，对于今天我们研究世界经济具有重要的理论指导性和基础性意义。譬如，对于作为世界经济组成部分的国民经济，马克思、恩格斯对发达资本主义国家英国、德国、法国的经济做了大量的研究，列宁对垄断阶段帝国主义国家经济做了深入分析，毛泽东以中国为典型对殖民地、半殖民地经济做了深刻的剖析；又如，对于国际经济关系、经济联结纽带，马克思、恩格斯对国际分工、国际贸易、世界市场有大量的论述，列宁对社会主义国家与资本主义国家经济政治关系进行了分析，毛泽东对三个世界的格局做了理论概括；再如，对于世界经济整体的问题和规律，马克思对国际价值规律做了阐述，马克思、恩格斯对世界经济危机进行了分析，列宁、斯大林对国家之间经济政治发展不平衡规律做了论述。

在西方经济学那里，20 世纪 30 年代以来建立了“国际经济学”专门学科。国际经济学不同于世界经济学，除了学科起源不同（国际经济学是西方经济学的一个分支）从而理论基础、立场、目的不同外，国际经济学主要是研究国际贸易、国际金融等国际经济纽带关系，而这个内容只是世界经济学所要研究的世界经济的三大要素之一。尽管如此，国际经济学关于国际贸易、国际金融等方面的分析，对于我们研究世界经济具有借鉴意义。

世界经济学作为一门独立的经济学学科，是于 20 世纪 70 年代末 80 年代初在我国开始建立的。新中国成立后，以马克思主义为指导的世界经济研究工作就已经开展，但 20 世纪 50 年代人们所研究的主要是世界上一些重要国家的经济和一些重要世界经济问题，还没有提出建立世界经济学专门学科。在 20 世纪 60 年代初，有的学者提出了建立马克思主义世界经济学的问题，并就这一学科的对象、方法发表文章，进行了讨论，但这一探讨被“文化大革命”所中断。20 世纪 70 年代末，在党的十一届三中全会召开以后，我国进入社会主义现代化建设新时期，在实施改革开放政策的大背景下，世界经济的研究工作越来越受到人们的重视。1979 年，全国世界经济学科规划会议召开；1980 年成立了组织学科队伍的中国世界经济学会。这期间，不少学者发表了关于创建世界经济学、学科的对象、方法、体系的文章。之后 30 年中全国相继出版了一大批比较成体系的《世界经济学》、《世界经济学原理》一类的专门著作。可以说，世界经济学这个经济学中的专门学科已经建立起来并在进一步完善和发展之中。

二、世界经济学的对象与性质

（一）世界经济学的研究对象

世界经济学的对象，简言之，就是世界经济，就是研究世界经济运动、变化和发展规律的科学。

世界经济学的对象包括以下三个方面：

1. 研究作为世界经济组成部分的各国国民经济

世界经济是由各国国民经济组成的。各国国民经济是世界经济的组成要素、基层单位、细胞，没有国民经济就谈不上世界经济。

国民经济是一国范围内各地区、各部门经济相互联系、有机结合而成的总体。产业革命以后，资本主义工场手工业过渡到了机器大工业，从而使一国范围内各地区、各部门的经济相互紧密地联结起来，形成了国民经济。国民经济的形成为世界经济的形成创造了前提，从而研究国民经济就成为世界经济学研究对象不可缺少的内容，并且是首先要涉及的内容。

但是，世界经济学所研究的国民经济，是作为世界经济有机组成部分的国民经济，与研究各国国民经济自身不是一回事。目前全世界有 200 多个国家和地区，在世界经济学中对其逐个研究，既无可能，更无必要。世界经济学着眼于各种国民经济的特性及其在世界经济中的地位和作用，而这只需要对各国国民经济按照其生产力发展水平、经济体制和运行机制状况以及占统治地位的生产关系性质进行分类研究。至于单独地对一个国家的国民经济进行研究，则是国别经济学的任务。

组成当代世界经济的 200 多个国家和地区的经济，可以分为三种类型：发达资本主义国家经济，发展中民族主义国家经济，社会主义国家经济（至于苏联和东欧国家，由于其发生变化以来仍处于转轨、过渡之中，目前还不能简单归并到这三大类别经济的某类之中，本书是把它们作为转轨中的经济单列出来进行研究的。这在世界经济研究中只是一个过渡的处理方式，并不妨碍我们把世界各国国民经济分为三大类别的基本分类）。对这三种类型国民经济的研究，是世界经济学研究对象的重要组成部分。

2. 研究世界经济中的国际经济关系

世界经济并非世界各国国民经济的简单相加，而是通过各种经济纽带联结起来的一个有机整体，这些联结各国的经济纽带自身体现的是某一领域的国际经济关系（例如国际商品交换这一经济纽带体现的是国际商品交换关系），它们构成了世界经济学所要研究的国际经济关系的一个方面。在当代世界经济中，把各国国民经济联结起来的经济纽带主要包括国际分工基础上的国际商品交换、国际资本运动、国际劳务流动和国际技术转让等等。

世界经济学所要研究的国际经济关系不只经济纽带关系这一个方面。由于组成世界经济的各国国民经济分属于特性不同的类别，这样，通过经济纽带联结的不同类别国民经济之间以及类别内部不同国家之间，形成了不同类型的国际经济关系。这构成了世界经济学所要研究的国际经济关系的第二个方面。在当代世界经济中，存在三种类型的国民经济，因而也就有三种类别之间的国际经济关系，即：发达资本主义国家与发展中民族主义国家之间的经济关系，发达资本主义国家与社会主义国家之间的经济关系，发展中民族主义国家与社会主义国家之间的关系。另外还有三种类别内部的国际经济关系，即：发达资本主义国家相互之间的经济关系，发展中民族主义国家相互之间的经济关系，社会主义国家相互之间的经济关系（无疑，在苏联东欧剧变后，社会主义国家为数不多、且都是发展中社会主义国家，故世界经济学所要研究的六种国际经济关系中，在当代世界主要是发达资本主义国家与发展中民族主义国家之间的经济关系，发达资本主义国家相互之间的经济关系，发展中民族主义国家相互之间的经济关系，但六种关系是客观存在的）。

3. 研究世界经济整体

既然世界经济是一个有机的整体，那么世界经济学就不仅要研究组成这个整体的各类国民经济和整体的组成部分之间的经济关系，还要研究这个整体本身的问题和规律。这些问题和规律不是仅仅涉及到世界经济某一部分（发达资本主义国家经济、发展中民族主义国家经济、社会主义国家经济等）或世界经济某一领域（国际商品交换、国际资本流动等）的问题或规律，而是关系到整个世界经济发展的总体、全局性问题或规律。譬如，世界经济的全球化趋势、区域化趋势、多极化趋势、知识化趋势，世界经济的周期发展问题，世界经济的可持续发展问题，世界经济与世界政治相互作用规律，等等。

（二）世界经济学的学科性质

从对世界经济学研究对象的论述中可见，总体上说，世界经济学是具有理论性兼有应用性的一门学科。

1. 相对于政治经济学，世界经济学的理论抽象层次较低、应用性较强

政治经济学的研究对象是生产方式，特别是要研究生产关系，而世界经济学的研究对象是世界经济。两者相比，前者比后者抽象，后者比前者具体。马克思研究政治经济学时，在他的《政治经济学批判》导言中谈到的设想是分为五篇，第一篇为“一般的抽象的规定”。第二篇为“资产阶级社会内部结构”（资本、雇佣劳动、土地所有制等）。第三篇为“资产阶级社会在国家形式上的概括”（税、国债、公共信用等）。第四篇为“生产的国际关系、国际分工、国际交换、输出和输入汇率”。第五篇为“世界市场和危机”①。按照马克思从抽象到具体的叙述方法，上述政治经济学体系的设想中，到“生产的国际关系”和“世界市场”等部分时已经是更为具体的、更接近于世界经济现实的问题。当然，即便在马克思的政治经济学里他也没有来得及在这个领域里深入展开，当时客观世界的发展也没有使得这个领域的问题作为一个专门的经济学科来研究。只是到了后来，随着世界各国国民经济越来越紧密地相互联结，国际经济关系越来越广泛、深入，世界经济整体形成后越来越扩大、复杂，从而才越来越有必要把世界经济学从政治经济学中分离、独立出来形成一个专门的学科。

2. 相对于国别经济学、部门经济学、国际贸易、国际金融等学科，世界经济学具有更多的理论性

国别经济学是将世界经济分割为一个个国家的经济进行独立的专门研究（如美国经济、日本经济、俄罗斯经济等），这种对各个国家分别做的研究更具体、详实从而更具应用性。世界经济学要以国别经济研究为基础，但这是把各国国民经济作为世界经济整体（而非各国国民经济的简单算术总和）的有机组成部分来研究的，着眼点是各国国民经济的

① 《马克思恩格斯选集》第 2 卷，人民出版社 1995 年版，第 26 页。

类别（而非国别）特征、地位以及类别间的相互联系。

部门经济学中的世界工业经济学、世界农业经济学等，是将世界经济分割为一个个部门的经济进行独立的、专门研究，这种对各个部门分别做的研究更具体、详实，从而更具应用性。世界经济学也要涉及对部门经济的研究，但这是把各个部门经济作为世界经济整体的有机组成部分来研究的，而非分割的、算术之和式的研究，着眼点是世界范围内各部门经济之间的相互关系及其各自在世界经济总体中的地位、作用。

国际贸易学、国际金融学是以某种特定的国际经济联系形式（国际商品交换、国际货币资本运动）为研究对象，对它们分别进行专门的、具体的研究，从而更详实更具应用性。世界经济学也要研究这些国际经济形式，但是，是把它们作为把各国国民经济联结为一个有机的世界经济整体的纽带、媒介来研究的，而非仅研究某一经济联系形式自身，着眼点是各种国际经济纽带之间的相互作用、相互渗透以及它们在世界经济整体的发展中的地位和作用。

可见，相对于国别经济学、部门经济学、国际贸易、国际金融等学科，世界经济学可以说是一门理论经济学，不能希冀从中寻找诸如贸易实务、金融业务之类应用性、操作性问题的解决答案，这是应用性更强的国际贸易、国际金融等学科要研究的内容。

三、当代世界经济的教学与研究

（一）学习、研究当代世界经济的意义

当代世界经济，是建设中国特色社会主义的外部大环境；中国特色社会主义经济，是当代世界经济的内在组成部分。了解和分析世界经济的发展变化，对于正在从事建设中国特色社会主义伟大事业的我国人民，特别是各级领导干部，有着十分重要的意义。这个意义特别体现在对推进社会主义经济建设和改革开放方面。

世界的发展和竞争，从来就是以经济为基础的。当代世界的发展和竞争，更是主要表现为经济发展和竞争（或者以经济为核心的综合国力发展和竞争）。我国在 20 世纪 70 年代末开始确立了以经济建设为中心、通过“三步走”到 21 世纪中叶跻身中等发达国家之列的现代化战略目标。我国的经济发展战略不是孤立进行的，而是在同世界其他国家特别

是发达资本主义国家的经济联系和竞争中实现的。知己知彼，百战不殆。为了实现自己的经济发展战略目标，取得竞争的优势，要求我们注意和研究世界经济发展的现状和趋势，了解作为联系对象、竞争对手的世界各国（尤其是发达资本主义国家）经济发展的现状和趋势，以便及时调整、更新自己的部署和决策，更好地实现自己的经济战略目标，在世界经济竞争中赢得自己的优势。胡锦涛同志 2003 年 1 月 18 日在中共中央政治局第二次集体学习时强调指出："实现十六大提出的全面建设小康社会的奋斗目标，不仅需要十分关注国内经济的发展情况，也需要十分关注世界经济的形势。这是因为，随着改革开放和社会主义市场经济的发展，我国经济与世界经济之间的联系越来越紧密，世界经济对我国经济发展的影响越来越大。准确把握世界经济发展的趋势和国际市场变化的走势，对更好地促进我国经济发展具有十分重要的意义。"

我国的经济改革已进行了 30 多年。这个改革一开始就是市场取向的改革。直至 1992 年确立了社会主义市场经济体制的改革目标模式。经济改革，既对社会主义经济建设至关重要，又是社会主义经济发展中的全新事业。作为我国经济改革目标模式的社会主义市场经济，其基础（或与之相结合的根本经济制度）与资本主义的市场经济有着本质的区别，但是就经济体制和运行机制本身而言，又有着共性。市场经济对我们来说是新鲜事物，没有多少经验。而在世界其他国家，特别是发达资本主义国家，却有着市场经济发展的长期历史和丰富经验。通过对世界经济学相关内容的研究、学习和借鉴，有助于推进我国经济体制的改革。

我国的对外开放也已经实施了 30 多年。对外开放，实质是把国内经济与世界经济相互衔接，把国内市场与世界市场相互衔接。以充分利用国内资源与国外资源两种资源。换句话说，对外开放就是面向世界经济、世界市场开放。特别是在经济全球化和中国加入世贸组织的情况下。对外开放就是深入参与经济全球化。这就要求我们既要深刻认识自己的国情，又要对所要开放、衔接的世界经济、世界市场有深入的研究和了解，从而才会增强实行对外开放的自觉性和制定、实施正确的对外开放战略。

总之，世界经济学的研究对推进我国社会主义经济建设和改革开放有着十分重要的意义。在当前尤其要强调世界经济与中国经济结合研究的重要意义，这种结合研究，既是我国经济建设、改革开放的实际需要，也是世界经济学学科建设、发展本身的要求。

世界经济与中国经济的结合研究有两种方式或两个层次。一种是外在的联系与结合，即把世界经济作为中国经济发展的外在环境来研究。这种联系与结合研究是必要的、意义也是重大的。但仅此并不够。另一种是内在的联系与结合，即把中国经济作为世界经济中的不可分割的一个组成部分来研究。两者是一个有机的整体，而不仅仅是两个事物的外在联系。随着中国经济建设、改革开放的发展，特别是社会主义市场经济的逐步建立和完善，中国经济越来越广泛、深入地融入国际分工、国际市场体系中。越来越成为世界经济的一个密不可分的、重要的组成部分。诸如国际贸易、国际金融、国际投资、跨国生产、经济全球化、多极化、区域化、知识化等世界经济问题。日益成为世界所有国家包括中国必须共同参与的。因此，世界经济研究本身就包括与中国经济的结合。这种研究，不仅在于在世界经济学学科内容体系中要否设置“中国经济”专门的一章，也不仅在于把世界经济作为中国经济的外部环境。更重要的是在于把中国经济的相应内容融入世界经济学的相关部分进行结合研究。譬如，研究世界汇率波动问题，这已不仅仅是我国的外部经济环境、金融形势问题。而是直接影响我国货币、金融从而要采取相应措施的问题；区域经济一体化问题，已不仅仅是中国人看外部世界“真奇妙”的问题。而是中国在区域一体化（如亚太区域合作）中采取什么态度、对策的问题。

（二）当代世界经济在党校教学内容体系中的地位

世界经济是一门独立学科或一个相对独立的学习内容。同时当代世界经济的学习又是党校整个教学内容体系中的一个组成部分，必须把它放在党校教学总体布局中看其地位。那么，这个教学总体布局以及当代世界经济在其中的地位如何？我们作一个展开一些的说明[①]。

2000 年 6 月中央召开了全国党校工作会议，这是世纪之交进一步推进党校教育事业改革和发展的一次重要会议，会议颁发的《中共中央

① 此部分内容参考了本书编写组：《当代世界经济》，中共中央党校出版社 2001 年版，第 7—8 页。

关于面向二十一世纪加强和改进党校工作的决定》指出，“党校教学改革的方向和布局”是：“紧紧围绕学习邓小平理论这个中心，建设好既坚持马克思主义又充分适应世界大转折和中国新发展要求的，主要包含‘理论基础’、‘世界眼光’、‘战略思维’和‘党性修养’这几个方面内容的教育课程。”

2008年10月中央召开了全国党校工作会议。这是十七大之后，以改革创新精神全面推进党校工作的一次重要会议。会议之前中央颁发的《中国共产党党校工作条例》指出，“党校教学布局要坚持以学习邓小平理论、‘三个代表’重要思想以及科学发展观等重大战略思想为中心。着眼于提高党员领导干部的领导素质和执政能力，以掌握理论创新的最新成果为重点夯实学员的理论基础，以把握时代特征和国际经济政治形势为重点拓展学员的世界眼光，以强化大局意识和应对复杂局面为重点培养学员的战略思维，以坚定理想信念、增强宗旨观念和改进作风为重点加强学员的党性修养。根据形势和任务的要求，不断充实和创新教学内容，优化党校教学布局。”

具体来说，党校主体课程的布局要从以下四个方面来安排。

首先，是“理论基础”课程，即抓好与马克思列宁主义、毛泽东思想、邓小平理论、“三个代表”重要思想以及科学发展观等重大战略思想相关的基本理论的教学。重点学习十一届三中全会以来体现中国特色社会主义理论的内容，同时选读马列和毛泽东的部分重要著作。马克思列宁主义、毛泽东思想、邓小平理论、“三个代表”重要思想以及科学发展观等重大战略思想，是一脉相承、不断发展的科学体系。“理论基础”，可以说是贯穿于其他三个方面课程的一条红线，是各门课程统一的灵魂，统一的理想、信念、世界观。

其次，是“世界眼光”课程，即抓好“当代世界问题”——“当代世界经济”、“当代世界科技”、“当代世界法制”、“当代世界军事”、“当代世界思潮”以及“当代世界民族宗教”、“当代世界政治”等方面的教学。这是运用马克思主义的立场、观点、方法，对于当代世界和现代化诸方面基本动向和最新动态的分析和掌握。

再次，是“战略思维”课程，即对现实问题进行战略思考。就是紧密结合形势发展，运用马克思主义的立场、观点、方法，开展关于国际国内若干重大现实问题的研究和讨论。通过这样的学习，把思想进一步统一到当前党中央对形势的分析和由此确定的任务、方针上来。

最后，是“党性修养”课程，即在教学全过程都要贯穿增强党性的要求。同时专门进行党史和党建理论的学习，专门进行新时期党性修养问题上正反两个方面典型的事件研究，以及专门进行个人党性分析。

这样的教学改革的方向和布局，使我们能够把中国特色社会主义理论的学习，同对马克思主义的历史发展及其基本科学成果的重新领会，更好地结合起来；使我们能够把对马克思主义基本问题的学习，同对当代世界当代中国的把握，更好地结合起来；使我们能够把“理论基础”、“世界眼光”、“战略思维”，同“党性修养”更好地结合起来。也正因为这样，中央《决定》和《党校工作条例》所指出的我们教学改革的方向和布局，就是一个能够从根本上有利于把中国特色社会主义理论体系的重要论述，联系和贯穿于党校教学全过程的很好的框架。

以上说的是党校教学内容总体框架，相应地关于“当代世界经济”在这个内容体系中的定位也在这个说明之中了。从党校教学内容体系中可见，对干部培养教育和素质要求是全面的，而学习、研究世界经济在其中是有重要作用的，特别是在“世界眼光”这个素养方面有着重要的意义。正如胡锦涛所说，“多学一些世界经济的基本知识，多了解一些国际市场的基本情况”，这是“领导干部增强世界眼光、提高自身素质的重要途径”。

当代国际市场

（2009 年 1 月）

在国际分工的基础上，国际交换发展起来，国际交换、资源国际流动和配置的场所——国际市场得以形成和发展，成为把世界各国经济联结成一个有机的世界经济整体的主要纽带。

一、国际市场概况

（一）国际市场的萌芽

国际市场，亦称世界市场，是指世界范围内经济资源交换、流动的场所或领域。

国际市场的产生是一个历史的过程。早在奴隶社会和封建社会，超出一国范围的商品交换就出现了，可以说有了原始状态的国际市场。特别是到了 15 世纪末 16 世纪初，随着工场手工业的发展、地理大发现和东西方新航路的开辟以及资本主义原始积累的进行，国际商品交换有了相当大的发展，其范围波及欧、亚、非、美，可以说萌芽状态的世界市场（或前资本主义世界市场）得以形成。马克思说："世界贸易和世界市场在16世纪揭开了资本的近代生活史。”① 这里所说的世界市场就是这种作为资本主义世界市场前身的萌芽状态的并非完全意义的世界市场。之所以说它不是真正意义的或萌芽状态的世界市场，主要在于其不是以国际分工为基础的——那时的国际分工尚处于萌芽状态，各国生产还不是国际性的，故国际商品交换实际上是以国内的社会分工为基础的，进入国际市场交换的商品（主要是金银、土特产品、奴隶等）对于当时各国社会再生产的进行和社会需求的满足来说并不是必不可少的。而且在这个市场上占统治地位的是与前资本主义生产方式相联系的商人资本，而非与资本主义生产方式相联系的、作为产业资本循环中的一个独立形态的商业资本：它们用前资本主义的方式通过贱买贵卖以及使用侵吞和欺诈手段攫取让渡利润（由于商品的价格高于商品的价值而产生的利润），而非以国际价值为基础。通过等价交换而实现的平均利润或超额利润。

（二）国际市场的形成

真正意义的世界市场形成、发展的基础是国际分工。国际分工的发生、发展主要取决于自然条件和社会经济条件。

自然条件是一切经济活动的一般前提。自然条件的差异会引起生产的差异：咖啡、可可等只产于热带，煤、铁、石油等只能产自拥有这些矿藏的国家。而生产的差异又是引起分工、交换的前提：煤、铁、石油等只能由生产这些矿产品的国家出口（不包括复出口）。如果一切国家的自然条件完全相同，生产品也相同，在其他条件不变的情况下，国际分工就不能发生。

然而，自然条件及其生产品的差异性、多样性，只提供国际分工的可能性；要把可能性变为现实性，还必须有一定的社会经济条件。一方面自然条件本身并不能保证某种生产一定能够进行。例如，在科技和生产力水平低下的情况下，埋在地下的矿藏就不能得到开发。另一方面，自然条件的差别本身也不能提供联结各国生产的媒介。在资本主义机器大工业以前的社会，虽然存在各国之间的自然条件差异和相应的生产的差异，但是由于不具备一定社会经济条件（特别是科技水平、生产力水

① 《马克思恩格斯全集》第23卷，人民出版社1972年版，第167页。

平）所提供的联结各国不同生产的媒介（尽管有局部的、偶然的国际商品交换），因而不能产生国际分工。

只是在社会经济条件，特别是科技、生产力水平发展到一定时期。达到一定程度，才形成真正意义的国际分工。从历史上说，就是机器大工业。18 世纪 60 年代到 19 世纪 60 年代，以蒸汽机为代表的技术革命使资本主义生产从工场手工业过渡到了机器大工业。机器大工业不仅使先进资本主义国家内部工业从农业中完全分离出来，而且使工业分工、工业与农业间的分工越来越超出民族国家疆界，向国际领域发展。具体来说，机器大工业的巨大生产能力，使其产品已不能为国内市场所容纳，其所需要的原料已非国内生产所能供应，因而不能不到国外去寻求工业品销售市场和原料、粮食来源。在这种情况下，不仅各先进资本主义国家之间的商品交换增加了，而且先进资本主义国家凭借机器大工业生产的廉价商品，把许多落后国家卷入到国际商品交换中。这样，原来在一国范围内城市与农村、工业部门与农业部门的分工，演变成“世界城市”与“世界农村”的分工，工业国与农业国的分工。这种国际分工的联结媒介是国际商品交换，通过这一媒介把各国不同的生产转化成世界总生产的组成部分，转化成国际分工的各个环节。

正是在这种国际分工的基础上，真正意义的世界市场以及世界经济于 19 世纪中叶得以形成。关于世界市场与世界经济的形成，马克思、恩格斯在《共产党宣言》中有一段著名的论述，既讲得透彻、清楚，又符合历史实际。他们说：“资产阶级，由于开拓了世界市场，使一切国家的生产和消费都成为世界性的了。使反动派大为惋惜的是，资产阶级挖掉了工业脚下的民族基础。古老的民族工业被消灭了。并且每天都还在被消灭。它们被新的工业排挤掉了，新的工业的建立已经成为一切文明民族的生命攸关的问题；这些工业所加工的，已经不是本地的原料，而是来自极其遥远的地区的原料；它们的产品不仅供本国消费，而且同时供世界各地消费。旧的、靠本国产品来满足的需要，被新的、要靠极其遥远的国家和地带的产品来满足的需要所代替了。过去那种地方的和民族的自给自足和闭关自守状态，被各民族的各方面的互相往来和各方面的互相依赖所代替了。”① 可见，这种以国际分工为基础，进行国际

① 《马克思恩格斯选集》第 1 卷，人民出版社 1995 年版，第 276 页。

交换的资本主义世界市场，于19世纪中叶形成。恩格斯更明确地指出这个时间：自1867年以来，“第一次真正地形成了世界市场”①。

世界市场自形成以来获得持续不断的发展，这一发展仍是基于国际分工的发展。19世纪中叶世界市场形成之时的国际分工主要是工业制造业与农矿业的垂直分工，其联结媒介是商品贸易，从而国际市场是国际商品市场。19世纪末20世纪初，除了原来的垂直分工进一步发展外，还出现了工业部门之间的平行分工。此时国际分工的联结媒介仍主要是商品贸易，国际商品市场得到进一步发展。但是，由于这时资本输出有了“特别重要的意义”，又出现了一个新的国际分工联结媒介——国际资本流动，从而国际资本市场得以形成和发展。当然，此时的国际资本流动主要在于以工业制造业为主的发达资本主义国家与以农矿业为主的殖民地落后国家之间，而不在于发达工业国家之间，而且是以借贷资本流动为主而不是以生产资本跨国直接投资为主。二次大战以后，在第三次技术革命推动下，国际分工的发展又深入到部门内部，出现同一部门内部不同产品、零部件和工序的分工。这种国际分工的新发展，既促进了国际商品交换和国际商品市场的进一步发展；又促进了直接的跨国生产和国际直接投资的迅速发展，使得国际资本流动成了与国际商品流动并行的国际分工两大联结纽带，而且伴随着这两条主带，其他纽带——国际技术流动、国际劳务流动也发展起来。这诸种经济资源国际流动的场所——国际商品市场、国际资本市场、国际技术市场、国际劳务市场共同组成了国际市场体系。

（三）国际市场的性质

国际市场自形成以来，在不同的历史阶段有不同的性质。从它在19世纪中叶形成直到1917年俄国十月革命，是统一的资本主义世界市场，那时的世界经济是统一的资本主义世界经济。俄国十月革命打破了统一的资本主义世界经济。特别是二次大战以后，不仅又出现了一些社会主义国家，而且上百个原来的殖民地、附属国走上独立道路，成为发展中民族主义国家。世界经济体系中无论哪一种类型的国家都不能关起门来发展经济，国际分工的客观要求决定了参与世界市场活动的国家，

① 《马克思恩格斯全集》第25卷，人民出版社2001年版，第554页。

除了发达资本主义国家外，还有广大的发展中民族主义国家和社会主义国家。所以，这时的世界市场就不能再冠以资本主义世界市场的名称，而应叫世界市场或国际市场。当然，由于发展中民族主义国家、社会主义国家在世界市场上所占份额较小，故可以说当代世界市场是以资本主义为主、特别是以发达资本主义为主、在相当程度上受发达资本主义制约的世界市场。

二、国际市场体系的构成

国际市场体系由国际商品市场、国际资本市场、国际技术市场和国际劳务市场所构成。

（一）国际商品市场

国际商品市场是商品在国际范围流动的场所。它是最早形成的国际市场，19 世纪及其以前是唯一的国际市场。那时的国际市场与国际商品市场是同一概念。国际商品市场在当代是最主要的一种国际市场，狭义的国际市场就是指国际商品市场。国际商品市场主要有两种分类。

1. 国际商品市场按地域分类

按地域分类，国际商品市场由 9 大市场构成，即北美、拉美、西欧、东欧（包括俄罗斯等苏联欧洲部分）、东亚、南亚、大洋洲、非洲和中东。其中，北美、西欧和东亚是世界 3 大国际商品市场（商品进出口总额占世界比重的 80%以上）。

北美市场：包括美、加、墨 3 国。人口 4.36 亿（2006 年），面积 2129 万平方千米。商品进出口总额占世界比重的 17%（2006 年）。该市场的特点是：地域大、国家数量少（只有 3 个）；自然资源丰富（矿产品产量占世界比重的 1/3 以上）；经济实力规模大（2006 年的 GDP15.3 万亿美元，约占世界的 32%）。

西欧市场：一般指欧盟 27 国。人口约 4 亿，商品进出口总额占世界比重的约 40%（2007 年）。该市场的特点是：面积小、国家林立；经济发展水平高，且比较平衡（2007 年的人均 GDP 为 32862 美元）；商品贸易规模最大（约占全世界的 40%）。

东亚市场：主要包括中国、日本、韩国、中国香港、中国台湾和东盟10国等亚太经济合作组织中的东亚15个国家和地区。人口数量约20亿，面积约1300万平方千米，商品进出口总额占世界比重的20%以上。该市场的特点是：人口众多，市场潜力大（人口占世界总人口的近1/3）；经济增长、外贸增长速度最快（经济增长速度从20世纪50年代至21世纪初约为世界平均速度的两倍）；市场内部松散、各国发展不平衡。

2. 国际商品市场按产品分类

按产品分类，国际商品市场由两大市场构成，即国际初级产品市场与国际制成品市场。两者在国际商品市场中所占比重，战前为“六四开”，战后情况发生了变化，制成品所占比重从1953年起超过初级产品所占比重（该年前者比重为50.3%），目前制成品出口值在世界商品出口总值中所占比重为78%。

国际初级产品市场由燃料、原料、食品3类产品市场构成。三者在当代国际初级产品市场中结构的变化是，燃料所占比重迅速提高。

国际制成品市场由机械（机械、电子产品和运输设备）、化学、其他（服装、纺织等）3类产品市场构成。三者在当代国际制成品市场中结构的变化是，机械产品所占比重迅速增大。

（二）国际资本市场

国际资本市场是生产的资本要素在国际范围流动的场所。这种国际范围的资本流动或活动，就是国际投资。世界性的国际资本市场（国际投资）是从19世纪末、20世纪初形成和发展起来的。

国际资本市场由国际直接投资市场和国际间接投资市场两大市场构成。

国际直接投资，是投资者以控制企业资产所有权和经营管理权为核心，获取利润为目的，把企业资本（生产要素）投入另一个国家的生产部门。它由两种类型（方式）构成。

国际间接投资，是投资者把借贷资本投入另一国购买证券或提供信贷，以获取股息或利息，而对于投资对象并无实质性的所有权和经营管理权。它由两种类型（方式）构成。

（三）国际技术市场

国际技术市场，是生产的技术要素在国际范围交换的场所。它最早出现于20世纪初，但真正形成和发展是在二次大战后的当代。

技术在国际范围的流动，叫国际技术转让（转移）。它包括两种方式：一是非商业性的、无偿的，叫国际技术援助，如无偿或按优惠条件向受援国传授技术知识、资料，培训技术人员，承担考察、勘探、可行性研究、设计等活动。帮助受援国建立科技、文化机构并提供相应设施，等等。二是商业性的、有偿的，叫国际技术贸易。现代国际技术转让大多属这种有偿的技术贸易，而且有偿性才符合市场的含义。因此，一般意义上的国际技术市场概念是指国际技术贸易。

所谓国际技术贸易，即通过买卖方式，把某种内容形式的技术从一国转让给另一国，使买方获得使用该技术的权利。在有些情况下，技术贸易也包含物化形态的技术（即硬件）——技术设备、器材的买卖。但在多数情况下，技术贸易指知识形态的技术（即软件）的买卖，它一般是通过许可证贸易的方式进行。所以，技术贸易与许可证贸易在国际上通常被看作同义语。

许可证贸易，即为取得一定报酬，而把允许使用技术专利、专有技术和商标等的一种证件，通过签订协定的形式提供给他国。国际许可证贸易（或国际技术贸易）的范围主要有：技术专利、专有技术（技术诀窍）、商标（及厂名、公司字号）。

（四）国际劳务市场

国际劳务市场，是作为生产要素的劳动力要素和劳务（服务）要素在国际范围流动的场所。它是随着国际商品市场的形成而出现的，但其真正形成和发展是在二次大战后的当代。

单纯的劳务人员（劳动力）输出入，是国际劳务市场活动的一种形式。但它主要是发展中国家参与国际劳务市场活动的一种重要形式，而世界性的国际劳务市场活动一般概括为国际劳务（服务）贸易。

国际劳务贸易，即生产和生活中所发生的劳务，或称服务（第三产业）的进出口，是非实物形态的进出口，所以也称无形贸易。它主要由4种方式构成。（1）伴随着商品的国际流动而发生的劳务收支。主要有运输费、保险费、商品加工费等。(2) 伴随着资本的国际流动而发生的劳务收支。主要有在国外投资汇回的利润、利息、股息、红利、租金等。(3) 伴随着人员的国际流动而发生的劳务收支。主要有国际旅游费用。驻外机构人员费用，本国公司或居民个人在国外的劳动收入和财产收入等。(4) 其他国际劳务收支。主要有邮电费、广告费、佣金、信息费、专业服务（法律、会计等）费、技术服务费等。

上述4种国际劳务贸易方式中，第一、二种是传统的方式，当代又继续发展；第三、四种主要在当代有新的发展，发展中国家参与国际劳务市场活动的主要方式（单纯劳务人员输出入、国际工程承包、国际旅游等）多属第三种，而第四种在当代的新发展（主要是在发达国家）意义愈益重要。

三、国际市场与国内市场的关系

国际市场不是各国国内市场的总和，国际市场与国内市场既有联系又有区别，这是国际市场与国内市场的关系的概括。下面通过国际商品市场具体说明这一关系的两个方面。

（一）国际市场与国内市场的联系

国际贸易不包括国内市场的交换，但国际市场与国内市场又具有不可分割的联系。一国在世界市场的售卖（出口），要以先行的在国内市场的购买（购买出口产品）为前提；一国在世界市场的购买（进口），又以继起的在国内市场的售卖（售卖进口产品）为结果。离开国内市场的购买和售卖，世界市场的售卖与购买就无法进行。国际市场是建立在各国国内市场之间的联系上的，即各国国内市场要与国际市场接轨，并通过这种市场的接轨把国民经济与国际经济相互衔接起来。

但是，这种两个市场的联系，或者说国际市场的存在，并不意味着国内市场失去其独立性而溶解于国际市场中。两者有着各自的特点或差异。

（二）国际市场与国内市场的区别

1. 市场的外延（容量范围）不同

国内市场，是一国之内国民经济内部的商品交换领域。市场容量、范围限制在一国国内，市场外延以国界为终边。国际市场，是超出一国、各国国民经济之间的商品交换领域。市场容量、范围超出一国的范围，包容世界各国，市场外延跨越一国国界。

2. 市场的内涵（自由程度）不同

尽管两种市场交换的竞争都是不完全的，但在世界市场上具有更大的不完全性，国际市场上各国商品的交换不如国内市场上商品交换自由。其原因有二：一是经济结构客观基础使然。由于国际分工不如国内分工完善，各国国民经济在世界经济统一体中保持着相对独立性。这使得各种生产要素在国民经济内部各地区、各产业间的移动比较容易，而在各国国民经济之间的移动则比较困难。二是人为障碍使然。由于国际市场上除了国内市场上的利益差异之外，还多了不同民族国家的不同利益，故在国际市场上的交换中各种人为障碍（如关税壁垒、非关税壁垒、政治障碍等）很多，而在国内市场上的交换中各种人为障碍较少。

3. 市场的交换价值不同

无论国内市场还是国际市场，进行商品交换都要遵循价值规律的作用，但在两种市场的商品交换中，价值规律的作用不同。在国民经济内部，各生产部门以及各种产品的劳动生产率和劳动强度相差不大。因此，国内市场上的商品交换是以国民平均劳动生产率和平均劳动强度所投下的国民平均必要劳动量——国民价值为基础的。在各国国民经济之间，各国的劳动生产率和劳动强度大不相同。因此，在国际市场上的商品交换不可能以任何一国的国民价值为基础，而是以国际价值——世界平均必要劳动量为基础的。在这种情况下，劳动生产率较低的欠发达国家在与劳动生产率较高的发达国家进行商品交换时，便会出现马克思所说的“一个国家的三个工作日也可能同另一个国家的一个工作日交换”①。这仍然体现了等价交换原则。

四、国际市场发展的作用及矛盾

在当代世界，国际市场有了迅速的发展并对世界经济以及参与国际市场活动的各个国家的经济起着重要的促进作用。同时也应该看到，国

① 《马克思恩格斯全集》第26卷第三册，人民出版社1974年版，第112页。

际市场的竞争与矛盾也在发展、深化。

（一）国际市场总量扩大的作用

市场，是市场经济活动的舞台。世界各主要国家不仅已经有了一个统一的国内市场，而且这个市场还延伸到国外，形成了包括国际市场的大市场。这是市场舞台或市场总容量的扩大。这种市场总容量的扩大，在战后的当代有了进一步的发展。这体现在当代国际市场体系的各个方面。

市场总量扩大对当代世界各国经济发展有着重要的促进作用。

首先，市场扩大意味着需求的扩大，促进生产的扩大。生产决定需求，需求也反作用于生产。一国国内市场的有限性会束缚生产的扩大趋势，而国际市场的扩大，给生产的扩大提供了一个更广阔的空间，从而促进生产的发展。世界贸易依存度1950年仅为5%，1990年升至18%，而2007年已达30%。从世界各国的商品贸易出口额占GDP比重的提高可以看到，国际市场对各个国家经济发展起着越来越重要的作用。这还只是商品贸易，而通过跨国直接投资，在当地生产和销售产品，甚至比通过商品贸易实现的价值还要大。据统计，美国公司通过直接在国外生产而实现的总销售额已达到从美国国内出口商品价值额的5倍。

其次，市场总量扩大，为资源合理配置提供更广大的范围。在当今世界上，一个比较发达、完善的市场，其重要的特点是商品和其他生产要素（资本、劳动力、技术等）自由流动，从而使市场机制能够发挥合理配置资源的作用。国内市场延伸到国外，市场总量扩大，意味着合理配置资源的范围已不局限于国内，而是扩大到世界。正是商品、资本、劳动力、技术等在国际市场上相对自由的流动、转移，既可以降低资源的闲置程度，又可以缓解资源的短缺程度，使资源的配置比率和价格比率在参与国际市场资源流动的各国之间达到相对均衡，由此而推动经济的发展。

最后，市场总量扩大，把市场经济一般规律扩大到国际范围。作为世界经济主体的当代资本主义经济之所以有活力、生命力，能继续发展，一个很重要的原因是它采取了适应当代生产力、生产社会化发展的市场经济体制和运行方式，市场调节是整个社会经济基础性的、占主导地位的方式。市场经济目前已是世界各国经济的普遍取向。

市场由国内扩大到国际，也把市场经济一般规律扩大到国际范围，即把市场调节以及由此带来的经济活力扩展到世界经济中。

事实上，市场总量扩大、国际市场发展，其本身就是符合市场规律、按照市场经济利益最大化原则而发展的。而且，国际市场上的活动，商品、资本、劳动力、技术运动的方向、速度、数量、价格等，主要由市场调节、在市场竞争中进行。

（二）国际市场体制、规则进一步完善的作用

没有规矩，不成方圆。如同国内市场需具备管理体制、规则一样，国际市场也需具备一套体制、规则，才能有序、有效。当代国际市场的一个新发展，是国际市场体制、规则进一步完善。

国际市场从其形成开始，就有一些管理制度、规则。特别是战后，随着国际经济活动的增加，国际市场管理制度、规则得到了进一步的修正、充实和完善，形成了一套包括各个领域、各种形式层次的管理调节国际市场的体制和规则。它主要包括：(1) 国际经济机构。例如，关税与贸易总协定、世界贸易组织、国际货币基金组织、世界银行、世界知识产权组织等。(2) 国际经贸法规、规章、通则、惯例。例如，有关国际商品市场的“关税与贸易总协定”、“国际贸易术语解释通则”；有关国际资本市场的“外国投资者国民待遇原则”、“跨国公司行动守则”；有关国际技术市场的“保护工业产权巴黎公约”、“技术转让行动守则”；等等。(3) 双边或多边的经贸协议、协定。例如“北美自由贸易协定”等。

国际市场体制、规则对当代世界各国经济发展有着重要的促进作用。这主要表现在它为市场调节作用在国际范围的发挥创造条件，从而给经济增添活力。

市场调节，是市场经济中基本的调节方式，从而也是市场经济具有活力的主要源泉。国内经济如此，国际经济也如此。但是，国内市场调节也是要辅之以国家调节才能更好地发挥作用的，而国际经济又增加了民族国家的不同利益，则更需要由各国政府出面进行国际调节。当然，这种政府对国际经济的调节，如同政府在国内的调节一样，不是要建立一种统制经济，而是要把市场经济推向国际领域，为市场调节作用在国际范围更好地发挥作用创造条件。当代国际市场体

制、规则的进一步完善，就是这种由各国政府出面调节国际市场活动所形成的国际自由经贸体制的进一步完善，它保障了市场调节、市场机制、市场竞争在国际市场上发挥主导作用，从而给各国经济及世界经济带来活力。例如，日本在总结20世纪50年代至70年代初经济高速增长的原因时，往往把这一时期国际自由经贸体制比较完善并运作较好，作为重要一条。

另外，国际市场体制、规则有利于解决国际市场上的纠纷、矛盾，使国际经济较顺利地发展。

国家之间的经济贸易纠纷、矛盾是不可避免的。但国际市场体制、规则的进一步完善，使国际经贸活动有章可循，一旦出现纠纷，解决起来也有所依据，发挥缓冲矛盾的作用，以减少国际经贸关系受到大的冲击甚至矛盾双方两败俱伤的损失，使国际经济得以较为顺利的发展。

（三）当代国际市场的矛盾

当代国际市场的迅速发展，对于参与这一市场活动的世界各国经济的发展，有着重要的意义和促进作用。但是，当代国际市场是发达资本主义国家为主体并居垄断支配地位的国际市场，因此，由资本主义经济制度根本性质所决定的固有矛盾贯穿于国际市场活动之中。

1. 国际市场上生产与需求的矛盾

生产能力的巨大增长与有支付能力的需求相对狭小之间的矛盾，是资本主义基本矛盾带来的一个固有矛盾。国际市场的发展，使市场容量、需求总量增大，对于缓和生产与需求的矛盾，促进经济增长，起了重要作用。但国际市场并没有消除生产与需求的矛盾，只不过是把这一矛盾从国内领域扩大到国际领域而已。随着生产国际化发展而带来的生产能力的巨大增长趋势，与虽然是大为扩展了但仍然是相对狭小的国际市场之间，依然存在矛盾，因此仍然不能避免生产过剩和周期性的生产过剩危机。在国际市场发展的当代资本主义世界范围的经济危机发生了6次，就是一个证明。生产与需求的矛盾，体现在国际市场上，那就是参与国际市场活动的世界各国之间的竞争、摩擦与矛盾。这种国家间的矛盾是普遍的，尤其是西方国家之间的矛盾和南北矛盾更为突出。

2. 国际市场上西方国家之间的矛盾

发达资本主义国家之间的矛盾（西西矛盾）是资本主义的固有矛盾，国际市场不能消除这一矛盾。资本主义世界生产能力的无限扩张与有支付能力的社会需求相对狭小发生碰撞，使得国际商品销售市场、原料来源、投资场所等对于每一个发达资本主义国家的经济增长都是至关重要的。同时，出于私有制决定的这些国家各自的垄断资本追逐高额利润的私利和不同民族、国家的利益，每个国家都想在这个相对有限的盘子（世界市场、资源、投资等）中占有尽可能多的一份，从而矛盾与斗争不可避免。

当然，战后由各国家政府出面对国际市场的调节也加强了，有了一套比较完善的国际市场体制、规则，这对于缓和西西关系和国际市场矛盾有重要的作用，但并不能消除这一矛盾，而且随着生产与需求之间矛盾的发展，西方国家之间在国际市场上的矛盾有时还会加剧。因此，即便在国际市场体制、规则范围之内（如 WTO 范围之内），甚至在国际市场体制最完善、国际一体化程度最高的区域性共同市场之内（如欧盟的“统一大市场”内部），西西矛盾与斗争也没有消除，有时甚至很激烈。例如，在上一轮全球多边贸易谈判中的美欧农产品贸易之争——由于西欧的挤占，美国在世界小麦市场上占有的份额由 1986 年的 41%降到 1991 年的 32%，因而尽管在关贸总协定这一国际市场调节体制之间，仍发生了美欧之间在“乌拉圭回合”中长达 7 年之久的农产品贸易之争。而后，在 20 世纪 90 年代末、21 世纪初，美欧“香蕉战”、美日“汽车战”等市场之争、贸易之战，层出不穷。

3. 国际市场上南北之间的矛盾

市场调节、市场竞争的一个缺陷是可能造成两极分化，而在资本主义私有制基础上两极分化更成为必然。其在国内经济领域中表现为不同阶级、阶层的贫富两极分化，而在国际经济领域中则表现为穷国与富国的两极分化。

由于历史上遗留下来的生产力水平的差异，也由于西方发达国家竭力维护旧的国际经济秩序。因此发展中国家在国际市场上处于不利的地位。这种不利，表现在市场结构上的不利、市场价格上的不利以及市场规则上的不利等等。尽管发展中国家能够在参与国际市场活动中获得利益并有助于发展本国的经济，有些国家甚至可以实现经济的迅速发展，但对发展中国家整体来说，经济实力水平相对于发达国家而言，并没有重大改观，南北不平衡仍然是严峻的。

固然，国际调节也能用于调节富国和穷国的关系，但是如同在资本主义国家内部国家调节只是缓和了矛盾而不能消除贫富分化一样，在国际上的国家调节也只是起了缓和南北矛盾的作用，并不能消除南北两极分化，从而不能消除南北矛盾和斗争。

国际金融基础知识

（2009 年 1 月）

国际金融是在人类社会发展到一定阶段，因各国之间经济、政治、文化等联系而产生的货币资金的周转和运动，作为联结世界各国经济的一条重要纽带，国际金融在当代伴随着生产、资本国际化、全球化的发展也有了新的发展。

一、国际金融与国际金融市场概述

（一）国际金融的含义

所谓国际金融，是国与国间货币资金的周转和运动。也是各种国际经济关系中的资金融通关系；国际金融出现的前提是国与国间以货币作为媒介的商品交换的出现，换句话说，国际金融起源于国际贸易。

（二）国际金融产生的逻辑脉络

第一个环节：国际商品交换产生国际汇兑。国际经济往来一般起源于商品交换。两国之间要进行商品交换，买方发付货款必须用卖方国家的货币，或卖方愿意接受的其他国家的货币。于是产生了一个需用本国货币兑换其他国家货币以支付货款的问题。这种不同国家货币相互兑换的金融活动，即国际汇兑。从历史上看，奴隶社会和封建社会以物物交换为主，但已有汇兑萌芽；18—19 世纪，由于产业革命、机器大工业出现，主要资本主义国家逐步向外扩张，推动了国际分工和国际交换的形成与发展，进而推动了国际汇兑的发展。

第二个环节：国际汇兑发展到国际支付、国际结算。国际汇兑首先要求确定货币的比价关系，即汇率；汇率确定后需确定用以支付的货币种类，即用什么货币充当支付手段，长期以来，黄金充当着国际支付手段，后来又出现汇票、本票等多种支付手段；支付手段的选择、结算方式（如托收、汇款、信用证）的采用等等构成了国际结算的内容。国际金融的内容日益丰富。

第三个环节：国际支付、结算发展到国际信用。为方便开展国际支付和结算业务，在一些主要贸易国家中产生了专门从事贷款收付和结算的金融机构，如商业银行、外汇业务机构等。这些机构开始时只经营贸易收付和结算，后来开始向贸易双方经营信贷业务。收付结算机构为买卖双方融通资金，就产生了国际信用。

第四个环节：国际收支出现。随着各国经济往来的发展，国际金融活动逐步由贸易往来领域扩展到非贸易领域，如各国政府、团体、企业、私人间的借贷、援助、赠与。劳务收支和资金转移，海外投资和侨民汇款等等。一国的贸易往来与非贸易往来资金融通活动构成一国的国际收支内容。

第五个环节：国际金融市场出现。为便于各国清偿国际收支的差额，也便于调节世界范围包含黄金在内的各种货币的供求关系，同时为各国提供融资渠道，在一些具备了经济发达、交通通信便利等条件的国家中形成了一些国际金融中心，即国际金融市场。

第六个环节：国际货币体系形成。各国不同的货币制度、汇率制度、外汇管理制度以及国际收支调节制度妨碍国际间的金融交往活动，为消除这种阻碍，实现国际合作发展和资源合理流动，需要一套共同的制度。这种在各国已有的货币制度上形成的统一的国际货币制度，称为国际货币体系，如 19 世纪末形成的金本位制度。

第七个环节：国际金融组织机构的建立和发展。由最初形成的从事金融业务活动的银行机构到后来形成的协调国际货币金融关系的组织和机构，共同构成了一个多层次的金融组织机构体系。位于各个国际中心的各国商业银行、国际银行、跨国银行等构成该体系的基本层次；主要由联合国体系中的国际金融组织机构（如世界银行、国际货币基金组织）构成该体系的最高层次；介于最高层次和基本层次间的中间层次是区域性国际金融机构，以及政府间双边与多边金融协议。

综合上述可见，国家间有了经济交往，特别是发生了商品交换以后，就产生了有关货币汇兑、支付、结算、信贷等一系列问题，从中又引起国际收支、国际金融市场、国际货币体系、国际金融机构等问题。把这些问题归结起来，就构成了称为国际金融的全部内容。

（三）国际金融市场及其构成

国际金融的活动，主要是在国际金融市场中进行的。

1. 国际金融市场

国际金融市场，是指进行各种国际金融交易活动的场所。这些活动包括外汇、黄金和证券的买卖，长短期资金借贷，各种形式的金融资本在国际间的流动等。国际金融市场是国际市场的一个重要组成部分。

就国际间的货币交易而言，国际金融市场可以说早在中世纪就已经出现。但真正的国际金融市场，是随着世界市场的形成和各国经济交往的不断扩大，在具备一定条件的国际金融市场的基础上形成的。

一次大战前的时期，伦敦发展成为世界最大的国际金融市场。二次大战结束后，随着美国实力的增强，西欧国家和日本经济的恢复和发展以及一些新兴工业化国家和地区的兴起，国际金融市场迅速发展。除了美国的纽约发展成为世界上最大的国际金融中心外，英国的伦敦、瑞士的苏黎世、法国巴黎、德国法兰克福、日本东京、中国香港和新加坡等，也都先后发展成为世界上主要的国际金融中心。特别是 20 世纪 60 年代以后兴起的“离岸金融市场”（境外金融市场）标志着金融市场国际化的新阶段。其中欧洲货币市场、亚洲美元市场的形成具有重大意义——使信贷交易实现了国际化，从而代替了金融中心必须是国内资本提供者的旧传统，这就为国际金融中心的扩散创造了重要条件，以至于一些过去不太知名的地方如巴哈马、开曼群岛等地，也纷纷成为具有一定重要性离岸金融市场（目前这种国际金融市场已达 20 多个）。这种新型的国际金融市场不受任何国家国内银行、法规的管制，投资者和借款人可以任意选择投资和借款的地点以及贷款的货币币种。可以说这种金融市场降低了单一国家对国际金融市场的干预能力，是真正意义的国际金融市场。它为调剂世界各国资金的余缺提供了一个新的重要的场所，从而有力地推动了当代世界货币金融关系的发展，当然，这种金融市场也会带来更大的金融风险。

2. 国际金融市场的构成

国际金融市场是由一系列具体市场构成的完整的市场体系，它包括四种市场。

（1）货币市场。

货币市场是指资金借贷期限在一年以内的交易场所，也称短期资金市场。短期资金交易一般为满足货币需要，用于商品交易和资金周转。它又包括：①银行短期信贷市场；②短期证券市场；③贴现市场。

（2）资本市场。

资本市场是指资金借贷期限在一年以上的交易市场，又称长期资金市场。其交易资金一般满足资本需要，用于实际投资。它又分为：①银行中长期信贷市场；②中长期证券市场。银行中长期信贷市场向各国政府和企业提供中长期信贷资金，1—5 年为中期，5 年以上为长期；中长期证券市场提供政府和企业发行和流通中长期证券以筹措资金。证券市场一般有固定场所，称有形市场。

（3）外汇市场。

外汇市场是指经营不同国家货币买卖的交易场所。外汇市场的主要作用在于实现国际购买力的转移，提供国际性的资金融通，形成外汇汇率，阻止和避免外汇风险的发生等。但是在 20 世纪 90 年代全球化条件下，外汇交易的数额愈益巨大且愈益与实际经济交易脱离。例如，到 1997 年，全球外汇市场日交易额已达 1.5 万亿美元，其中，只有 2%～3%与实际的商品贸易、投资有关。外汇市场按不同标准划分为不同类型。按交易范围分为：①外汇批发市场；②外汇零售市场。按交易种类分为：①即期外汇市场；②远期外汇市场。按交易方式分为：①有形外汇市场（有场所）；②无形外汇市场（无场所）。

（4）黄金市场。

黄金市场是指集中进行黄金买卖的交易场所，一般有固定场所。黄金交易价格的决定，在不同时期是不同的。布雷顿森林体系时期，黄金按统一官价 1 盎司兑 35 美元交易；1971 年 8 月以后，黄金价格进入自由波动时期。目前影响金价波动的因素有：①供求关系。供给主要取决于黄金生产、IMF 和各国政府及私人黄金抛售；需求取决于工业用金、官方储备资产用金、私人藏金等。②通货膨胀。世界性通胀加剧时，会导致抢购黄金，金价上升；世界性通缩时，则金价下跌。③货币汇率和利率。如果西方主要国家货币汇率下降，货币贬值，金价就会上升；反之金价下跌。在汇率稳定的条件下，如果银行利率不断地提高，人们倾向存钱获利，则金价下跌；如果银行利率不断地降低，人们倾向于持有黄金，金价上升。④国际重大政治事件的影响。世界局势不稳，则抢购黄金，金价上升；世界局势长期稳定，人们倾向于抛售黄金，金价下跌。

二、国际收支

国际收支是一国对外国的全部货币资金的收付行为，涉及到一个国家对外经济往来的整个方面，因而是国际金融的一个非常重要的内容。

（一）国际收支概述

国际收支概念，最早出现于 17 世纪初期。当时国际经济交易的主要形式是国际贸易，从而国际收支基本上是贸易收支，其含义主要是指一国对外贸易需要结算的差额。这是“贸易收支”的国际收支概念。

19 世纪末 20 世纪初，资本主义进入垄断阶段，国际收支的内容又增加了资本收支部分，国际收支的概念扩展为一国的外汇收支。凡是在国际经济交往（包括国际信贷）中必须通过外汇收支进行清算的交易，都属于国际收支的范围。这是“外汇收支”国际收支概念，或“狭义的”国际收支概念。

二次大战后的当代，国际经济关系随着国际经济、政治、文化往来的发展而更加广泛，从而国际收支的概念又有新的发展。其内容包罗更广——包括一定时期内一国的全部国际经济交易，即除了涉及外汇收支的国际经济交易外，还有各种不涉及外汇收支的经济交易（如易货贸易等）。这是“广义的”国际收支概念。这种以交易为基础的国际收支，就是目前世界各国普遍采用的国际收支，其具体内容体现在国际收支平衡表中的各个项目上。

国际收支对当代世界各国是很重要的。它既是一国对外经贸关系的缩影，又是一国在国际经济中所处地位及其消长变化的反映，还是一国国内外经济相互联系、相互影响的体现。考察国际收支已成为分析一国经济的一个重要工具。随着当代世界经济和国际经济关系的发展，国际收支的重要性将会进一步增大。

（二）国际收支平衡表的主要内容

1. 国际收支平衡表

国际收支平衡表，是系统记录一国在一定时期内所有由于对外经济、政治、文化交往活动而引起的国际收支项目和金额的一种统计表，是一国全部国际收支的集中体现。

2. 国际收支平衡表的主要内容

世界各国国际收支平衡表的编制各有特色，但其基本内容还是有共同之处的。这些内容按其发生的原因和性质，分类归纳为不同项目。一般说来，国际收支平衡表的项目有三大类：

（1）经常项目。

是指本国与外国交往中经常发生的货币收支的项目。含贸易收支、劳务收支和单方面转移收支三个子项目。贸易收支由有形商品贸易引起，不仅在经常项目中最重要，而且在整个国际收支中比重最大。劳务收支由服务的输出输入产生，又称无形贸易收支。单方面转移收支由无偿的不对等的单方面转移支付引起，既含政府转移收支（如政府间援助、战争赔款等），也含私人转移收支（主要是侨民汇款、赠与和遗产继承等）。

（2）资本项目。

是指本国与外国间资本的流入流出项目。含长期和短期资本收支两个子项目。该两个子项目都分别含有政府的和私人的资本流出入。

（3）平衡或结算项目。

是用于平衡和弥补一定时期内国际收支不平衡的一个专门项目。含国际储备、错误与遗漏两个子项目。其中错误与遗漏是人为设置的收支不平衡时用来轧平国际收支平衡表中的借贷方总额的一个项目。统计资料来源不一，资料不全，漏统瞒报等都会造成错误与遗漏。

3. 国际收支平衡表三个项目间的关系

前两大项目为实质性项目，经常为相互弥补关系；平衡或结算项目反映实质性项目的操作结果：实质项目顺差或逆差反映在外汇储备的增加或减少上，而实质项目的顺逆差与外汇储备增减额的不一致则反映在错误与遗漏中。

（三）国际收支的调节

一国较长时间（如3—5年或更长时间）出现国际收支失衡，包括盈余性失衡（顺差）或亏损性失衡（逆差），对该国的宏观经济有着重大的影响，必须加以调节，使其趋于平衡。

一般而言，国际收支的调节方法有三个方面：市场调节、政府调节和国际调节。其中国内调节（市场调节和政府调节）最为重要。

1. 市场调节

市场调节，或称市场自动（自发）调节，即通过市场价格、汇率、收入等市场自发力量促使国际收支自动走向平衡。具体而言，市场自动调节机制分两类，一是价格变动机制，二是汇率变动机制。

（1）价格机制。

18世纪，休谟提出“纯粹的价格调节机制”，又称“现金—价格—流动”机制。金本位制下，顺差或逆差会导致黄金流动，黄金流入或流出会使一国物价变动，进而影响进出口条件，物价上升则有利于进口而不利于出口，物价下降则有利于出口而不利于进口，进出口形势会朝以前的相反方向变化，结果导致原有的顺差或逆差逐渐自动消失。总之金本位制下，不经政府干预，顺差或逆差会自动恢复平衡。

在目前的非金本位制环境中，以上“纯粹的价格调节机制”不再存在，但价格调节机制依然在一定程度上起作用，只是变形为“利率—收入—价格”机制。即国际收支变化引起利率、国民收入、价格等一系列变化，最终使不平衡的国际收支自动趋于平衡。例如，当一国由于进出口不平衡而出现顺差时，该国外汇收入和国际储备增加，从而会使该国银根松弛，导致利率下降。利率下降会产生三个效应：①资本外流增加，流入减少，从而使资本项目顺差减少（利率效应）；②国内消费和投资都增加，国民收入水平提高，刺激进口需求增加，从而使该国经常项目顺差减少（收入效应）；③国内总需求增加，物价会有所上升，使该国商品成本提高，从而出口减少、进口增加，使经济项目顺差缩减（价格效应）。三个效应均会使国际收支自动趋向平衡。一国如有逆差，以上过程正好相反，最终结果也是国际收支自动趋向平衡。

（2）汇率机制。

当今浮动汇率条件下，逆差时对外汇的需求大于供给，外币汇率上升，本币贬值，本国商品在国外价格下跌，进口商品价格上升，引起出口增加、进口减少，从而使国际收支逆差状况得以改善。顺差时汇率机制对国际收支的调节过程正好相反。

汇率机制发挥调节作用需满足三个条件：①进出口需求弹性符合“马歇尔—勒纳”条件。需求弹性指价格变动引起的进出口需求数量的变动。如果数量变动幅度大于价格变动幅度，即需求弹性大于1；反之即需求弹性小于1。进出口需求弹性共有三种组合：一是进出口需求弹性之和等于1，称“弹性临界”，价格变动正好与数量变动相抵消，对国际收支不起任何作用；二是进出口需求弹性之和小于1，称“弹性不足”，汇率变动导致的进出口价格变化使外汇减少，国际收支进一步恶化；三是进出口需求弹性之和大于1，称“弹性充足”，调节汇率后国际收支条件可以得到改善。只有在“弹性充足”的组合情况下，货币贬值才能起到调节国际收支的作用，是为“马歇尔—勒纳”条件。②贸易对方的反应不激烈，不致竞相降低汇率，本币贬值效应不被抵消。③贬值心理作用影响较小。汇率下调不致引起本币不稳的不良预期，不致引发资金外流，从而避免因资本项目出现逆差，而使得调节国际收支逆差的效果减弱甚至失败的情况出现。

需要注意的是，利用本币贬值改善国际贸易收支状况即使成功，也需要一个过程。贬值初期的半年到一年内，价格下跌而出口量不增或增加不多，会导致外汇收入绝对减少；随着出口量逐渐增长，外汇收入会与以前持平；出口量扩大到一定水平后，外汇收入才能超过以往水平，达到改善国际收支状况的目标。这一过程中，外汇收入的变动在时间上表现为一条J形曲线，即外汇收入先下降，后持平，再上升。这种J形曲线所显示的滞后效应，即所谓“J曲线效应”。

2. 政府调节

依靠市场调节不足以完全恢复或达到国际收支平衡的目的，这就需要一国政府采取政策措施甚至采取直接管制对失衡的国际收支进行调节。具体来说，政府调节的手段主要有三个：

(1) 外汇缓冲政策。

指运用官方储备抵消市场上超额的外汇供给或需求。由央行在外汇市场上买卖外汇来调节外汇供需，使国际收支变动的影响只限于储备资产的变动，将外汇储备当作“蓄水池”。该政策无法解决一国收支的长期失衡问题。

(2) 搭配使用的宏观经济政策。

这是指通过财政、货币政策的搭配使用调整国际收支平衡，同时又不致以牺牲国内经济平衡为代价的一种政策手段。1967 年，美国经济学家蒙代尔提出，当一国的国内宏观经济目标与国际收支平衡目标相矛盾时，可用财政政策调整国内平衡与稳定，同时用货币政策解决国际收支平衡问题。例如，当一国经济增长乏力、失业增加同时国际收支又处于逆差这样两种失衡并存时，则可一方面采用膨胀性的财政政策来扩大国内总需求以刺激经济增长、就业增加，另一方面采用紧缩性的货币政策提高利率来吸引外资进入以减少国际收支逆差。这样两个政策的搭配以求得既解决国际收支逆差，同时又能实现经济增长、充分就业。

(3) 直接管制措施。

政府直接管制含外汇管制和贸易管制。在前两项政策手段失灵时，政府可直接管制外汇交易和商品贸易。这种直接管制的长处是成效迅速，因而为各国广泛采用；但也存在缺陷，主要是限制了资源的合理流动，并引致贸易伙伴的报复行为，而且可能产生一些行政弊端。

三、外汇汇率

随着国际收支的发生，就产生了外汇汇率问题。外汇汇率是一个影响国际经贸的发展，影响各国货币制度能否稳定的重大问题。因而是国际金融的一项重要内容。

(一) 汇率概述

1. 汇率的概念

在国际经济交往中，外汇同其他商品一样被经常、广泛地买卖。买卖外汇的价格就是外汇汇率。外汇汇率（外汇汇价），是两种不同货币之间的比价；是一个国家的货币折算成另一个国家货币的比率；是用一国货币单位所表示的另一国货币单位的价格。

2. 汇率的标价方法

确定两种不同货币之间的比价，先要确定哪个国家的货币作为标准或参照物。由于确定的标准不同，便产生了两种不同的汇率标价方法。

第一，直接标价法（应付标价法）。是以一定单位（一、百、万等）的外国货币为标准，折算为一定数额的本国货币来表示其汇率。在此标价法下，外币相当于某种商品，而本币则相当于购买该商品时应付的货币；外币数额固定不变，本币数额则随外币币值或本币币值的变化而变化。本币数额上升，表示外币币值上升、本币币值下跌；反之则相反。

第二，间接标价法（应收标价法）。是以一定单位（一、百、万等）的本国货币为标准，折算为一定数额的外国货币来表示其汇率。在此标价法下，本币就相当于某种商品，外币则相当于购买该商品时使用的货币；本币数额固定不变，外币数额随本币币值或外币币值的变化而变化。外币数额上升，表明外币币值下跌、本币币值上升；反之则相反。

由于两种标价法下汇率涨跌的含义完全相反，在谈到汇率涨跌时，必须明确汇率的标价方法，以免混淆。目前世界上绝大多数国家（包括中国）都采用直接标价法，除了美国、英国等。

3. 汇率的种类

汇率的种类由于分类的角度不同，是多种多样的。基本的、常用的汇率分类有八种。

从国际汇率制度的角度，分为固定汇率、浮动汇率、联合浮动汇率等。

从制定汇率方法的角度，分为基本汇率和套算汇率。

从外汇管制程度的角度，分为官方汇率和市场汇率。

从外汇经营的角度，分为买入汇率、卖出汇率、中间汇率、现钞汇率等。

从买卖外汇对象的角度，分为同业汇率和商人汇率。

从银行汇兑方式的角度，分为电汇汇率、信汇汇率和票汇汇率。

从外汇交易交割时期的角度，分为即期汇率和远期汇率。

从外汇市场营业时间的角度，分为开盘汇率和收盘汇率。

(二) 影响汇率变动的因素

在纸币流通条件下，一国货币汇率往往受到多种复杂因素的影响而变动。这里就一般情况而言，影响汇率变动共有 6 大因素。

1. 国际收支

在固定汇率制下国际收支状况良好与否，是影响一国货币币值的最直接最基本因素。顺差时外汇供过于求，本币趋于坚挺，逆差时则本币疲软。在浮动汇率制下，国际收支状况对汇率变动的影响不如在固定汇率制下那么大。

2. 通货膨胀

通胀率是浮动汇率下影响一国货币币值的最直接因素。通胀率高则本国商品价格上升，不利出口、有利进口，导致本国外汇减少，外汇供不应求，本币贬值。同时，通胀率高表示本币对内贬值，影响本币在国际市场的信用地位，导致汇率下跌。

3. 货币利率

在资本国际流动不断增长的今天，利率是影响汇率变动的日益重要的因素。国际间利率水平的差异导致短期资金大量流动。利率低的国家因资金流出而外汇短缺，本币贬值；利率高的国家因外资流入而外汇充裕，本币升值。

4. 宏观经济状况

一国货币长期持续稳定取决于该国宏观经济的长期稳定，特别是经济的长期稳定增长。

5. 政府经济政策措施

政府对经济的各种干预调节政策。尤其是货币政策，会影响汇率水平。各国央行干预和调节汇率的三大措施（即调整贴现率，买卖外汇，外汇管制）更是直接影响汇率水平的高低。

6. 国际性重大突发事件的冲击

国际上经济、政治、军事等重大事件，对汇率都有冲击。当然，这种因素对汇率的影响，往往是突然的、暂时的。

(三) 汇率变动对经济的影响

汇率变动不仅受各种因素的影响。而且也会反过来影响一国国民经济的各个方面。

1. 对国内经济的影响

汇率变动对一国国内经济的影响，主要通过影响物价而影响国民经济各个方面。汇率变动首先引起进口商品国内价格变动，影响国内使用进口资本品的部门生产成本的变动，而且通过示范和攀比引起国内物价总水平的变动。因此，过度的本币升值可能加剧国内的通缩，而过度的本币贬值可能造成“汇率推动型通货膨胀”，从而影响整个国民经济的稳定。

2. 对国际经济的影响

（1）对国际贸易的影响。

汇率不稳则增加国际贸易的风险，不利于贸易正常开展。

（2）对国际资本流动的影响。

不利于国际资本流动。本币贬值会引起短期资金抽逃，本币升值则吸引国际游资进入以追求升值利润。

（3）对国际旅游业及相关产业的影响。

本币贬值时外币购买力强，有利于吸引外国游客，从而会增加旅游及相关产业外汇收入。本币升值会刺激出国旅游，增加本国非贸易外汇支出。

（4）对外汇储备的影响。

在一定条件下，汇率的变动对一国外汇储备产生较大的影响。一种情况是，主要储备货币的汇率变动会直接影响一国外汇储备的实际价值；另一种情况是，货币汇率变动通过资本转移和贸易影响外汇储备的增减。

四、国际货币体系

在国际经济交往中，经常会发生千丝万缕的货币关系，即国际货币关系，因此也必然要求在国际上形成为各国所共同遵守的调节国际货币关系的规定、原则和制度。国际货币体系就是这些规定、原则和制度的总和。可见，国际货币体系是国际金融的一个重要内容。

（一）国际货币体系概述

1. 国际货币体系的定义

国际货币体系，是指在国际上形成的调节国际货币关系的原则、规定和制度的总称。即国际范围实施的、以主导货币为中心的国际汇率、国际结算、国际储备、国际收支调节等的原则、规定和制度的总称。

2. 国际货币体系的主要内容

国际本位货币或主导货币的确定：即以什么货币作为各国普遍接受的本位货币或主导货币。

各国货币汇率制度的确定：即一国货币按照什么比价或汇率兑换成另一国货币。

各国货币的可兑换性和国际结算原则的确定：即在国际经济交往中，一国货币能否自由兑换成其他国家的货币，在进行国际结算时采用什么样的结算货币，使用什么样的结算方式。

国际储备资产的确定：国际储备资产就是一国中央银行或金融当局持有的可用于国际支付和稳定汇率的流动资产。国际货币体系应确定何种货币可作为国际储备资产以及国际储备资产的合适数量。

国际收支的调节方式：即当国际收支发生顺差或逆差时，应采取何种方式进行调节，逆差国和顺差国各承担什么责任。

3. 国际货币体系的类型

国际货币体系按其形成方式的不同，可以分为两种类型：

（1）在国际上自发形成的国际货币体系。

即调节国际货币关系的规定、原则和制度不是由有关各国通过国际会议和国际协议固定下来，而是在各国自行规定的货币制度的基础上自发形成的。第二次世界大战以前的国际货币体系（如国际金本位制）就属于这种类型。

（2）在国际上有组织地形成的国际货币体系。

即调节国际货币关系的规定、原则和制度是由有关各国通过国际会议和国际协定固定下来，并且有一定的国际组织保证其贯彻实施。二次大战后所建立的布雷顿森林体系和牙买加货币体系就属于这种类型。

（二）国际金本位制

国际金本位制度是世界上第一次出现的国际货币体系。1816 年英国率先实行了以黄金为本位货币的制度；到 19 世纪中叶以后，欧美的主要国家都实行了金本位制，从而金本位制至此已发展成了国际性的货币制度。国际金本位制度是自发形成的国际货币体系，而不是各国协商的结果。

国际金本位制又可分为以下几种类型：

1. 金币本位制

在这种国际货币制度下，各国都以金币作为本位货币，黄金是各国储备与结算货币。金币本位制的特点是 3 个自由：(1) 各国可按规定成色自由铸造金币；(2) 各种金属辅币和银行券可自由兑换黄金；(3) 黄金可自由输出输入。金币本位制比较稳定，促进了当时的国际贸易。其缺陷在于黄金数量不足，不足以满足国际经贸往来，加上黄金在各国分布不均，各国将黄金沉淀在本国而不愿输出。使得黄金不足日益突出。纸币和辅币日益增多，兑换黄金日益困难，加上一战时期滥发纸币，最终导致金币本位制崩溃，当时唯有美国坚持金币本位制。金币本位制崩溃后演变出金块本位制和金汇兑本位制这两种不纯粹的金本位制形式。

2. 金块本位制

它是残缺的金本位制，一方面，仍以黄金充当本位货币；另一方面，它又残缺不全，金币在国内不能自由铸造和流通，唯有银行券等价值符号可参与流通，银行券兑换黄金受到严格限制，黄金的输出输入也受到限制。一战后英、法、荷、比等少数国家实行金块本位制，其余大部分实力更弱的国家则实行金汇兑本位制。

3. 金汇兑本位制

在这种制度下，金币在国内也不能自由铸造和流通，只有银行券等价值符号参加流通，这与金块本位制特性相同；但最大的区别在于实行金汇兑本位制的国家，其货币不再与黄金发生直接关系，而是同另一个实行金币本位制或金块本位制国家的货币发生联系，从而与黄金发生间接联系。它是一种虚金本位制。

一次大战后一个时期内，以上三种本位制（纯金本位制、残金本位制和虚金本位制）并存，直至 20 世纪 30 年代大危机才得到瓦解。经历二战混乱时期后，1944 年产生一种新的货币制度——布雷顿森林体系，20 世纪 70 年代末再演变为牙买加货币体系，直至今天。

（三）牙买加货币体系下的国际储备资产多元化

布雷顿森林货币体系的主要特点是美元——黄金本位制和固定汇率制，而牙买加货币体系的特点是国际储备关系多元化和浮动汇率制。这里着重分析现行的牙买加货币体系下的国际储备资产多元化。

当前各国储备资产呈多元化趋势。各国储备资产结构大致由四个部分构成：

1. 黄金储备

过去黄金储备占有十分重要的地位，自 20 世纪 70 年代末国际货币体制由布雷顿森林体系转到牙买加体系之后，黄金实现了非货币化，不再与美元共同构成唯一国际货币，但黄金仍是各国储备中的组成部分，只是在各国储备资产中的比重大为下降，由 50 年代的 70％降至目前的 4％多一点。需要说明的是，世界黄金储备量并未减少，仍维持在 10 亿盎司左右，其价值比重下降是因为国际货币基金组织规定储备黄金只能以 1 盎司兑 35 美元特别提款权计算，而不以市场价计算。

2. 外汇储备

外汇储备在各国储备资产中的比重大为上升，由 20 世纪 50 年代的 27％上升至 90％。更重要的变化在于作为外汇储备的货币币种已不再是布雷顿森林体系时的唯一美元，而是币种多元化。这是国际储备资产多元化的最突出表现。当然，目前在多种外汇储备币种中，美元是主要的储备币种，各国央行 2/3 的储备是美元，欧元、日元等也很重要。

3. 普通提款权

普通提款权是国际货币基金组织（IMF）成员国按规定从基金组织提取一定款项的权利，是 IMF 向其成员国提供的一项基本贷款，用以解决受贷国因国际收支逆差而产生的短期外汇资金需要，只能用以平衡国际收支。其具体方式是 IMF 成员国用本国货币向 IMF 申请购买外汇，称提款。提款额取决于成员国向 IMF 缴纳的份额。各成员国都要依据外贸规模、资金实力等向 IMF 提供一定的资金份额作为准备金。各国提款的上限是该国所提供份额的 125％。普通提款权充当了一国的储备资产，其数额不大，大约占各国储备资产的 4％左右。与黄金比重相当。

4. 特别提款权

它是IMF创造的一种充当储备资产的记账单位。并无实际货币存在。IMF创造这种储备资产，并把它分配给成员国使用，用于平衡成员国国际收支逆差以及成员国政府间的结算。当需要动用特别提款权时，成员国可以向IMF兑换所需外汇，因为这一特性，特别提款权又称“纸黄金”。它的分配方式也与各成员国向IMF上缴的份额相关，上缴越多，所得特别提款权越多。需说明的是，唯有发生收支逆差或进行政府间结算时，成员国才可以动用特别提款权。特别提款权在各国储备资产中比重不大，只占1%强。

总之，当今国际储备资产已不限于单一的黄金和美元外汇，而是呈多元化状态。

（四）国际货币体系的改革

1. 现行国际货币体系有很大局限性

牙买加货币体系已实行30多年，其局限性日渐暴露。

第一，国际货币多元化趋势加强，这一方面，解决了过去的唯一本位货币的弊端；另一方面，使国际上缺乏一个统一的稳定的货币标准，这本身就是不稳定因素。

第二，浮动汇率制可灵敏反应变化中的经济情况，但剧烈波动的汇率造成国际货币金融关系巨大的震荡和风险，进而对国际间的贸易、信用等关系造成不利影响。美元、日元、马克三种主要世界货币都曾有汇率波动超过50%的记录。

第三，牙买加体系国际收支调节更为灵活多样，但各种调节机制有局限性。如汇率调节须满足“马歇尔—勒纳”条件。且有时滞效应，其效率大打折扣。因此，国际收支不平衡局面没有多大改观。

2. 金融全球化对现行体系提出挑战

金融全球化日益深入。国际短期资本即游资迅速膨胀，一方面，润滑了国际经济；另一方面，使国际金融形势更不稳定。20世纪90年代这10年中国际金融危机不断，1990—1993年发生北欧银行危机，1992—1993年发生两次欧洲货币危机，1994—1995年发生墨西哥金融危机，1997年发生东亚金融危机，1998年发生俄罗斯金融危机，1999

年发生巴西金融危机，2000 年发生阿根廷金融危机和 2007—2008 年美国次贷危机引发的国际金融危机。在金融全球化危机频繁形势下，国际货币协调机制却不能适应形势的要求。现有的国际货币基金组织和世界银行等国际金融机构虽有一定的协调功能，但其并不是为了金融全球化而产生的协调机构，在当前形势下协调能力日渐不足。首先，对国际金融危机预警不足，甚至不及一些个人敏感；其次，危机发生时，现存组织机构反应迟缓，援助不力，能力有限；最后，危机发生后，对受害国复苏所提的政策建议往往失当，且条件苛刻。

正是现行国际货币体系的局限性和金融全球化的挑战，使得国际货币体系的改革成为必然的要求。

3. 多种改革方案

国际金融体制改革的核心是本位货币问题，即拿什么作为国际货币。有代表性的改革建议如下：

（1）恢复金本位制。

这一主张在 2008 年全球金融危机中被一些人所重提。主张仍用黄金做世界货币。但其主要问题仍是黄金数量不足，如今的国际经济和世界贸易规模远非昔日可比，故这一建议不太现实。

（2）恢复美元—黄金本位制。

即恢复布雷顿森林体系，美元作为唯一国际货币与黄金挂钩，其他货币与美元挂钩。这一主张在 2008 年全球金融危机中也被相当一部分人所重提。这一建议的致命弱点在于发行唯一本位货币美元的国家要同时担负相互矛盾的两个使命——保证作为唯一单位货币的美元既不能太多，也不能太少；既要维持美元的信用，又要保证有足够的清偿手段以维持国际经济运转；也就是美国既不能有国际收支顺差，也不能出现逆差。这一矛盾正是布雷顿森林体系解体的原因。这一矛盾被美国耶鲁大学经济学家特里芬首先揭示出来，人称“特里芬难题”。

（3）过渡到特别提款权本位制。

特别提款权充当国际货币的难点在于无法解决与之对应的经济政治实力后盾问题。某一种货币都必须有国家的经济政治实力作支撑，而 IMF 创造的这一货币符号缺乏实力支撑，只能充当一种储备资产记账单位，这一建议也不现实。

总之，以本位制为中心的国际货币体制改革短期内难有大的进展。

而现实改革可能取得进展的有如下几个方面：

第一，在现有的多中心货币体系下，努力协调三大国际货币（美元、欧元、日元）间的汇率关系，建立汇率波动区限制其波动幅度，以减少对国际货币体系的冲击和震动。

第二，改造现行的国际货币基金组织和其他国际金融机构，提高其功能。如贸易领域的 GATI（关贸总协定）在新形势下改组为 WTO（世界贸易组织），用同样的精神将 IMF 改造为 WFO（世界货币组织）。2008 年 11 月 15 日在全球金融危机背景下召开的二十国集团领导人金融市场和世界经济峰会达成的金融和经济改革行动计划，其中一个重要目标就是，"全面改革世界银行和国际货币基金组织，使之能够更充分地反映不断变化的世界经济格局，适应未来的挑战。"

第三，加强区域性有组织的货币体系。全球重大改革的协调较难，退而求其次协调地区货币关系则相对容易。如欧盟建立了欧元区货币体系，东亚地区也在酝酿区域性货币协调体系，等等。

当代国际投资

（2009 年 1 月）

国际投资亦即国际资本流动，是建立在国际分工基础上的资源国际流动、配置的一种重要形式，是世界经济体系中的一个重要组成部分。

一、国际投资主要方式

当代国际投资方式多样，各具特点。按照不同的标准，国际投资可以有不同的类型划分（按期限划分，有长期投资与短期投资；按职能划分，有产业资本投资与借贷资本投资；按实体划分，有国家资本投资与私人资本投资）。按照国际货币基金组织的划分，国际投资主要采取直接投资和间接投资两大方式。

（一）国际直接投资

国际直接投资，是投资者以控制企业相当资产所有权和一定经营管理权为核心，以获取利润为目的，把职能资本用于他国的生产和经营的投资行为。这种投资方式的主要特点有：

第一，职能资本（产业资本加上从属于它的商业资本）的国际流动；

第二，投资目的是直接获取利润；

第三，投资者对所投资的企业拥有一定的控制权，即投资者拥有相当数量的资本份额，从而在企业经营管理上有一定的决策权。

国际直接投资采用两种基本方式：一是创办企业，二是收购企业。

1. 创办企业

创办企业，即外国投资者在东道国创立一个新企业。其一般形式有三个，一是独自投资（独资）：即由外国投资者投入全部资本，在东道国创立一个拥有全部控制权的独资企业。这种方式可以使投资企业独享投资的权益，充分利用企业的内部优势，同时也要求投资者拥有较全面的经营实力和承担更多的经营风险。二是股权式投资（合资）：即由两个以上国家（投资母国、东道国、第三国均可）的投资者共同出资创立一个合资企业。这种方式可以集中各方面的优势，从而增加新企业的活力和竞争能力，还可以分散投资者的风险。三是契约式投资（合作）：即外国投资者与东道国通过签订契约合同将各自的经营资源结合在一起，组建一个合作企业。这种方式主要是发展中国家利用外资发展经济，而又力求减少外国公司通过拥有股权对本国企业实行控制的一种措施。由于其主要是通过各种合同（工业合作、许可证合同、经营合同、技术援助合同、租赁合同、销售合同等）进行投资和利益分配，而外国投资者一般不拥有企业股权（是一种非股权式投资），这有别于一般意义上的国际直接投资（联合国视其为“直接投资的代替物”）。但是由于投资者通过各种合同将技术、设备、信息、管理、资金、原料、市场等产业经营资源做了国际转移，构成了直接投资的实质内容，而且通过实施各种合同，在实际上也能一定程度上参与企业经营管理，故人们普遍把契约式投资（非股权式投资）视为一种直接投资。

2. 购买企业

购买企业，即外国的投资者收购东道国业已存在的企业的部分或全部所有权的投资行为。这种方式对投资者最大的好处是，可以使投资者较快、直接地进入有利的投资场所，而不必经过艰难的企业开创阶段。另外，购买企业（兼并）还可以减少东道国的竞争对手，控制市场。购买国外企业有两种：一是部分购买（参股）。一般是通过证券市场购买外国企业一定数量的股权证书，或者在企业增资时购买企业增发的股权证券。例如，2000 年 3 月 27 日德国的戴姆勒·克莱斯勒公司宣布出资购买日本三菱汽车公司 34%的股份，成为其最大的股东，使得汽车年销售量两家合计达 640 万辆，超过丰田，仅次于美国的通用和福特，位居世界第三。戴姆勒·克莱斯勒公司并购三菱，这与通用和铃木联手，福特并购马自达，雷诺收购日产的目的相同，着眼于亚洲的市场和日本的技术。二是全部购买。一般是投资者同企业直接谈判购买的条件以取得企业全部所有权。

（二）国际间接投资

国际间接投资，是投资者把借贷资本投入另一个国家，以获取股息或利息的投资行为。这种投资方式的主要特点是：

第一，借贷资本的国际流动，而非直接发挥职能作用的资本。

第二，投资目的不是直接获取企业利润，而是利润的再分配方式——股息、利息等。

第三，投资者对所投资的对象不拥有实质性的资本控制权和经营管理权。

国际间接投资采用两种基本方式：一是国际证券投资，二是国际贷款。

1. 国际证券投资

国际证券投资，即投资者在证券市场购买外国发行的资本证券并获取相关收益的一种投资行为。这种投资方式对于投资者的好处在于，资本运用相当灵活，可以随时调用和转移资本，政治风险和经济风险相对较小。证券主要有两种，故证券投资有两种主要方式。

（1）股票投资。

即投资者在股票市场上购买外国企业发行的股票。成为企业股东，以期获取股息和股票差价的投资行为。这里的股票投资不同于直接投资那里的“参股”（部分购买），两者量的界限在于，按照国际货币基金组织的规定掌握 25%以上的股权，按照美国、日本等国的规定掌握 10%以上的股权，即视为直接投资。投资者购买外国股票可以购买东道国境内上市外资股或者购买东道国境外上市外资股。

（2）债券投资。

即投资者在债券市场上购买外国政府和企业发行的债券，成为发行者的债权人，以期获取债息收入和到期收回本金的投资行为。债券投资者购买的国际债券有两种基本的类别：一种是外国债券，这是指一个国家的发行者在另外一个国家的债券市场上发行的债券。它一般都以市场所在国的货币为面额，由该国的国内承销团承销发行；投资者也大都是该国的居民；有关发行的条件、程序等都要依据市场所在国有关证券发行的法律规定办理（日元的武士债券、美国的扬基债券、英国的猛犬债券等都属这种外国债券）。另一种是欧洲债券，这是指一个国家的发行者以某种境外货币为面额，同时在几个国家发行的债券。他的发行者、投资者、承销者、发行市场和面额货币一般都分属于不同的国家；它除了发行时须经发行者本国政府的批准外，在发行和流通管理上，一般不受其他国家法律的约束和管辖（1997 年 4 月 11 日中银集团发行了 3 亿美元亚欧浮息债券，这种债券为我国首次发行，并在香港、卢森堡上市，这次发行由摩根·斯坦利与中银集团共同组成债券承销团）。

2. 国际贷款

国际贷款，即投资者向外国提供货币信用以获取利息的投资行为。国际贷款根据不同的划分标准，可以有各种形式的分类。

根据贷款期限的不同，国际贷款可分为两种：一种是长期信贷，即投资者向借款者提供的期限在 1 年以上的贷款。其用途主要是修建大中型项目、大规模更新改造以及平衡国际收支等。故国际长期信贷市场也叫国际资本市场。另一种是短期信贷，即投资者向借款者提供的期限在 1 年以内的贷款。其用途主要是满足货币资金的需要，如与国际贸易有关的货币资金短期周转，出于货币保值和投机而进行的货币流动等，故国际短期信贷市场也叫国际货币市场。

根据贷款来源的不同，国际贷款可分为四种：一种是国际金融组织贷款，即由国际货币基金组织、世界银行等全球性国际金融组织、亚洲开发银行、泛美开发银行、欧洲复兴开发银行等区域性国际金融组织，向特定的对象国提供的优惠性的多边信贷。第二种是外国政府贷款，即外国政府向发展中国家提供的具有政府间开发援助性质的优惠贷款。这种贷款，一方面，经济条件优惠（金额大、利率低、期限长、赠与成分高等）；另一方面，政治色彩较浓，得到和使用有附加条件。第三种是国际商业银行贷款，即国际金融市场上私人商业银行提供的商业性贷款。这种贷款，一方面，可得性较高，使用自由、灵活（一般不指定用途、不限制采购条件）；另一方面，借贷成本较高，即利率较高（一般按国际金融市场的利率计息），期限较短并且很少有宽限期。对于那些数额较大、使用期较长的商业贷款，往往采用国际银团贷款的方式，即由一家银行牵头、多家银行组成一个贷款团体，联合提供贷款。第四种是出口信贷，即以出口国政府为后盾，通过银行对出口贸易提供的信贷。一般是在成套设备出口时采用提供出口信贷的方法以解决买方支付的需要。出口信贷按接受对象的不同分为买方信贷和卖方信贷。由于出口国政府的资助，出口信贷的条件一般都比金融市场借贷的条件更为优惠。

上述分析可见，各种投资形式构成一个完整、系统的国际投资方式体系。我们考察投资方式，就是为了清楚各种投资在这个体系中的位置（属于哪一层次），不至于把不同层次的投资概念相互混淆。

二、国际投资的总体趋势

20 世纪 90 年代以来，国际投资有了新的发展，其愈益鲜明地呈现出来的总体趋势为：国际投资规模迅速扩大趋势与资本争夺加剧趋势并存。

（一）投资规模迅速扩大趋势

国际直接投资年流量，1970 年为 400 亿美元，而后一路上扬，1990 年达到 2320 亿美元的高峰；然而，1991 年和 1992 年却忽然出现了世界范围的投资流量的下降，低谷的 1992 年仅为 1500 亿美元；1993 年开始国际直接投资止跌回升，逐年增加，在 2000 年 10 月 3 日联合国贸发会议公布的《2000 年世界投资报告》中指出，1999 年全球外国直接投资已达 8650 亿美元（与上年相比增加了 27%），而 2001 年 9 月 18 日贸发会议发表的数字显示，2000 年的全球外国直接投资总量更是达到了 1.3 万亿美元（2001 年以后连续 5 年的投资总量都远未达到此数）。

国际直接投资累计量，1983 年为 6200 多亿美元，80 年代末达到 1.5 万亿美元，据联合国《2000 年世界投资报告》，截至 1999 年底已高达 5 万亿美元。进入新世纪，截至 2007 年，投资累计量已达 15 万亿美元。

国际市场融资（间接投资）年流量，20 世纪 80 年代后半期平均每年为3110亿美元，进入90年代后融资增长明显加快，1990年至1994年平均每年为6700亿美元，1995年达到了创纪录的1.258万亿美元，而目前已达每年2万多亿美元。这就是说目前国际投资每年的数量规模已达3万亿美元左右（其中，直接投资近1万亿美元，间接投资2万多亿美元）。

未来的发展趋势是国际投资规模进一步扩大。扩大的原因主要有两个：其基本原因在于投资的增长基于经济的增长。随着世界经济的增长，既会产生相对过剩的资本（供给），也会产生相对有利的投资场所（需求）。过去10多年国际投资之所以迅速增长，其根本原因就在于世界经济的快速增长。据世界银行的预计，21世纪第一个10年世界经济将以年均3%～4%的速度增长，这是致使国际投资规模将进一步扩大的基础。另一个重要原因就是国际分工基础上的经济全球化、投资自由化的发展，为国际投资规模扩大创造了有利的条件。

当然，世界经济的增长会有波动起伏，从而国际投资规模的扩大也会有相应的跌宕起伏。正如20世纪90年代前半期国际直接投资增长呈马鞍形波动与世界经济（特别是发达国家经济）周期波动相关一样，未来国际投资规模扩大也是会有曲折波动的。事实上，在2001年，由于世界经济衰退，这一年的国际直接投资与上年相比，锐减了约40%，接下的2002年、2003年继续减少，直至2004年才出现回升。2007年全球外国直接投资达到了创纪录的1.83万亿美元，2008年遇到国际金融危机投资额又减至1.6万亿美元。

（二）国际资本争夺加剧趋势

在国际投资规模进一步扩大的同时，国际资本争夺加剧，也是一个发展趋势。这是因为20世纪90年代以来国际资本供求关系的新变化，造成国际资本争夺加剧。

引起国际资本供求关系的新变化，从而影响国际资本争夺加剧的新因素主要有：(1) 美国经济增长，需要大量外资流入。20世纪90年代美国高增长、高项目赤字引起高外债。在1999年11月至2000年10月的12个月里，净流入美国的外资总规模达7076亿美元。填补了这一期间内美国约4000亿美元的经常项目赤字。目前美国每年的经常项目赤字，已大约相当于其国内生产总值的42%。在直接投资上，这12个月流入的外资达2300亿美元。在其他投资领域，目前外资总共持有9080亿美元的公司债券，1.3万亿美元的政府债券（占政府债券的41%）。外资大量流入使美国出现投资赤字达1.47万亿美元。(2)日本泡沫经济破灭，资本输出收缩。日本对外直接投资在高峰期的1989年至1991年曾高达每年410亿美元，而到1997年锐减为260亿美元。1997年至2000年又连续三年对外投资减少。与此同时，日本吸收的外资却在增加。特别是90年代最后几年，靠创纪录的外国投资的流入支撑着日元和日本的股市。(3)德国的投资更多地转向对统一后的国内和一体化的欧洲区内的投资。德国统一之后，造成国内巨大的资金需求。仅1991年至2000年，德国政府向德国东部的投资累计额就已达到1.5万亿马克。(4)俄罗斯、东欧经济恢复和转轨。需要巨额国际资金支持。(5)发展中国家新兴市场的快速增长，增强了对外资的吸引力和争夺。(6)发展中国家重债国摆脱困境，形成资金需求“大洞”。据国际货币基金组织统计，2000年所有发展中国家的外债总额已高达20000亿美元。

当然，同资金过剩是相对的一样，资金短缺也是相对的。相对于世界经济、生产无限扩张的需要而言，资金供给是短缺的；相对于世界各国经济发展的潜在需要而言，资金供给是短缺的。但是，对于那些投资环境好、投资场所有利的国家和地区，可用外资是充裕的，并不会短缺。例如2001年，国际直接投资锐减，而中国由于政治稳定、经济快速增长、投资环境良好，外来直接投资不仅没有减少，反而比上年增长了14.9%，是上年世界排前10名的外资吸收国中唯一外来直接投资增长的一个。

三、国际投资的新特点

20世纪90年代以来，国际投资的发展，在投资的主体、客体、投资的形式等方面，都呈现出一些新的特点。

（一）发达国家是国际投资的双向主体

1. 从国际投资来源看，发达国家始终是主要投资母国

就国际直接投资而言：目前全球15万亿美元的国际直接投资累计

量中，90%来自发达国家；目前（2007年）全球1.83万亿美元的国际直接投资年流量中，有1.69万亿美元，即92%来自发达国家，其中美国仍是对外投资最多的国家（2007年为3140亿美元）。

就国际间接投资而言：发达国家是投资的主要提供者，仅国际贷款就有95%以上是发达国家提供的。目前，在国际贷款市场上的份额，欧洲银行占60%（1985年为41%）；日本银行占25%（1988年占38%）；美国银行占10%（1985年占22%）。发达国家总体比重基本没变，变化的只是发达国家内部的欧洲银行比重上升，日本、美国银行比重下降。

2. 从国际投资投向看，发达国家始终是主要投资东道国

就国际直接投资而言：目前全球跨国直接投资1.83万亿美元的年流量中，68.2%（12480亿美元）是投向发达国家的，其中吸引国际直接投资最多的美国一国就占全球的12.7%（2330亿美元）；目前全球15万亿美元的国际直接投资累计量中，75%是投向发达国家的。

就国际间接投资而言：目前全球2万多亿美元的国际资本市场融资额中，发达国家筹得的资金占80%以上，其中筹得资金最多的三个国家是美国、德国和日本。

3. 发达国家始终是国际投资双向主体的原因

（1）发达国家是最大投资母国的原因。

根本的原因在于，发达国家经济水平高、实力规模大，产生了最大量的相对过剩资本，出于利润最大化动机而对外投资，以获取其在国内无法获得的利润。国际直接投资主要是跨国公司的对外投资（目前跨国公司的直接投资已占全球直接投资的80%以上），而跨国公司大多是发达国家，特别是世界最大的那些跨国公司几乎（99%）都属发达国家。

跨国公司对外投资有其具体的动因，主要包括：

第一，垄断优势的充分利用。按照美国的海默等人的垄断优势论，之所以对外投资是因为投资者拥有比东道国同类企业有利的垄断优势（技术、管理、销售、规模经济等优势），从而投资到东道国进行生产能更充分地利用这些优势，获得更多的利润。

第二，传统产业的转移。按照日本的小岛清的边际产业扩张论，在投资国本国已处于或即将陷于比较劣势的产业（边际产业），应该通过对外投资转移到国外去，在那里利用东道国该产业部门具有的明显的和

潜在的比较优势（如劳动力优势），以获得比在本国投资更多的利益，投资母国则在国内集中力量发展其仍具比较优势的新兴产业。

第三，成熟期产品的转移。按照美国的维农等人的产品生命周期论，产品生命周期由创新、成熟、衰老三个阶段构成。在产品创新阶段，产品生产各方面的优势在创新国，产品的生产集中在国内，通过出口贸易（而非对外投资）在国际市场销售并获利；在产品成熟阶段。产品的生产已经标准化，产品的相对优势主要在低成本，这就促使创新国企业要通过大规模对外投资把产品生产基地转移到国外，把企业本身的技术优势与东道国要素成本低廉优势结合起来，使其产品在国际市场上处于优势，从而获得较大的利益；当产品在母国进入衰老期，其特殊优势逐渐丧失掉，产品的生命周期即告结束。

第四，市场内部化的长期需要。按照英国的巴克莱等人的市场内部化论，跨国公司基于其全球战略目标和谋求最大限度利润的目的，为克服外部市场上交易障碍和弥补市场机制的内在缺陷，而将交易改在公司所属各企业之间进行，从而形成一个跨国公司内部市场；通过这个内部市场，既可以把相互依赖的生产经营活动置于统一的控制之下并保证稳定的长期供需关系，又可以使公司内部资源转移的交易成本最小化，更可以利用转移价格攫取超额的利益；为了形成、维系和发展跨国公司内部市场的需要，促动了跨国直接投资的发展。

第五，区位优势的引导。按照英国的邓宁的国际生产折中论，如果企业只拥有其他优势（所有权优势、内部化优势），而无对外投资的区位优势，企业就会在国内投资生产，通过出口贸易来参与国际市场活动。如果在某个外国投资生产，该东道国某些有利条件（市场、要素资源、政府政策等）可以使母国企业比投资于国内获利更多，那就会促使母国企业对外投资；该东道国那些有利条件直接构成了母国企业对外投资的区位优势。

（2）发达国家是最大投资东道国的原因。

根本的原因在于当代发达国家间的平行国际分工的发展及发达国家较为有利于投资的经济、政治环境。

具体就直接投资而言，由于发达国家在经济技术水平、基础设施、金融、通信、劳动力素质、知识产权保护等有关生产和投资环境方面的优越条件，分工专业化而使跨国生产在发达国家之间迅速发展，从而使国际投资在很大程度上成了发达国家间的相互对流，发达国家既是投资的最大母国，又成为投资的最大东道国。

具体就间接投资而言，由于发达国家经济发展较为平稳，金融实力强大，出口规模巨大，政治相对稳定，从而国际信贷的风险较小，收益稳定，偿债有保证（发展中国家总体偿债率长期高于20%的国际警戒线，特别是金融危机时期的20世纪90年代末的偿债率，巴西更高达55%，墨西哥也在30%以上），这使得国际间接投资也在很大程度上成了发达国家间的相互对流。

（二）发展中国家吸收国际投资在不平衡中长足发展

1. 吸收外资长足发展，但所占比重不大且波动较大

发展中国家吸收的外国直接投资自20世纪90年代以来增长较快。1981年至1985年平均每年吸收130亿美元，1986年至1990年平均每年吸收250亿美元，1991年吸收390亿美元（占全球总量的比重由1989年的13%上升为24%），1993年吸收800亿美元（占全球总量的41%，所占比重达到了最高点），而后，尽管吸收外资数量仍在增长，但所占比重却在下降。例如1994年吸收840亿美元（占全球总量的37%），1995年1000亿美元（占全球总量的31%），1999年吸收2080亿美元（占全球总量的24%），2000年吸收外资数额虽然增长到2400亿美元，但比重却降至19%，成为20世纪90年代以来的最低比重，而后几年比重上升，直到2004年达到42%的创纪录水平。2007年流入发展中国家的外国直接投资所占比重为27.3%，但投资额达到空前的5000亿美元。

2. 吸收外资发展不平衡

据世界银行1997年3月23日发表的报告，在东亚金融危机前的1996年高达2440亿美元的发展中国家吸收国外私人投资总额中，仅12个发展中新兴国家就占了73%（该比重在1990年更是曾经高达84%）。这12个最受国际投资者青睐的国家是中国、墨西哥、巴西、马来西亚、印度尼西亚、泰国、阿根廷、印度、俄罗斯、土耳其、智利和匈牙利。

1998年受金融危机的影响，净流入新兴市场国家的私人资金锐减，只有上一年的一半左右。

1999年，拉美和加勒比国家外资流入从1998年的730亿美元增加

至970亿美元，比上年增长32%，首次取代亚洲成为发展中国家吸收外资最多的地区。其中阿根廷吸引的外资是1998年的3倍多，达到230亿美元，1999年亚洲吸收外资910亿美元，比上年略增1%。其中中国、印度、泰国和菲律宾吸收外资的速度放慢，动荡的印度尼西亚不仅没有吸收到外资，反倒出现资金大量外流；而韩国、新加坡、中国台湾吸收的外资增长了近70%。1999年转轨型的中东欧国家吸收外资增长较快，外资流入达200亿美元。1999年非洲得到的外资为100亿美元。比1998年增加20亿美元，但其中70%集中在埃及、尼日利亚、摩洛哥、安哥拉和南非5个国家。

2007年发展中国家吸引外国直接投资的分布情况是，南亚、东亚、东南亚和大洋洲吸收的外资额占流入发展中国家外国直接投资总额的1/2。

3. 发展中国家吸引外资在不平衡中长足发展的主要原因

（1）日益开放、有利的投资政策和条件。

自20世纪80年代以来，利用外资促进本国经济发展，越来越成为发展中国家的一种普遍选择。钱纳里等人的“两缺口”理论受到青睐。特别是经济全球化促进生产力发展的好处——提高劳动生产率，促进比较优势更好地发挥、资源更合理地配置以及增强价值竞争力等，越来越受到重视。这样，大多数发展中国家对待外资的态度由疑虑、限制、排斥转变为欢迎、鼓励和扶持。相应于此，日益采取开放的投资政策。在过去的20世纪90年代里，许多国家修改了投资法，据联合国贸发会议的统计，20世纪90年代各国有关外国投资的法律法规有数百项得以修订，其中98%以上是朝着投资自由化方向发展。例如韩国，过去被外商认为是保护色彩最浓的国家之一，禁止或绝对禁止外资进入的领域多达200多个。1997年金融危机之后，韩国大大开放了投资领域，目前除国防和文化保护等极少数项目外，其余领域一律对外开放，允许外商经营的项目已占全部业种的99%。同时，发展中国家还致力于改善经济管理、健全金融制度和建立透明度更高的法律法规体制。这些政策、措施加上世界产业结构调整，外国投资者急于使投资多样化，促进了发展中国家各国、各地区吸引外资都有程度不同的发展。

（2）强劲的经济增长势头和较高的投资收益。

一般来说，经济增长快速、势头较好的国家，市场繁荣，资金需求旺盛。从而投资回收快，投资收益高，对投资者吸引力强。近10多年来，亚太、拉美的十几个发展中国家正是这样的国家，这既使得发展中国家吸引外资迅猛发展，也使得发展中国家吸引外资发展不平衡。

（三）跨国并购成为国际直接投资的主要形式

在经济全球化条件下，出于重组配置资源、调整经营业务、扩大市场份额、提高技术水平、壮大企业实力、增强活力和竞争力等原因，全球企业兼并浪潮自20世纪90年代以来蓬勃兴起。2000年全球企业兼并再创纪录，并购案约37000起，并购总额达34800亿美元（比1999年增加5.5%）。并购协议价值逾500亿美元的有6起。进入新世纪初发生的较具典型的一大并购案是，2001年1月11日经美国联邦政府通讯委员会宣布批准，美国在线公司用换股和债务方式以1060亿美元的协议金额并购了时代华纳公司，把世界上最大的互联网公司和最大的媒体公司合并起来。

在大企业并购浪潮中，相当部分是跨国并购，从而使跨国并购迅速发展成为国际直接投资的主要形式，这是20世纪90年代以来国际投资发展的一个重要特征。据联合国贸发会议统计，公司并购涉及金额近20年来以42%的速度增加。1987年全球跨国并购交易额为1000亿美元，1997年达到3420亿美元，1999年则高达7200亿美元（比上年猛增了35%），而进入新世纪2007年攀升到1.64万亿美元。并购交易规模在跨国直接投资中的比重，从1996年的49%上升到2000年的85%和2007年的89.6%，用联合国《全球投资报告》的话："全球4/5的海外投资被用于现有企业的并购，因此，相对来说几乎没有多少资金投入到建立新工厂、开采矿山和其他能够创造就业机会的项目中。"

今后一个时期，跨国并购会进一步发展。

首先，并购规模会再创新高。尽管有的年份的并购速度会出现下降，譬如新世纪之初的2001年、2002年、2003年，国际并购数额都远不如2000年，但从总体看，由于全球产业结构调整主要依靠并购来进行，故跨国并购浪潮还会在曲折中发展，并且成为国际直接投资的主要驱动力。而且并购的单项规模也越来越大。事实上，世界各大企业并购在沉寂了4年之后，从2005年开始又掀起了新一轮并购大潮。

其次，跨国并购将多集中在金融、电信等服务业领域和汽车、医药、电子、化工等高新技术产业领域，这些行业领域将在全球范围内实行资源重组，其主要手段就是跨国并购。例如服务贸易领域越来越成为国际投资的重点领域。20 世纪 90 年代中期以前的跨国投资主要集中在传统制造业，但近年来，服务业领域的跨国投资越来越多，已占到投资总额的近 50%。

最后，跨国并购愈益成为发达国家进入外国市场的主要方式，对发展中国家的重要性也日益增长。跨国并购 90%发生在发达国家，在 1999 年的全球企业跨国并购中，发达国家的交易额高达 6450 亿美元，而发展中国家的交易额仅为 630 亿美元。在发展中国家的企业并购中，拉美国家的交易额以 370 亿美元领先（仅阿根廷就 200 多亿美元），其次是亚洲的 250 亿美元（亚洲金融危机刺激了并购，危机前的 1994—1996 年，5 个金融危机最严重的东亚国家年均并购额仅 10 亿美元，而 1998—1999 年增至 120 亿美元），非洲仅有区区 6 亿美元。未来在发达国家继续并购的同时，由于发展中国家市场开放扩大，其一些服务贸易领域、高新技术领域和某些资本技术密集型行业也会出现较大规模并购。中国也在努力探索适应国际投资发展趋势的利用外资新方式，包括积极探索采用收购、兼并、投资基金和证券投资等多种方式利用中长期国外投资。

（四）融资证券化趋势进一步发展

1. 国际融资日趋证券化

相当长一个时期，国际信贷融资既是国际投资的首要形式，同时更是国际融资（国际间接投资）的首要形式（1980 年达到顶峰，占当年国际融资的 85%）。但是，自 20 世纪 80 年代以来，国际信贷融资呈现相对萎缩的局面。特别是 1985 年国际证券发行额首次超过国际信贷发行额，国际融资证券化成为国际投资的一个趋势，国际筹资者的资本来源日趋由原来的以银行信贷为主，转向以发行各类有价证券为主。其中，国际债券发行额占国际融资总额的比重增加到目前的 55%左右；国际股票发行额也在增加，但目前占国际融资总额的比重还只有 6%左右。

2. 融资证券化的原因

第一，国际证券融资方式本身有其特长。对于投资者，这种方式资本调用灵活、转移方便、风险相对较小（20世纪80年代初拉美债务危机使投资者不太愿意用贷款这种风险较高的投资方式）。对于筹资者，这种方式投资主体主动、投资对象广泛、筹资用途灵活、偿还期限较长，而且作为直接融资，可以省去较多的中间交易费，成本较低。

第二，各国金融自由化改革的加深（发达国家放松金融管制，发展中国家金融自由化发展）和金融创新步伐加快，为证券融资提供了更多的机会。

第三，转轨经济中产权结构调整和公司制改造，推动了证券市场（特别是股票市场）的发展，并促进了国际融资证券化。

（五）投资私人化趋势进一步发展

1. 国际投资趋于私人化

20世纪80年代末90年代初以来，私人投资复苏并迅速发展。目前，私人资本的流动已占全球资本流动的3/4左右。国际直接投资几乎都是私人跨国公司的对外投资；国际间接投资中私人投资已占主流并在逐渐增大比重；发达国家的相互投资绝大多数为私人投资；对发展中国家的投资，私人资本占多数而且官方资本继续相对萎缩。世界银行《1999年全球发展资金报告》显示，发达国家流入发展中国家的官方资本的数量从1990年的近600亿美元降至20世纪90年代末的不足450亿美元。

2. 投资私人化的原因

第一，1992年以来全球经济好转，私人投资活跃。发达国家经济平稳增长，既为私人资本积累和积聚创造了条件，又为公司企业扩大生产和投资创造了条件。发展中国家经济发展加快，为外国私人资本提供了利润驱动力和投资机会。甚至连状况最不妙的非洲，最近几年的经济增长率也在加快，从而吸引的外国私人投资也有所增加（与20世纪90年代初相比，增加了10多倍）。

第二，全球非国有化浪潮。目前，已连续持续了10多年的全球性非国有化浪潮方兴未艾，发达资本主义国家、发展中国家、苏联东欧国家都如此。据经济合作与发展组织的统计数字，仅在2000年上半年，全世界的企业私有化率就比上年增加了10%，达到1450亿美元。以经济的私有化为基础，投资的私人化自然得到了发展。

第三，全球投资领域非经济因素淡化。20 世纪 80 年代末 90 年代初冷战结束、世界局势发生变化以来，国际投资领域的非经济因素淡化，原来带有浓厚政治战略意图和色彩的对外投资萎缩。这集中体现在富国对发展中国家的官方援助贷款的停滞、缩减上。经济合作与发展组织 1999 年 2 月 8 日发表的一份报告表明，1997 年西方国家向发展中国家提供的官方援助比上一年明显减少（减少了 14%），降至 90 年代以来的最低点。21 个经济合作与发展组织成员提供的官方援助占其国内生产总值的比重，从 1992 年的平均 0.33%降为 1999 年的 0.24%。大大低于联合国提出的 0.7%的目标，这是早在 1970 年就确定的目标。到 2005 年只有丹麦、卢森堡等 5 个发达小国实现了，而发达的大国该比重却很低，美国和日本都不到 0.2%。而且即便是这个大大萎缩了的援助额，受益者也不尽是发展中国家。据美国国际开发署所言，该署近 80%的外援合同和赠款落进了美国公司的腰包。可以说美国每年数十亿美元的外援，最大的受益者是美国自己。

第四，经济全球化浪潮中跨国公司日益发展和壮大，并且国际兼并加剧，跨国公司日益成为跨国直接投资的主体。据联合国最新的统计，跨国公司及其分支机构已从 1978 年的 5 万多家增加到 2007 年的 87 万家。目前跨国公司控制着世界生产的 1/3、国际贸易的 2/3、对外直接投资的 3/4。作为私人资本的跨国公司及其对外资本投资的发展、扩大，无疑是整个国际投资趋于私人化的一个重要因素。

上述国际资本流动的新特点，在 21 世纪初相当一个时期将继续发展。

世界经济与世界政治的关系

（2009 年 1 月）

历史唯物主义告诉我们，经济与政治之间存在着密切的辩证关系。引申到世界范围也同样，世界经济与世界政治之间存在着密切的辩证关系。这一关系对于当代世界的发展，有着重要的意义。可以说世界经济与政治相互作用是当代世界发展的一个重要趋势。本章首先阐述为什么要研究世界经济与世界政治的关系，然后对世界经济与世界政治辩证关系的两个方面作具体的考察。

一、世界经济与世界政治之间关系的重要意义

（一）世界经济与世界政治关系密切

世界发展的两个主要因素即世界经济与世界政治有着密切的关系。世界经济与世界政治是在相互作用中发展的，如果离开对世界政治的考察，世界经济发展中的很多问题就很难完全说清楚。同样，如果离开对世界经济的考察，世界政治发展中的很多问题也很难完全说清楚。我们以当代世界发展中的两个现实的事例，来具体说明这个命题。

1. 贸易最惠国待遇问题——一个离不开对世界政治考察的世界经济问题

这本来是一个世界经济问题，但若离开了对世界政治的考察。就很难理解美国给予社会主义国家（或美国认为的“共产国家”）最惠国待遇的不同与变化。

贸易最惠国待遇，是国与国之间进行商品贸易相互给予的不低于任何第三国的关税优惠待遇。它是一个国际贸易原则。美国自 1923 年起一直尊奉这项自由贸易原则，战后更是通过由它倡导于 1948 年成立的关税贸易总协定，把贸易最惠国待遇这一经济原则推向全世界。然而，战后美国执行这一普遍原则时却出现了“某些例外”——随着政治情况变化而针对“共产党国家”的例外。朝鲜战争爆发后，美国国会通过《1951 年贸易协议附加法令》，拒绝给予除南斯拉夫以外的“所有共产党国家”以最惠国待遇。《1974 年贸易法》中的“四○二条款”（亦称“杰克逊—瓦尼克修正条款”）规定，禁止给予任何“不允许其居民自由移民的国家”以最惠国待遇。这项条款也是针对“共产党国家”的（特别是当时针对苏联限制犹太移民移居海外）。在依据法律给予或取消最惠国待遇上，美国国会和总统各有自己的权限，随着国家间政治关系的好坏来决定是否给予“共产党国家”最惠国待遇。例如，美国自 20 世纪 80 年代末以来已先后给予波兰、匈牙利、捷克、斯洛伐克等原来的东欧社会主义国家以贸易最惠国待遇。其中，波兰是 1987 年“由于人权状况有改善”而恢复 1982 年由于实行军管而中止的最惠国待遇的；匈牙利是由于“逐步迈向民主政府及市场经济”于 1989 年 11 月获得连续的最惠国地位的；中国则是于 1980 年（即中美建交第二年）开始获得按年度豁免“杰克逊—瓦尼克修正案”要求的最惠国待遇。每年的续延从未成问题。但 1989 年以后，一些美国国会议员出于“关心中国人权”等问题，开始一年一折腾，要求取消对中国的贸易最惠国待遇，这种状况一直持续到 2001 年中国加入世贸组织之前。

可见，贸易最惠国待遇这一经济规则、经济问题，当涉及到美国认为的“共产党国家”或不民主、自由的国家时，很多政治因素就牵扯进来，而且很大程度上受政治因素的制约。如果离开对世界政治的考察，就很难完全说清。

2. 海湾危机问题——一个离不开世界经济考察的世界政治问题

这本来是一个政治军事危机，世界政治问题，但若离开对世界经济的考察，就很难理解科威特那个弹丸小国为什么会牵动整个世界。

1990年8月，海湾地区发生了伊拉克侵略科威特的战争，震动了整个世界。联合国安理会两周内通过4个有关决议，是为联合国历史所罕见；接着在20天内，包括世界五大洲20多个国家的几百万军队进入海湾地区，实为一次重大的政治军事危机。而后美国动用了越南战争以来最大的军事力量，加上其他多国部队，以最现代化的战争方式，结束了这次海湾危机。

科威特这样一个地不过5700平方公里，人不过270万多人的小国遭到侵略，为什么会对世界有如此大的震动，特别是美国及其他西方国家为什么会如此大动干戈？回顾1975年，同样是一个地小人少的小国——锡金被其大邻国吞并，并没有对世界产生很大的影响，更没有哪个国家大动干戈用武力迫使锡金被吐出来、恢复主权。比较科威特与锡金有如此不同的影响和结局，除了政治自身的原因外，根本的原因是经济原因。控制了锡金，对世界经济没有任何影响，锡金是个纯政治问题。而控制了科威特乃至周边海湾地区，则对世界经济特别是西方经济有着重大的影响。科威特问题既是政治问题——包括阿拉伯国家与西方支持的以色列的矛盾、阿拉伯世界内部的矛盾等等，又有着深刻的经济背景，那就是石油。

石油的供需关系以及由此决定的石油价格使得海湾地区对世界经济特别是西方经济影响甚大。从石油供给看，20世纪90年代初，当时世界已探明的石油总储量为10015亿桶，其中海湾地区就占2/3。世界石油年总产量为30亿吨，其中海湾地区占26%。从石油需求来看，西方国家是世界石油的消费大户，仅美国就占世界石油消费总量的近1/3，其消费需求量的40%～50%靠进口，其进口量的25%～30%来自海湾地区。日本石油消费量几乎全部靠进口，而且进口石油的65%～70%来自海湾地区。西欧国家自海湾地区进口石油占其国内石油消费量的比重也不小。从石油价格来看，占世界石油储量的2/3、世界石油产量的1/4的海湾地区，在很大程度上影响着世界市场石油价格的涨落。而油价的波动对世界经济特别是西方经济的影响很大，这包括对外贸盈余、通货膨胀、利率、经济增长率等的影响。

所以西方国家在海湾危机中如此大动干戈，除了政治本身的原因外，更基于经济的动因——石油利益。用美国总统布什的话说：为了维护“自己的国家安全利益”和“确保美国和其他国家的石油来源”。2003年发生的伊拉克战争，其名义是“反恐”、“制止大规模杀伤性武器扩散”等政治方面的原因，但究其经济动因仍然是“为了石油而战”。可见，诸如海湾危机、伊拉克“倒萨”这样的政治问题，如果离开对世界经济的考察，就很难完全说清楚。

（二）要重视研究世界经济与世界政治的关系

既然世界经济与世界政治关系密切，因此无论是研究世界经济的还是研究世界政治的，都应该研究世界经济与世界政治的关系以及两者相互作用关系对世界经济或世界政治的影响。

就西方学说而言，在其经济学说史的前两个阶段重商主义和古典学派的早期，还是重视经济与政治的关系的，尤其是国家财富与国家权力之间的关系。17世纪初叶法国重商主义的代表安徒安·德·蒙克来田就积极主张国家干预经济生活。他在其1615年发表的《献给国王和王后的政治经济学》一书，第一次提出了“政治经济学”这个名词，这在某种程度上体现了政治与经济的结合。而后，政治经济学这一术语为资产阶级古典学派广泛应用（例如大卫·李嘉图的代表作叫《政治经济学及赋税原理》），也为19世纪资产阶级庸俗经济学（例如让·萨伊的代表作叫《政治经济学概论》）和小资产阶级经济学（例如让·西斯蒙第的代表作叫《政治经济学新原理》）所应用。

但是，资产阶级从未科学地认识经济与政治之间的辩证关系，而当19世纪后半期世界经济与世界政治形成后，资产阶级的相关学说也很少研究两者之间的相互作用的关系。在经济学方面，自1890年马歇尔的《经济学原理》问世后，连“政治经济学”这一名词都很少用了。在政治学方面，自1916年“国际关系学”问世后（1916年A. J. 格兰特等出版《国际关系研究入门》，第一次使用“国际关系”一词），“国际关系”就等于“国际政治”，专门研究争霸、战争与和平，与经济无关。

只是到了20世纪60年代末70年代初，客观世界越来越顽强地表现出世界经济与世界政治密不可分的关系，才迫使西方学者有了如下的认识："现实世界的变革已使得经济与政治之间的关系比以往任何时候都更加紧密，我们不得不承认对两者相互作用问题的理论阐述一直不够充分……为了加深对当代世界各种力量的理解，对国际政治学与国际经济学进行综合研究已成为当务之急。"① 于是，丢了80年的"政治经济学"名词，又在国际问题研究领域里恢复使用。这就有了美国麻省理工学院经济学教授查尔斯·金德尔伯格1970年发表的《国际政治的经济学和国际经济的政治学》一书，该书是西方学者"第一部融合国际经济和国际政治论述当代世界政治经济的著作"；有了美国普林斯顿大学政治学教授罗伯特·吉尔平1987年发表的《国际关系政治经济学》一书，该书"努力在国际关系这门学科中，把政治和经济融为一体"；也有了瑞士苏黎世大学经济学教授布鲁诺·S. 弗雷1984年发表的《国际政治经济学》一书，该书"力图对国际关系中经济和政治两种因素的相互作用提供分析"。"国际政治经济学"或"国际关系政治经济学"从70年代中期起在西方走红，这一课程在普林斯顿、哈佛、伦敦经济学院等名牌大学成了政治系中听课人数最多的课程之一。

毫无疑问，不管是经济学家写的，还是政治学家写的，不管是叫"国际政治经济学"，还是叫"国际经济政治学"，或者叫"国际关系政治经济学"，西方学者不可能运用辩证唯物主义和历史唯物主义来科学地揭示世界经济与世界政治的关系。但是他们毕竟也开始正视和注重对国际经济与国际政治相互关系的研究。

（三）世界经济与世界政治的辩证关系概述

马克思和恩格斯批判地继承了古典政治经济学的成果，创立了马克思主义政治经济学。他们沿用了"政治经济学"的名词（马克思《资本论》的副标题就叫《政治经济学批判》），但是由于他们运用无产阶级世界观即运用辩证唯物主义和历史唯物主义来研究政治经济学，从而真正从经济与政治的结合上论证了资本主义社会发展的规律。如果把辩证唯物主义和历史唯物主义关于经济与政治的关系的基本原理应用到世界范围，那就是世界经济与世界政治的辩证关系：世界经济是世界政治的基

① 〔美〕罗伯特·吉尔平：《国际关系政治经济学》，经济科学出版社1989年版，第7—8页。

础，世界政治是世界经济的集中表现。世界经济决定世界政治，世界政治具有相对独立性，世界政治反作用于世界经济并在一定条件下决定世界经济。

下面我们结合当代世界的实际情况，分别考察这一辩证关系的两个方面。

二、世界经济决定世界政治

世界经济决定世界政治主要表现在三个方面。

（一）世界经济的产生和发展总趋势决定世界政治的产生和发展总趋势

1. 在世界经济产生的基础上，世界政治得以产生

世界经济，是全世界范围内各地区和各部门的经济通过各种经济纽带紧密联结而成的有机整体。这种意义的世界经济，产生于 19 世纪六七十年代。19 世纪六七十年代，随着欧美主要国家产业革命的完成，资本主义生产从工场手工业过渡到了机器大工业。与此同时，资本主义生产关系不仅在主要先进国家内确立了统治地位，而且形成了资本主义对外经济关系的要素——国际分工、国际交换、国际货币体系、世界市场，并通过这些纽带把世界联结起来。

世界市场的建立，通过在经济上把世界联结起来，同时也就包括在政治的其他方面把世界联结起来。这就是恩格斯所说的“单是大工业建立了世界市场这一点，就把全球各国的人民，尤其是各文明国家的人民，彼此紧紧地联系起来，致使每一个国家的人民都受着另一国家的事变的影响”①。可以说，在世界市场从而世界经济产生的基础上，真正意义的世界政治——全世界范围内各种复杂的政治关系的总和——也于 19 世纪 70 年代产生。

2. 世界经济的发展总趋势决定着世界政治的发展总趋势

世界经济的发展总趋势，是由统一的资本主义世界经济（俄国十月革命以前），到资本主义与社会主义两种经济制度并存的世界经济（目

---

① 《马克思恩格斯全集》第 4 卷，人民出版社 1965 年版，第 368 页。

前我们所处的世界经济），再到统一的社会主义、共产主义世界经济。这一世界经济的发展总趋势，决定了世界政治的发展总趋势也循着这一方向和进程发展。

我们目前所处的是这个世界发展总趋势的两种制度并存的阶段，其发展方向是向统一的社会主义世界过渡。这一历史趋势的必然性在于经济方面的基础，即生产的社会化与生产资料的资本主义占有形式的矛盾，决定了资本主义终将被社会主义所代替。这是马克思《资本论》的科学结论，已经并正在继续为历史的发展所证实。

这一历史趋势的长期性、曲折性也在于经济方面的基础。特别在于资本主义与社会主义两种经济在实力对比上现实的巨大差距，目前仅20多个发达资本主义国家就拥有世界最强大的经济实力地位。资本主义的这种经济实力地位状况的形成不是一朝一夕的事情，它的改变也不是一朝一夕的事情。一方面，就整个历史过程来看，资本主义基本矛盾和其他矛盾的深化决定了发展趋势是其经济实力地位迟早要发生变化；另一方面，资本主义经济实力地位状况的改变需要一个相当长的历史时期。加之资本主义固有矛盾并非已走到了尽头，它还有自我调节的能力，从而给经济发展提供余地，这就更增加了资本主义经济向社会主义经济过渡的长期性、曲折性。而当经济实力地位对比状况没有发生根本改变且经济发展的动因、余地消失之前，政治实力地位对比状况的改变从而在世界政治方面资本主义向社会主义过渡，是不可能的，这种过渡必然也是长期的、曲折的。

这就要求社会主义国家必须以经济建设为中心，抛弃本末倒置的政治先行、不切实际的世界革命和迅速“埋葬帝修反，实现全球一片红”的空想，集中精力把国内的社会主义经济建设搞上去。只有经济实力地位强大了，才能在政治上有效地防止西方的“和平演变”；只有世界经济实力地位对比状况改变了，才能更好地显示出社会主义的优越性，为在世界政治方面资本主义向社会主义的过渡创造条件。这当然是一个相当长期的过程。就中国的社会主义经济建设而言，争取在第一个百年内，完成自己的“三部曲”的发展战略，至21世纪50年代，把我国建成中等水平的发达国家。如果实现了这一战略目标，将对世界经济与世界政治的发展总趋势的进程产生重大的意义。正如邓小平在1986年的一次讲话中所说：“如果我们搞到人均国民生产总值4000美元，而且是共同富裕的，到那时就能够更好地显示社会主义制度优于资本主义制度，就为人类四分之三的人口指出了奋斗方向，更加证明了马克思主义的正确性。”①

（二）世界经济发展不平衡决定世界政治发展不平衡

世界经济政治发展不平衡规律，是当代世界的普遍规律之一。该规律的核心内容是世界经济发展不平衡决定世界政治发展不平衡。就国家（或国家集团、国家类型）之间关系而言，世界经济政治发展不平衡规律的作用方式为：经济增长速度的不平衡使经济实力地位对比发生变化，这要求有与这个变化了的经济实力地位相称的政治实力地位，而这不是自然而然实现的，各个国家之间为力争或阻止政治实力地位与经济实力地位相称而进行各种形式的斗争，才能最终实现“相适应状况”。然而，经济增长速度的不平衡是常态，它经过一段时间发展，必然导致原有经济实力地位发生新的变化，这样政治实力地位与经济实力地位又不相适应了，从而引起新的争取或阻止相适应状况而进行的斗争。如此循环下去，这就是世界经济政治发展不平衡规律的作用方式。（如下图所示）

经济增长速度不平衡 —（时间决定）→ 经济实力地位不平衡 —（斗争决定）→ 政治实力地位不平衡

当代这种世界经济发展不平衡决定世界政治发展不平衡，最为典型地表现在资本主义国家之间，特别是西欧、日本与美国之间。下面我们就以当代美日之间的不平衡发展过程，来具体说明这一问题。

二战结束之时，日本是个战败国，经济几乎崩溃。即使在20世纪50年代初日本经济恢复到战前水平，其经济实力仍然与美国相差甚远。例如，1950年的国民生产总值日本仅相当于美国的6%，而且在经济关系上依附于美国。相应于这样的经济实力地位关系，日美政治地位关系是美国控制支配日本。昔日与美国争雄于太平洋上的“大日本帝国”，此时成了在美国庇护下偏居于东亚一隅的“末流国家”。

但是自那时以后的20多年中，日本经济发展速度比美国快出许多。

① 邓小平：《建设有中国特色的社会主义》（增订本），人民出版社1987年版，第151页。

1951—1973 年的国内生产总值平均增长速度，美国为 3.9%，而日本高达 8.8%。这使得美日经济实力对比的差距一步一步缩小。到 1968 年，日本的国民生产总值已跃居仅次于美国的资本主义世界第二位，这是日本作为资本主义世界一个新的经济力量中心形成的标志。自此，日本经济地位关系已发展为美国与西欧一样，使得资本主义世界美、日、欧三分天下的局面逐步形成。相应于这种经济实力地位关系，日本在政治上也谋得了 1973 年的“三边委员会”和 1975 年的西方首脑会议三极之一的地位。当然，此时三极的政治色彩还不是很浓。

20 世纪 70 年代初以来，在经济增长速度上日本继续快于美国。1974—1980 年，美国为 2.4%，日本为 4.2%；1980—1989 年，美国为 2.9%，日本为 4.1%。日美的经济实力地位对比持续发生有利于日本的变化。日本的国民生产总值 1991 年达 3.2 万亿美元，为美国的 66%（这也是日本经济实力达到顶峰时的状况，而后的 20 世纪 90 年代的 10 年又发生了美日之间的另一种经济不平衡状况）。总之，到 20 世纪 90 年代初，相对于美国，日本的经济实力得到了进一步的增强。

相应于经济实力地位的上升，日本不再满足于原来的政治实力地位。从 20 世纪 80 年代开始，日本把从经济大国迈向政治大国作为自己的目标。一方面，以经济实力为后盾，积极参与国际政治事务，增强自己在国际政治舞台上的发言权，甚至谋求联合国安理会常任理事国地位——日本认为，作为担负联合国经费仅次于美国的会员国（从 1992 年起，日本担负经费的 12.45%），应该在联合国取得与这一经济地位相应的政治权力与地位；另一方面，以增强军事实力为手段，促进日本政治大国目标的实现。以 1986 年日本防务费突破国民生产总值 1%的限额为契机，到 1992 年苏联解体时，日本的军费总额已成为仅次于美国的世界第二位。更有甚者，2003 年底日本决定派军参加伊拉克的维和，这是第二次世界大战后日本首次派军到仍处于战争中的国家。日本就是这样，由经济大国向“政治大国”迈进。

总之当代世界经济发展不平衡就是这样决定世界政治发展不平衡的。一个国家若经济发展速度缓慢从而经济实力上不去，就不可能有强大巩固的政治实力地位。

（三）世界经济关系决定世界政治关系

世界经济与世界政治之间的关系，在世界经济关系与世界政治关系问题上，表现得最为鲜明、密切和直接。到处可见世界经济关系决定世界政治关系，或者世界政治关系影响世界经济关系的具体表现。

随着生产国际化、全球化的发展，世界经济各个组成部分之间的经济关系、联系越来越紧密，相互需要、依赖与相互摩擦、斗争两个方面都随着这种经济关系的紧密而发展。这种既相互依赖又相互斗争的世界经济关系，表现在世界政治关系上，或者说决定世界政治关系，也是既相互依赖（联合、妥协、共处）又相互斗争。不管是西方国家之间的关系，还是南北关系，还是东西方关系，都是如此。

西方国家之间：既相互依赖又相互斗争的经济关系，决定了既相互联合又相互斗争的政治关系。

西方国家之间，经济制度相同、经济水平相近、经济结构相似，使得这个类型国家的生产国际化程度很高，经济关系更为密切。从国际商品交换看，当代西方国家的出口贸易的3/4是在它们之间相互进行的；从国际资本流动看，当代西方国家的资本输出的3/4是在它们之间相互进行的；从国际企业生产看，当代西方国家迅速发展起来的跨国公司、多国公司也大多是在它们之间形成的。西方国家间的经济关系比过去大大密切了，甚至出现了像欧洲联盟那样的联合调节整个再生产领域的经济一体化组织。一方面，西方国家之间这种相互渗透、相互交融、你中有我、我中有你的经济关系，促进了它们之间在政治关系上的妥协、协调、联合趋势的加强，例如西欧共同体，原本是谋求经济一体化，但经济一体化达到一定程度，则要求上升到政治一体化，甚至军事一体化。这种经济依存关系，在很大程度上限制、抑制了西方国家间政治上大的冲突的发生；另一方面，经济关系的密切，也使西方国家之间的经济摩擦、碰撞、竞争、斗争趋势加强，例如“贸易战”等。而经济关系的摩擦、斗争往往引起政治关系上出现龃龉和斗争。例如日美贸易摩擦之类的日美经济关系问题，越来越同时成为日美政治关系问题。曾在1991年底曝光的《美国国家安全战略》报告，竟把同日本等贸易伙伴进行的贸易纠纷谈判，提高到同过去与苏联进行军备竞争谈判一样的战略高度。

南北之间是既相互依赖又相互斗争的经济关系，决定了既相互妥协又相互斗争的政治关系。

当代南北之间依然存在着相互依赖的经济关系，尽管战后西方发达国家的资本国外流向与商品出口流向的最大比重已不是发展中国家，但是发展中国家仍是其重要的资源产地、商品市场和有利可图的投资场所。若离开了南方国家，西方发达国家的资本积累和扩大再生产就会发生困难。而南方国家历史上遗留下来的对西方发达国家经济上的依附性依然很大，而且这种南方对北方的经济依赖甚于北方对南方的经济依赖。这种南方过于依赖北方的经济关系，使得南方国家不得不在政治上向西方发达国家作某些妥协，有时甚至牺牲自己的一部分政治利益和主权，不得不与过去的宗主国保持某种“特殊”的政治关系（例如过去的“法属非洲”国家之于法国，“英联邦”中的南方国家之于英国）。这样，“作为‘殖民关系’形式的政治（和文化）影响，过了许多年后仍然持续下去”①。

南北经济关系的相互斗争趋势也在加强。本来发展中民族主义国家与发达资本主义国家在经济制度性质上没有什么对立，都是资本主义，但是由于北南经济关系有着剥削、支配与被剥削、被支配的性质，从而南北经济矛盾与斗争始终存在。这决定了南北政治关系上相互矛盾、相互斗争的加强。例如在维护旧的国际秩序与争取新的国际秩序问题上的矛盾与斗争。特别是当前，西方国家以其在南北经济关系上的支配、优势地位，力图在政治上迫使发展中国家接受他们的“民主体制”、政治立场，这就更加剧了南北政治矛盾与斗争。

进入新世纪之初，南北经济差距的扩大导致南北政治上的分歧、矛盾加剧。2001年在美国发生的“9·11”事件，无疑是国际恐怖主义所为，因此人们要反恐以铲除国际政治领域里的这颗毒瘤。但从更深层次看，此次事件背后，正如很多人所指出的，有着世界贫富鸿沟、南北经济差距扩大的因素。

东西方之间：既相互依赖又相互斗争的经济关系，决定了既相互共处又相互斗争的政治关系。

---

① 〔瑞士〕布鲁诺·S. 弗雷：《国际政治经济学》，重庆出版社1987年版，第2页。

生产国际化的规律同样也适用于社会主义国家经济。战后生产国际化、全球化的发展大潮，毫不例外地把社会主义国家经济卷入世界经济体系之中。按照经济规律的客观要求，社会主义国家经济必须同世界其他类型国家经济，特别是经济技术优势、先进的西方发达国家经济相互往来、发展经济贸易关系。斯大林“两个平行市场”的观点，不符合客观经济规律的要求。从西方发达国家来看，他们也需要这种与社会主义国家的经济往来关系。这种东西方之间相互依赖的经济关系，决定了它们之间政治关系上的和平共处和外交关系的正常化，以保障经济相互依赖关系的充分实现和顺利发展。

东西方之间经济制度的性质是根本对立的，相应的东西方之间政治制度和意识形态也是根本对立的，存在着相互斗争的一面。尽管社会主义国家不以制度的不同来影响国家间经济关系与政治关系的发展，谋求与不同制度国家的和平共处，但是西方国家却力图以其经济政治的强势地位，以各种方式扼制社会主义国家的发展。因此，社会主义国家不能不同其进行斗争。当这种东西方政治关系上斗争的一面加剧的时候，就会反作用于东西方经济关系，影响经济关系的顺利、正常发展。

三、世界政治的相对独立性和世界政治对世界经济的反作用及一定的决定作用

（一）世界政治的相对独立性

世界经济决定世界政治，是从根本上、总体上，以及其长期意义而言的，并不是说世界政治无论何时、何地、在何种情况下都决定于世界经济。事实上，世界政治在其发展过程中，在一定时间、地点、情况下与世界经济发展不一致，甚至背离世界经济的发展。这就是世界政治的相对独立性。

拿世界格局来说，世界政治格局与世界经济格局往往不一定完全一致。譬如 21 世纪初，无论是世界经济格局还是世界政治格局。发展趋向都是多极化，但目前的多极世界政治格局表现为美欧俄中日五极格局或“一超多强”格局，而多极世界经济格局则表现为美欧日三极格局，

二者不尽相同。

世界政治的相对独立性从何而来？即为什么世界政治的发展有时与世界经济的发展不相一致？原因有二。

第一，原因在于世界政治的变动除了从根本上决定于世界经济的基础外，一般是由世界政治自身的因素直接决定的。世界政治自身的因素使得世界政治的变动与世界经济的变动不完全一致，有时超前于世界经济的发展，有时滞后于世界经济的发展。拿国际地位来说，世界各国的经济实力地位变化了，必然要求有相应的政治实力地位。但是并不会自然而然的，更不会立即就得到相应的政治实力地位。世界政治领域自身的原因（例如，世界政治秩序已固定多年，不易很快打破；在原有世界政治格局中处优势地位的国家顽固地维护其既得权益、地位等等）阻碍着政治实力地位随着经济实力地位的变化而变化。从而造成某个国家经济大国而政治二流，或某个国家经济衰弱而政治强人，等等政治与经济不一致的情况。

第二，原因在于世界政治的变动除了由世界经济的基础和世界政治自身的因素决定外，还受其他诸多因素的影响。地缘政治学把地理和自然环境作为决定国际政治的最重要的因素，这是不对的。但是，我们也不否认诸如地理位置、国土面积、人口、资源、环境、生态以及历史传统、文化影响、民族特性、宗教信仰等等，也都属于影响世界政治的因素。这就使得世界政治发展具有一些与世界经济发展无关（或关系不大）的自身的特点。例如阿以冲突，很难说有什么经济根源和动因，主要是民族的（阿拉伯民族与犹太民族）和宗教的（伊斯兰教与犹太教）原因所致。

（二）世界政治对世界经济的反作用及一定条件下的决定作用

世界经济决定世界政治，这是问题的一个方面。但是还有另一个方面——正如马克思所说："并不是只有经济状况才是原因，才是积极的，而其余一切（指政治、法律、哲学、宗教、文学、艺术等——引者注）都不过是消极的结果。"① ——世界政治不仅有其相对独立性。而且还对世界经济起反作用，甚至一定条件下的决定作用。这主要表现在三个

① 《马克思恩格斯选集》第4卷，人民出版社1995年版，第506页。

方面。

1. 在世界经济发展总方向上

从世界发展总方向上看，由统一的资本主义世界经济到资本主义与社会主义并存的过渡性世界经济，再到统一的社会主义、共产主义世界经济，这个世界经济发展的总方向决定了世界政治也沿着这个进程和总方向发展。

但是，世界政治在世界发展总方向上并不是完全消极被动的，它对世界经济发展总方向有反作用。当世界政治中社会主义力量在与资本主义力量的斗争中得势时，就会推动世界经济朝着社会主义方向发展。例如战后初期，中国革命的成功和欧亚一系列社会主义国家的建立，使得社会主义经济不再限于一个国家，而是世界经济中的一个社会主义经济体系。反之，当世界政治中社会主义力量在与资本主义力量的斗争中失势时，就会阻碍世界经济朝着社会主义方向发展。例如 20 世纪 80 年代末 90 年代初以来，在世界政治斗争中，社会主义遇到了严重挫折。东欧国家和苏联，领导下台、政党改组、政权更迭、国家易帜。这种世界政治的变化，使得世界经济中的社会主义经济体系的相当大一块，不复是社会主义经济。这无疑极大地阻碍了世界经济向社会主义过渡这个总方向的历史进程。

当然，苏东剧变，有其深刻的经济根源，那就是这些国家长期不改革、完善社会主义经济制度，影响了经济的发展。就这个意义而言，是经济决定政治。但反过来，社会主义在这些国家政治上的失利反作用于经济，阻碍了世界经济向社会主义过渡这个总方向上的历史进程。

在世界发展总方向上，世界政治对世界经济不仅有反作用，在一定条件下还起决定作用——为了消灭旧的生产关系，必须改变旧的上层建筑。就全世界范围来说，完成向社会主义世界经济过渡的契机，是在资本主义各国实现政治革命。此时，政治上层建筑的革命就对社会主义世界经济的最终形成，起决定作用。

2. 在世界经济实力地位上

世界经济实力地位决定世界政治实力地位；但世界政治实力地位也反作用于世界经济实力地位。

强大的政治实力地位不仅可以保障自己的经济实力地位，甚至可以增进自己的经济实力地位。帝国主义产生以来，不断争夺世界政治、军事霸权，盖出于此。1991 年，美国倾注武力于海湾战争，凭借着它的政治、军事实力，不仅增强了它的政治霸主地位——俨然以唯一超级大国自居；同样也有助于其经济实力地位的增强——确保了自己石油供应的经济利益和海湾重建的经济特权，甚至增加了美国与其他西方大国进行经济实力地位之争的筹码。美国政治学教授乔治·弗里德曼在其发表于《洛杉矶时报》的文章——《下一次美日战争》中说，美国通过海湾战争而大大增强的在该地区的战略地位，可能足以操纵日本的石油供应来对付日本贸易出口对美国经济构成的威胁。2003 年的伊拉克战争对美国也有同样的作用——军事的胜利、政治实力的增强，保证了美国在伊拉克战后重建、石油控制等经济利益的增进，包括相对于反对伊拉克战争的“老欧洲”的经济优势地位。

但是如果过滥地增强和运用政治实力地位，那政治实力地位的谋求同样会反作用于经济实力地位，只不过这里的反作用是负的——阻碍经济实力地位的增强。因为政治对经济的反作用毕竟是第二性的，如果过高地寄希望于此而滥用，终将适得其反。

3. 在世界经济关系上

在世界经济关系上，世界政治关系的反作用是很鲜明的。这种反作用主要表现为三种情况。

第一，不正常的政治关系扼制正常的经济关系。随着生产国际化的发展，世界经济各个组成部分之间的联系越来越密切，各地区、各国家之间本来应该有一个正常的经济关系，但在某些时候、某种情况下，不正常的政治关系扼制了正常的经济关系的发展。战后 20 世纪五六十年代，资本主义国家与社会主义国家在政治上的尖锐对立（既有局部的“热战”，又有全面的“冷战”），使得东西方之间按照世界经济规律本身的要求应该有的正常的经济关系受到扼制，造成东西方经济基本上处于隔离状态，平行发展、交往甚少。苏美贸易额 1950 年只有 0.76 亿卢布，1969 年也不过为 1.6 亿卢布。中国同西方国家间，在 20 世纪 70 年代以前也由于国家间政治外交关系的不正常而在经济关系上处于隔绝、疏远状态。我们说当时东西方“两个平行市场”的观念是不符合经济发展规律的，但它又是当时东西方尖锐对立的政治关系反作用于经济关系的结果。

第二，正常的政治关系保障正常的经济关系。只有当政治关系正常之时，才能使正常的经济关系的发展得到保障。20 世纪 70 年代初以来，中国同西方国家政治外交关系实现了全面的正常化。除了瑞士、法国等少数西方国家是在这之前与中国建立外交关系的之外，差不多所有西方国家都是从 20 世纪 70 年代初开始相继与中国建立大使级外交关系的。例如，西欧的意大利（1970 年）、奥地利（1971 年）、比利时（1971 年）、联邦德国（1972 年）、英国（1972 年）、荷兰（1972 年）、西班牙（1973 年），亚洲的日本（1972 年），北美的加拿大（1970 年）、美国（1979 年），大洋洲的澳大利亚（1972 年）、新西兰（1972 年）等等。政治关系的正常化，为中国与西方国家发展正常的经济关系创造了条件。拿中日关系来说，在中日没有建立正常的外交关系之前，经济关系只能被限制在备忘录贸易、民间贸易的范围之内，不能得到长足的发展。中日贸易关系自 1952 年就已开始，但经过 20 年，到 1972 年贸易额只达到区区 10 亿美元。而建立了正常的外交关系以后，36 年内贸易额增长了 260 多倍，由 1972 年的 10 亿美元增长到 2008 年的 2668 亿美元，日本曾连续 11 年成为中国最大的贸易伙伴国。同样，中印两个国家进入新世纪后，政治关系愈益密切，为经贸关系迅速发展创造了良好的条件。2000 年两国的贸易额只有 30 亿美元，而到 2008 年突破了 500 亿美元。

第三，特殊的政治关系带来特殊的经济关系。按照经济规律本身的要求本不具备的某种经济关系，却由于某种特殊的政治关系而带来。这种情况见之于为了维系某种特殊的政治关系而在经济上一方给予另一方单方面的经济付出关系。例如，20 世纪六七十年代中国经济上援助阿尔巴尼亚，其特殊的政治关系在于对付苏联“修正主义”；20 世纪 80 年代苏联经济上援助一些第三世界国家，其特殊的政治关系在于同美国争霸；20 世纪 90 年代西方国家经济上援助东欧、独联体国家，其特殊的政治关系在于巩固西方“和平演变”的成果。

这种特殊的国际关系，对于经济付出国来说，是政治的反作用——特殊的政治关系带来特殊的经济关系；对于经济受援国来说，是经济的决定作用——特殊的经济关系带来特殊的政治关系。但是，不管是特殊的政治关系还是特殊的经济关系，都不是建立在经济规律客观要求的基础之上的，因此，这种单方面以牺牲部分经济利益换取的特殊的政治关系，或者单方面以牺牲部分政治权益换取的特殊的经济关系，都是不牢固的。一旦一方不再需要这种特殊的政治关系，则这种特殊的经济关系就荡然无存；同样，一旦这种特殊的经济关系受到削弱，则这种特殊的政治关系也急转直下。

以上情况决定了这种政治关系的反作用不能滥用。为了国家间长期、持久的关系的巩固和发展，必须建立平等互利的经济关系，才能使政治关系有一个正常的基础。

总之，世界经济与世界政治就是这样一种辩证关系，就是这样在相互作用中发展的。观察当今世界的发展，必须从世界经济与世界政治结合的角度去看。

当代世界经济发展主要趋势

（2012 年 3 月）

关注、分析世界经济发展趋势、形势，对于正在从事中国特色社会主义伟大事业的我国，是十分重要的。胡锦涛曾强调过，实现全面建设小康社会的奋斗目标，不仅需要十分关注国内经济的发展情况，也需要十分关注世界经济的形势。他指出，“这是因为，随着改革开放和社会主义市场经济的发展，我国经济与世界经济之间的联系越来越紧密，世界经济对我国经济发展的影响越来越大。准确把握世界经济发展的趋势和国际市场变化的走势，对更好地促进我国经济发展具有十分重要的意义。”胡锦涛还曾特别指出，各地区各部门的领导干部，特别是从事经济工作的领导干部，都要多学习一些世界经济的基本知识，多了解一些国际市场的基本情况。这是我们在对外开放和国际竞争日趋激烈的条件下做好经济领导工作的必然要求，也是领导干部增强世界眼光、提高自身素质的重要途径。

21 世纪头 20 年，世界经济主要趋势呈现为新的发展状况，这些趋势同时并存、相互交织，共同构成了新世纪一个时期世界经济的总的图景并决定着世界经济的发展态势。这里仅就当代世界经济的几个主要发展趋势，做一个宏观的阐述，以加深对我国全面建设小康社会、实施

“十二五”规划的世界经济形势、背景、环境的理解。

一、经济全球化趋势与全球经济治理

在当代世界，特别是20世纪80年代以来，经济全球化成为世界经济发展中出现的引人注目的大趋势，并且是一个关系世界经济全局的发展大趋势。世界经济整体的发展和包括中国在内的世界各国经济的发展，都愈益受到这一趋势的影响。

（一）经济全球化趋势的内涵、基础及二重性——机会与挑战

1. 经济全球化趋势的内涵——经济资源跨国流动与各国经济相互依存、相互影响

经济全球化，是指这样一种状况和进程：经济资源愈益跨越国界在全球范围内自由、全面、大量、结合的流动和配置，使得世界各国经济愈益相互开放和依存，各国经济的发展与整个世界经济的变动愈益相互影响和制约。

经济全球化的第一个基本内涵是资源跨国流动，而且这种流动呈现出新的特点——自由、全面、大量、结合的流动和配置。

经济全球化的第二个基本内涵是世界各国经济日益相互依存、相互影响。各国国民经济与世界经济、世界市场的相互依存一般用“经济依存度”来体现。随着世界贸易增长超过世界经济增长态势的发展（如在1990—2009年，世界GDP年增2.5%，商品出口年增5.5%），世界经济的贸易依存度迅速上升：全球货物与服务的出口占全球总产出的比重，1950年仅为5%，1990年为18%，而2007年已达30%。世界各国经济相互开放、依存度愈益加强的状况，决定了世界各国经济发展与整个世界经济的变动愈益相互影响和制约。

2. 经济全球化趋势的基础与二重性——国际分工和市场经济决定经济全球化的形成、发展和二重性以及相应的机会与挑战

经济全球化趋势的客观基础之一是国际分工，从而国际分工的形成、发展决定了经济全球化的产生、发展；国际分工的二重性决定着经济全球化的二重性：它既是国际范围内生产力发展的反映，又是国际生产关系的反映。

第一，国际分工从而经济全球化是与生产力的发展联系在一起的。在历史上，正是由于科技革命、产业革命、生产力的巨大发展，分工才超出了民族国家的界限，形成了国际分工：并通过世界市场的经济纽带把各个民族国家的经济联结起来，促成生产、交换、分配和消费的国际化（那时还不叫“全球化”）发展。在当代，特别是 20 世纪 80 年代中期以后，也是由于技术（特别是信息技术）进步、生产力的巨大发展，使得国际分工的广度、深度有了新的巨大发展；在此基础上，世界各国经济的相互联系、交融愈益广泛和深入，从而经济国际化表现为经济全球化并以其强劲的势头迅速发展起来。从上述历史过程可见，国际分工以及经济全球化，反映了生产力的蓬勃发展，又促进了世界生产力的发展，是一个进步的过程；国际分工从而经济全球化，是一个生产力发展历史的、客观的进程，而非什么人、国家人为造成的一种进程。参与国际分工、经济全球化，对于世界各国都是必然的。不能因其有负面影响而质疑其促进生产力的进步性，更不能简单地“反全球化”。

第二，国际分工从而经济全球化又是与一定的国际生产关系联系在一起的。国际分工所体现的生产国际关系的性质，取决于参与国际分工的各国（特别是占主体、支配地位的国家）生产关系的性质。且不说产生之初的国际分工是资本主义的国际分工，就是在当代世界，尽管有了各种不同类型的国家，但发达资本主义国家仍然是国际分工体系中占主体、支配地位的参加者，国内生产总值等体现经济实力的主要指标发达资本主义国家都占全世界的最大比重。正是由于发达资本主义国家是国际分工体系占主体支配地位的参加者，从而当代国际分工体系的性质主要由资本主义国际生产关系所决定，国际分工从而经济全球化，是失衡的，具有不平等性。正是这种不平衡、不平等性，加剧着世界经济的南北两极分化。

这种二重性决定了经济全球化可以促进世界经济总体发展，带来全球整体利益的增进并给所有参与全球化的国家提供发展的机会；也可以使一些发展中国家抓住机遇、发挥“后发优势”、迅速发展经济，缩小同发达国家的差距；但在不公正、不合理的国际经济旧秩序没有根本改变的情况下发生和发展的全球化、主要受资本主义国际生产关系支配下的全球化，并非通向世界各国共同富裕之路，它不会改变世界经济南北的贫富两极分化，反而是在加剧着世界经济的分化。在这种二重性的全球化条件下，世界各国的机会和挑战都在其中了。

经济全球化趋势的客观基础之二是市场经济，从而市场经济的形成、发展决定了经济全球化的产生、发展；市场经济的二重性决定着经济全球化的二重性：它既扩大了经济发展的机会，又扩大了经济发展的风险。

经济全球化之所以在近二三十年蓬勃兴起，除了随着生产力的发展国际分工达到了相当的程度从而奠定了全球化的第一个客观基础之外，还在于市场经济有了新的大发展，从而奠定了全球化的第二个客观基础。市场经济已经有几百年历史，但长期以来市场经济主要存在于资本主义国家特别是发达资本主义国家。20世纪80年代，伴随一次全球性的市场改革大潮，市场经济成为世界各国经济体制和运行机制的普遍取向。市场经济在世界各个国家确立后，各国市场经济由以运行和配置资源的场所——市场，不仅在国内发展，也延伸向国外扩展和发展，形成了真正意义的世界市场，在此基础上，才出现了以各种经济资源跨越国界在世界市场上自由的、全面的、大量的、相互结合的流动和配置为鲜明特征的经济全球化。

可见，经济全球化实质上是市场经济的全球化，而非别的什么经济的全球化，其发展受市场的力量、市场经济规律的作用支配。市场经济的一条铁的规律是利益与风险并存、机会与挑战同在。经济全球化既使得市场经济的积极性、活力、效率、机会大大增加，也使得市场经济的消极性、盲目性、无序、风险大大增加。就这个意义而言，经济全球化是一把双刃剑——市场经济原本就存在的二重性随着市场经济的全球化而被同时放大，或者说成为经济全球化的二重性——一方面，其效率、机会促进了世界经济的发展，另一方面其无序、风险加剧了世界经济的动荡。

（二）经济全球化条件下的全球经济危机

在资本主义、自由市场经济基础上，经济危机原本不可避免（根据美国全国经济研究局的统计，战后以来美国曾经10次陷入经济衰退），而经济全球化放大经济危机发生的基础条件并提供经济危机蔓延的传导机制，这就使得经济危机往往由一国国内经济危机发展为国际经济危机，甚至世界经济危机。

1. 经济全球化放大经济危机发生的基础条件

随着经济全球化趋势发展，经济危机发生的基础条件得以延展和放大，由一国国内经济危机发展为国际经济危机，甚至世界经济危机。

第一，如前所述，当代的经济全球化虽然不能简单地说是资本主义的全球化，但可以说其主要是受资本主义生产关系支配的全球化。这就使得资本主义基本矛盾随着经济全球化而扩展到世界范围，使得生产与消费的矛盾扩展到世界范围，资本积累规律的作用扩展到世界范围。当矛盾尖锐化时，就会爆发国际经济危机以及世界经济危机。

第二，如前所述，经济全球化是市场经济的全球化。市场、市场经济在全球扩展的同时，也把市场经济原本就存在的自发性盲目性扩展到全世界，加剧了世界经济的无序和风险，进而促使世界经济危机的爆发。特别是全球化、自由化程度最高的金融领域（金融全球化），往往也是自发性、投机性和风险最大的领域，以至于全球化条件下国际金融危机频频发生，而且国际经济危机或世界经济危机往往首先发端自国际金融危机。据世界银行的统计，在金融全球化的近 20 多年来，全球共发生大小金融危机 108 次，而盲目金融开放的国家和地区几乎无一幸免。

2. 经济全球化提供经济危机蔓延的传导机制

经济全球化还提供了经济危机蔓延的传导机制。经济全球化是通过商品、资本、技术、劳务等资源跨国流动实现的，这些资源国际流动的渠道、纽带既是资源配置效率的扩散、传导机制，同时也是经济风险的扩散、传导机制，既可以把一国的经济优势、效率或经济风险、危机传导扩散到外部世界——外向传导；也可以把外部世界的各种经济优势、效率或经济风险、危机吸纳、汇集到本国——内向传导。正是这些资源跨国流动的连接纽带和相应的扩散传导机制，使得各国经济越来越相互依存、相互影响。

这种相互影响有时会大到类似于混沌学所说的“蝴蝶效应”。这是已被全球化条件下世界经济领域中发生的一些重大事件所证明的。

3. 近年来这次由美国次贷危机引发的世界经济危机的发展演变（实证分析）

这场由美国次贷危机引发的世界经济危机的发展演变，就是在全球化背景下，危机发端、传导、放大成“龙卷风”的全过程的实例。

美国次贷危机发生。美国次贷问题在2007年3月初露端倪。3月18日美国第二大次级抵押贷款（次级抵押贷款是指信贷机构对收入较低、支付能力缺乏、信用较差的人群提供的一种住房贷款）机构新世纪金融公司因濒临破产被纽约证券交易所停牌，当时就像蝴蝶扇动翅膀一样，并未引起人们很大的关注，直到同年夏天（8月）美国次贷危机正式爆发，人们才开始越来越多地关注起来。

美国次贷危机演化成为美国金融危机。美国次贷危机经历了一年的痛苦挣扎后进一步恶化和扩大，2008年9月美国最大的两家住房抵押贷款公司房利美和房地美相继被美国政府接管；9月15日美国投资银行巨头雷曼兄弟公司（有158年历史）破产，美国五大投资银行中的另外四家也难逃厄运，其中美林、贝尔斯登被收购清算，高盛和摩根—斯坦利被迫由独立投资银行转型变身为商业银行控股公司；与此同时金融领域的其他问题也进一步恶化（譬如美国银行倒闭，仅从2008年9月到12月4个月内就有25家），美国次贷危机终于演变放大成为美国金融危机。

美国金融危机迅速演化成为国际金融危机。美国金融危机爆发后，在不到一个月的时间内，这场金融海啸就通过各种传导机制向主要发达经济体扩散（特别是购买了大量美国次贷衍生产品的欧洲国家），加之这些国家自身存在的金融问题的恶化，一场包括主要发达国家和其他很多国家在内的、涉及金融各个领域的国际金融危机，在2008年10月迅猛爆发。譬如就股市而言，据美国标准普尔公司公布的数据，仅在2008年10月份一个月内，全球股市平均跌幅就达20.7%，全球52个股票市场共蒸发市值5.79万亿美元，创了历史新高。

国际金融危机演化成为国际经济危机。在国际金融危机形成过程中虚拟经济就开始逐步影响实体经济，伴随着2008年10月国际金融危机的爆发，世界很多国家不仅是股市大跌、银行倒闭、汇率震荡、流动性短缺等金融领域的问题严重，同时也都不同程度地出现了消费不振，生产萎缩、企业破产、出口降低、失业率上升、经济增长率下滑等现象。从2008年10月起的第4个季度开始，美国、日本、德国、英国、意大利、西班牙、加拿大、新西兰、爱尔兰、瑞典、新加坡、克罗地亚、爱沙尼亚、拉脱维亚等国家，相继宣布其经济增长率连续两个季度出现负增长，从而陷入经济衰退（危机）。一场包括美国欧洲日本等世界主要经济体和其他很多国家在内的、涉及经济各个领域的国际经济危机，在2008年最后一个季度全面爆发。

国际经济危机演化成为世界经济危机。尽管在2008年最后一个季度陷入经济衰退（危机）的主要是发达资本主义国家和其他一部分国家，是国际经济危机而非世界经济危机，但在全球化条件下发生的经济危机使得几乎所有国家都不能独善其身，事实上这场危机在2008年就已经通过各种渠道和传导机制对广大发展中国家特别是新兴工业化国家的经济产生着越来越大的负面影响。进入2009年，随着这种影响的进一步扩大和深化，进而整个世界经济增长率的下滑，国际经济危机演化放大成为世界经济危机。所谓世界经济危机或世界经济衰退，国际货币基金组织的基本界定是世界经济增长率在2.5%以下。如果说2008年的世界经济增长率还只是增幅下降但仍然还是正增长（1.7%），而进入2009年则变为负增长，全年增长率为－2.2%（为二战后的首次负增长）。可以说，2009年初整个世界经济已经陷入衰退或危机。最初的蝴蝶扇动翅膀的震荡，通过传导机制的扩散和放大，终于演变成了一场龙卷风。

这场“龙卷风”破坏力相当巨大。据日本著名学者大前研一的一篇文章的数据（见日本《二十一世纪》月刊2009年1月号），2008年1至10月份世界12个股市的总市值从6300万亿日元减少到3000万亿日元，假如一座世界贸易中心大楼的总造价是5000亿日元，那么相当于每天有20座世界贸易中心大楼消失——大前研一把这称之为以美国为震源的“金融恐怖袭击”。

20世纪30年代的这场危机于2010年后逐渐复苏，据IMF报告数字，2010年全球经济增长率为4.6%，2011年的全球经济增长率为3.8%。可以说目前的复苏曲折、艰难还不稳定，尚不能说已完全走出经济危机；特别是欧洲在缓慢复苏中发生主权债务危机，使得世界经济复苏十分脆弱，充满着风险和不确定性，甚至有“双探底”或再次陷入衰退的危险。对2012年世界经济增长率的估计，几个机构2012年1月的最新预测都不太乐观——世界银行为2.5%，联合国为2.6%，IMF为3.3%。

（三）经济全球化、全球经济危机需要全球经济治理

1. 经济全球化的强势与全球经济调节的弱势的矛盾——全球化的全球性矛盾

以各种经济资源跨越国界按照市场机制的要求在世界市场上流动和配置为鲜明特征的经济全球化迅猛发展，这客观上要求在全球范围内的经济协调和调节以便使经济全球化进程更公正合理有序有效。然而，现实的矛盾是经济全球化的强势与全球经济调节的弱势并存。这一矛盾集中体现为两个方面，表现为两种方式：

一是全球范围的贸易投资自由化遭遇各国实施的保护主义措施，而全球协调机制没能强有力地遏制保护主义。这尤其体现在全球贸易投资领域。二是全球范围的市场自由化伴随着巨大的风险无序、过度发展，而全球协调机制没能有效地调节、合理地监管。这尤其体现在全球货币金融领域。

经济全球化的强势与全球经济调节的弱势是一个长期的矛盾，这一矛盾使得经济全球化在无序、失衡、不公平和巨大风险中前行，而在发生经济危机的非常时期，这一矛盾尤其显得突出，加强国际经济合作与协调、完善全球经济治理尤其显得必要。

2. 缓解全球化矛盾、摆脱经济危机的出路——加强国际经济合作与协调、完善全球经济治理

全球化的矛盾、全球化条件下发生的全球性经济危机，其解决的出路不能是“反全球化”、“非全球化”、“去全球化”、“告别全球化”、“警惕全球化”、逆全球化趋势而动（正如 WTO 总干事拉米 2011 年 7 月 1 日的一次专访所说的“‘去全球化’是一个反动概念”），而是在于除了各国政府采取政策措施之外，应该加强国际经济合作与协调、完善全球经济治理。此次国际金融危机爆发以来，世界各国通过举行各种国际会议、国际磋商、国际论坛——仅 G20 就已召开了 5 次金融峰会（2008 年 11 月华盛顿、2009 年 4 月伦敦、2009 年 9 月匹兹堡、2010 年 6 月多伦多、2010 年 11 月首尔和 2011 年 11 月戛纳），来商讨加强国际经济合作与协调问题。这种商讨虽然直接动因在于寻求走出危机、复苏经济的应急、短期对策，但也越来越注重从更深层次、更长远角度探讨改革和完善国际经济体系、加强国际经济合作与协调的体制机制。于是，全球

治理和各种相关提法——“全球治理体系”、“全球治理结构”、“全球经济治理”、“全球环境治理”等，越来越从学者的话语变成各国领导人以及官员的用语和政府的政策主张。

近年来，全球治理的用语、全球治理的主张，与时俱进地成为我国政府、领导人在国际舞台上频频发出的声音。党的十七届五中全会通过的《“十二五”规划建议》提出“积极参与全球经济治理”，这是首次把全球经济治理概念写进党的正式文件中。

我们努力增强我国参与能力、积极参与世界经济治理、推进治理机制改革所主张和采取的对策措施。

第一，推动国际经济体系改革，促进国际经济秩序朝着更加公正合理的方向发展。我们主张，全球经济治理的根本目标是推动经济全球化朝着均衡、普惠、共赢方向发展，致力于建立一个公平、公正、包容、有序的国际经济政治秩序。这就需要坚持全面性、均衡性、渐进性和实效性的原则，继续改革、健全和完善现有的国际经济组织机构，形成一个更有利于兼顾公平和效率的国际经济体系和全球经济治理体系。

第二，参与和构建多层次的世界经济治理架构和机制安排，发挥各种机制在世界经济治理中的综合效用。这种治理的机制安排、层次架构包括：一是全球多边层面的治理机制，例如联合国、世界贸易组织、国际货币基金组织、世界银行、二十国集团等。二是同类国家、跨地区层面的治理机制，例如经济合作与发展组织、西方七国（八国）首脑会议、“金砖国家”等。三是区域层面的治理机制，例如欧盟、亚太经合组织、北美自由贸易区、上海合作组织、南美共同市场、南部非洲共同体等。四是双边合作、协调的治理机制，例如“中非合作论坛”，“中国—东盟自由贸易区”，“中欧领导人会议”，“中美战略与经济对话”等平台、机制。在这个多层次的世界经济治理机制中，要推动二十国集团成为世界经济治理机制的主要平台，确保其在促进国际经济合作和全球经济治理中发挥核心作用，同时要处理好二十国集团机制同其他治理机制的关系，发挥各种机制在世界经济治理中的作用。

第三，推动建立均衡、普惠、共赢的多边贸易体制，反对各种形式的保护主义。世界贸易组织作为全球多边贸易机构，是世界经济治理机制的一个重要支柱，其框架内的多哈回合谈判即将进入密集谈判的关键期，当前要继续推动多哈回合谈判早日取得全面均衡的成果，实现发展回合目标；同时还要坚定不移地反对各种形式的保护主义，坚持平等对话协商妥善应对和处理贸易摩擦与分歧，促进营造自由开放、公平公正的全球贸易环境和全球贸易体制。

第四，推动国际货币金融体系改革，完善国际金融监管。近两年来，国际金融危机的发生和影响使得国际货币金融体系改革呼声增大，也取得了一些进展，但还有许多任务尚未完成。为稳定国际货币关系，我们要继续推进国际金融组织机构改革，特别是要推动以公平择优为原则选择国际金融机构管理层；我们要继续推进国际货币体系改革，特别是促进建立币值稳定、供应有序、总量可调的国际储备货币体系；我们要继续推进国际金融监管改革，特别是通过加强监管建立一个有序、有效、有利于实体经济发展的国际金融体系。

第五，推动国际经济规则改革深入进行，参与国际贸易金融准则新一轮修订。当前，约束性规则、准则的制定和修订，贸易领域主要是多哈回合谈判中所涉及的，譬如对贸易争端解决机制进行的“改进和澄清”等；金融领域主要是确定国际金融监管标准，制定全球统一的会计准则，完善信用评级机构行为准则和标准等。在这些国际经济规则的制定和修订中，是被动接受规则的参与者还是主动参与制定规则的推动者，有着截然不同的意义和影响。

第六，推进区域经济合作进程，加快实施自由贸易区战略。区域一体化是与经济全球化并行的一个世界经济发展趋势，加强区域经济合作是改善世界经济治理的一个重要方面。我们要引导和推动区域合作进程，加快实施自由贸易区战略。这一战略举措，不仅会进一步推动我国对外开放、对外经济关系有新的发展，同时也会增强我国参与世界经济治理机制改革的能力。

第七，深化同新兴市场国家和发展中国家的务实合作，增加对发展中国家的经济援助。世界经济最大的失衡是南北不平衡，世界经济治理机制变革的一个重要方面是帮助广大发展中国家充分发展，缩小南北发展差距并重视发展中国家的发展诉求。国际金融危机发生以来，中国已经通过提供优惠贷款，免除重债国债务和产品免关税待遇等各种方式和渠道，向发展中国家提供援助。我们将进一步深化同新兴市场国家和发展中国家的经济合作，在世界经济治理机制内和南南合作框架内继续尽力帮助发展中国家实现发展。

事实上，近年来在包括中国在内的各国的共同努力下，加强和改善全球经济治理也在艰难中前行并取得成效。譬如，在国际货币金融体系改革方面特别是变革全球性金融组织内部的权力结构上，已有新的进展。世界银行根据G20匹兹堡金融峰会的共识，于2010年4月25日通过了新一轮投票权改革方案——发展中国家的投票权从44.06%提高到47.19%，中国从2.77%提高到4.42%，由原来的第六位超过德国、法国、英国，上升为仅次于美国（15.85%未变）、日本（由7.62%降至6.84%）的第三位。国际货币基金组织根据2010年10月在韩国庆州召开的G20财长和央行行长会议达成的协议，于11月6日通过了一个内部份额和治理改革的一揽子方案。该方案整体实现向新兴市场和发展中国家转移份额6个百分点。其中，美国降0.263个百分点至17.407%，日本降0.092个百分点至6.464%，仍分别排名第一、第二位，中国的份额增加2.398个百分点至6.394%（投票权也从目前的3.65%升至6.07%），排名超越德国、法国和英国，从第六位跃居第三位，德国降0.524个百分点至5.586%，降至第四位，法国、英国调整后份额为4.227%，并列第五位。

总之，经济全球化是一个不可逆转的世界经济大趋势，它在促进经济发展，提供效率、机会的同时，也加剧了经济风险、危机，带来严峻的挑战，国际社会必须共同努力加强国际经济调节，改善全球经济治理。

二、经济区域化趋势与自由贸易区战略

区域化趋势是当今世界经济发展的一个重要趋势。实施自由贸易区战略，是为适应世界经济全球化、区域化趋势和我国对外开放新形势新任务而提出的一个对外经济关系战略。

（一）经济区域化与经济全球化本是同根生又有各自特点

新世纪之初的国际经济一体化，表现为两大趋势——一体化进程发生在全球范围内，就是经济全球化趋势；发生在区域范围内，就是经济区域化趋势。不过，全球化在范围上比区域化更广，而区域化在一体化层次上比全球化更高。

经济一体化的规律是，其范围与其内部差异成正比，而与其程度成反比。全球化由于其范围广泛，参与者众多，差异巨大，利益协调较难，从而一体化程度、层次不易提高。在这种情况下，地缘经济关系密切，相对经济差异较小，从而一体化程度较高的区域一体化以及相应的区域合作组织、机制蓬勃发展起来。

区域化比全球化的一体化层次更高，体现在两个方面。一是区域化的资源流动比全球化的资源流动更为便捷、自由。例如 1993 年 1 月 1 日欧洲统一大市场正式启动，实现了区域范围的商品流动、资本流动、服务流动、人员流动的“四大自由”，而全球范围的资源流动只能说是在与各种障碍、保护的冲撞中朝着自由与开放的方向发展（WTO“多哈回合”全球多边贸易谈判谈了 10 年多未果，今年也难说能谈成）。二是区域化的协调功能比全球化的协调功能更为强健、有效。例如 1999 年 1 月 1 日欧元正式登场，实现了区域范围的货币金融一体化，而全球范围的货币体系自布雷顿森林体系崩溃后 30 多年，仍在苦苦寻找新的有效的国际货币协调机制。

所以，全球化再怎么样发展，也是不可能完全取代区域化的，反而会给区域化的进一步发展带来新的刺激和驱动力——通过推进区域化而增强区域集团和区域组织的成员在全球化进程中的地位和作用，以便得到更多的全球化利益。正因为如此，自 20 世纪 80 年代末 90 年代初以来全球化方兴未艾的同时，区域化也掀新浪潮。现在 WTO 的绝大多数成员都参与了一个以上区域贸易安排，即拥有多边贸易体制和区域一体化组织的“双重成员资格”。目前自由贸易区的贸易量已占全球贸易总量的 50%左右。

（二）适应全球化和区域化，要在不同层次上发展对外经济关系

第一个层次是积极参与全球化——发展 WTO 等框架下的全球多边经济关系。

已经迅速发展了 20 多年的经济全球化浪潮在进入新世纪的时候方兴未艾。经济全球化，即在跨国生产的基础上，经济资源愈益跨越国界在全球范围内自由、全面、大量、结合地流动和配置并在组织框架上加强国际经济联系、调节的进程。世界上的所有国家都要参与全球范围的资源流动，以便在广阔的国际空间中，合理地配置自己的资源，有效地

运用比较优势，得到发展本国经济的条件和好处，从而全球化迅速发展。与此相应，全球性的经济组织和协调机制，如世界贸易组织、国际货币基金组织、世界银行等，逐步发展和完善起来。

我国的对外经济关系首先是全面的，即发展同世界各类国家、各个地区的经济关系。这是本国经济发展的需要，也是顺应全球化趋势的要求。事实上我国的对外经济关系已经波及世界各个地方。目前我国已同世界上220多个国家和地区有贸易关系，近200个国家和地区有资金合作关系（来华投资有200个国家和地区，我国对外投资于177个国家和地区），近200个国家和地区有承包工程和劳务合作关系，153个国家和地区有科技合作关系。我们要继续致力于发展这种全面的对外经济关系。

加入全球性的国际经济组织机构，是参与全球化的重要体现和不可或缺的体制保障。目前，世界上绝大多数国家和地区都加入了世界贸易组织（有154个成员）、世界银行（有186个成员）和国际货币基金组织（有187个成员）这三大全球性经济组织。我国在1980年4月和5月相继恢复了在国际货币基金组织和世界银行中的合法席位，并在新世纪第一年2001年加入世贸组织。可以说以加入WTO这个最大的全球多边贸易组织、这个“经济联合国”为标志，中国全面对外经济关系的组织框架已经构建完成。此后我们在WTO等框架下积极参与经济全球化，发展全球多边经济关系。

第二个层次是积极参与区域化——发展自由贸易区等框架下的区域或双边经济合作关系。

区域化是与全球化并存的一个世界经济发展趋势，而且这两个趋势本是同根生，同时又有各自的特点。

因此，与其他国家一样，我们在关注、参与经济全球化的同时，也必须对区域一体化潮流给予足够的重视和积极地对待。我国的对外经济关系既是全球多边的，也应该是有区域重点的，即除了全面对外经济关系，还要有区域的和双边的更紧密经济关系。

在新世纪之初，我国参与经济区域化，不仅在于继续参与现有的亚太经合组织这种地区经济论坛性质的组织框架，也在于构建新的范围更小而一体化程度更高的、有实质性内部优惠安排的区域或双边的组织框架，特别是自由贸易区这种形式的框架安排。

根据国际经济一体化理论，区域一体化组织形式有五种。即，(1) 特惠关税区——例如，发展中八国集团（简称D—8，成立于1997年，成员国包括埃及、伊朗、尼日利亚、印度尼西亚、马来西亚、孟加拉国、土耳其和巴基斯坦，总部设在土耳其的伊斯坦布尔）2010年7月5日会议上签署了特惠贸易协定。(2) 自由贸易区——例如，成立于1992年的南部非洲共同体2008年8月17日正式启动了南共体自由贸易区，而后再向更高层次依次推进。(3) 关税同盟——例如，东非共同市场（由坦桑尼亚、肯尼亚、乌干达、卢旺达和布隆迪五个国家组成）2005年初建立关税同盟，2010年7月1日正式启动了共同市场，商品、服务、资本和人员可以在五国间自由流动。(4) 共同市场——例如，1993年启动的欧洲统一大市场。(5) 经济联盟——例如，一体化程度最高的欧盟，其中的11个成员国（目前已达17个）于1999年成立的欧元区，具有了经济联盟的部分内容，"货币联盟"；2010年6月1日欧洲中央银行行长特里谢建议，建立与货币联盟相应的"财政联盟"，从而实现欧元区"经济政府"。2011年8月16日法国总统萨科齐与德国总理默克尔会谈，提议欧元区建立一个17国政府首脑组成的"经济政府"，整合财政，以争取结束欧元区主权债务危机。

五种区域一体化组织形式各有特点，其中自由贸易区是一种一体化程度适当、且较为易行的区域组织形式，很受各国青睐。特别是由于近年来WTO多哈回合谈判进展缓慢，主要国家均将经贸政策重点转向发展自由贸易区，纷纷出台自贸区战略，谈判步伐明显加快。据WTO统计，目前全世界向WTO通报、仍然生效的区域贸易安排达207个，其中85%是自由贸易区。连日本、韩国这样的对自由贸易协定一直态度消极的国家都分别在新世纪之初的2002年缔结了它们的第一个自由贸易协定"日本—新加坡自由贸易协定"、"韩国—智利自由贸易协定"。不仅是日本、韩国，10年前还是一片空白的亚洲自由贸易版图，现在已成为区域经济一体化最具热度的地区。亚洲大国在自由贸易进程中纷纷赶超我国。例如，日本、韩国、印度三国与自贸伙伴的贸易额已分别占到其对外贸易总额的36.5%、61.1%和58.4%（全球这一比重为50%左右），都比我国该比重高得多。

我国在这种形势下，当然也要积极参与、构建自由贸易区。这是在新世纪伊始开始起步的——2001年11月几乎是在我国加入WTO的同时，中国—东盟经济合作专家组围绕中国加入WTO的影响及中国与东盟建立自由贸易关系两个议题进行了充分研究，建议中国和东盟用10年时间建立自由贸易区。该自由贸易区已在2010年1月1日全面建成。现在该自由贸易区中有93%的产品实现零关税。目前该自贸区对双边经贸关系的拉动效应初显，2011年中国与东盟贸易额增长，出口为23.1%，进口为24.6%，都高于同期中国外贸总水平（增长22.5%）。除了中国—东盟自由贸易区积极发展外，到目前我国已经谈成或正在谈的自由贸易区共15个，其中已经签署协议并实施的自贸区有10个，这15个自由贸易区涉及亚洲、大洋洲、拉美、欧洲、非洲的28个国家和地区，已签协定并实施的10个自由贸易区涵盖了我国年对外贸易总额的25%以上。商务部提出，争取到“十二五”期末的2015年使这一比重提高到30%以上。

党的十七大报告第一次正式提出“实施自由贸易区战略”，十七届五中全会通过的《十二五规划建议》重申强调，“引导和推动区域合作进程，加快实施自由贸易区战略”，2012年3月5日温家宝在人代会所做的《政府工作报告》中指出：“继续推进自贸区建设和区域经济一体化进程。”这是面对世界经济潮流的一个抉择，必将促使自由贸易区成为我国对外开放的新形式、新起点、新平台，进一步推动我国对外开放、对外经济关系有新的发展。

三、经济多极化趋势与多极世界经济格局

世界多极化，也是当代世界的一大趋势，也是我国经济发展的国际大背景之一。世界多极化，既在于政治多极化，也在于经济多极化。这里专门考察的是作为世界多极化的基础和核心内容的经济多极化。

（一）经济全球化加强经济多极化

世界经济是趋于全球化的，同时也是趋于多极化的：全球化不能排除多极化，而是与之并存甚至加强多极化。

第一，全球化增强了大国利益倾向，从而为多极化注入了新的动因。国际分工、生产国际化，从来都是大国主导的；经济全球化也同样，是大国特别是西方大国主导下的经济全球化。经济全球化不仅不排

斥各国的国家利益，而且还加剧了利益不均等，从而加剧了利益争夺——既包括富国与穷国之间的利益分野，又包括大国相互之间的利益争夺。

在利益分配、利益争夺中，大国处于有利地位——世界经济体系中的大国，不仅能够以其强大的经济实力分享更多的经济全球化的利益，而且还会以其大国主导地位支配经济全球化朝着符合自己国家利益的方向发展。这种由于全球化而加强了的大国利益倾向，为世界多极化发展注入了新的驱动力。

第二，全球化加剧了大国实力变动，从而为多极化提供了新的条件。

大国之间的发展从来都是不平衡的——动态的经济发展速度不平衡使经济实力对比发生变化。在以商品、资本、技术、劳务等经济资源愈益在全球范围内自由、全面、大量、结合的流动为其主要特征的经济全球化趋势面前，世界各国经济发展的机会和风险都在其中了，而且机会和风险都比过去放大了许多，从而世界各国间原本就存在的不平衡将会加剧。经济全球化既可以加大一国经济发展的风险，使其更易受到国外不利因素、不测事件特别是经济危机的冲击，以致出现经济实力地位急剧下滑的情况（2010 年 5 月 22 日，欧盟委员会主席巴罗佐说，经济危机令欧洲经济倒退了 10 年；2012 年 2 月 23 日英国《经济学家》周刊按其设立的衡量标准，此次危机使国家倒退的情况，美国为 10 年，英国为 8 年，意大利、西班牙、葡萄牙、爱尔兰为 7 年，希腊为 12 年）；也可以增大一国经济发展的机会，使其更合理地在广阔的国际空间中配置自己的经济资源并更方便地运用国际资源，以致出现经济实力地位迅速增长的情况。两种情况之于大国，那就是现有的经济大国之间的实力地位此长彼消、跌宕起伏；原来已有一定实力基础的准大国乘全球化之势而上、跃升为新的经济大国。可见，全球化会加剧各国特别是大国的经济实力消长变化，为世界多极化发展创造了新的条件。

（二）多极世界经济格局的“极”——“四个 5%”的两个条件

多极化，是当代世界发展的一大趋势：多极世界经济格局，是经济多极化形成的结果。作为一个世界经济大国（或世界经济一“极”），至少要具备两个条件。

第一，要有相当巨大的国家经济规模。何谓“相当巨大”？一是看宏观经济总量的规模，主要衡量指标是其国内生产总值占世界生产总值的5%以上；二是看微观企业的规模，主要衡量指标是其大企业数量占世界大企业总数的5%以上。

第二，要有相当密切的国际经济联系。何谓“相当密切”？一是看对外贸易的联系，主要衡量指标是其对外贸易额占世界贸易总额的5%以上；二是看货币金融的联系，主要衡量指标是其本国货币作为国际储备货币占世界外汇储备总额的5%以上。

这含有“4个5%”的两个条件，是世界经济大国必备的数字。首先，大国要块头大、规模大，若无如此巨大的国家经济总量规模（包括宏观规模和企业规模），就谈不上其在世界经济中的分量，也就谈不上是世界经济大国（2011年4月，G20考虑将GDP占比超过5%的国家列为“具有系统重要性”的国家）；同样，大国要对外部世界开放并产生影响，若无如此密切的国际经济联系（包括贸易联系和金融联系），就谈不上其对世界经济的影响力，也就谈不上是世界经济大国。200多个国家和地区构成的一个世界经济中的大国（极），需要在体现世界经济实力关系的主要指标中占有相当的比重，这如同在众多股东参与的股份公司中，其几个决定权、影响力最大从而能称得上大股东的一样，必定是其资本份额占到公司总额5%、10%等相应比重的股东。

这含有“4个5%”的两个条件，也是世界经济大国经验的数字。凡是被人们普遍视为经济大国或经济一极的国家或国家集团，几乎都同时具备了这4个5%。

目前，世界上只有美国、欧盟、日本同时具备“极”的包括4个5%的这两个条件。2010年该“4个5%”按照三个国家或国家集团各个指标高低排序的情况看——（1）“占世界生产总值的比重”：欧盟最高，为28.4%；美国次之，为24.6%；日本最低，为8.7%。（2）“占世界大企业总数的比重”：欧盟最高，为33%，有世界“500强”企业165家；美国次之，为28%，有“500强”企业139家（2011年减为133家）；日本最低，为14%，有“500强”企业71家（2011年为68家）。（3）“占世界贸易额的比重”：欧盟最高，为39%，是世界最大的贸易集团；美国次之，为11%，是世界第一贸易大国；日本最低，为6%。（4）“占世界外汇储备的比重”：美元最高，为62%，从欧元诞生的1999年的71%下降；欧元次之，为28%，从欧元诞生的1999年的18%上升；日元最低，为3.2%，从欧元诞生的1999年的6.4%下降。可见，从同时具备大国的“4个5%”的两个条件看，美、欧、日可谓当今世界经济三极，其中的美国和日本是以单一国家分别作为一极，欧盟是以一个一体化性很强的国家集团作为一极，而其他国家还不具备此经济大国的条件。

无疑，现有三极也是在动态发展之中的。更为具体的分析，可以看到美、欧、日经济过去20多年的发展变化和当前危机、未来走势的基本情况。

（三）多极世界经济格局的现状与前景

2008年9月，美国金融危机所引发的全球经济危机大大改变了世界，特别是深远地影响着世界格局，从而冒出许多新词汇——除了“单极”、“多极”，还有“无极”、“集极”（美国外交学会会长理查德·哈斯在《外交》杂志上撰文提出，建立以美国为中心，集结多个中小规模“极”的世界体制）和“半单极”（意大利学者斯卡来亚提出）；除了G7、G8、G20，还有G9、G14（法国总统萨科齐提出）、G2（即中美“两国集团”以及类似的“中美国CHIMERICA”、中美“双头世界”等，美国的弗雷德·伯格斯滕、布热津斯基和基辛格等人提出）甚至G0（美国一个智库欧亚集团总裁伊恩·布雷默2011年1月初提出，2011年世界经济秩序步入了“G0时代”，即“群龙无首”状态）。然而，多极化是不可逆转的趋势，对多极世界经济格局现状与前景的判断可以总体上表述为：目前的多极化世界经济格局表现为美、欧、日三极并存，20世纪90年代以来以至今后的一个时期，三极自身及相互之间发生着实力地位消长的新变化；同时，还有新的经济力量中心正在崛起之中。

1. 现有三极美欧日的发展变化和走势

（1）20世纪最后一个10年的美欧日三极发展变化情况。作为当今世界经济三极的美欧日，在过去的90年代10年里出现的一大变化是，三极中的美国与日本发生了动态增长速度上的位置互换。在这之前三极的状况是，日本经济增长最快，从而经济实力呈上升态势；欧洲的经济增长速度居中；美国经济增长最慢，从而经济实力呈相对衰落态势。而在90年代的10年里，原来三极中增长最慢的美国变成了增长最快的一极，原来三极中增长最快的日本却变成了增长最慢的一极。10年的年均增长率，美国为3.5%，欧盟为2.2%，日本仅为1.3%。10年中，美国在信息化的推动和全球化的拉动下，出现了“一高两低”的所谓“新经济”现象，以快于欧盟1个多百分点、日本2个多百分点的速度，迅速发展了10年。而日本则在90年代出现经济发展“失去的10年”。

美国为期10年动态增长速度上的优势，使得其到20世纪90年代末时，经济实力有所增强，其国内生产总值占世界生产总值的比重，据世界银行《2000/2001年世界发展报告》的数字，由1990年的24.2%上升到1999年的28.8%，10年中上升了4个多百分点。而日本则由最高峰的1994年的17.9%萎缩至2000年的13%。

(2) 21世纪第一个10年美欧日三极发展状态及走势。美国经济在90年代良好表现的情况，持续到2000年下半年开始发生变化。

就实体经济来说，自2000年第三季度开始，经济增长幅度出现陡然的下滑。2001年一、二季度增长率分别只有1.3%和0.3%。第三季度遇到“9·11”事件的冲击，更是给增长乏力的经济雪上加霜，出现了1.3%的负增长。从2002年初开始，美国经济从衰退走向复苏，经济增长率从2001年的0.3%到2002年的2.4%，再到2003年的3.1%、2004年的4.4%、2005年的3.5%、2006年的3.4%和2007年的2.1%。美国经济连续增长了6年后，到2008年情况大变，第一季度和第二季度的经济增长率分别为0.9%和2.8%，第三季度出现负增长为－0.5%，第四季度大幅度下滑为－6.2%（是1982年一季度以来单季最大幅度的下降），连续两个季度负增长意味着美国经济陷入衰退，全年经济增长率仅为0.4%（是新世纪8年来增长幅度最小的一年）。2009年继续负增长——一季度为－6.4%，二季度为－1.0%，三季度2.2%，四季度为5.6%，2009年全年增长率为－2.4%（按美国商务部2010年1月29日公布的数字）。2010年一季度增长3.7%，二季度增长1.7%，三季度增长2.6%，四季度增长3.2%，2010年全年增长3.0%（美商务部2011年1月28日公布数字）。2011年一季度增长0.4%，二季度增长1.3%，三季度增长1.8%，四季度增长2.8%，2011年全年增长率为1.7%（据美国商务部2012年1月27日公布数字）。预计2012年美国经济增长率与2011年差不多，为3%（国际货币基金组织

2012年1月24日报告预测）。

与实体经济相应，美国虚拟经济——如纳斯达克股指，在新世纪之初10多年也走过了由高点下滑而后逐步回升，然后再下滑、回升的曲折过程：2000年3月5000多点，2001年3月2000点，2001年“9·11”事件1500点，2002年7月23日为最低1229点，2003年12月3日首破2000点，2007年10月9日达高峰2804点，2009年3月6日降至1293点的低谷，8月7日又站上了2000点，2010年10月27日站上2503点，2011年2月11日站上2809点，8月4日，美国总统奥巴马50岁生日当天，出现全球性股市“黑色星期四”纳指暴跌5.08%，降为2556点，8月19日低至2341点，2012年1月9日升至2700点，2月2日升破2900点，3月6日为2910点。美国经济当前面临“一低三高”问题。除了经济增长率较低外，还有“三高”：（1）“高失业”——失业率2009年10月冲破10%大关，达10.2%，2010年年底为9.4%，2011年全年为9%。（2）“高赤字”——美国联邦政府的财政赤字，2006财年为2482亿美元，2007财年为1628亿美元，2008财年为创纪录的4380亿美元，而2009财年突破万亿美元，达到1.41万亿美元，约占GDP的10.6%（即突破了10%大关），2010财年和2011财年仍高达1.29万亿美元和1.32万亿美元，而2012财年将为1.33万亿美元，2013财年按美国白宫预算局2012年2月13日提交的预算案，将降到9010亿美元。（3）“高国债”——根据美国财政部公布的数字，美国国债2010年6月1日突破13万亿美元大关，相当于GDP的90%；而到2011年5月16日已经达到14.3万亿美元的法定上限。2011年7月31日美国国会与白宫达成协议：债务上限提高到16.7万亿美元，同时政府减少赤字。2011年11月15日美国联邦债务已逾15万亿美元，相当于其GDP。美国经济自2009年下半年转为正增长，开始复苏至今已增长了10个季度。完整地看21世纪第一个10年的美国经济年均增长率，将近2.5%，比之90年代高增长10年3.5%的年均增长率，呈增幅回落态势。欧盟经济在年均2.2%的增长率中持续增长了10年，在2000年出现了3.5%的10年中最高的增长率。然而在2001年，也同美国、日本经济一样陷入不振状况，只有1.7%的经济增长率。2002年、2003年欧盟经济只有1%的低增长，未摆脱低迷状态。2004年、2005年经济恢复到逾2%的增长率。2006年、2007年经济增长大大加快，分别有 3.1%和 2.9%的增长率。2008 年，在第一季度正常增长后，第二、第三、第四连续三个季度均为负增长（－0.2%左右），欧盟和欧元区都陷入了经济衰退，2008 年全年增长率欧盟和欧元区分别为 1.1%和 0.5%。2009 年的经济继续负增长——一季度为－4.6%，二季度为－4.4%，三季度和四季度转为正增长 0.4%和 0.1%，2009 年欧元区全年增长率，据欧盟委员会 2010 年 1 月公布的数字为－4.0%，属深度衰退的负增长。2010 年欧元区全年增长 1.7%（欧盟统计局 2011 年 2 月 15 日公布数字）。2011 年欧元区经济增长率只有 1.6%（国际货币基金组织 2012 年 1 月 24 日报告预测数字）。实际上，欧元区经济增长率去年第四季度已是负增长－0.4%，2012 年第一季度估计仍是负增长－0.4%，已滑向衰退。欧元区已经连续两个季度负增长、陷入衰退的国家，2011 年已有 5 个（希腊、葡萄牙、意大利、荷兰、捷克），2012 年将再有 4 个（西班牙、比利时、塞浦路斯、斯洛文尼亚），2012 年整个欧元区也将轻度衰退，增长率为－0.3%（欧盟委员会、世界银行预测）到－0.5%（IMF 预测数字）。欧洲经济中的高债务和高失业是当前的一大问题。2010 年 5 月始，希腊、爱尔兰和葡萄牙陷入债务危机，2011 年 8 月以来欧债危机进一步向意大利、西班牙等大国扩散。国家债务占 GDP 的比重（欧盟统计局 2010 年底数字），希腊 157.7%，意大利 120.3%，爱尔兰 112%，西班牙 101.7%，葡萄牙 93%。欧元区 17 个国家的公共债务占其 GDP 的比重高达 87%（2011 年底），欧洲金融界、新闻界人士仿照“金砖国家”（BRICs）概念的创造，把该几国字头拼成一个新词 PIGs（“欧猪国家”）。欧元区的失业率在 2010 年 6 月已达 10%，2011 年继续 10%，目前（欧盟统计局 2012 年 2 月 28 日公布数字）为 10.7%，为 1999 年欧元区成立以来最高水平。2012 年全年估计将达 11%。

完整地看欧盟在 21 世纪第一个 10 年，其年均增长率近 2%，与其 90 年代 10 年的平均增长率大致接近。

日本经济 10 年不振状态持续到 20 世纪 90 年代的最后一年，而且受美国“9·11”事件以及美国经济疲软、衰退的影响，2001 年日本经济陷入 10 年来的第四次衰退。2002 年下半年日本经济开始走出谷底，全年经济增长率达到 1.6%，2003 年、2004 年、2005 年和 2006 年分别达到了 2%、2%、2.4%和 2.2%，2007 年经济持续增长，但增幅回落到2%。日本经济连续增长了几年后，到2008年情况大变，除了在第一季度微弱增长外，第二、第三、第四连续三个季度均为负增长，陷入了经济衰退，特别是第四季度，据日本内阁府2009年2月16日公布的数字为－3.3%，折合成年率为－12.7%，是1974年第一季度以来35年最大幅度的单季下跌，下跌幅度也超过了美国和欧盟，2008年全年增长率为－0.7%。2009年的日本经济仍是深度衰退的负增长——一季度为－4.0%，二季度为－15.2%，第三、四季度转为正增长，2009年全年增长率，据日本政府2010年2月公布的数字为－6.0%，大大低于发达国家平均增长率－3.3%。2010年一季度增长4.4%，二季度增长0.4%，三季度增长3.9%，四季度变为负增长－1.1%，全年名义增长率为1.8%（日本政府2011年2月14日公布数字）。2011年经济增长率为－0.9%，名义GDP增长率为－2.8%（日本内阁府2012年2月13日报告预测数字）。日本2011年第四季度增长率为负数－2.3%，预计2012年将为1.7%的低增长（IMF2012年1月24日报告预测数字）。

日本经济相当长一个时期的不振，除了周期性的原因和外围经济的影响外，也存在严重的经济内在的结构性问题。相比欧美金融危机，日本金融机构遭受的创伤并不算大，但实体经济却经历了比欧美国家更加剧烈的衰退，主要原因是日本过于依靠出口拉动的经济结构，在世界经济陷入衰退、外需不振、出口大跌的情况下，经济很难迅速恢复，这需要花费较长的时间去解决。另外，日本的公共债务率（债务余额/国内生产总值）高居发达国家之首，2010年年末达到204%（比希腊高得多），债务余额高达11.156万亿美元。加上地震的影响、日元升值等不利因素，都会给复苏脆弱的日本经济带来不稳定性。看日本经济21世纪第一个10年，也只是1.5%左右的低增长；可见，与日本自己90年代“失去的10年”相比，21世纪第一个10年年均经济增长率只是增幅略升。故日本有一种说法，即21世纪头10年是日本经济“萎缩的10年”或再次经历“失去的10年”，现在进入的是第三个“失去的10年”。

2. 正在崛起之中的“金砖国家”等新兴经济体及经济多极化的前景

多极化是动态的发展趋势，多极格局作为多极化的结果也是动态变化的。尽管目前的世界经济只有美欧日三极，但是，随着世界经济多极化趋势的发展，除了现有的美欧日三极之外，目前已有较大经济实力规模并且发展势头强劲的，还有一些正在崛起之中的新兴经济体，特别是中国、印度、俄罗斯、巴西等国家。自从美国高盛公司的首席经济学家吉姆·奥尼尔在2001年创造了“金砖四国”“BRICs”（巴西、俄罗斯、印度、中国）一词以来，人们纷纷把“BRICs”作为新兴的崛起中的经济大国与现有的经济大国“G7”（除了其中的加拿大外，可以说是美欧日的代名词）进行发展比较。“金砖国家”目前的经济总量实力和“G7”相比还有不小的差距——2010年“金砖国家”的GDP相当于“G7”的35%，然而“金砖国家”（2010年12月23日南非正式加入“金砖国家”合作机制）的发展势头强劲，在朝着缩小同“G7”差距的方向发展。据提出“BRIC”概念的吉姆·奥尼尔预测，“金砖四国”可能在2032年经济实力超过“G7”。

当然，“金砖国家”并非一个整体国家集团，几国中的每个国家目前也不具备作为一个世界经济大国的“4个5%”的两个条件，但就个体国家而言，可以说，除了南非之外的4个国家如果在多极化趋势中抓住机会、有所作为，则有可能在21世纪的头20—30年内，分别创造作为一个世界经济大国的“4个5%”的两个条件，相继在多极世界经济格局中占有一席之地。

新兴经济体除了“金砖国家”外，被人们提到的还有：“基础四国”——中国、印度、巴西和南非。“迷雾四国”——吉姆·奥尼尔2011年2月创造的一个首字母缩略语新名词，指墨西哥、印度尼西亚、韩国和土耳其；“展望五国”；“灵猫六国”——汇丰银行首席执行官迈克尔·盖根创造的这一首字母缩拼词指的是，哥伦比亚、印度尼西亚、越南、埃及、土耳其和南非；“新七国集团”：西班牙《起义报》2010年11月14日刊登墨西哥国立自治大学经济系教授莱昂内尔·卡兰克·格拉的一篇文章提出，“金砖四国”加上土耳其、韩国和印度尼西亚；“金钻十一国”（Nextll）或“未来11国”（N－11）：吉姆·奥尼尔提出，指的是韩国、墨西哥、印度尼西亚、土耳其、菲律宾、埃及、越南、巴基斯坦、尼日利亚、孟加拉国和伊朗。

（四）中国在多极世界经济格局中地位的现状及前景

中国是“BRICs”中实力最强的国家（2010年五国的GDP合计

11.44万亿美元，其中，中国5.88万亿美元，巴西2.09万亿美元，印度1.63万亿美元，俄罗斯1.48万亿美元，南非0.36万亿美元）。从“BRICs”中目前的实力地位仅次于美、欧、日三极从而最有可能成为世界经济第四个“极”的国家中国的情况看，在迈进新世纪之时我国距世界经济大国（极）“4个5%”的条件还有相当的距离。

然而，随着我国经济、贸易、金融在新世纪第一个十年的迅速发展以及“十二五”五年和第二个十年的持续发展，我国已经趋于并将愈益接近于同时具备世界经济大国（极）的包括四个衡量指标的两个条件。

1. 从经济增长看

2001—2010年的年均经济增长率为10.5%，使得我国GDP在2005年首次突破2（2.2）万亿美元，占世界的比重在2006年首次突破5%（为5.5%），排世界各国的位次在2007年首次升至第3位；2009年我国的GDP总量已达到340903亿元，按当年平均汇率（1美元：6.8314元）折算，为4.99万亿美元，位居世界各国的第3位（日本为5.07万亿美元），占世界生产总值（约57.94万亿美元）的比重上升到8.6%左右。当然，在全球经济危机的影响下，中国经济增幅也曾下滑——2008年增长率，第二季度10.8%，第三季度9.7%，第四季度7.6%，2009年一季度经济增长率6.6%，二季度8.2%，三季度9.7%，四季度11.4%。2010年增长率为10.3%，国内生产总值为5.88万亿美元，超过日本的5.47万亿美元，提升到世界第二位，占世界GDP的比重为9.7%，人均国内生产总值超过4300美元。2011年我国经济增长率9.2%，GDP 471564亿元，按年度平均汇率1美元∶6.46元折算，为7.30万亿美元，占世界GDP（约65万亿美元）的比重上升至11%左右。当前我国面临的经济形势还很复杂，稳中求进，保持经济平稳较快发展的任务十分艰巨。经过包括“十二五”五年的第二个十年年均增长率7%（2012年增长目标为7.5%，高于年均增长率7%的“十二五规划”目标）的发展，我国GDP总量到2020年将会达12万亿美元左右（人均8000多美元），这样，从国内来说，就实现并超过了党的十七大报告提出的目标——人均国内生产总值到2020年比2000年翻两番，从国际来说，GDP总量占当时世界GDP的比重会达到17%左右，在世界各国处坐二望一的位置。全球知名咨询机构普华永道会计事务所2010年1月21日报告说，中国最早将于2020年赶超美国，成为世界第一大经济体。

无疑，“大国”不等同于“富国”。2009年世界首富的国家卢森堡人均GDP 104512美元，但其GDP仅为514亿美元，是“富而小”的国家。GDP 4.99万亿美元的世界第二大经济体中国，人均GDP为3677美元，仅相当于日本39731美元的9.3%，排在世界银行2009年统计的213个国家和地区的第124位，低于世界人均GDP8613美元，也就相当于发展中国家的中等水平3260美元，仍然是地地道道的发展中国家。我国2010年人均4300美元，2011年5000美元，为上中等收入国家（世行标准4000～10000美元）——“上中农”。

2. 从企业发展看

2001—2010年随着我国企业的改革改组改造，相当一些企业做大做强，跻身于世界大企业之列。根据美国《财富》杂志2008年7月公布的“世界500强”企业，中国企业有35家榜上有名，其中中国内地企业25家，第一次占到世界500家大企业总数的5%（2007年20家，占4%），2009年34家，占6.8%，2011年7月7日公布为58家（包括港澳台在内的中国企业共69家，超过日本的68家），占比上升至11.6%。按现在的势头预计，10年后，中国企业占世界大企业的比重会与美国相当（25%～30%）。美国《财富》杂志编辑预言，到2014年中国上榜企业将达到100～110家。

3. 从外贸发展看

2001—2010年的外贸年均增长率为21.6%，外贸进出口额在2004年达到11548亿美元，既首次突破了10000亿美元，也使位次上升到世界各国第3位，同时首次占到世界贸易总额的5%以上（5.8%），2008年进一步达到25616亿美元，占世界商品贸易总额（323650亿美元）的比重7.91%。当然，在全球经济危机的影响下，中国贸易进出口增幅下滑——2008年增长17.8%（是“入世”7年以来首次低于20%），甚至连续12个月单月份负增长（2008年11月至2009年10月），2009年贸易进出口增长率为－13.9%。然而，2009年世界商品贸易额下降幅度更大（WTO估计为－23.1%，为1949年由该项统计以来最大跌幅），这样，中国2009年进出口额（22073亿美元）占世界商品贸易总额（WTO估计为248950亿美元）的比重上升到8.87%。2010年、2011年我国进出口增长率分别高达34.7%和22.5%，2011年外贸总额

36421亿美元，占世界商品贸易总额（按世界贸易2011年增长6.5%计算，为323622亿美元）的比重上升为11%左右。经过“十二五”5年以及第二个10年年均外贸增长率10%的发展（2012年进出口增长预期目标为10%左右），商品贸易总额到2020年将会达8万亿美元，占当时世界贸易的比重逾15%，跃居世界第1位。

4. 从货币金融发展看

我国的人民币在1996年就实现了经常项目下的可兑换，但还远不是像美元、欧元、日元以及英镑、瑞士法郎等货币那样的完全可兑换国际储备货币。然而，进入新世纪初10年以来，我国货币金融已经取得还将继续取得长足的发展。(1) 外汇市场迅速发展——例如在多元交易主体进入方面，自2005年8月8日，允许更多符合条件的非银行金融机构和非金融性企业进入银行间即期外汇市场。(2) 汇率形成机制改革取得成效——2005年7月21日中国人民银行发布了关于完善人民币汇率形成机制改革的公告，宣布我国开始实行以市场供求为基础、参考一篮子货币进行调节、有管理的浮动汇率制度，人民币汇率不再盯住单一美元，形成更富弹性的人民币汇率机制。这个机制进一步发挥市场供求在汇率形成中的基础性作用，逐步提高人民币汇率的灵活性，保持人民币汇率在合理、均衡水平上的基本稳定。截至2011年12月30日汇改6年多，人民币对美元（汇率中间价从8.2765∶1到6.3009∶1）累计升值31.35%（在这6年多期间的2009年处于“盘整期”，汇率停留在6.82～6.83元，2010年6月19日央行决定进一步推进人民币汇率形成机制改革，增强人民币汇率弹性。这是在2005年汇改基础上的进一步推进，重在坚持以市场供求为基础，参考一篮子货币对人民币汇率浮动进行动态管理和调节。此次汇率改革的重启，意味着金融危机以来实际盯住美元的汇率制度正式退出）。汇率改革的真正意图、意义是加强汇率弹性、使之更符合市场变动的实际，而非单边升值（2011年10月3日美国国会参议院程序性通过《2011年货币汇率监督改革法案》对中国施压，这是无济于事的）。仅2011年我国汇率升值就达5%以上——1月13日人民币兑美元汇率首次升破“6.6”的关口，跨入“6.5时代”；4月29日首破“6.5”（为6.4990∶1），8月11日破“6.4”（为6.3991∶1），12月30日破“6.3”（为6.2947∶1）。(3) 外汇储备持续充实、进一步多元化并“改进外汇储备经营管理”——国家外汇储备余额，截止到2011年12月末，增至31811亿美元，占全球总计9.3万亿美元的30.65%。同时，逐步改变外汇储备结构，例如增持欧元、韩元等债券。（4）试行人民币贸易结算等推动人民币国际化的措施、步骤——2008年12月底国务院决定，部分地区与东南亚国家进行人民币贸易结算试点；2009年7月2日，中国人民银行等6家制定的《跨境贸易人民币结算试点管理办法》正式公布实施；2010年6月22日央行公告，扩大跨境贸易人民币结算试点范围至20个省市，同时不再限制境外地域五中全会《规划建议》提出要“扩大人民币在跨境贸易和投资中的作用”。从2010年12月3日起，我国出口贸易人民币结算试点企业从365家扩大到67359家，触角伸向76个国家和地区。2011年8月央行等6部委再推人民币跨境贸易结算“双覆盖”——首次实现了适应结算范围覆盖大陆全境，使用结算对象覆盖全球所有国家和地区。在外贸中更多采用人民币结算，这是朝着人民币成为国际货币迈出的重要一步。据央行的数据，2010年跨境贸易人民币结算额达到5100亿元人民币，占全年贸易量的2%左右，2011年达2.08万亿元，占贸易量的9.1%。当然，也出现“付多收少”的问题（据央行数据，进口支付占贸易结算总量的90%）。（5）人民币境外直接投资——2011年1月13日，中国人民银行发布《境外直接投资人民币结算试点管理办法》，规定凡获准开展境外直接投资的境内企业均可以人民币进行境外直接投资。此举标志着人民币资本项目可兑换迈出新的一步，意味着人民币的国际化进程已逐渐从贸易结算层面向投资货币层面转变，人民币功能不断提升。据香港金管局的数据，2011年1—11月，人民币境外直接投资为150亿元。

此外，促进人民币的国际化的步骤还包括：试点对外开放银行间债券市场——为推动人民币在国际贸易中的使用，2010年8月17日央行宣布将允许境外资金进入国内债券市场，即境外中央银行或货币当局、香港、澳门地区人民币业务清算行和跨境贸易人民币结算境外参加银行，将获准进入人民币的银行间债券市场；发行境外人民币债券——2007年6月国家开发银行已经首次在香港发行约50亿元人民币债券，2009年9月28日财政部首次在香港发行人民币国债券60亿元等，都是发行境外人民币债券的开先河之举。据统计，境外人民币债券（在香港发行的人民币债券俗称“点心债券”）2010年约360亿元，2011 年 1060 亿元，2012 年估计 3000 亿元左右；扩大人民币兑换外币的兑换业务——在原来人民币只能兑换美元、日元、欧元、英镑和港币等 5 种货币的基础上，逐步扩大到兑换其他货币，例如 2010 年 8 月 18 日新增人民币对马来西亚林吉特的银行间外汇市场兑换业务；增加人民币与其他货币的双边互换——自 2008 年 9 月开始的全球货币互换合作至 2010 年 6 月，中国已经与印度尼西亚、韩国、马来西亚、白俄罗斯、阿根廷和冰岛等多国签署了总价值超过 6500 亿美元的人民币双边本币的互换协议。

展望整个第二个 10 年，人民币国际化无疑要谨慎前行，然而随着我国货币金融领域的新发展，将在经常项目下可兑换的基础上，如五中全会《规划建议》所指出的，“逐步实现人民币资本项目可兑换”，朝着成为完全可兑换货币、进而国际储备货币的方向发展。据统计，IMF 分类规定的 7 大类、40 个资本项目，中国已经实现可兑换项目占比达 70%。2012 年下旬，央行统调司公布了一份报告，首次公开人民币资本项目开放路线图——分短期（1—3 年）、中期（3—5 年）、长期（5—10 年）三个阶段开放资本项目。有估计人民币在 20 年内会成为国际储备货币（如美国麻省理工学院的西蒙·约翰逊、量子基金创办人罗杰斯等如是说）。相信到 2020 年人民币有可能成为国际储备货币之一。2011 年 9 月 6 日和 2011 年 11 月 26 日，尼日利亚和泰国分别把人民币纳入其外汇储备，之前马来西亚、柬埔寨、韩国、俄罗斯、白俄罗斯、菲律宾等国已经将人民币作为其外汇储备的一部分。英国《中央银行业》2010 年 2 月的问卷调查显示，全球 43 家央行经理，大多数受访者认为人民币到 2025 年至少将占全球外汇储备的 5%。有估计，2010 年底已占 1.3%。世界银行于 2011 年 5 月 17 日发表的一份报告说，到 2025 年欧元和人民币将确定在货币体系中“与美元平起平坐的地位”。届时，我国完全实现作为世界经济大国（“极”）的“4 个 5%”的两个条件，成为世界经济新的一“极”。

可见，21 世纪头 20 年，对我国来说是必须紧紧抓住并且可以大有作为的重要战略机遇期。无疑，机遇和挑战是并存的。正如五中全会《规划建议》所指出的：“综合判断国际国内形势，我国发展仍处于可以大有作为的重要战略机遇期，既面临难得的历史机遇，也面对诸多可以预见和难以预见的风险挑战。”只要我们“继续抓住和用好重要战略机遇期”，应对好国内外各种困难、风险和危机的挑战，按照科学发展观的要求和“十二五”规划的目标任务又好又快地发展自己，就能够使更全面的小康社会实现于国内，以更高的国际地位屹立于世界。